Ausgliederung der Berufsfußballabteilungen auf eine AG, GmbH oder eG?

T0316497

Europäische Hochschulschriften

Publications Universitaires Européennes
European University Studies

Reihe II
Rechtswissenschaft

Série II   Series II
Droit
Law

Bd./Vol. 2656

PETER LANG

Frankfurt am Main · Berlin · Bern · New York · Paris · Wien

Claas Fuhrmann

Ausgliederung der Berufsfußballabteilungen auf eine AG, GmbH oder eG?

PETER LANG
Europäischer Verlag der Wissenschaften

Die Deutsche Bibliothek - CIP-Einheitsaufnahme

Fuhrmann, Claas:

Ausgliederung der Berufsfußballabteilungen auf eine AG,
GmbH oder eG? / Claas Fuhrmann. - Frankfurt am Main ;
Berlin ; Bern ; New York ; Paris ; Wien : Lang, 1999
  (Europäische Hochschulschriften : Reihe 2, Rechts-
  wissenschaft ; Bd. 2656)
  Zugl.: Marburg, Univ., Diss., 1999
  ISBN 3-631-35026-0

Gedruckt auf alterungsbeständigem,
säurefreiem Papier.

D 4
ISSN 0531-7312
ISBN 3-631-35026-0
© Peter Lang GmbH
Europäischer Verlag der Wissenschaften
Frankfurt am Main 1999
Alle Rechte vorbehalten.

Printed in Germany 1 2 3 4 5 6 7

Vorwort

Die Arbeit hat im Wintersemester 1998/1999 dem Fachbereich Rechtswissen-schaften der Philipps-Universität Marburg als Dissertation vorgelegen. Recht-sprechung, Literatur und Verbandsgesetzgebung konnten bis Februar 1999 be-rücksichtigt werden.

Ganz besonders bedanken möchte ich mich an dieser Stelle bei meinem Dok-torvater, Herrn Professor Dr. Volker Beuthien, für die vielen wertvollen Anre-gungen und kritischen Anmerkungen, ohne die die Arbeit in der vorliegenden Fassung nicht möglich gewesen wäre. Bedanken möchte ich mich aber auch für die gewährte Freiheit bei der Themenwahl und der Bearbeitung der Arbeit. Bei Herrn Professor Dr. Herbert Leßmann möchte ich mich für die äußerst zügige Erstellung des Zweitgutachtens bedanken.

Außerdem bedanke ich mich bei Herrn Wolfgang Holzhäuser - dem früheren DFB-Liga-Sekretär und jetzigen Manager von Bayer Leverkusen e.V. - sowie Herrn Dr. Franz Böhmert - dem Präsidenten von Werder Bremen e.V. - für de-ren bereitwillige Auskünfte über die Praxis des Lizenzfußballs.

Besonders möchte ich mich bei Frau Rechtsanwältin Astrid Raimann bedan-ken, die mich vom Tag der Aufnahme des Promotionsvorhabens bis zur Veröf-fentlichung der Arbeit in jeder Hinsicht unterstützt hat. Die vielen Diskussionen und zahlreiche Hinweise, aber auch die gesamte nichtfachliche Unterstützung haben die Arbeit in der vorliegenden Fassung erst ermöglicht. Ferner bedanke ich mich bei Herrn Assessor Markus Fischer für die gegebenen Anregungen und die kritische Durchsicht des Manuskripts.

Dank gebührt zudem Herrn Assessor Ralf Duday, der mich ständig mit aktuel-len Beiträgen aus der Tages- und Fachpresse versorgt hat und dadurch die laufend notwendige Aktualisierung der Arbeit erleichtert hat.

Schließlich möchte ich mich bei der KPMG Sportexpertengruppe für die groß-zügige Unterstützung bei der Veröffentlichung der Arbeit bedanken. Hier gilt mein besonderer Dank Herrn Wirtschaftsprüfer/Steuerberater Volker Neumann, Herrn Rechtsanwalt/Steuerberater Christian Frank sowie Herrn Diplom-Sport-lehrer/Diplom-Kaufmann Andreas Parensen und Herrn Rechtsanwalt Dr. Martin Pröpper. Bei letzterem möchte ich mich außerdem für die überlassenen Infor-mationen und Beiträge bedanken, die bei der Erstellung der Arbeit stets eine große Unterstützung waren.

Inhaltsverzeichnis

Einleitung und Gang der Untersuchung   1

Erstes Kapitel: Die Reformbedürftigkeit der gegenwärtigen Organisation   3

Erster Abschnitt: Der Fußballbundesligaverein als Idealverein   3

I. Rechtstatsächliche Entwicklung der Vereine   4

II. Die Abgrenzung zum wirtschaftlichen Verein   11

    1. Meinungsstand   12

       a) Subjektive Theorie   12

       b) Objektive Theorie   13

       c) Gemischte Theorie   15

       d) Die These vom vollkaufmännischen Verein   16

       e) Die Typenbildung   18

          aa) Volltypus des unternehmerischen Vereins   19

          bb) Verein mit unternehmerischer Tätigkeit am inneren Markt   19

          cc) Typus der genossenschaftlichen Kooperation   19

          dd) Mitgliederschutz als Abgrenzungskriterium   20

    2. Stellungnahme   21

       a) Schutzzweck der §§ 21, 22 BGB   21

          aa) Gläubigerschutz   21

          bb) Mitgliederschutz   22

             aaa) Schutz des einzelnen Vereinsmitglieds   22

             bbb) Schutz der Mitgliedergesamtheit   25

          cc) Zwischenergebnis   26

       b) Folgerungen für die Vereinsklassenabgrenzung   27

          aa) Zweck und Tätigkeit als Anknüpfungspunkt der Vereinsklassenabgrenzung   27

          bb) Kritik an der Typenbildung   27

          cc) Einheitlicher Tatbestand des wirtschaftlichen Vereins   29

       c) Ergebnis   31

III. Das Nebenzweckprivileg   31

    1. Grundsätzliche Anerkennung des Nebenzweckprivilegs   31

    2. Geltungsumfang des Nebenzweckprivilegs   33

       a) Meinungsstand   33

aa) Relativer Geltungsumfang des
     Nebenzweckprivilegs   33
bb) Absoluter Geltungsumfang des
     Nebenzweckprivilegs   34
cc) Abgrenzung ausschließlich unter dem
     Gesichtspunkt des Gläubigerschutzes   35
b) Stellungnahme   36
     aa) Kritik an einzelnen
          Abgrenzungsversuchen   36
     bb) Bestimmung des Nebenzweckprivilegs
          anhand von Indizien   41
          aaa) Indizien für die Prägung
                nach innen   41
          bbb) Indizien für die Prägung
                nach außen   43
3. Ergebnis   43
IV. Folgerungen für die Bundesligavereine   43
     1. Grundsätzliche Einordnung als wirtschaftlicher
        Verein   44
        a) Satzungsmäßige Zielsetzung der Vereine   44
        b) Tatsächliche Tätigkeit der
           Fußballbundesligavereine   44
           aa) Aktivitäten im Jugend- und
                Amateursportbereich   44
           bb) Tätigkeit im Berufssportbereich   45
                aaa) Unmittelbare Förderung des
                      statutarischen Hauptzwecks   45
                bbb) Mittelbare Förderung des
                      statutarischen Hauptzwecks   46
                      (1) Vorbildfunktion   46
                      (2) Finanzierungsfunktion   48
                      (3) Zwischenergebnis   49
                ccc) Zwischenergebnis   50
        c) Ergebnis   50
     2. Anwendung des Nebenzweckprivilegs   50
        a) Gepräge nach innen   50
           aa) Wirtschaftliche Bedeutung der
                Abteilungen   50
           bb) Gegenüberstellung der Mannschaften   51
           cc) Mitgliederstruktur   51
           dd) Mitarbeiter- und Führungsstruktur   52
           ee) Zwischenergebnis   52
        b) Gepräge nach außen   52
           aa) Bekanntheitsgrad   52
           bb) Sportliche Erfolge   53
           cc) Zwischenergebnis   53

c) Ergebnis 53
3. Rechtsfolgen für die Vereine 54
4. Ergebnis 59

**Zweiter Abschnitt: Die Gemeinnützigkeit des Fußballbundes-
ligavereins** 60
  I. Sportförderung im Sinne von § 52 Abs. 2 Nr. 2 AO als
    gemeinnütziger Zweck 60
      1. Der Amateurbereich der Vereine 61
      2. Der Lizenzspielerbereich der Vereine 61
        a) Unmittelbare Förderung des Sports 61
        b) Mittelbare Förderung des Sports 62
        c) Zwischenergebnis 63
      3. Ergebnis 63
  II. Selbstlose, ausschließliche und unmittelbare Förderung
    des Sports 63
      1. Selbstlosigkeit 63
        a) Einnahmeerzielung der Bundesligavereine 64
          aa) Nebeneinander von gemeinnützigen
            und eigenwirtschaftlichen Zielen 64
          bb) Zulässiger Umfang der
            eigenwirtschaftlichen Betätigung 64
          cc) Bestimmung von Haupt- und Neben-
            zweck 65
          dd) Zwischenergebnis 67
        b) Mittelverwendung der Bundesligavereine 68
          aa) Verbot des Verlustausgleichs 68
          bb) Gebot der zeitnahen Mittelverwendung 68
        c) Ergebnis 69
      2. Unmittelbarkeit 70
      3. Ausschließlichkeit 70
  III. Ergebnis 71

**Dritter Abschnitt: Ausmaß und Kontrolle der wirtschaftlichen
Leistungsfähigkeit** 72
  I. Die wirtschaftliche Leistungsfähigkeit der
    Fußballbundesligavereine 72
  II. Kontrollinstanzen der wirtschaftlichen Leistungsfähigkeit 73
    1. Gesetzliche Kontrolle der wirtschaftlichen
      Leistungsfähigkeit 73
    2. Verbandsrechtliche Kontrolle der wirtschaftlichen
      Leistungsfähigkeit 74
      a) Wirtschaftliche Leistungsfähigkeit im Sinne
        § 8 Nr. 1 DFB-Lizenzspielerstatut 74
      b) Erbringung einer Kaution nach § 8 Nr. 2 lit. c
        DFB-Lizenzspielerstatut 78

III. Ergebnis 78

Vierter Abschnitt: Die Organe eines Bundesligavereins und deren Funktionen 79
I. Die Mitgliederversammlung 79
  1. Aufgaben der Mitgliederversammlung 79
  2. Bewältigung der gestellten Aufgaben 80
II. Der Vorstand 82
III. Der Beirat 83
  1. Aufgaben des Beirats 83
  2. Bewältigung der gestellten Aufgaben 84
    a) Überwachungsfunktion 84
    b) Wahlausschußfunktion 86
IV. Ergebnis 86

Fünfter Abschnitt: Ergebnis des ersten Kapitels 86

Zweites Kapitel: Rechtsformunabhängige Überlegungen zur Ausgliederung der Berufsfußballabteilungen 89

Erster Abschnitt: Ausgliederung oder Satzungsänderung als mögliche Reaktion auf die bestehenden Schwierigkeiten 90

Zweiter Abschnitt: Organisation des Berufsfußballs im europäischen Ausland 96
  1. Berufsfußball in England 96
    a) Ursprung des bezahlten Fußballs 96
    b) Die Rechtsform der limited liability company 101
      aa) Die Haftungsmodelle der Company limited by shares und company limited by guarantee 101
      bb) Private limited company und public limited company 102
      cc) Gründung der LLC 102
      dd) Rechnungslegung und Publizitätspflichten der LLC 103
    c) Einfluß der Football Association auf die Vereine und der Solidaritätsgedanke im englischen Fußball 105
    d) Die besondere Bedeutung der Fußballstadien im englischen Berufsfußball 109
    e) Das Unternehmen Berufsfußball-LLC und die Börse 111
      aa) Zahlen des englischen Berufsfußballs 111
      bb) Going public und Gesellschafter der englischen Fußballklubs 113
  2. Berufsfußball in anderen europäischen Ländern 118
    a) Italien 118

b) Frankreich 120
c) Schweiz 121
e) Weitere europäische Länder 122
3. Zusammenfassung 125

Dritter Abschnitt: Gegenstand und Schranken der Ausgliederung 125
I. Umfang der auszugliedernden Tätigkeiten 126
II. Abgrenzung zum Modell der HSV Sport Aktiengesellschaft 127
III. Mitwirkungsrechte der Mitgliederversammlung 129
1. Grundsätzliches Mitwirkungsrecht der Mitglieder 130
2. Die Ausgliederung als Zweckänderung oder sonstige Satzungsänderung 132
3. Ergebnis 134
IV. Wegfall der steuerlichen Verlustverrechnungsmöglichkeit als Ausgliederungshindernis 134
V. Wegfall der Breitenwirkung als Ausgliederungsschranke 135
1. Mögliche Kostentragungspflicht der Polizeieinsätze 135
2. Eigene Nachwuchsförderung der Berufsfußball- gesellschaft 138

Vierter Abschnitt: Anwendbarkeit des Umwandlungsgesetzes 138

Fünfter Abschnitt: Sportspezifische Gewinnauschüttungs- regelungen 140
I. Begrenzte Gewinnausschüttung 140
II. Sportspezifische Ausschüttung der Gewinne 141

Sechster Abschnitt: Fakultative Ausgliederungsmöglichkeit oder Rechtsformzwang 141
I. Sogwirkung bei nur fakultativer Ausgliederungsmöglichkeit 142
II. Aus dem Auf- und Abstieg einer Mannschaft resultierende Schwierigkeiten 143
III. Ergebnis 144

Siebenter Abschnitt: Ergebnis des zweiten Kapitels 145

Drittes Kapitel: Rechtsformspezifische Risiken und Chancen der Ausgliederung 147

Erster Abschnitt: Die Ausgliederung auf eine Aktien- gesellschaft 148
I. Die Gründung einer Berufsfußball-AG 148
1. Mögliche Gründer der Berufsfußball-AG 148
a) Der Idealverein 148

b) Der nichtrechtsfähige Verein 148
c) Die Kommune als Gründer 149
d) Weitere Gründer 149
2. Mögliche Erbringung des Grundkapitals 149
a) Bar oder Sachgründung 149
b) Sacheinlagefähige Güter eines Fußballvereins 151
aa) Der Begriff der Sacheinlage 151
aaa) Bewertbarkeit der Einlage 151
bbb) Übertragbarkeit der Einlage 153
ccc) Ergebnis 153
bb) Mögliche Gegenstände der
Sacheinlage 153
aaa) Übertragung von Sachanlagen im Sinne von
§ 266 Abs.2All HGB 153
bbb) Gebrauchsüberlassung von
Sachanlagen 154
(1) Übertragbarkeit 154
(2) Gegenwärtig feststellbarer
Wert 155
(3) Ergebnis 155
ccc) Das Namensrecht des Vereins 156
ddd) Die Spielerwerte 157
eee) Die Lizenz des Vereins 158
fff) Gesellschaftsbeteiligungen als
Sacheinlage 159
ggg) TV-Übertragungsrechte als
Sacheinlage 160
c) Ergebnis 160
II. Konzernrechtliche Haftung des ausgliedernden Vereins 161
1. Bestehen eines Vertragskonzerns 161
2. Haftung aus einem faktischen Konzernverhältnis 162
3. Ergebnis 164
III. Ausgestaltung der Aktien gemäß den Anforderungen einer
Berufsfußball-AG 164
1. Beschränkung der Aktienübertragbarkeit 164
2. Stimmrechtsbeschränkung 165
3. Ergebnis 166
IV. Realisierung der vier angestrebten Ziele 166
1. Erhalt der Eintragungsfähigkeit des ausgliedernden
Idealvereins 166
a) Meinungsstand 167
aa) Die Ansicht Reuters 167
bb) Zurechnung aufgrund geschäftsleitender Funktion des Idealvereins 167

cc) Zurechnung aufgrund
konzernrechtlicher Verbundenheit   168
b) Stellungnahme   169
aa) Schutz der Gläubiger der
Berufsfußball-AG   170
bb) Schutz der Gläubiger des Idealvereins   171
cc) Sozialschutz als Zurechnungskriterium   172
c) Ergebnis   173
2. Erhalt der Gemeinnützigkeit des ausgliedernden
Vereins   173
a) Zurechnung aufgrund tatsächlichen Einflusses   174
b) Zurechnung aufgrund von Betriebsaufspaltung   175
aa) Personelle Verflechtung   175
bb) Sachliche Verflechtung   176
c) Keine Nachversteuerung wegen Verstoßes
gegen den Grundsatz der Vermögensbindung   176
d) Ergebnis   177
3. Die Berufsfußball-AG als Mittel zur
Kapitalbeschaffung   178
a) Mögliche Aktionäre   178
aa) Die Gründer als spätere Aktionäre   178
bb) Fans und andere Freunde des Vereins   178
cc) Der Kapitalanleger als Aktionär   179
dd) Sponsoren   179
b) Möglichkeiten des going public   179
aa) Der amtliche Markt   180
aaa) Rechtliche Anforderungen   180
(1) Anforderungen an den
Emittenten   180
(2) Anforderungen an die zuzulassenden Wertpapiere   180
(3) Mindestemissionsbetrag   181
(4) Herausgabe des Prospekts   181
bbb) Wirtschaftliche Anforderungen   182
bb) Der geregelte Markt   182
cc) Der Neue Markt   183
dd) Freiverkehr   184
c) Ergebnis   184
4. Die AG als Mittel zur Verbesserung der
Binnenstruktur   186
a) Die Organe der AG   186
aa) Die Hauptversammlung   186
bb) Der Vorstand   187
cc) Der Aufsichtsrat   188
b) Zwischenergebnis   188
5. Ergebnis   189

VI. Zusammenfassung des ersten Abschnitts 190

Zweiter Abschnitt: Die Ausgliederung auf eine Gesellschaft mit beschränkter Haftung 192
I. Ähnlichkeiten und Übereinstimmungen mit der Ausgliederung auf eine AG 192
  1. Die Gründung einer Berufsfußball-GmbH 192
  2. Durchbrechung der Selbständigkeit von Idealverein und Berufsfußball-GmbH 193
    a) Konzernrechtliche Haftung des Idealvereins 193
    b) Zurechnung der wirtschaftlichen Tätigkeit der Berufsfußball-GmbH 193
      aa) Vereinsrechtliche Beurteilung 194
      bb) Steuerrechtliche Zurechnung 194
  3. Die Ausgestaltung der Geschäftsanteile 194
II. Besonderheiten der Ausgliederung auf eine GmbH 195
  1. Die Kompetenzordnung der GmbH 195
  2. Mögliche Gesellschafter der Berufsfußball-GmbH 196
  3. Kapitalzufluß durch Ausgliederung auf eine GmbH 196
III. Ergebnis 197

Dritter Abschnitt: Die Ausgliederung auf eine eingetragene Genossenschaft 198
I. Möglichkeit der Gründung einer eG als Träger der Berufsfußballabteilung 198
  1. Voraussetzungen des § 1 Abs. 1 GenG 198
    a) Nicht geschlossene Mitgliederzahl 199
    b) Förderzweck 199
      aa) Mitgliedernützigkeit 200
        aaa) Förderung des Erwerbs der Mitglieder 200
        bbb) Förderung der Wirtschaft der Mitglieder 201
      bb) Unschädlichkeit ideeller Nebenleistungen Rahmen des Nebenzweckprivilegs 204
      cc) Nicht kapitalistisch 204
      dd) Zwischenergebnis 204
    c) Gemeinschaftlicher Geschäftsbetrieb 205
    d) Zulässiger Unternehmensgegenstand 206
  2. Ergebnis 206
II. Praktikabilität einer Ausgliederung 206
  1. Die Fangenossenschaft als Träger der Berufsfußballabteilung 207
  2. Trägerschaft der Werbe- und Absatzgenossenschaft 207

3. Ausgliederung auf eine vereinigte Berufsfußball-
genossenschaft 208
   a) Keine dem wirtschaftlichen Risiko
     entsprechende Stimmbefugnis 208
   b) Einflußnahmemöglichkeiten des
     ausgliedernden Idealvereins 209
4. Zwischenergebnis 210
III. Ergebnis 210

**Vierter Abschnitt: Die Fangenossenschaft als Gesellschafter
einer Berufsfußball-GmbH** 210
I. Zulässigkeit der Beteiligung an einer Berufsfußball-GmbH 211
1. Zulässigkeit einer gesellschaftsrechtlichen
Beteiligung überhaupt 211
2. Geschäftsbetrieb der Fangenossenschaft 212
II. Praktikabilität einer solchen Beteiligung 213

Viertes Kapitel: Zusammenfassung und Ausblick 213

Erster Abschnitt: Zusammenfassung 213

Zweiter Abschnitt: Ausblick 219

Literaturverzeichnis:

Adler, Hans/Düring, Walther/
Schmaltz, Kurt

Rechnungslegung und Prüfung
der Unternehmen, Kommentar,
6. Aufl., Stuttgart 1995-1997

Aldermann, Sabine

Lizenzfußball und
Nebenzweckprivileg,
Dissertation Tübingen 1997
(zit.: Lizenzfußball)

Alternativkommentar zum Bürgerlichen
Gesetzbuch

Band 1 Allgemeiner Teil, Neuwied/
Darmstadt 1987
(zit.: Bearbeiter in AK-BGB)

Arens, Wolfgang

Der Fall Bosman - Bewertung und
Folgerungen aus der Sicht des nationalen Rechts, SpuRt 1996, 39 ff.

Arens, Wolfgang/Jaques, Chris

Rechtliche Überlegungen zu § 11
der Spielerverträge im Berufsfußball, SpuRt 1997, 41 ff.

Aris, Stephen

Sportbiz, Inside the Sports
Business, London Sydney Auckland
Johannesburg 1990 (zit.: Sportbiz)

Arndt, Hans-Wolfgang/
Immel, Cornelia

Zur Gemeinnützigkeit des
organisierten Sports, BB 1987,
1153 ff.

Arnold, A.J.

A Game that would pay,
London 1988 (zit.:Game)

Arnold, Tony

Rich man, poor man: economic
arrangements in the Football
League in: British Football and
Social Change: Getting into Europe,
Williams/Wagg (Hrsg.),
Leicester 1991, 48 ff.

Ballerstedt, Kurt

Gründungsrecht, Rechnungslegung, Konzernrecht, verschiedene
Einzelfragen, ZHR 127 (1967), 96 ff.

Barton, Ian/Smith, Guy/Aston, Ian/ of Jones, Dan/Hargaden, Jason

Deloitte & Touche, Annual Review Football Finance, herausgegeben von Gerry Boon, Manchester 1997 (zit.: Annual Review of Football Finance 1997)

dies.

Deloitte & Touche Annual Review of Football Finance, herausgegeben von Gerry Boon, Manchester 1998 (zit.: Annual Review of Football Finance 1998)

Baumbach, Adolf/ Hueck, Alfred

Kommentar zum GmbH-Gesetz, 16. Aufl., München 1996

Baumbach, Adolf/ Hueck, Alfred

Aktiengesetz, Kommentar, bearbeitet von Alfred Hueck und Götz Hueck, 13. Aufl., München 1968

Baumbach Adolf/ Hopt, Klaus J   .

Handelsgesetzbuch mit GmbH & Co. Handelsklauseln, Bank- und Börsenrecht, Transportrecht (ohne Seerecht) erläutert von Klaus Hopt 29. Aufl., München 1995

Bergheim, Anna Ulrike/ Traub, Walter

Der Gang an die Börse - ein Mittel zur Unternehmenssicherung, DStR 1993, 1260 ff.

Beuthien, Volker

Mehrheitsprinzip und Minderheiten- schutz im Vereinsrecht, BB 1987, 6 ff.

ders.

Die eingetragene Genossenschaft als verbundenes Unternehmen, in: Mestmäcker/Behrens (Hrsg.), Das Gesellschaftsrecht der Konzerne im internationalen Vergleich, 1. Aufl., Baden-Baden 1991, 133 ff.

ders.	Genossenschaftsrecht: woher - wohin? Hundert Jahre Genossenschaftsgesetz 1889-1989, Marburger Schriften zum Genossenschaftswesen, Bd. 69, (zit.: 100 Jahre Genossenschaft)
ders.	Die eingetragene Genossenschaft als Holdinggesellschaft, AG 1996, 349 ff.
Beuthien, Volker/ Ernst, Astrid	Die Gesellschaft bürgerlichen Rechts als Mitglied einer eingetragenen Genossenschaft, ZHR 1992, 227 ff.
Beuthien, Volker/Hüsken, Ulrich/ Aschermann, Rolf	Materialien zum Genossenschaftsgesetz Band I., Gesetze und Verordnungen (1867-1969) Göttingen 1989
BGB-RGRK	Das Bürgerliche Gesetzbuch mit besonderer Berücksichtigung der Rechtsprechung des Reichsgerichts und des Bundesgerichtshofs, Band I §§ 1-240, 12. Aufl., Berlin New York 1982 (zit.: BGB-RGRK-Bearbeiter)
Böttcher, Roland	Die Beendigung des rechtsfähigen Vereins, Rpfleger 1988, 169 ff.
Bolm, Wilhelm	Die Abgrenzung der beiden Vereinsklassen des Bürgerlichen Gesetzbuchs (§§ 21, 22 BGB), Dissertation Leipzig 1908 (zit.: Vereinsklassen)
Bork, Reinhard	Die Einlagefähigkeit obligatorischer Nutzungsrechte, ZHR 154 (1990), 205 ff.
Büschgen, Hans E.	Das kleine Börsenlexikon, 20. Aufl., Düsseldorf 1994

Cheffins, Brian R.	UK football clubs and the Stock Market: past developments and future prospects: Part 1, The Company Lawyer 1997, 66 ff. Part 2, The Company Lawyer 1997, 104 ff.
Davies, Paul L.	Principles of Modern Company Law, Sixth Edition, London 1997
Degner, Harald	Vinkulierte Namensaktien: Börsenfähig oder nicht?, WM 1990, 793
Doberenz, Michael	Betriebswirtschaftliche Grundlagen zur Rechtsformgestaltung professioneller Fußballklubs in der BRD, Dissertation Frankfurt/Main 1980 (zit.: Grundlagen)
Dobroschke, Eduard	Der ideelle Familienverein als vermögensverwaltende Holding, München 1966 (zit.: Familienverein)
Duke, Vic	The drive to modernization and the supermarket imperative: who needs a new football stadium ? in: Game Without Frontiers: Football, identity and modernity, Giulianotti/Williams (Hrsg.) Hants (England) Vermont (USA), 1994, S. 129 ff. (zit.: Modernization)
ders.	The politics of football in the new Europe, in: British Football and social Change: Getting into Europe Williams/Wagg (Hrsg.), S. 187 ff. (zit.: Football)
Emmerich, Volker/ Sonnenschein, Jürgen	Konzernrecht, 6. Aufl., München 1997
Enneccerus, Ludwig/Nipperdey, Hans Carl	Allgemeiner Teil des Bürgerlichen Rechts, 1. Halbband., 15. Auflage, Tübingen 1959

Eyles, Uwe

Die Auslagerung unternehmens-
übergreifender Aktivitäten auf
rechtsfähige Vereine,
NJW 1996, 1994 ff.

Flume, Werner

Allgemeiner Teil des Bürgerlichen
Rechts, Erster Band, Zweiter Teil
„Die juristische Person", Berlin 1983

Fischer, Hans Georg

Das Bosman-Urteil des EuGH -
Transferregeln und Ausländer-
klauseln im bezahlten Fußball mit
europäischem Gemeinschaftsrecht
nicht vereinbar, SpuRt 1996, 1 f.

ders.

EG-Freizügigkeit und bezahlter
Sport Inhalt und Auswirkungen des
Bosman-Urteils des EuGH,
SpuRt 1996, 34 ff.

Forster, Ken

Developments in sporting law, in:
The changing politics of sport,
Allison (Hrsg.), Manchester
New York 1994

Franz, Christoph

Grundlagen der Besteuerung
gemeinnütziger Körperschaften bei
wirtschaftlicher Betätigung, Berlin
1991 (zit.: Grundlagen)

Fritzweiler, Jochen/Pfister, Bernhard/
Summerer, Thomas

Praxishandbuch Sportrecht,
München 1998
(zit.: PHBSportrecht, Bearbeiter)

Fuhrmann, Claas

Idealverein oder Kapitalgesellschaft
im bezahlten Fußball ?,
SpuRt 1995, 12 ff.

Fuhrmann, Claas/Pröpper, Martin

Vorschläge zur Satzungsgestaltung
einer Berufsfußballkapitalgesellschaft, SpuRt 1999, Heft 2

Galli, Albert	Lizenzvergabe durch den Deutschen Fußball-Bund - Anforderungen an das externe Rechnungswesen der Vereine, SpuRt 1996, 79 ff.
ders.	Rechtsformgestaltung und Lizenzierungspraxis im Berufsfußball: Die Situation in England, Italien und Spanien vor dem Hintergrund der Regelungen in Deutschland, SpuRt 1998, 18
Geßler, Ernst/Hefermehl, Wolfgang/ Eckardt, Ulrich/Kropff, Bruno	Aktiengesetz, Kommentar Band I §§ 1-75, München 1984 (zit.: Bearbeiter in Geßler/ Hefermehl)
v. Godin, R./Wilhelmi, Hans	Aktiengesetz, Kommentar bearbeitet von Hans Wilhelmi und Sylvester Wilhelmi, Band I §§ 1-178, 4. Aufl. Berlin 1971
Goldberg, Adrian/Wagg, Stephen	It´s not a knockout: English football and globalisation, in: British Football and Social Change: Getting into Europe, Williams/Wagg (Hrsg.), Leicester 1991, S. 239 ff.
Goldberg, Erich	Der wirtschaftliche Verein gemäß § 22 BGB, 1933 (zit.: Wirtschaftlicher Verein)
Gornig, Gilbert-Hanno/ Jahn, Ralf	Sicherheits- und Polizeirecht, München 1994
Groh, Manfred	Nutzungseinlage, Nutzungsentnahme und Nutzungsausschüttung (Teil I), DB 1988, 514 ff.
Großkommentar	Aktiengesetz, 3. Aufl., Berlin, New York 1973 ff. (zit.: Bearbeiter in Großkomm)

Haaga, Werner

Die Finanzierung und Bilanzierung der Lizenzspielerabteilung eines Fußballvereins, in: Wirtschaftliche und rechtliche Aspekte zu Problemen des Berufsfußballs (Schriftenreihe Nr. 28 des Württembergischen Fußballverbandes), 1991, 19 ff.

Habel, Michael/Strieder, Thomas

Ist die Kommanditgesellschaft auf Aktien eine geeignete Rechtsform für einen Börsengang von Vereinen der Fußball-Bundesliga ?, NZG 1998, 929 ff.

Habersack, Mathias

Gesellschaftsrechtliche Fragen der Umwandlung von Sportvereinen in Kapitalgesellschaften, in: Sportkapitalgesellschaften, Urs Scherrer (Hrsg.), Stuttgart 1998

Hachenburg

Gesetz betreffend die Gesellschaften mit beschränkter Haftung (GmbHG) Großkommentar, Erster Band §§ 1-34, 8. Aufl., Berlin New York 1992 Zweiter Band §§ 35-52, 8. Aufl., Berlin New York 1997 (zit.: Hachenburg-Bearbeiter)

Häuser, Franz/
van Look, Frank

Zur Änderung des Zwecks beim eingetragenen Verein, ZIP 1986, 749 ff.

Hanau, Peter/Ulmer, Peter

Mitbestimmungsgesetz, Kommentar München 1981

Heckelmann, Dieter

Der Idealverein als Unternehmer?, AcP 179 (1979), 1 ff.

Heermann, Peter W.

Der Deutsche Fußballbund (DFB) im Spannungsfeld von Kartell- und Konzernrecht, ZHR 161 (1997), 665 ff.

ders.

Die Ausgliederung von Vereinen auf Kapitalgesellschaften, ZIP 1998, 1249 ff.

ders.

Kann der Ligasport die Fesseln des Kartellrechts sprengen?, SpuRt 1999, 11 ff.

Hemmerich, Hannelore

Möglichkeiten und Grenzen wirtschaftlicher Betätigung von Idealvereinen, Heidelberg 1982 (zit.: Möglichkeiten und Grenzen)

dies.

Die Ausgliederung bei Idealvereinen, BB 1983, 26 ff.

Herbert, Ulrich

Der wirtschaftliche Geschäftsbetrieb des gemeinnützigen Vereins, Köln 1988 (zit.: Geschäftsbetrieb)

Herrkind, Hans-Ulrich

Steuerliche Förderung von Sportvereinen, Dissertation Köln 1995 (zit.: Steuerliche Förderung)

Hettrich, Eduard/ Pöhlmann, Peter

Genossenschaftsgesetz, Kommentar München 1995

Heymann

Handelsgesetzbuch, Kommentar, Band 3, Drittes Buch §§ 238-342, Berlin New York 1989 (zit.: Heymann-Bearbeiter)

Hilf, Meinhard/Pache, Eckhard

Das Bosman-Urteil des BGH, NJW 1996, 1169 ff.

Hoeneß, Uli

Einblicke in die praktische Arbeit eines Fußballmanagers, in: Wirtschaftliche und rechtliche Aspekte zu Problemen des Berufsfußballs (Schriftenreihe Nr. 28 des Württembergischen Fußballverbandes), 1991, 7 ff.

Hohloch, Gerhard	EU-Handbuch Gesellschaftsrecht, Loseblattsammlung, Stand: Januar 1998 (zit.: Bearbeiter in EU-Handbuch des Gesellschaftsrechts)
Houlihan, Barrie	Sport and international politics, Hertfordshire 1994 (zit.: Sports and Politics)
Hopt, Klaus J.	Aktiengesellschaft im Berufsfußball, BB 1991, 778 ff.
Hoffmann, Matthias	Sportgesellschaften - Patentrezept für alle Ligen?, SpuRt 1994, 24 f.
Hölder, Eduard	Über das Wesen des eintragungsfähigen Vereins, DJZ 1900, 412 f.
Hueck, Alfred/ Canaris, Klaus-Wilhelm	Recht der Wertpapiere, 12. Aufl., München 1986
Hüffer, Uwe	Aktiengesetz, Kommentar, 3. Aufl. München 1997
ders.	Harmonisierung des aktienrechtlichen Kapitalschutzes, NJW 1979, 1067 ff.
Kalb, Rainer	Polizei-Einsatz im Fußballstadion - Die Bezahlung muß der Staat garantieren, DFB-Journal 3/1993, 24 ff.
Kania, Thomas	Betriebsräte in Lizenzfußballvereinen, SpuRt 1994, 121 ff.
Kebekus, Frank	Alternativen zur Rechtsform des Idealvereins im bundesdeutschen Lizenzfußball, Dissertation Frankfurt 1991 (zit.: Alternativen)
Keidel, Theodor/Kuntze, Joachim/ Winkler, Karl	Freiwillige Gerichtsbarkeit Teil A, Kommentar zum Gesetz über die Angelegenheiten der freiwilligen Gerichtsbarkeit, 13. Aufl., München 1992

Kerber, Markus C.	Dürfen vinkulierte Namensaktien zum Börsenhandel zugelassen werden?, WM 1990, 789 ff.
Kießling, Heinz/ Buchna, Johannes	Gemeinnützigkeit im Steuerrecht, 5. Aufl., Achim 1994
Kipker, Ingo/Parensen, Andreas	Strukturierungsprobleme europäischer Fußballwettbewerbe am Beispiel der Champions League und European Super League, BFuP 1999, Sonderbeilage 1 (Schwerpunkt Sportökonomie)
Kirch, Heinz	Zur Besteuerung von Fußballbundesligavereinen, StBp 1990, 255 ff.
Knauth, Klaus-Wilhelm	Die Rechtsformverfehlung bei eingetragenen Vereinen mit wirtschaftlichem Geschäftsbetrieb, Dissertation Köln 1977 (zit.: Rechtsformverfehlung)
ders.	Die Ermittlung des Hauptzwecks bei eingetragenen Vereinen, JZ 1978, 339 ff.
Knobbe-Keuk, Brigitte	Obligatorische Nutzungsrechte als Sacheinlagen in Kapitalgesellschaften?, ZGR 1980, 214 ff.
Koch, Karl/ Scholtz, Rolf-Detlev	Kommentar zur Abgabenordnung 1977, 5. Aufl., Köln Berlin Bonn München 1996 (zit.: Bearbeiter in Koch/Scholtz)
Kersting, Mark Oliver	Der Neue Markt der Deutsche Börse AG, AG 1997, 222 ff.
Kölner Kommentar	Aktiengesetz, Band I §§ 1-75 AktG, 2. Aufl., Köln Berlin 1988 (zit.: Bearbeiter in Kölner Komm)

Koepchen

Die Unterscheidungsmerkmale des wirtschaftlichen und des nichtwirtschaftlichen Vereins, DJZ 1913, 1296 ff.

Kühn, Rolf/Hofmann, Ruth

Abgabenordnung Finanzgerichtsordnung, Kommentar, 17. Aufl., Stuttgart 1995

Lang, Johannes/Weidmüller, Ludwig/ Metz, Egon/Schaffland, Hans-Jürgen

Genossenschaftsgesetz, Kommentar von Egon Metz und Hans-Jürgen Schaffland, 33. Aufl., Berlin 1997 (zit.: Bearbeiter in Lang/Weidmüller)

Latz, Hermann

Sportvereine und Gastwirte - Zusammenarbeit statt Konfrontation, SpuRt 1995, 254 f.

Larenz, Karl

Allgemeiner Teil des Bürgerlichen Rechts, 7. Aufl., München 1989

Lehmann, Heinrich/Hübner, Heinz

Allgemeiner Teil des Bürgerlichen Gesetzbuchs, 15. Aufl., Berlin 1966

Levis

Welcher Verein kann durch Eintragung ins Register Rechtsfähigkeit gewinnen?, DJZ 1901, 479 ff.

List, Heinrich

Steuerrechtliche Einordnung der Fußball-Bundesligavereine, NWB 1996, 3459 ff.

Lüttge, Jörg W.

Das neue Umwandlungs- und Umwandlungssteuerrecht, NJW 1995, 417 ff.

Märkle, Rudi W.

Der Verein im Zivil- und Steuerrecht, Unter Mitwirkung von Matthias Alber und Sigfried Göller, 9. Aufl., Stuttgart 1995

Malatos, Andreas — Berufsfußball im europäischen Rechtsvergleich, Dissertation Saarbrücken 1988 (zit.: Berufsfußball)

Manssen, Gerrit — Sportgroßveranstaltungen als Polizeigroßveranstaltungen, SpuRt 1994, 169 ff.

Mason, Tony — Association Football and English Society 1863-1915, Brighton/New Jersey 1980 (zit.: Association)

Maurer, Hartmut — Allgemeines Verwaltungsrecht, 11. Aufl., München 1997

Menke, Thomas — Die wirtschaftliche Betätigung nichtwirtschaftlicher Vereine, Frankfurt 1998

Meyer, Emil H./Meulenberg, Gottfried/Beuthien, Volker — Kommentar zum Genossenschaftsgesetz, 12. Aufl., München 1983 mit Nachtrag 1986

Meyer-Landrut, Joachim/Miller, Georg F./Niehus, Rudolf J. — Gesetz betreffend die Gesellschaften mit beschränkter Haftung (GmbHG) einschließlich Rechnungslegung, Kommentar, Berlin New York 1987

Müller, Christian — Rechtsfragen der Finanzierung im bezahlten Sport dargestellt am Beispiel des Bundesligafußballs, Dissertation Köln 1990 (zit.: Rechtsfragen)

Müller, Klaus — Kommentar zum Gesetz betreffend die Erwerbs- und Wirtschaftsgenossenschaften, Erster Band (§§ 1-33), 2. Aufl., Bielefeld 1991

Müller-Gatermann, Gert — Gemeinnützigkeit und Sport, FR 1995, 261 ff.

Münchener Kommentar	zum Bürgerlichen Gesetzbuch, Band I Allgemeiner Teil §§ 1 - 240, 3. Aufl. 1993 (zit.: Bearbeiter in MünchKomm)
Mugdan, Benno	Die gesammelten Materialien zum Bürgerlichen Gesetzbuch für das Deutsche Reich, Band I, Berlin 1899 (zit.: Mugdan I)
Mummenhoff, Winfried	Gründungssysteme und Rechtsfähigkeit, Köln Berlin Bonn München 1979 (zit.: Gründungssysteme)
Nasse, Norbert K.H.	Wirksamkeit des § 11 der Fußballprofiverträge hinsichtlich Art. 48 EGV, Art. 12 GG und AGBG analog, SpuRt 1997, 45 ff.
Niebaum, Gerd	Mit einem Steilpaß an die Börse; in: Anlage-Management, Deutsche Bank (Hrsg.) Ausgabe 7+8/1997, 1
Niersbach, Wolfgang	Rechnen und Ringen für die Bundesligalizenz, DFB-Journal 3/1994, 36 ff.
Niese, Holger	Fortschreitende Kommerzialisierung des Sports - wo bleibt der Athlet?, SpuRt 1996, 126 f.
Nitschke, Manfred	Die körperschaftlich strukturierte Personengesellschaft, Bielefeld 1970 (zit.: Personengesellschaft)
Obst, Georg/Hintner, Otto	Geld-, Bank- und Börsenwesen Ein Handbuch, 39. Aufl., Stuttgart 1993, Kloten/von Stein (Hrsg.) (zit.: Bearbeiter in Obst/Hintner)
Oetker, Hartmut	Der Wandel vom Idealverein zum Wirtschaftsverein, NJW 1991, 385 ff.

O'Kelly, Charles/Thompson, Robert B.   Corporations and other business associations, Aspen Law & Business 1996

Orth, Manfred   Gemeinnützigkeit und Wirtschaftstätigkeit, FR 1995, 253 ff.

ders.   Umstrukturierungsmöglichkeiten für Vereine nach dem neuen Umwandlungsgesetz in: Akdemieschrift 44 der Führungs- und Verwaltungs-Akademie Berlin, Frankfurt/Main 1996, S. 83 ff. (zit.: Profigesellschaften)

ders.   Der gemeinnützige Verein als Unternehmensträger, Jahrbuch der Fachanwälte für Steuerrecht 1993/1994, S. 342 ff

Palandt, Otto   Bürgerliches Gesetzbuch 58. Aufl., München 1999 (zit.: Palandt-Bearbeiter)

Parensen, Andreas   Die Fußball-Bundesliga und das Bosman-Urteil in: EU-Recht und Sport, Walter Tokarski (Hrsg.) Aachen 1998

Perlitz, Uwe/von Winter, Bernd   Vom Sportplatz auf das Börsenparkett, in: Anlage-Management, Deutsche Bank (Hrsg. Ausgabe 7+8/1997, 8 ff.

Planck, Gottlieb   Kommentar zum Bürgerlichen Gesetzbuch, Allgemeiner Teil, 1. Band, 4. Aufl., 1913

Plewka, Harald/Aymans, Klaus   Die „Neuen Märkte" in Europa, DB 1996, 2192 ff.

Potthoff, Volker/Stuhlfauth, Jutta   Der Neue Markt: Ein Handelssegment für innovative und wachstumsorientierte Unternehmen - kapitalmarktrechtliche Überlegungen und Darstellung des Regelwerks, WM Beilage 3/1997

Priester, Hans-Joachim   Mantelverwendung und Mantelgründung bei der GmbH, DB 1983, 2291 ff.

Raiser, Thomas   Mitbestimmungsgesetz, Kommentar, 2. Aufl., Berlin New York 1984

Raspaud, Michel   From Saint-Etienne to Marseilles: tradition and modernity in French soccer and society, in: Game Without Frontiers, Giulianotti/Williams (Hrsg.), Hants (England), Vermont (USA) 1994, 103 ff.

Raupach, Arndt   „Structure follows Strategy" Grundfragen der Organisation des Zivil- und Steuerrechts im Sport - dargestellt am Thema „Profigesellschaften", SpuRt 1995, 241 ff. und SpuRt 1996, 2 ff.

ders.   „Structure follows Strategy" Grundfragen der Organisation des Zivil- und Steuerrechts im Sport - dargestellt am Thema „Profigesellschaften" in: Profigesellschaften für alle Ligen? Akademieschrift 44 der Führungs- und Verwaltungs-Akademie Berlin, S. 5 ff., Frankfurt 1996 (zit.: Profigesellschaften)

Reichert, Bernhard/ van Look, Frank   Handbuch des Vereins- und Verbandsrechts, 6. Aufl., Neuwied 1995

Reichert, Bernhard	Rechtsfragen beim Konkurs von Vereinen mit Profi- und Amateur-abteilungen, in: Grunsky (Hrsg.) Der Sportverein in der wirtschaftlichen Krise, 1990, 1 ff.
Reinhardt, Rudolf	Gesellschaftsrecht, Tübingen 1973 (zit.: Gesellschaftsrecht)
Reuter, Dieter	Rechtliche Grenzen ausgegliederter Wirtschaftstätigkeit von Ideal-vereinen, ZIP 1984, 1052 ff.
Röper, Erich	Zu den Voraussetzungen der Abwälzung der Kosten des Einsatzes auswärtiger Polizeikräfte auf den Veranstalter eines Pop-Konzertes, DVBl. 1981, 778 ff.
Roolf, Willy J.	Die Beteiligung einer gemeinnützigen Körperschaft an Personen- und Kapitalgesellschaften und der wirtschaftliche Geschäftsbetrieb, DB 1985, 1156 ff.
Rosenbach, Georg/ Zieren, Wolfgang	Strukturüberlegungen zur Mantelkaufproblematik, DB 1996, 1643 ff.
Roth, Edgar	Verbandsrechtliches Prüfungs-verfahren - Zulässigkeit, Methode und Auswirkungen - in: Grunsky (Hrsg.) Der Sportverein in der wirtschaftlichen Krise, 1990, 25 ff. (zit.: Roth in Grunsky)
ders.	Die Wirtschaftlichkeitsprüfung als Kernstück einer Lizenzierung, in: Profigesellschaften - Patentrezept für alle Ligen ? Akademieschrift 44 der Führungs- und Verwaltungs-Akademie Berlin, Frankfurt/Main 1996, S. 111 ff. (zit.: Profigesellschaften)

Sachau, Gerhard — Der nichtrechtsfähige Verein als Unternehmer eines Handelsgewerbes, ZHR 56 (1905), 444 ff.

Sack, Rudolf — Der „vollkaufmännische Idealverein" ZGR 1974, 179 ff.

Sauter, Eugen/ Schweyer, Gerhard — Der eingetragene Verein, bearbeitet von Wolfram Waldner und Diana Röseler, 16. Aufl., München 1997

Segna, Ulrich — Bundesligavereine und Börse, ZIP 1997, 1904 ff.

Schad, Peter — E.V. oder Wirtschaftsverein?, Dissertation Stuttgart 1997 (zit.: Wirtschaftsverein)

ders. — Eingetragener Verein oder Wirtschaftsverein?, NJW 1998, 2411 ff.

Schäfer, Bernd — Sportkapitalgesellschaften - Bericht über die Erfahrungen mit der rechtlichen Struktur der Eishockey Liga (DEL), in: Sportkapitalgesellschaften, Urs Scherrer (Hrsg.), Stuttgart 1998

Scherrer, Urs — Keine Aktiengesellschaften im Schweizer Fußball, SpuRt 1995, 88

ders. — Die Aktiengesellschaft im Fußball, SpuRt Beilage Schweiz 2/1997 (Schweizer Ausgabe)

ders. — Optionsrechte: Alternative zu langjährigen Verträgen, SpuRt Beilage Schweiz 6/1996 (Schweizer Ausgabe)

ders. — Langfristige Arbeitsverträge im Fußball, SpuRt Beilage Schweiz 3/1996 (Schweizer Ausgabe)

ders.	Die Aktiengesellschaft im Mannschaftssport, SpuRt 1997, 178
ders.	Die Aktiengesellschaft im Schweizer Fußball, SpuRt 1998, 42 ff. Teil Schweiz (Schweizer Ausgabe)
ders.	Aktiengesellschaft im Fußball eingeführt, SpuRt 1998, 175 f., Teil Schweiz (Schweizer Ausgabe)
ders.	Kapitalgesellschaften im Schweizer Sport, in: Sportkapitalgesellschaften, Urs Scherrer (Hrsg.), Stuttgart 1998
Schick, Stefan/ Rüd, Eberhard	Stiftung und Verein als Unternehmensträger, Stuttgart 1988
Schick, Stefan	Die Beteiligung einer gemeinnützigen Körperschaft an einer GmbH und der wirtschaftliche Geschäftsbetrieb, DB 1985, 1812 ff.
Schlindwein, Hermann	Fallstudie: Gestaltung einer Vermarktungsstruktur, in: Profigesellschaften - Patentrezept für alle Ligen ? Akademieschrift 44 der Führungs- und Verwaltungs-Akademie Berlin, S. 55 ff., Frankfurt/Main 1996, 55 ff (zit.: Profigesellschaften)
Schmidt, Karsten	Gesellschaftsrecht, 3. Aufl., Köln Berlin Bonn München 1997 (zit.: Gesellschaftsrecht)
ders.	Der bürgerlich - rechtliche Verein mit wirtschaftlicher Tätigkeit, AcP 182 (1982), 1 ff.
ders.	Verbandszweck und Rechtsfähigkeit im Vereinsrecht, Heidelberg 1984 (zit.: Verbandszweck)

ders.	Die Abgrenzung der beiden Vereinsklassen, Rpfleger 1972, 286 ff., 343 ff.
ders.	Wirtschaftstätigkeit von „Idealvereinen" durch Auslagerung auf Handelsgesellschaften, NJW 1983, 543 ff.
ders.	Sieben Leitsätze zum Verhältnis zwischen Vereinsrecht und Handelsrecht, ZGR 1975, 477 ff.
ders.	Zur Amtslöschung unrechtmäßig eingetragener Wirtschaftsvereine, NJW 1993, 1225 ff.
ders.	Eintragungsfähige und eintragungsunfähige Vereine, Rpfleger 1988, 45 ff.
ders.	Der Subsidiaritätsgrundsatz im vereinsrechtlichen Konzessionssystem, NJW 1979, 2239 f.
ders.	Obligatorische Nutzungsrechte als Sacheinlagen?, ZHR 154 (1990), 237 ff.
ders.	Der Vereinszweck nach dem Bürgerlichen Gesetzbuch, BB 1987, 556 ff.
ders.	Das Handelsrechtsreformgesetz, NJW 1998, 2161 ff.
Schmidt, Ludwig	Einkommensteuergesetz (Kommentar), 17. Aufl., München 1998
Scholz, Franz	Kommentar zum GmbH-Gesetz I. Band §§ 1-44, 8. Aufl., Köln 1993 II. Band §§ 45-85, 8. Aufl., Köln 1995 (zit.: Scholz/Berabeiter)

Scholz, Rupert/Aulehner Josef

Die „3+2"-Regel und die Transferbestimmungen des Fußballsports im Lichte des europäischen Gemeinschaftsrechts, SpuRt 1996, 44 ff.

Schrader-Rottmers, Wilhelm

Der Begriff des wirtschaftlichen Vereins (§ 22 BGB), 1937 (zit.: Begriff)

Schwark, Eberhard

Börsengesetz, Kommentar zum Börsengesetz und zu den börsenrechtlichen Nebenbestimmungen, 2. Aufl., München 1994

ders.

Das neue Kapitalmarktrecht, NJW 1987, 2041 ff.

Schwierkus, Fredy

Der rechtsfähige ideelle und wirtschaftliche Verein, Dissertation Berlin 1981 (zit.: Rechtsfähiger Verein)

Seibold, Michael/Wichert, Joachim

Die KGaA als Rechtsform für die Profiabteilungen der Vereine der Fußball-Bundesligen, SpuRt 1998, 138 ff.

Soergel, Hans Theodor

Bürgerliches Gesetzbuch mit Einführungs- und Nebengesetzen, Band I Allgemeiner Teil (§§ 1-240), 12. Aufl., Stuttgart Berlin Köln Mainz 1988 (zit.: Soergel-Bearbeiter)

Söffing, Andreas/ Schmalz, Andrea

Bilanzierung von TV-Übertragungsrechten bei Sportveranstaltungen, SpuRt 1994, 222 ff.

Staudinger, Julius von	Kommentar zum Bürgerlichen Gesetzbuch §§ 1-89, 12. Bearbeitung, Berlin 1980 (zit.: Staudinger-Coing) §§ 21-103, 13. Bearbeitung, Berlin 1995 (zit.: Staudinger-Weick)
Steinbeck, Anja Verena/Menke, Thomas	Die Aktiengesellschaft im Profifußball, SpuRt 1998, 226 ff.
Stopper, Martin	Ligasport und Kartellrecht - Die Bündelung von Fernsehübertragungsrechten durch den Deutschen Fußball-Bund im Konflikt mit deutschen und europäischen-Kartellrecht unter besonderer Heranziehung des amerikanischen Antitrust-Rechts, Berlin Bielefeld München 1997
Ströfer, Joachim	„Berufsfußballspieler" als „Aktivposten" in den Steuerbilanzen der Bundesligavereine?, BB 1982, 1087 ff.
Szwarc, Andrzej J	Rechtlicher Status polnischer Sportvereine und -verbände, in: Sportkapitalgesellschaften, Urs Scherrer (Hrsg.), Stuttgart 1998
Taylor, Ian	English football in the 1990s: Taking Hillsborough seriously? in: BritishFootball and Social Change: Getting into Europe, Williams/Wagg (Hrsg.), Leicester 1991, 3 ff.
Tomas, J.	Soccer Czars, Edinburgh 1996 (zit. Czars)
Teubner, Gunther	Organisationsdemokratie und Verbandsverfassung, Tübingen 1978 (zit.: Organisationsdemokratie)

Thiel, Jochen/Eversberg, Horst   Das Vereinsförderungsgesetz und seine Auswirkungen auf das Gemeinnützigkeits- und Spendenrecht, DB 1990, 344 ff.

Tomlinson, Alan   North and South: the rivalry of the Football League and the Football Association, in: British Football and Social Change: Getting into Europe, Williams/Wagg (Hrsg.), Leicester 1991, 25 ff.

Tipke, Klaus/ Kruse, Heinrich Wilhelm   Abgabenordnung Finanzgerichtsordnung Loseblattsammlung, 15. Aufl., Stand: November 1998

Troll, Max   Besteuerung von Verein, Stiftung und Körperschaft des öffentlichen Rechts, 3. Aufl., 1983

Widmann, Siegried/ Mayer, Dieter   Umwandlungsrecht Umwandlungsgesetz, Umwandlungssteuergesetz Kommentar, Band I, Loseblattsammlung Stand: Dezember 1998 (zit.: Bearbeiter in Widmann/Mayer)

Weber, Bernd   Probleme unlizensierter Fan-Artikel im Sport - ein neues Phänomen der Produktpiraterie?, SpuRt 1996, 83 ff.

Weiland, Bernd H.   Keine Lizenzen für bilanzschwache Fußballvereine?, NJW 1978, 737 ff.

Weinreich, Jens   Abschied vom Solidaritätsprinzip, in: Hattrick Fußballmagazin, Ausgabe August/September 1997, 20 ff.

Weiß, Eberhard   Profi-Eishockey und Steuerrecht, SpuRt 1997, 158 ff.

Wertenbruch, Johannes   Der Lizenzspieler als Gläubigersicherheit im Konkurs eines Vereins der Fußballbundesligen, ZIP 1993, 1292 ff.

Westermann, Harm Peter | Zur rechtlichen Beurteilung der Fußballspielerbeteiligungsfonds, ZIP 1991, 705 ff.

Einleitung und Gang der Untersuchung

Wenn in der Tages- und Fachpresse von den Vereinen der ersten und zweiten Fußballbundesliga berichtet wird, so betreffen die Nachrichten nicht nur die sportlichen Erfolge oder Mißerfolge des jeweiligen Klubs. Vielmehr werden oft Vorgänge von den Vereinen gemeldet, die weniger mit dem Sport als mit der Organisation und Verfassung eines Bundesligavereins zusammenhängen. Die Presse berichtet beispielsweise von bedeutenden finanziellen Transaktionen, der erheblichen Verschuldung eines Vereins, von einem Konflikt in der Führungsriege des Klubs oder über Geschehnisse auf einer ungeordneten Mitgliederversammlung.

Angesichts dieser und ähnlicher Meldungen wurde die Diskussion aufgeworfen, ob die gegenwärtige Organisation des Berufsfußballs - insbesondere der Bundesligaklubs - reformbedürftig ist. Maßgeblich beeinflußt wurden die Reformüberlegungen stets von der Frage nach der passenden Rechtsform für die Bundesligavereine. An diese Fragestellung knüpft die vorliegende Arbeit an und untersucht, welche Reformansätze sich aus der gegenwärtigen Organisation ergeben und ob eine Ausgliederung der Berufsfußballabteilung auf andere Rechtsformen Vorteile verspricht.

Derzeit sind alle Bundesligavereine als nichtwirtschaftliche Vereine im Sinne von § 21 BGB in das Vereinsregister eingetragen.[1] Es erscheint allerdings zweifelhaft, ob die Betätigung der Fußballbundesligavereine in der Rechtsform des Idealvereins noch zweckmäßig und insbesondere vereinsrechtlich zulässig ist.

Hinsichtlich der Zulässigkeit der Rechtsform des eingetragenen Vereins ergeben sich Bedenken aus der erheblichen wirtschaftlichen Betätigung, welche die Vereine mittels ihrer Lizenzspielerabteilungen entfalten. Aufgrund dieser Betätigung erscheint eine ideelle Ausrichtung im Sinne von § 21 BGB fraglich.

Außerdem stellt sich angesichts der steigenden Umsätze und der zunehmenden Kommerzialisierung der Berufsfußballabteilungen die Frage, ob der in erster Linie auf eine ideelle Tätigkeit zugeschnittene Idealverein noch die geeignete Rechtsform für die Fußballunternehmen ist.

In steuerlicher Hinsicht ist zu überlegen, ob die Bundesligavereine, die als gemeinnützig anerkannt sind, tatsächlich steuerbegünstigte Zwecke im Sinne des dritten Abschnitts der AO verfolgen. Angesichts der umfangreichen wirtschaftlichen Betätigung der Lizenzfußballabteilungen und der zum Teil erheblichen Verschuldung der Vereine erscheint das zweifelhaft.

---

[1] Allerdings hat die Mitgliederversammlung von Bayer Leverkusen e.V. am 23.1.1999 bereits einer Ausgliederung des Lizenzspielerbereichs einschließlich der Regionalliga- sowie der A- und B- Juniorenmannschaften auf eine Bayer 04 Fußball GmbH zugestimmt. Diese soll noch in der ersten Jahreshälfte 1999 vollzogen werden (RP vom 26.1.1999 „Vorreiter Leverkusen").

Diesen Fragen, die die gegenwärtige Organisation der Bundesligavereine betreffen, wird im ersten Kapitel nachgegangen. Aufgrund der angedeuteten vereins- und steuerrechtlichen Schwierigkeiten wurde den Bundesligavereinen verschiedentlich vorgeschlagen, ihre Wirtschaftstätigkeit auf Kapitalgesellschaften auszugliedern. Obwohl dieser Vorschlag bereits seit längerer Zeit diskutiert wird, wurde die Frage der Ausgliederung erst in den letzten Jahren angesichts ständig steigender Umsätze und konkreter diesbezüglicher Überlegungen einiger Vereine aktuell.

Die Diskussion um die Ausgliederung war schließlich so weit fortgeschritten, daß bereits Ende 1992 ein modernisiertes Verbandsrecht beschlossen werden sollte.[2] Dieses sollte die bis dahin bestehende Regelung, nach der nur Idealvereine am Spielbetrieb der Fußballbundesligen teilnehmen durften,[3] insoweit modifizieren, als den Vereinen ab dem 1. Juli 1993 freigestellt werden sollte, ob sie ihre Lizenzspielerabteilung weiterhin in der Rechtsform des Idealvereins betreiben oder auf eine Kapitalgesellschaft ausgliedern.[4] Die Verabschiedung des Reformvorschlags scheiterte jedoch letztlich am Widerstand der Vereine.

Trotz des vorläufigen Scheiterns wurde die Diskussion um die Ausgliederung der Berufsfußballabteilung von einigen Vereinen fortgeführt.[5] Beflügelt durch die finanziellen Erfolge einiger englischen börsennotierten Profivereine[6] und die Ausgliederungspläne anderer europäischer Spitzenklubs[7] wurde in der Folgezeit auch in Deutschland die Ausgliederungsdiskussion wieder auf eine breitere Basis gestellt.[8] Dies führte schließlich dazu, daß dem Deutschen Fußball-Bund (DFB) Mitte der Neunziger Jahre erneut ein Vorschlag zu einer Satzungsänderung vorgelegt wurde, der vorsah, den Vereinen die Ausgliederung der Berufsfußballabteilungen auf einen externen Rechtsträger verbandsrechtlich zu erlauben.[9]

Über die vorgeschlagene Satzungsänderung haben die Delegierten der Verbände und Vereine (36 Vertreter der einzelnen Profivereine, 137 Vertreter der

---

[2] So der damalige DFB Ligasekretär Wolfgang Holzhäuser am 1.12.1994 in einem Gespräch mit dem Verfasser.

[3] Vgl. §§ 5 lit. c, 7 Nr.1 lit. a DFB-Lizenzspielerstatut a.F.

[4] Vgl. Kicker Sport Magazin vom 6.4.1992 „Die AG oder: Profis arbeiten für Profis".

[5] So etwa vom Bayern München, Hamburger Abendblatt vom 12/13.11.1994 „Beckenbauer will an die Börse".

[6] Siehe hierzu ausführlich Zweites Kapitel Zweiter Abschnitt 1. Berufsfußball im Mutterland des Fußballs.

[7] Diese bestehen etwa bei AC Mailand, Inter Mailand und Feyenoord Rotterdam, FAZ vom 1.3.1997 „Der Weg ist lang, die Börse das Ziel der deutschen Spitzenklubs". Bereits umgesetzt haben diese Pläne Ajax Amsterdam und Lazio Rom (The European vom 4. Mai 1998, S. 46 „New field of play for Lazio"). Siehe außerdem FAZ vom 20.8.1997 „Südeuropas renommierte Fußballklubs stürmen an die Börse" betreffend Atletico Madrid. Zum Ganzen ausführlicher Zweites Kapitel Zweiter Abschnitt 2. Berufsfußball in anderen europäischen Ländern.

[8] Vgl. etwa Handelsblatt vom 18.9.1997 „In spätestens zwei Jahren will Borussia Dortmund an die Börse".

[9] Perlitz/von Winter, S. 8.

Landesverbände, 10 Vertreter der Regionalverbände und 23 Mitglieder aus dem DFB-Vorstand) auf dem ordentlichen Bundestag des DFB am 24. Oktober 1998 abgestimmt. Der Bundestag hat der vorgeschlagenen Satzungsänderung einstimmig zugestimmt. Danach dürfen von nun an die Vereine Ihre Berufsfußballabteilung auf eine Kapitalgesellschaft ausgliedern, die selbst unmittelbar am Spielbetrieb der Lizenzligen teilnimmt.[10]

Entsprechend der nunmehr eröffneten Umstrukturierungsmöglichkeit werden im zweiten Kapitel die Chancen und Risiken einer Ausgliederung der Berufsfußballabteilung auf einen externen Rechtsträger untersucht. Dabei sollen in diesem Kapitel die mit einer Ausgliederung verbundenen Vor- und Nachteile rechtsformunabhängig dargestellt werden.

Schließlich wird im dritten Kapitel die Ausgliederung der Berufsfußballabteilung anhand einzelner Rechtsformen geprüft. Neben der Ausgliederung auf eine AG und GmbH soll auch die eG als Rechtsträger der Lizenzspielerabteilung in Betracht gezogen werden.[11]

Die Aktualität der Ausgliederungsfrage im bezahlten Sport zeigt auch ein Blick auf andere Disziplinen. Denn nicht nur im Berufsfußball, sondern auch in anderen Bereichen des bezahlten Sports - insbesondere im Handball und Eishockey - wurde und wird über eine Ausgliederung der Berufssportabteilung nachgedacht. In der Konsequenz haben 1994 die meisten Teilnehmer der Deutschen Eishockey Liga (DEL) ihre Eishockeyabteilung auf eine GmbH ausgegliedert[12] und der überwiegende Teil der Handballbundesligavereine ihre erste Herren-Mannschaft auf eine GmbH oder GmbH&Co.KG.[13]

Erstes Kapitel: Reformbedürftigkeit der gegenwärtigen Organisation

Erster Abschnitt: Der Fußballbundesligaverein als Idealverein

Alle Vereine der ersten und zweiten Fußballbundesliga sind bisher als Idealvereine im Sinne von § 21 BGB im Vereinsregister eingetragen.[14] Im Unterschied zu wirtschaftlichen Vereinen, die gemäß § 22 Satz 1 BGB Rechtsfähigkeit nur durch staatliche Verleihung erlangen können, erreichen die Idealvereine ihre Rechtsfähigkeit durch bloße Eintragung. Voraussetzung für eine solche

---

[10] Siehe § 1 DFB-Satzung sowie § 7 Nr. 1a DFB-Lizenzspielerstatut. Unmittelbar nach Eröffnung der Ausgliederungsmöglichkeit hat Borussia Mönchengladbach e.V. die VfL Borussia Mönchengladbach AG gegründet, den Lizenzspielbetrieb allerdings zunächst beim Mutterverein belassen (RP vom 26.1.1999 „Schwerer Börsengang").

[11] Siehe zur hier nicht erörterten Ausgliederungsmöglichkeit der Berufsfußballabteilung auf eine Kommanditgesellschaft auf Aktien Doberenz, Grundlagen, S. 135; Siebold/Wichert, SpuRt 1998, 138 ff.; Habel/Strieder NZG 1998, 929 ff.

[12] SZ vom 15.9.1994 „Der Zoo zwischen Aufbruchstimmung und Skepsis"; vgl. dazu auch Hoffmann, SpuRt 1994, 24 ff. Siehe zur rechtlichen Struktur des deutschen Profi-Eishockeys Schäfer, 17 ff.

[13] PHBSportrecht, Summerer, S. 106, Rz. 68.

[14] Siehe aber zu der bei Bayer Leverkusen e.V. geplanten Ausgliederung Fußnote 1.

Eintragung ist die nichtwirtschaftliche Ausrichtung des Vereins zum Zeitpunkt der Eintragung. Allerdings muß der Verein auch in der Folgezeit seines Bestehens nichtwirtschaftlich im Sinne von § 21 BGB ausgerichtet sein.

Es stellt sich die Frage, ob die Fußballbundesligavereine in diesem Sinne nichtwirtschaftlich ausgerichtet sind, oder ob sie sich unternehmerisch im Sinne von § 22 Satz 1 BGB betätigen. Zur Beantwortung dieser Frage soll zunächst die Entwicklung der Vereine von deren Gründung bis zur Gegenwart in rechtstatsächlicher Hinsicht dargestellt werden. Im Anschluß an die Rechtstatsachen sollen die Vereinsklassen zunächst abstrakt abgegrenzt werden, um anschließend die gewonnenen Ergebnisse auf die Fußballbundesligavereine anzuwenden.

I. Rechtstatsächliche Entwicklung der Vereine

Die Gründung und Eintragung der meisten Bundesligavereine erfolgte, wie bereits einige Vereinsnamen vermuten lassen, um die Jahrhundertwende. So wurden etwa Schalke 04 und Bayer 04 Leverkusen im Jahre 1904, der Sportverein KFC Uerdingen 05 im Jahre 1905[15] und BV 09 Borussia Dortmund 1909 gegründet.[16] Der in der Satzung verankerte Zweck der neu gegründeten Sportvereine bestand in der Pflege der Kameradschaft, der körperlichen Ertüchtigung oder in der Pflege und Entwicklung des Fußballsports.[17]

Zu dieser Zeit stand die aktive sportliche Betätigung der Vereinsmitglieder im Vordergrund. Die Vereine bildeten einen Zusammenschluß Gleichgesinnter, die sich zwecks besserer Organisation und Kostenersparnis zusammengefunden hatten, um gemeinsam Sport zu treiben. So wurde auch das für diese Tätigkeit erforderliche Vereinsvermögen zunächst ausschließlich aus Beiträgen der Mitglieder oder durch Spenden von Freunden und Förderern des ideellen Zwecks gewonnen. Die Sportler wurden weder für ihre Tätigkeit bezahlt noch wurden ursprünglich für die sportlichen Veranstaltungen Eintrittsgelder verlangt. Erst später begannen die Vereine, die sportliche Tätigkeit ihrer Mitglieder durch den Verkauf von Eintrittskarten zu vermarkten.[18]

---

[15] Nachdem sich der Sponsor Bayer vom Verein zurückgezogen hatte, hat Bayer Uerdingen sich umbenannt und den Zusatz „Bayer" aus seinem Namen gestrichen. Siehe dazu auch SZ vom 4/5.3.1995 „Zähe Umkehr in die Normalität".

[16] Aber auch die Bundesligavereine aus deren Namen sich nicht unmittelbar das Gründungsjahr ergibt, sind fast ausnahmslos um die Jahrhundertwende gegründet worden. So wurde etwa der FC Bayern München, Borussia Mönchengladbach und der 1. FC Kaiserslautern 1900 gegründet. Bereits im letzten Jahrhundert gegründet wurden beispielsweise Werder Bremen, VfB Stuttgart, Karlsruher SC, Eintracht Frankfurt, Hamburger SV, VfL Bochum, vgl. Kicker Sonderheft Bundesliga 94/95, S. 110 ff.

[17] Vgl. zu den unveränderten satzungsmäßigen Zielsetzungen der Fußballbundesligavereine die Nachweise in den Fußnoten 68 ff.; siehe auch Knauth, Rechtsformverfehlung, S. 16.

[18] Siehe die ausführliche Darstellung der Entwicklung bei Knauth, Rechtsformverfehlung, S. 15 ff.

Die heutigen Bundesligavereine verfolgten also zur Zeit ihrer Gründung um die Jahrhundertwende satzungsmäßig und in tatsächlicher Hinsicht ausschließlich ideelle Ziele. Es besteht daher kein Zweifel, daß die Vereine zu dieser Zeit nichtwirtschaftliche Vereine im Sinne von § 21 BGB waren und daher zu Recht als solche in das Vereinsregister eingetragen wurden.

Die Tätigkeit dieser Vereine hat sich jedoch in den letzten Jahrzehnten erheblich verändert. Die Fußballvereine gingen dazu über, Eintrittsgelder für die sportlichen Veranstaltungen zu erheben. Das führte zwar zu erhöhten Einnahmen des Vereins, die letztlich den Mitgliedern, wie zum Beispiel durch den Bau von Sportstätten, zugute kamen. Allerdings begab sich der Verein durch die Erhebung von Eintrittsgeldern in eine finanzielle Abhängigkeit von den zahlenden Zuschauern, weil mit wachsenden Einnahmen auch der Bedarf an finanziellen Mitteln stieg. So verlangte der zahlende Zuschauer, daß ihm für sein Eintrittsgeld attraktiver Fußball geboten wird. Das wiederum führte dazu, daß die Spieler mehr und mehr beruflich trainieren mußten, um den gestellten Anforderungen gerecht zu werden. Sie forderten deshalb eine finanzielle Beteiligung an den Einnahmen.

Zwar ließ sich eine Bezahlung der Spieler kaum mit deren Amateurstatus vereinbaren, dennoch erhielten die Sportler - zunächst relativ geringe - Zuwendungen. Diese wurden im Laufe der Zeit kontinuierlich erhöht. Wegen der Unvereinbarkeit mit dem Amateurstatus erfolgten die Leistungen an die Spieler zum Teil versteckt. Angesichts der zunehmenden Professionalität im Spitzenfußball und dem Bedürfnis, die Akteure offiziell entlohnen zu können, wurde schließlich 1963 die Fußballbundesliga eingerichtet. Seitdem werden die Wettkämpfe offiziell von Berufsfußballspielern ausgetragen.[19] Die Entlohnung der Spieler erschöpft sich heute aber nicht mehr in Zuwendungen im Sinne einer Aufwandsentschädigung. Vielmehr werden inzwischen erhebliche Gehälter gezahlt, aufgrund derer viele Berufsfußballspieler heute zu den Spitzenverdienern zu zählen sind.

Das Durchschnittsjahresgehalt der Spieler der ersten Bundesliga erreichte 1993 DM 280.000,-- und das der Spieler der zweiten Bundesliga DM 120.000.[20] Seitdem sind die Gehälter ständig gestiegen. Zwar stellt ein Jahreseinkommen von mehr als einer Million DM noch immer die Ausnahme dar, ist aber bei Spitzenverdienern unter den Spielern keine Seltenheit mehr. So erhielt Thomas Häßler in Karlsruhe 1,3 Millionen DM.[21] In Hamburg soll Yordan Letschkov mehr als eine Million DM im Jahr verdient haben.[22] In Dortmund erhielt der Stürmer Karl-Heinz Riedle 1,8 Millionen DM pro Jahr[23] und Krassimir Ballakow

---

[19] Gemäß § 7 Nr. 1 lit. b DFB-Lizenzspielerstatut muß ein Fußballbundesligaverein mindestens 12 Lizenzspieler unter Vertrag haben.
[20] So der Vorsitzende der Vereinigung der Vertragsfußballspieler e.V. Lottermann, zitiert nach Raupach, Profigesellschaften, S. 13.
[21] SZ vom 3.8.1994 „Heiße Spekulation um Häßler".
[22] Frankfurter Rundschau vom 11.2.1994 „Letschkov bleibt bis 1998".
[23] Der Spiegel Heft 31/1993, S.172 „Liga des Leichtsinns".

in Stuttgart 2,5 Millionen DM.[24] Nach Angaben von Uli Hoeneß, dem Manager des FC Bayern München, verdient beim FC Bayern München keiner der 15 besten Spieler weniger als eine Million DM pro Jahr.[25] Bei Borussia Dortmund sollen die Jahresgehälter der Lizenzspieler insgesamt 50 Millionen DM pro Jahr erreichen.[26]

Aber nicht nur die Spielergehälter sind gestiegen. Auch als Trainer einer Fußballbundesligamannschaft kann ein siebenstelliger Jahresverdienst erzielt werden. So zahlte beispielsweise Bayer 04 Leverkusen seinem Cheftrainer Stepanovic ein Jahresgehalt von einer Million DM. Zudem erhielt der Trainer vom Werksverein aufgrund vorzeitiger Vetragsauflösung eine Abfindung in Höhe von 500.000,-- DM.[27] In München soll der Trainer Giovanni Trapattoni im Rahmen seines ersten Arbeitsvertrages etwa 1,5 Millionen DM im Jahr verdient haben.[28]

Neben den klassischen Einkunftsarten haben die Vereine zudem neue Einnahmequellen erschlossen. Insbesondere bedeuten der Verkauf der Übertragungsrechte für die Bundesliga- und Europacupspiele an TV-Anstalten sowie die Vermarktung der Fanartikel und die sonstige Werbetätigkeit erhebliche Mehreinnahmen für die Vereine. So planten die 18 Bundesligaklubs für die Saison 1994/1995 Fernsehgelder und Werbeeinnahmen in Höhe von knapp 200 Millionen DM ein.[29] Der Fanartikel Umsatz erreichte in dieser Saison 34 Millionen DM.[30] Insgesamt erhielten die Vereine der ersten und zweiten Bundesliga durch einen Fünfjahresvertrag mit ISPR/SAT 1 bis 1997 etwa 700 Millionen DM brutto für die Überlassung der TV-Übertragungsrechte hinsichtlich der Fußballbundesligen.[31] Von dieser Summe erhielt jeder Erstligaverein bis 1997 jährlich 4,3 Millionen DM.[32] Aufgrund eines neu ausgehandelten Vertrages erhalten die 36 Profivereine seit der Saison 1997/1998 180 Millionen DM pro Saison von SAT 1. Der Pay-TV-Kanal Premiere zahlt dem DFB seit der Saison 1996/1997 etwa 80 Millionen DM für die Übertragungsrechte von zwei live Spielen pro Woche.[33] Insgesamt erhielten die 36 Profivereine in der Saison 1997/1998 knapp 255 Millionen DM allein aus dem Verkauf der TV-Rechte am Liga-

---

[24] SZ vom 15/16.2.1997 „Die Reichen an die Börse, Hasardeure an die Wand".

[25] Zitiert nach der FAZ vom 15.9.1997 „Hoeneß vergleicht den FC Bayern schon mit der Telekom".

[26] SZ vom 31.7.1997 „Immobilienprojekte, Börsengang und ein bißchen Pipifax".

[27] SZ vom 10.4.1995, vgl. auch Der Spiegel Heft 3/1993, S. 148 ff. „Tricks von Onkel Reiner".

[28] SZ vom 26.4.1994 „Trapattoni unterschreibt".

[29] Kicker Sonderheft Bundesliga 94/95 a.a.O.

[30] Weber, SpuRt 1996, 83, 83.

[31] Der Spiegel Heft 31/1993, S. 170 „Liga des Leichtsinns".

[32] Der Spiegel Heft 43/1992, S. 261 „Schwarze Kasse mit 73 Pfennig".

[33] Stopper, S. 31. Nach Angaben der SZ erhält der DFB lediglich 75 Millionen DM (SZ vom 6.8.1996 „Fußball boomt wie nie zuvor").

Spielbetrieb.[34] Neben den Fernseheinnahmen aus den Ligaspielen kann ein Verein bei entsprechender Qualifikation TV-Gelder in beträchtlicher Höhe aus den internationalen Pokalwettbewerben erzielen.[35] Die ständige TV-Präsenz der Kicker hat auch den Werbewert ihrer Trikotaufschriften erhöht. Dementsprechend haben sich die Einnahmen aus der Trikotwerbung von 1989 bis 1993 von etwa 17 Millionen auf knapp 34 Millionen nahezu verdoppelt.[36] Für die Saison 1995/1996 investierten die Werbepartner der Vereine den bis dahin höchsten Betrag in Höhe von 46,15 Millionen DM für die Trikotwerbung.[37] Für die Saison 1997/1998 erhielten die 18 Erstligavereine etwa 78 Millionen DM und für die laufende Saison knapp 104 Millionen DM.[38]

Anhand dieser Zahlen wird deutlich, daß die ursprüngliche Finanzierung der Vereine, nämlich zunächst durch Mitgliedsbeiträge sowie später durch die Erhebung von Eintrittsgeldern, immer mehr durch Einnahmen aus Vermarktungstätigkeiten verdrängt wird.[39] Obwohl beispielsweise der FC Bayern München mit etwa 75.000 Mitgliedern der mit Abstand mitgliederstärkste Bundesligaverein ist, machen die Mitgliedsbeiträge weniger als 4% des Gesamthaushaltes des Vereins aus.[40] Erzielte der FC Bayern München 1980 noch 70% aller Einnahmen der Berufsfußballabteilung durch Eintrittsgelder, so waren es 1990 noch 45%,[41] 1996 nur noch 20%[42] und 1997 lediglich 15%.[43] Als Fernziel strebt der FC Bayern München eine Finanzierung des Vereins an, die unabhängig von etwaigen Zuschauereinnahmen ist.[44]

---

[34] SZ vom 15/16.2.1997 „Die Reichen an die Börse, Hasardeure an die Wand". Die Steigerungsmöglichkeiten in diesem Bereich macht ein Blick auf die nordamerikanische Football League (NFL) deutlich. Diese erhält für die Fernsehübertragungsrechte von 1998 bis zum Jahr 2005 jährlich 2,2 Milliarden US-Dollar (etwa 4 Milliarden DM) (SZ vom 15.1.1998 „Koste es, was es wolle").

[35] Borussia Dortmund erzielte durch Erreichen des UEFA-Pokal-Finals 1993 Mehreinnahmen in Höhe von etwa 24 Millionen DM, Der Spiegel Heft 31/1993, S. 170 „Liga des Leichtsinns". Bayern München konnte durch die Teilnahme an der Champions League Einnahmen in Höhe von etwa 20 Millionen DM erzielen, U. Hoeneß in FOCUS Heft 26/1995, S. 156 „Der 100-Millionen-Kassensturz".

[36] Der Spiegel Heft 31/1993, S. 171 „Liga des Leichtsinns".

[37] SZ vom 28.7.1995 „Schmerzmittel statt Magentabletten".

[38] Spitzenreiter in der Saison 1997/1998 war Dortmund mit 10 Millionen DM Werbeeinnahmen von S.Oliver, es folgten Wolfsburg (8 Mio DM von VW) Stuttgart und Leverkusen (etwa jeweils 7 Mio DM von Göttinger Gruppe und Bayer), Bayern München (6 Mio DM von Opel), Schalke (erfolgsabhängig 4 bis 7,5 Mio DM von Veltins), Mönchengladbach (4,3 DM von Mio Maxdata) und Bremen (4 Mio DM von o.tel.o) (SZ vom 21/22.6.1997 „Trikotsponsoren der Bundesligisten"). Siehe für die Saison 1998/1999 SZ vom 1.8.1998 „Unbetrübte Werbeflächen". Da inzwischen zahlreiche Verträge ein erfolgsabhängiges Entgelt vorsehen, kann der für die Saison 1998/1999 genannte Wert nach oben oder unter abweichen.

[39] Zur Finanzierung des Amateursports durch den Berufsfußball siehe Fußnote 230.

[40] SZ vom 29.1.1997 „Für den Börsengang fehlt nur noch der letzte Kick".

[41] U. Hoeneß, Schriftenreihe des Württembergischen Fußballverbandes, S. 6/7.

[42] So U. Hoeneß in der SZ vom 6.8.1996 „Fußball boomt wie nie zuvor".

[43] Handelsblatt vom 25.9.1997 „Bayern München träumt von der Börse".

[44] F. Beckenbauer in der SZ vom 10.7.1996 „Den Fan auf Null runterfahren".

Dennoch sind die Zuschauerzahlen - absolut betrachtet - erheblich gestiegen. Besuchten 1984 noch durchschnittlich etwa 20.000 Zuschauer ein Fußballspiel der ersten Bundesliga, so kamen 1993 bereits knapp 28.000,[45] und in der Saison 1994/1995 stieg die Zuschauerzahl auf über 30.000 Besucher pro Bundesligaspiel.[46] Insgesamt kalkulierten die 18 Vereine der ersten Fußballbundesliga für die Saison 1994/1995 mit Zuschauereinnahmen in Höhe von 130,2 Millionen DM.[47]

Die zunehmende wirtschaftliche Tätigkeit der Bundesligavereine wird auch durch die ständig steigenden Umsatzvolumina dokumentiert. So hat sich der Umsatz der Vereine der ersten Bundesliga innerhalb von 6 Jahren mehr als verdoppelt. Wurden in der Saison 1987/1988 noch etwa 120 Millionen DM von den Klubs umgesetzt, so waren es in der Saison 1993/94 bereits knapp 300 Millionen.[48] Diese Rekordsumme wurde allerdings durch die Etatplanungen der folgenden Jahre überschritten. Der Gesamtetat der Vereine der ersten Fußballbundesliga betrug in der Saison 1994/1995 347,3 Millionen DM. In der folgenden Saison 1995/1996 wurde ein Gesamtetat von 417,6 Millionen DM erreicht. In der Saison 1996/1997 erzielten die Vereine den bisherigen Rekordumsatz von 975,61 Millionen DM.[49] Voraussichtlich wird in der 1998 endenden Saison der Gesamtumsatz der Vereine der ersten Bundesliga erstmals eine Milliarde DM übersteigen.[50]

Der Etat der Zweitligavereine erreichte für die Saison 1994/95 etwa 110 Millionen DM. Für die Saison 1995/1996 kalkulierten die Zweitligavereine mit einem um etwa 20 Millionen DM auf 131 Millionen DM erhöhten Etat.[51]

Wie weit die Kommerzialisierung im Berufsfußball fortgeschritten ist, zeigen auch die, aus Managersicht durchaus naheliegenden, Überlegungen einiger deutscher Vereine, sich gegen die finanziellen Folgen möglichen sportlichen Erfolges zu versichern. Durch solche Versicherungen, die von Klubs in Italien, England und der Schweiz bereits abgeschlossen werden, sollen insbesondere die hohen, möglicherweise die Millionengrenze überschreitenden Siegprämien

---

[45] Der Spiegel Heft 31/1993, S. 171 „Liga des Leichtsinns".

[46] SZ vom 6/7.5.1995 „Wirtschaftsphänomen Fußball-Bundesliga".

[47] Siehe im einzelnen dazu Kicker Sonderheft Bundesliga 94/95, S. 190 f. „Kassenkampf".

[48] Der Spiegel Heft 31/1993, S. 171 „Liga des Leichtsinns".

[49] Den größten Umsatz erzielten Bayern München (165,2 Mio DM) und Borussia Dortmund (129,7 Mio DM) gefolgt von Schalke (70 Mio DM), HSV (56,48 Mio DM), Gladbach (55 Mio DM), Bremen (53 Mio DM), Leverkusen (49 Mio DM), Stuttgart (46 Mio DM), Duisburg (45,39 Mio DM), Kaiserslautern (42,9 Mio DM), Karlsruhe (40 Mio DM), München 1860 (38,7 Mio DM), Bochum (38 Mio DM), Bielefeld (35 Mio DM), Hertha (35 Mio DM), Köln (35 Mio DM), Rostock (33,2 Mio DM) und Wolfsburg (8 Mio DM). Die Zahlen beruhen auf den Angaben der letzten Jahreshauptversammlung des jeweiligen Vereins (zitiert nach Die Welt vom 11.12.1997 „Die Zukunft der Fußball-Bundesliga steht auf dem Spiel").

[50] Vgl. auch Handelsblatt vom 1/2.8.1997 „Die finale Kommerzialisierung des Fußballs steht bevor".

[51] FAZ vom 4.8.1995 „Zweite Klasse ohne Klassenbewußtsein".

nicht nur bezahlbar, sondern vor allem kalkulierbar gemacht werden.[52] Die erheblichen finanziellen Auswirkungen sportlichen Erfolges zeigen etwa die von Borussia Dortmund anläßlich des Gewinns der Deutschen Meisterschaft 1995 zusätzlich gezahlten Prämien in Höhe von 80.000,-- DM pro Spieler. Da insgesamt 22 Spieler während der Saison zum Einsatz kamen, zahlte der Verein insgesamt 1,76 Millionen DM Meisterschaftsprämie.[53] Bayern München zahlte seinen Spielern in der Saison 1997/1998 für das Erreichen des Viertelfinales in der Champions League 150.000,-- DM pro Spieler.[54]

In diesem Zusammenhang stellt sich die Frage, inwieweit auch die mit einem sportlichen Abstieg verbundenen finanziellen Nachteile versichert werden könnten.[55] Die Versicherung diese Risikos ist zwar denkbar, allerdings ergeben sich Bedenken daraus, daß sich die finanziellen Folgen eines sportlichen Abstiegs kaum beziffern lassen. Denn die fiktive wirtschaftliche Entwicklung des Vereins bei Nichtabstieg aus der ersten Bundesliga läßt sich kaum verläßlich berechnen. Selbst wenn eine fiktive Versicherungssumme vereinbart wird, bestehen dahingehend Zweifel, ob ein Versicherer ein derartiges Risiko zu Konditionen abzudecken bereit ist, die für den Verein wirtschaftlich sinnvoll sind.[56]

Die bei den Gehaltszahlungen zu beobachtende Entwicklung hatte sich auch auf die bisher üblichen Ablöse- bzw. Transferzahlungen ausgewirkt. Wechselte ein Berufsfußballspieler den Verein, so war der den Spieler aufnehmende Verein bisher verpflichtet, an den abgebenden Verein eine sogenannte Transfersumme zu zahlen. Boten vor noch 10 Jahren die Millionengrenze überschreitende Ablösesummen Anlaß zur Diskussion, so stellte seit Beginn der neunziger Jahre eine solche Ablösesumme in der bis 1997 geltenden Ablösesummenpraxis keine Besonderheit mehr dar. So zahlte Borussia Dortmund für Karl-Heinz Riedle 9,5 Millionen DM an Rom[57] und Borussia Mönchengladbach sicherte sich für 7 Millionen DM die Dienste von Stefan Effenberg.[58] Der Transfer von Thomas Doll und Thomas Häßler nach Italien brachte den Vereinen Köln und Hamburg 1992 jeweils einen Erlös von etwa 17 Millionen DM ein,[59] der

---

[52] Der Spiegel Heft 46/1993, S. 220 „Kräftig geblutet". Neuerdings bieten mit der Albingia und Deutsche Lloyd auch zwei Versicherungen in Deutschland eine derartige Versicherung gegen die finanziellen Folgen des Erfolges an. Die Versicherungen bieten eine Versicherung betreffend die Auszahlung von Spielerprämien bis zu einer Summe von 2,5 Millionen DM für den Fall eines Pokalsieges oder einer Endspielteilnahme im DFB-Pokal an (Magdeburger Volksstimme vom 28.8.1998 „Wenn der Sieg zu teuer wird").
[53] SZ vom 20.6.1995 „80 000 pro Mann".
[54] SZ vom 26.11.1997 „Heißer Tanz in Istanbul".
[55] Zu Überlegungen, den Abstieg aus Gründen der wirtschaftlichen Kalkulierbarkeit abzuschaffen, siehe Fußnote 1050.
[56] Letztlich ergeben sich auch im Hinblick auf § 61 VVG Probleme. So könnte der Verein absichtlich absteigen, um etwa bestehende wirtschaftliche Schwierigkeiten durch eine fällig werdende hohe Versicherungssumme zu beseitigen.
[57] SZ vom 3.2.1994 „Riedles Leidensweg nimmt kein Ende".
[58] SZ vom 2.3.1995 „Effenberg bleibt Borusse".
[59] Der Spiegel Heft 43/1992, S.261 „Schwarze Kasse mit 73 Pfennig".

10

Torwart Oliver Kahn wechselte für 4,8 Millionen von Karlsruhe nach München.[60] Insgesamt investierten die Vereine in der Saison 1995/1996 knapp 115 Millionen DM für neue Spieler.[61]

Durch das sogenannte Bosman-Urteil des Europäischen Gerichtshofes vom 15.12.1995[62] hat sich die bisherige Ablösesummenpraxis erheblich geändert. In seinem Urteil vom 15.12.1995 hat der Europäische Gerichtshof festgestellt, daß die von der UEFA und den ihr angehörenden nationalen Fußballverbänden aufgestellten Regeln über den grenzüberschreitenden Transfer von Spielern mit den Bestimmungen des EG-Vertrages über die Freizügigkeit der Arbeitnehmer nicht vereinbar sind. Nach diesen Regeln konnte ein bezahlter Fußballspieler auf nationaler Ebene und im Bereich der Europäischen Gemeinschaft nur dann den Verein wechseln, wenn der aufnehmende an den abgebenden Verein eine Transfersumme zahlte. An diesen Bestimmungen scheiterte der Transfer des bei einem belgischen Verein angestellten Spielers Bosman zu einem Verein in Frankreich. Daraufhin hat der betroffene Fußballspieler Bosman seinen Verein, den belgischen Fußballverband und die UEFA vor einem belgischen Gericht verklagt. Auf dessen Ersuchen überprüfte der Europäische Gerichtshof die Transferregeln auf ihre Vereinbarkeit mit dem EG-Vertrag und stellte fest, das die Ablösesummenpraxis gegen Artikel 48 EG-Vertrag (EGV) verstößt.[63] Da Artikel 48 EGV in seiner Auslegung durch den EuGH unmittelbar anzuwenden ist und auch nicht zur Disposition des nationalen Gesetzgebers oder der nationalen Sportverbände steht, darf die bisherige Ablösesummenpraxis innerhalb der EU nicht mehr ausgeübt werden.

Dennoch ist davon auszugehen, daß auch in Zukunft ein der bisherigen Ablösesummenpraxis ähnliches wirtschaftliches Ergebnis durch andere Praktiken erreicht wird. So könnten beispielsweise die Vereine entweder unbefristete Verträge mit sehr langen Kündigungsfristen mit ihren Spielern abschließen oder befristete Arbeitsverträge mit dem Ausschluß der ordentlichen Kündigung vereinbaren. Bei vorzeitiger Beendigung eines solchen Arbeitsvertrages bestünde für die Beteiligten weitgehend Gestaltungsfreiheit hinsichtlich der Bemessung der Entschädigung.[64]

Der DFB und die 36 Bundesligavereine vereinbarten zunächst hinsichtlich der Transferzahlungen für Spielerwechsel innerhalb Deutschlands eine Übergangsregelung. Nach dieser Regelung war bei einem Spielerwechsel in der Saison 1996/1997 in der Regel weiterhin eine Transferentschädigung zu zahlen, jedoch nur noch in Höhe von 50% der bisher üblichen Zahlung.[65] Die Übergangs-

---

[60] SZ vom 8.2.1994 „Leihweise die Kosten senken".
[61] SZ vom 14.7.1995 „Fußball-Bundesligisten im Kaufrausch".
[62] EuGH-Urteil vom 15.12.1995, Rs. C-415/93, abgedruckt in SpuRt 1996, 59 ff.
[63] Ausführlich hierzu etwa Fischer, SpuRt 1996, 1 f., 43 ff, Hilf/Pache, NJW 1996, 1169 ff, Arens, SpuRt 1996, 39 ff, besonders kritisch Scholz/Aulehner, SpuRt 1996, 44 ff.
[64] Arens, SpuRt 1996, 39, 40 f.; zur gleichgelagerten Problematik in der Schweiz Scherrer, SpuRt 1996, Beilage Schweiz 3/1996 und Beilage Schweiz 6/1996.
[65] § 29 DFB-Lizenzspielerstatut in seiner für 1996/1997 gültigen Fassung.

regelung endete am 1.7.1997. Zwar war beabsichtigt, ab August 1997 ein indi-
viduelles Poolsystem einzuführen, das auf einen Finanzausgleich zwischen den
Vereinen abzielt.[66] Das Poolsystem wurde jedoch letztlich nicht eingeführt. Außerdem haben der DFB und die 36 Bundesligavereine eine Änderung des DFB-
Lizenzspielerstatuts beschlossen, wonach jeder Verein und jeder Spieler eines
Vereins das Recht haben, den jeweiligen Arbeitsvertrag - soweit er vor Erlaß
des Bosman-Urteils abgeschlossen wurde - um ein Jahr zu verlängern. Die Option darf nur einmal ausgeübt werden.[67]

Trotz der zunehmenden Kommerzialisierung und der Umsatzsteigerungen,
die nahezu ausschließlich auf die Aktivitäten der Berufsfußballabteilungen zurückzuführen sind, haben die meisten Vereine die Förderung des Berufssports
nicht als satzungsmäßiges Ziel vorgesehen. Vielmehr sollen laut Satzung nach
wie vor die gleichen, ausschließlich ideellen Ziele wie vor 100 Jahren verfolgt
werden. So sehen die Satzungen Ziele wie etwa „die Förderung des Sports"[68],
„die körperliche und seelische Erziehung ..(der).. Mitglieder durch planmäßige
Pflege der Leibesübungen, insbesondere durch Ertüchtigung der Jugend"[69]
oder „die Hebung und Förderung der körperlichen Ertüchtigung durch Leibesübungen aller Sportarten"[70] vor. Zwar haben viele Vereine in ihren Satzungen
geregelt, daß auch eine Lizenzfußballabteilung unterhalten werden darf.[71] Aber
dennoch wird die Förderung des Lizenzfußballs in der Satzung nicht ausdrücklich zum Vereinszweck erklärt.[72]

II. Die Abgrenzung zum wirtschaftlichen Verein

Ein Verein ist gemäß § 21 BGB ein Idealverein, wenn sein „Zweck nicht auf einen wirtschaftlichen Geschäftsbetrieb gerichtet ist". Dabei läßt der Wortlaut von
§ 21 BGB offen, in welchem Verhältnis Zweck und Geschäftsbetrieb zueinander
stehen. Insbesondere geht daraus nicht klar hervor, ob sich die Abgrenzung der
Vereinsklassen nach dem Zweck oder der Tätigkeit des Vereins beurteilen
muß.[73] Es haben sich daher diesbezüglich verschiedene Ansichten herausgebildet.

---

[66] Siehe dazu Parensen, 126 f. sowie Anhang zu § 29 DFB-Lizenzspielerstatut in seiner für
1996/1997 gültigen Fassung.
[67] Arens/Jaques, S. 41. Zu rechtlichen Bedenken gegen die Wirksamkeit dieser Regelung
siehe auch Nasse, SpuRt 1997, 45, 46 ff.
[68] § 2 der Satzung des FC Bayern München.
[69] § 2 der Satzung des MSV Duisburg.
[70] § 2 der Satzung des 1. FC Nürnberg (vor der Spartenaufteilung).
[71] So etwa § 2 der Satzung von Borussia VfL 1900 e.V. Mönchengladbach, § 2 Abs. 3 der
Satzung des HSV.
[72] So auch Kebekus, Alternativen, S. 51; Fuhrmann, SpuRt 1995, 12, 13. Vgl. aber § 2 der
Satzung von Borussia VfL 1900 e.V. Mönchengladbach, der die Überschrift „Zweck des
Vereins" trägt; siehe dazu auch Fußnote 214.
[73] Vgl. zur Kritik am Wortlaut der §§ 21, 22 BGB Hemmerich, Möglichkeiten und Grenzen, S.
39 m.w.N.

12

1. Meinungsstand

a) Subjektive Theorie

Die subjektive Theorie stellt für die Vereinsklassenabgrenzung auf den Endzweck des Vereins ab. Endzweck in diesem Sinne meint das Ziel, das der Verein letztlich anstrebt. Auf davor liegende Zwecke (Zwischenzwecke) soll es nicht ankommen. Soweit der Endzweck des Vereins in der Befriedigung ideeller Bedürfnisse der Mitglieder bestehe, handele es sich um einen Idealverein. Bezwecke der Verein dagegen die Befriedigung wirtschaftlicher Bedürfnisse, so sei er als wirtschaftlicher Verein zu qualifizieren.[74]

Begründet wird diese Ansicht unter anderem mit der ursprünglich vom Gesetzgeber vorgesehenen Fassung des § 21 BGB. Danach sollten Vereine zu „gemeinnützigen, wohltätigen, geselligen, wissenschaftlichen, künstlerischen oder anderen nicht auf einen wirtschaftlichen Geschäftsbetrieb gerichteten Zwecken"[75] nichtwirtschaftliche Vereine im Sinne des § 21 BGB sein. Aus dieser ursprünglichen Fassung soll folgen, daß für die Zugehörigkeit zu einer Vereinsklasse der Endzweck des Vereins maßgeblich sei. Da aber der Gesetzgeber durch die Streichung der beispielhaften Aufzählung keine inhaltliche Änderung der Vorschrift habe erreichen wollen,[76] müsse auch nach erfolgter Neufassung die Abgrenzung anhand des Endzwecks bestimmt werden. Dem Geschäftsbetrieb käme lediglich Indizwirkung für einen nichtideellen Zweck zu.[77]

Die subjektive Theorie wirft Bedenken auf. Zwar ist ihr zuzugeben, daß durch die Abweichung der gegenwärtigen Fassung von der Reichstagsvorlage wohl keine inhaltliche Änderung der Norm beabsichtigt war. Allerdings folgt daraus nicht notwendig die Richtigkeit der subjektiven Theorie. Denn umgekehrt könnten die aufgezählten ideellen Zwecke auch Indizwirkung für das Fehlen eines wirtschaftlichen Geschäftsbetriebs haben. Dann würde die wirtschaftliche Tätigkeit des Vereins und nicht ein übergeordneter Endzweck des Vereins Abgrenzungskriterium sein.[78]

Letztlich spricht aber gegen die subjektive Theorie ihre Annahme, der Endzweck eines Vereins könne „als solcher" jeweils aus sich selbst heraus bestimmt werden. Soweit ersichtlich, haben Vertreter der subjektiven Theorie nie die von den Kommissionsmitgliedern aufgeworfene Frage beantwortet, ob der Endzweck eines Vereins - als entscheidendes Abgrenzungskriterium - aus der Vereinssatzung und/oder der Vereinstätigkeit zu ermitteln ist. Die Rechtsprechung war der Auffassung, der Endzweck sei durch den Richter „an Hand des Statuts oder der Satzung" zu ermitteln. Daraus wurde gefolgert, daß es auf da-

---

[74] Hölder, DJZ 1900, 412, 412 f.; Bolm, Vereinsklassen, S. 33 ff.; Goldberg, Wirtschaftlicher Verein, S. 28 ff.; vgl. auch K. Schmidt, Rpfleger 1972, 286, 289 m.w.N.

[75] Vgl. Mugdan I, S. 603 f.

[76] Mugdan I, S. 955, 997, 999.

[77] Koepchen, DJZ 1913, 1296, 1298; OLG Stuttgart OLGZ 1970, 416, 417 f.

[78] K. Schmidt, Rpfleger 1972, 286, 289.

13

zwischen liegende Zwecke (Zwischenzweck), die dem Endzweck dienen, nicht ankomme.[79] Zieht man allerdings nur den in der Satzung niedergelegten Zweck zur Bestimmung des Endzwecks und damit als Abgrenzungskriterium heran, so werden den Vereinsgründern erhebliche Umgehungsmöglichkeiten eröffnet. Diese könnten durch einen in der Satzung vorgeschobenen ideellen (End)Zweck den wirtschaftlichen Charakter ihres Verbandes verbergen.[80] Beispielhaft sei dazu der vom Reichsgericht entschiedene Fall eines sogenannten „Sterbeunterstützungsvereins" erwähnt. Gemäß seiner Satzung schien der Verein ausschließlich ideelle Ziele zu verfolgen (u.a. Unterstützung von in Not geratenen Mitgliedern). In Wahrheit war er von Vorstandsmitgliedern und Agenten einer Versicherungsgesellschaft als kaufmännisch eingerichteter Versicherungsvermittlungsbetrieb gegründet worden, um die von einer Agentur angeworbenen Mitglieder zum Abschluß von Sterbe- und ähnlichen Versicherungsverträgen zu bewegen.[81] Dieses Beispiel zeigt, daß bei der Analyse des Vereinszwecks im Sinne von § 21 BGB auch die Tätigkeit des Vereins berücksichtigt werden muß. Das wird letztlich auch durch die Regelung des § 43 Abs. 2 BGB bestätigt, nach der die Abweichung des tatsächlich verfolgten Zwecks vom statutarischen Zweck zum Verlust der Rechtsfähigkeit führen kann. Danach muß also auch die tatsächliche Tätigkeit des Vereins die Vereinsklassenabgrenzung einfließen. Die subjektive Theorie ist daher insgesamt nicht überzeugend und gilt heute zu Recht als überwunden.[82] Die in den Satzungen der Fußballbundesligavereine verankerten ideellen Zwecksetzungen können daher für sich allein nicht dazu führen, die Vereine als Idealvereine im Sinne von § 21 BGB einzuordnen.

b) Objektive Theorie

Nach der streng objektiven Theorie soll für die Vereinsklassenabgrenzung ausschließlich die Tätigkeit des Vereins im Rechtsverkehr von Bedeutung sein. Soweit der Verein tatsächlich wirtschaftlich tätig werde, müsse er als wirtschaftlicher Verein im Sinne von § 22 BGB qualifiziert werden. Nach dieser von *Planck* vertretenen Auffassung ist ein wirtschaftlicher Verein immer gegeben, wenn „die Produktion oder der Umsatz wirtschaftlicher Güter geschäftsmäßig betrieben wird (also nicht nur in Einzelfällen). Die Absicht, dadurch einen Gewinn zu erzielen, ist nicht erforderlich."[83] Keine Bedeutung soll dem Endzweck

[79] RG JW 1931, 3109, 3111; OLG Hamburg OLGE 15, 323, 323.
[80] Heckelmann, AcP 179 (1979), 1, 20 f.
[81] RGZ 154, 343, 343 ff.
[82] So im Ergebnis auch Hemmerich, Möglichkeiten und Grenzen, S. 55; K. Schmidt, Rpfleger 1972, 286, 289, ders., Verbandszweck, S. 101; Heckelmann, AcP 179 (1979), 1, 21; Reuter in MünchKomm, BGB, §§ 21, 22 Rdnr. 5; Kebekus, Alternativen, S. 11; Knauth, Rechtsformverfehlung, S. 37 m.w.N.
[83] Planck, BGB, § 21 Anm. 2.

14

des Vereins zukommen. Denn es sei unerheblich, welchen Zwecken eine etwaige wirtschaftliche Tätigkeit letztlich diene.[84]

Da sich die objektive Tätigkeit eines Vereins in der Regel mit seinem subjektiven Zweck deckt, will die objektive Theorie nur die Fälle erfassen, in denen der Verein objektiv eine andere Tätigkeit ausübt als subjektiv vorgesehen. Da sie dadurch dem Gläubigerschutz und damit den Bedenken gegen die subjektive Theorie Rechnung trägt, ist ihr insofern zuzustimmen. Sie berücksichtigt allerdings die Interessen des Vereins nur ungenügend, da sie den Endzweck des Vereins außer acht läßt.

Nahezu jeder Verein entfaltet bestimmte wirtschaftliche Mindestaktivitäten. Diese sind in Hilfs- und Nebengeschäfte zu unterteilen. Hilfsgeschäfte sind Teilausführungshandlungen der Ausübung des statutarischen Vereinszwecks. Solche Geschäfte, beispielsweise der Erwerb von Spielgeräten, sind zur Zweckerreichung erforderlich und beeinträchtigen - da nicht geschäftsmäßig betrieben - auch nach der objektiven Theorie die Eintragungsfähigkeit des Vereins nicht.

Nebengeschäfte sind alle sonstigen Geschäfte des Vereins, die außerhalb des statutarischen Vereinszwecks liegen.[85] Als Nebengeschäft wäre beispielsweise der Verkauf von Fanartikeln, das Betreiben des Annoncengeschäfts mittels der Vereinszeitschrift oder der Betrieb einer auch der Öffentlichkeit zugänglichen Clubgaststätte zu qualifizieren. Da der die auch öffentliche Gaststätte betreibende Sportverein, wenn auch nur als Nebengeschäft, geschäftsmäßig wirtschaftliche Güter - nämlich Speisen und Getränke - umsetzt, müßte er bei Anwendung der objektiven Theorie als wirtschaftlicher Verein qualifiziert werden, weil diese eben keine Rücksicht auf Nebengeschäfte nimmt. Bedeutungslos wäre in diesem Zusammenhang die Frage, ob der Umsatz mit oder ohne Gewinnerzielungsabsicht betrieben wird, da dieses Merkmal nach der von *Planck* vertretenen objektiven Theorie keine Bedeutung hat.

Da es nach der objektiven Theorie nicht auf den Endzweck des Vereins ankommt, würde ein Nebengeschäft geringen Umfangs auch dann zur Versagung der Eintragungsfähigkeit führen, wenn es einem ideellen Endzweck des Vereins untergeordnet ist.[86] Eine solche Beschränkung und die damit einhergehende Zugangsbeschränkung zur Rechtsfähigkeit lag aber nicht in der Absicht des Gesetzgebers.[87] Soweit also nach der objektiven Theorie jedes Nebengeschäft unabhängig von der statutarischen Zwecksetzung des Vereins seiner Eintragungsfähigkeit entgegenstehen soll, ist diese Theorie abzulehnen.

---

[84] Planck, BGB, § 21 Anm. 2; Levis, DJZ 1901, 479, 479 f.; Nitschke, S. 123 f. insbesondere Fußnote 45, Sachau ZHR 56, 444, 468 f.
[85] Zur parallelen Abgrenzung bei der eG Meyer/Meulenbergh/Beuthien, GenG, § 1 Rdnr. 8.
[86] Vgl. Soergel-Hadding, BGB, §§ 21, 22 Rdnr. 20.
[87] Mugdan I, S. 827; vgl. auch K. Schmidt, Rpfleger 1972, 286, 289; Knauth, Rechtsformverfehlung, S. 38.

Allein aufgrund des von ihnen betriebenen geschäftsmäßigen Umsatzes wirtschaftlicher Güter können die Fußballbundesligavereine daher nicht als wirtschaftliche Vereine eingeordnet werden.

c) Gemischte Theorie

Die gemischte Theorie, die auch vermittelnde Theorie genannt wird, sucht die Unzulänglichkeiten der beiden vorgenannten Lösungsansätze zu vermeiden.[88] Nach der gemischten Theorie ist ein wirtschaftlicher Verein dadurch gekennzeichnet, daß er nicht nur einen wirtschaftlichen Hauptzweck hat, sondern diesen auch mittels eines wirtschaftlichen Geschäftsbetriebs tatsächlich verfolgt. Dementsprechend ist ein nichtwirtschaftlicher Verein dadurch geprägt, daß er einen ideellen Hauptzweck hat, den er auch tatsächlich verfolgt.

Den wirtschaftlichen Geschäftsbetrieb bestimmt diese Ansicht als eine Tätigkeit, durch die der Verein unmittelbare wirtschaftliche Vorteile für sich oder seine Mitglieder erstrebt.[89] Ein solcher wirtschaftlicher Geschäftsbetrieb mache den Verein aber erst dann zu einem wirtschaftlichen Verein, wenn er einem wirtschaftlichen Hauptzweck des Vereins diene. Der Hauptzweck des Vereins sei anhand des Wortlauts der Satzung des Vereins zu ermitteln.[90] Diene dagegen der wirtschaftliche Geschäftsbetrieb lediglich einem Nebenzweck, so stehe das der Eintragung nicht im Wege.[91] Die wirtschaftliche Tätigkeit sei dann vom sogenannten Nebenzweckprivileg gedeckt.[92] Nach dieser Theorie soll es für die Vereinsklassenabgrenzung also sowohl auf den Zweck als auch auf die Tätigkeit des Vereins ankommen.

Durch die weite Formulierung kann die gemischte Theorie die Nachteile der rein subjektiven und der streng objektiven Abgrenzungsmethode vermeiden. Allerdings führte die weite Formulierung zu einer gewissen Unsicherheit. So wurde an der Theorie kritisiert, daß nicht deutlich sei, ob in Zweifelsfällen letztlich der Hauptzweck oder die wirtschaftliche oder nichtwirtschaftliche Haupttätigkeit über die Abgrenzung der Vereinsklassen entscheiden soll.[93] Hierzu soll später noch ausführlicher Stellung genommen werden.[94]

---

[88] RGZ 133, 170, 176 f.; BGHZ 15, 315, 319; Enneccerus/Nipperdey, AT § 107 II 1 S. 643; Lehmann/Hübner, AT § 61 I 5 a S. 446; ähnlich auch Staudinger-Coing, BGB, § 21 Rdnr. 8.
[89] BGHZ 15, 315, 319 f.; Staudinger-Coing, BGB, § 21 Rdnr. 8; vgl. auch die Nachweise bei Schwierkus, Rechtsfähiger Verein, S. 8 Fußnote 2.
[90] BGH a.a.O.; Enneccerus/Nipperdey, AT § 107 II 2 S. 644; ähnlich Staudinger-Coing, § 21 Rdnr. 8.
[91] RGZ 133, 170, 176 f.; 154, 343, 354; BGHZ 15, 315, 319.
[92] Siehe dazu ausführlich unter III. Das Nebenzweckprivileg.
[93] K. Schmidt, AcP 182 (1982), 1, 11; ders. Verbandszweck, S. 103; vgl. auch Reuter in MünchKomm, BGB, §§ 21, 22 Rdnr. 6.
[94] Siehe 2.b)cc) Einheitlicher Tatbestand des wirtschaftlichen Vereins.

16

d) Die These vom vollkaufmännischen Verein

Eine weitere Abgrenzungsmethode ist von *Sack* vorgeschlagen worden.[95] *Sack* zieht zur Abgrenzung der Vereinsklassen die §§ 1 ff. HGB a.f. (in der Fassung bis zum 30. 6.1998) heran. Er setzt den wirtschaftlichen Geschäftsbetrieb mit dem Begriff des Handelsgewerbes im Sinne der §§ 1 ff. HGB a.f. gleich. Danach soll ein Verein, der entsprechend den §§ 1 ff. HGB a.f. als vollkaufmännisch einzuordnen wäre, ein wirtschaftlicher Verein im Sinne von § 22 BGB sein. Der nach diesen Vorschriften lediglich minderkaufmännisch tätige Verein falle dagegen analog § 4 Abs. 2 HGB a.f. unter § 21 BGB.[96]

Sack begründet seinen Vorschlag mit der ursprünglichen gesetzgeberischen Zielsetzung. Danach habe sich der Gesetzgeber bei der Abgrenzung zwischen BGB-Gesellschaft und Personenhandelsgesellschaft von derselben Zielsetzung leiten lassen, wie bei der Abgrenzung zwischen wirtschaftlichem und nichtwirtschaftlichem Verein. In beiden Fällen sei die entscheidende Frage gewesen, unter welchen Voraussetzungen eine Personenvereinigung dem Handelsgesellschaftsrecht zu unterstellen sei.[97] Da die Zielsetzung des Gesetzgebers in beiden Fällen dieselbe gewesen sei, müßten auch die Unterscheidungskriterien einheitlich ausgelegt werden. Die oben genannten Abgrenzungskriterien des HGB könnten daher für das Vereinsrecht übernommen werden.

An den bisherigen Abgrenzungsversuchen kritisiert *Sack*, daß sie zu einer Dreiteilung führen würden, nämlich von Idealverein, vollkaufmännischen Verein und Wirtschaftsverein. Eine solche Dreiteilung widerspreche aber der Gesetzessystematik. Denn diese stelle ausschließlich auf den Ideal- und Wirtschaftsverein ab, sehe also lediglich eine Zweiteilung vor.[98]

Der von *Sack* gemachte Vorschlag stößt aus mehreren Gründen auf Bedenken. Zunächst spricht gegen die von *Sack* entwickelte Abgrenzungsformel, daß durch die Neufassung des Kaufmannsbegriffs mit Wirkung zum 1. 7.1998 die ohnehin mit Abgrenzungsschwierigkeiten verbundene Unterscheidung zwischen Vollkaufmann und Minderkaufmann weggefallen ist. Eine Abgrenzung der Vereinsklassen nach der von *Sack* vorgeschlagenen Formel würde daher in Zukunft voraussetzen, nicht mehr geltendes Recht anzuwenden. Die Abgrenzungsmethode erscheint bereits aus diesem Grund wenig praktikabel.

Aber selbst wenn man das bis zum 30.6.1998 geltende Kaufmannsrecht zugrunde legt, stößt die Abgrenzungsmethode von *Sack* auf Bedenken. Denn der Vorschlag von *Sack* berücksichtigt nicht die Sperrfunktion der §§ 21, 22 BGB gegenüber den Genossenschaften. Wie sich aus der Entstehungsgeschichte der §§ 21, 22 BGB ergibt, haben diese Vorschriften auch den Zweck, genos-

---

[95] Sack, ZGR 1974, 179 ff. In diese Richtung jetzt auch Schad, Wirtschaftsverein, S. 138.
[96] Sack, ZGR 1974, 179, 186. Zur Neuregelung des Kaufmannsbegriffs ab 1.7.1998 siehe etwa K. Schmidt, NJW 1998, 2161 ff.
[97] Sack, ZGR 1974, 179, 187.
[98] Sack, ZGR 1974, 179, 186.

senschaftlich strukturierte Vereine auf die zur Verfügung stehenden Rechtsformen des Handelsrechts zu verweisen. So lautete § 1 Abs. 1 des von *Schultze-Delitzsch* vorgelegten Entwurfs eines Vereinsgesetzes von 1869 wie folgt:

"Vereinigungen von nicht geschlossener Mitgliederzahl zu einem in den Gesetzen nicht verbotenen Zwecke, insofern sie nicht zu den im Allgemeinen Deutschen Handelsgesetzbuch aufgeführten Handels- oder den Versicherungsgesellschaften, sowie zu dem im Gesetze vom 4.Juli 1868 für den Norddeutschen Bund[99] charakteristischen Erwerbs- und Wirtschaftsgenossenschaften gehören, und auch sonst nicht auf den Erwerb, Gewinn oder einen eigentlichen Geschäftsbetrieb abzielen, erhalten die Rechte eines anerkannten Vereins nach Inhalt des gegenwärtigen Gesetzes und den nachstehenden Bedingungen."[100]

Der zitierte Entwurf von *Schultze-Delitzsch* geht davon aus, daß genossenschaftlich strukturierte Vereinigungen keine Rechtsfähigkeit als Idealverein erhalten sollen. Die heutige Fassung des § 21 BGB und der verwendete Begriff des Geschäftsbetriebs gehen auf den Gesetzesentwurf von *Schultze-Delitzsch* zurück. Deshalb muß sich die Auslegung des heutigen § 21 BGB am Entwurf von *Schultze-Delitzsch* orientieren. Dem Begriff „Geschäftsbetrieb" muß daher auch Abgrenzungsfunktion gegenüber den Genossenschaften zukommen.[101] Daraus folgt für die Auslegung des heutigen § 21 BGB, das genossenschaftlich strukturierte Vereine primär über die Handelsgesetze Rechtsfähigkeit erlangen müssen.

Daraus folgt gleichzeitig die Kritik an der von Sack vertretenen Auffassung: Die von Sack vorgeschlagene Gleichsetzung von wirtschaftlichem Verein und Vollkaufmann würde der vorgenannten Auslegung und Abgrenzungsfunktion des Begriffs "Geschäftsbetrieb" nur dann gerecht werden, wenn jeder genossenschaftlich strukturierte Verein Vollkaufmann im Sinne der §§ 1 ff. HGB a.F. wäre.[102] Denn nur dann wäre nach der Ansicht von *Sack* dem betreffenden Verein (als Vollkaufmann) die Erlangung der Rechtsfähigkeit durch Eintragung versagt. Da aber nicht jeder genossenschaftlich strukturierte Verein notwendig Vollkaufmann im Sinne der §§ 1 ff. HGB a.F. ist, könnten minderkaufmännisch oder nichtkaufmännisch betriebene, genossenschaftlich strukturierte Vereine Rechtsfähigkeit durch Eintragung erlangen. Das steht im Widerspruch zu der sich aus der historischen Auslegung ergebenden Abgrenzungsfunktion des Begriffs „Geschäftsbetriebes", die nicht nach vollkaufmännisch und minderkaufmännisch unterscheidet. Die von *Sack* vorgeschlagene Gleichsetzung von wirtschaftlichem Verein und Vollkaufmann konnte sich daher auch unter der bis

---

[99] Abgedruckt bei Beuthien/Hüsken/Aschermann, S. 17 ff.
[100] Zitiert nach Staudinger-Weick, BGB, § 21 Rdnr. 2.
[101] Reuter in MünchKomm, BGB, 21, 22, Rdnr. 21; Staudinger-Weick, BGB, § 21 Rdnr. 2.
[102] K. Schmidt, ZGR 1975, 477, 483. Zur Gewinnerzielungsabsicht der eG, die nach h.M Voraussetzung der Kaufmannseigenschaft ist, Beuthien, 100 Jahre Genossenschaft, S. 11.

18

zum 30.6.1998 geltenden Bestimmung des Kaufmannsbegriffs zu Recht nicht durchsetzen.[103]

e) Die Typenbildung

Gleichfalls aus neuerer Zeit stammt die auf *K. Schmidt* [104] zurückgehende und in Schrifttum[105] und Rechtsprechung[106] nahezu einhellig auf Zustimmung gestoßene Abgrenzungsmethode der Typenbildung. Nach dieser Ansicht soll sich die Bestimmung des wirtschaftlichen Vereins vornehmlich nach dem Sinn und Zweck der §§ 21, 22 BGB - insbesondere nach deren Funktion im Verbandsrecht - bestimmen. Ausgangspunkt ist dabei die Erkenntnis, daß wirtschaftlich tätige Personenvereinigungen grundsätzlich erhöhten Schutzvorschriften, insbesondere Schutzvorschriften zugunsten der Gläubiger, zu unterstellen seien. Da solche Vorschriften kaum im BGB-Vereinsrecht, sondern in erster Linie im Aktiengesetz, GmbH-Gesetz und Genossenschaftsgesetz bestünden, sei es Hauptaufgabe von § 22 BGB, wirtschaftlich tätige Vereinigungen diesen Normen - insbesondere den Normativvorschriften betreffend die wirtschaftlichen Sondervereine - zu unterstellen.[107] Dies würden die §§ 21, 22 BGB dadurch erreichen, daß unternehmerisch tätigen Vereinen die Eintragungsfähigkeit und somit grundsätzlich auch die Rechtsfähigkeit nach BGB-Vereinsrecht versagt wird.[108]

Aus dieser Auslegung der §§ 21, 22 BGB folge zugleich, daß es nicht einen einheitlichen Tatbestand gebe, unter den sich jeder wirtschaftliche Verein subsumieren lasse. So könnten Kapitalgesellschaften grundsätzlich zu jedem beliebigen Zweck gegründet werden. Da auch die Merkmale des § 1 GenG aus wechselnden tatsächlichen Bedürfnissen erwachsen seien und nicht aus dem Bestreben, eine scharf konturierte Rechtsform zu schaffen, sei auch die genossenschaftliche Förderung im Sinne des § 1 GenG ein unscharfes Rechtsbild. Um dem Schutzzweck der §§ 21, 22 BGB zu entsprechen, müsse der wirtschaftliche Verein daher anhand von Typen bestimmt werden. Danach sei ein Verein als wirtschaftlich zu qualifizieren, wenn er aufgrund seiner Tätigkeit einem der nachfolgend näher beschriebenen Typen des wirtschaftlichen Vereins zugeordnet werden könne.[109]

---

[103] K. Schmidt, ZGR 1975, 477, 481 f.; Soergel-Hadding, BGB, §§ 21, 22 Rdnr. 22 m.w.N.
[104] Grundlegend K. Schmidt, Rpfleger 1972, 286 ff., 343 ff.
[105] BGB-RGRK-Steffen, § 21 Rdnr. 5; Reuter in MünchKomm, BGB, §§ 21, 22 Rdnr. 9, 13, 17; Soergel-Hadding, BGB, §§ 21, 22 Rdnr. 24 bis 30; Staudinger-Coing, BGB, § 21 Rdnr. 8; Palandt-Heinrichs, BGB, §§ 21, 22 Rdnr. 3; Eyles, NJW 1996, 1994, 1995 f.; kritisch Flume, AT § 4 II 1 S. 105 ff.
[106] BayObLG MDR 1978, 843, 843; OLG Düsseldorf Rpfleger 1979, 259, 259 f.; LG Hamburg NJW-RR 1986, 417, 417 f., LG Chemnitz DtZ 1994, 412, 412.
[107] K. Schmidt, AcP 182 (1982), 1, 12 f.; vgl. auch Ott in AK-BGB, §§ 21, 22 Rdnr. 7.
[108] K. Schmidt, NJW 1979, 2239, 2239 f.; ders., AcP 182 (1982), 1, 12, 34.
[109] K. Schmidt, AcP 182 (1982), 1, 12.

Da die Vertreter dieser Ansicht den Schutzzweck der handelsrechtlichen Normativbestimmungen und daher auch den Zweck der §§ 21, 22 BGB unterschiedlich weit fassen, besteht Uneinigkeit, welche Typen des wirtschaftlichen Vereins im einzelnen anzuerkennen seien. Folgende Typen des wirtschaftlichen Vereins werden vorgeschlagen:

aa) Volltypus des unternehmerischen Vereins

Dieser Verein sei dadurch gekennzeichnet, daß er eine dauerhafte, planmäßige, anbietende[110] und entgeltliche Tätigkeit an einem äußeren Markt durch Geschäftsabschlüsse mit Dritten entfalte.[111] Da durch eine derartige unternehmerische Tätigkeit grundsätzlich Gläubiger gefährdet würden, sei er als wirtschaftlicher Verein zu qualifizieren. Auf eine Gewinnerzielungsabsicht des Vereins für sich oder seine Mitglieder komme es allerdings nicht an.[112]

bb) Verein mit unternehmerischer Tätigkeit an einem inneren Markt

Dieser Typus unterscheide sich von dem erstgenannten dadurch, daß die unternehmerische Tätigkeit an einem Markt entfaltet werde, bei der die Marktgegenseite die Mitglieder des Vereins seien. Dies träfe insbesondere auf Vereine zu, die ähnlich der in § 1 Abs. 1 Nr. 1, 5 und 7 GenG genannten Genossenschaften strukturiert seien.[113] Auch wenn zu diesem Markt nur die Mitglieder des Vereins Zugang hätten, seien sie einem über das BGB-Vereinsrecht hinausgehenden Gläubigerschutz zu unterstellen.[114]

cc) Typus der genossenschaftlichen Kooperation

Zum Typus der genossenschaftlichen Kooperation zählt *K. Schmidt* den Verein, der ausgelagerte Teilfunktionen von den Unternehmen wahrnimmt, die als Mitglieder dem Verein angeschlossen sind. Dabei sei es nicht erforderlich, daß der Verein nach außen tätig werde. Durch die Ausübung der unternehmerischen Tätigkeiten für seine Mitglieder werde der Verein selbst unternehmerisch tätig und gefährde dadurch regelmäßig Gläubigerinteressen.[115] Im Unterschied zum Volltypus des unternehmerischen Vereins könne beim genossenschaftlichen

---

[110] A.A. Mummenhoff, Gründungssysteme, S. 112, 150, der auch eine abnehmende Tätigkeit als gläubigergefährdend erachtet und daher ausreichen läßt. So auch Flume AT § 4 II 1 S. 108.
[111] K. Schmidt, Rpfleger 1972, 286, 291 f.; ders., AcP 182 (1982), 1, 16 f.; ders., Verbandszweck, S. 105.
[112] K. Schmidt, NJW 1983, 543, 545; Ott in AK-BGB, §§ 21, 22 Rdnr. 27; LG Hamburg NJW-RR 1986, 417, 417 f.
[113] K. Schmidt, Rpfleger 1972, 343, 347 f.; ders., AcP 182 (1982), 1, 16; zustimmend Soergel-Hadding, BGB, §§ 21, 22 Rdnr. 28; Staudinger-Coing, BGB, § 21 Rdnr. 8.
[114] K. Schmidt, Verbandszweck, S. 144 ff.
[115] K. Schmidt, Rpfleger 1972, 343, 346 f.; ders., AcP 182 (1982), 1, 17.

20

Typus hinsichtlich der Beziehung zwischen Verein und Mitglied auf das Merkmal der Entgeltlichkeit verzichtet werden.[116]

Entspricht die Tätigkeit eines Vereins einem dieser drei Typen, so soll die Eintragung als nichtwirtschaftlicher Verein aus Gründen des Gläubigerschutzes grundsätzlich, das heißt vorbehaltlich des Nebenzweckprivilegs,[117] nicht möglich sein. Insoweit besteht unter den Vertretern der Typenordnung weitgehend[118] Einigkeit. Unterschiedlich wird allerdings beurteilt, inwieweit daneben die im folgenden genannten Typen des wirtschaftlichen Vereins anzuerkennen sind.

dd) Mitgliederschutz als Abgrenzungskriterium

Reuter,[119] *Hemmerich,*[120] *Heckelmann*[121] und einige weitere Stimmen in der Literatur[122] sehen neben dem Gläubigerschutz im Mitgliederschutz einen weiteren Zweck der Normativbestimmungen des Handelsrechts. Daher müsse auch der Mitgliederschutz als Abgrenzungskriterium bei der Vereinsklassenbestimmung herangezogen werden.
Danach müsse die von *K. Schmidt* entwickelte Typologie um einen weiteren Typus, den Verein mit vermögensrechtlich ausgestalteter Mitgliedschaft, ergänzt werden.[123] Eine solche Ausgestaltung soll vorliegen, wenn das Mitglied wegen zu erwartender finanzieller Nachteile das ihm zustehende Austrittsrecht nicht unvoreingenommen wahrnehmen könne.[124] Das sei insbesondere dann anzunehmen, wenn die Vereinsbeiträge wie eine Geschäftseinlage ausgestaltet seien.[125]
Aus der Anerkennung des Mitgliederschutzes als Abgrenzungskriterium folgert *Reuter,* daß als ein weiterer Typus des wirtschaftlichen Vereins der Vermögensverwaltungsverein anzuerkennen sei.[126] Zu diesem Vereinstypus seien insbesondere die vereinsförmigen Gemeinschaftseinrichtungen von Nichtunternehmen zu rechnen sowie der Familienverein, der aus verschiedenen Werten bestehendes Vermögen im Interesse der Familienmitglieder verwalte.[127]

---

[116] K. Schmidt, Rpfleger 1972, 343, 346.
[117] Dazu sogleich unter III. Das Nebenzweckprivileg.
[118] Zurückhaltend bezüglich des dritten Typs BGHZ 45, 395, 397.
[119] Reuter in MünchKomm, BGB, §§ 21, 22 Rdnr. 11 ff.
[120] Hemmerich, Möglichkeiten und Grenzen, S. 49 ff.
[121] Heckelmann, AcP 179 (1979), 1, 34 ff.
[122] Larenz, AT § 10 I 2b S. 153; Reinhardt, S.136; Kebekus, Alternativen, S. 28; a.A. K. Schmidt, AcP 182 (1982), 1, 15.
[123] Hemmerich, a.a.O.
[124] So auch Heckelmann, AcP (179), 1, 36 f.
[125] Hemmerich, Möglichkeiten und Grenzen, S. 52 f.
[126] Reuter in MünchKomm, BGB, §§ 21, 22 Rdnr. 34; Staudinger-Weick, BGB, § 21 Rdnr. 8.
[127] So im Ergebnis auch Flume, AT § 4 II 1 S. 106; Schwierkus, Rechtsfähiger Verein, S. 173 ff.; vgl. auch Mummenhoff, Gründungssysteme, S.113 ff.

2. Stellungnahme

Bei der Abgrenzung des wirtschaftlichen vom nichtwirtschaftlichen Verein sind zwei Fragen voneinander zu trennen. Einerseits ist zu überlegen, ob sich die Abgrenzung subjektiv am Zweck des Vereins, objektiv an dessen Tätigkeit oder an beidem zu orientieren hat. Andererseits stellt sich die Frage, ob es einen Einheitstatbestand des wirtschaftlichen Vereins gibt, oder ob die Abgrenzung der Vereinsklassen im Wege der Typenbildung erfolgen muß. Um diese Fragen zu beantworten, ist zunächst der Schutzzweck der §§ 21, 22 BGB näher zu untersuchen.

a) Schutzzweck der §§ 21, 22 BGB[128]

aa) Gläubigerschutz

Nach ganz überwiegender Meinung soll § 22 BGB sicherstellen, daß auf einen Verein, der sich wirtschaftlich betätigt, die gläubigerschützenden Normativvorschriften des Handelsrechts Anwendung finden.[129] Insoweit soll § 22 BGB gläubigerschützende Funktion zukommen.[130]

Begründet wird diese Ansicht mit dem vergleichsweise gering ausgeprägten Gläubigerschutz des BGB-Vereinsrechts, der sich im wesentlichen in der Konkursantragspflicht des Vorstandes nach § 42 Abs. 2 BGB sowie den Vorschriften über die Liquidation des Vereins in den §§ 51 bis 53 BGB erschöpfe.

Im Gegensatz zum Aktiengesetz, GmbH-Gesetz und Genossenschaftsgesetz (§§ 7, 36 Abs. 2, 37 AktG; §§ 5, 7 Abs. 2, 8 Abs. 2, 9, 9a, 9b GmbHG; §§ 57 ff. AktG; §§ 30 ff. GmbHG; vgl. auch §§ 2, 6 Ziffer 3, 11a GenG) beinhalte das BGB-Vereinsrecht keine Regelungen über die Aufbringung und Erhaltung eines bestimmten Mindestkapitals. Auch eine Überprüfung des Gründungsvorganges sei nach dem BGB-Vereinsrecht im Unterschied zu den Handelsgesellschaften nicht erforderlich (vgl. §§ 32 ff. AktG; § 9c GmbHG; §§ 11, 11a GenG).

Außerdem bestehe überhaupt kein Gläubigerschutz in Form von Bilanzierungs- und Publizitätspflichten. Denn beim Idealverein fehlen die bei den wirtschaftlichen Sondervereinen bestehenden Bilanzierungs- und Publizitätspflichten (vgl. §§ 150 ff. AktG; §§ 41 ff. GmbHG; § 33 GenG).

Würde es jeder Personenvereinigung unabhängig vom Umfang ihrer wirtschaftlichen Tätigkeit freistehen, die Rechtsfähigkeit über das BGB-

---

[128] Zum allgemeinen Sozialschutz als Zurechnungskriterium im Holdingverein siehe Drittes Kapitel Erster Abschnitt IV. 1. b) cc) Sozialschutz als Zurechnungskriterium.

[129] Zurückhaltend bezüglich eines Rechtsformzwanges aufgrund von Gläubigerschutz, Reuter in MünchKomm, BGB, §§ 21, 22, Rdnr. 30.

[130] Vgl. RGZ 133, 170, 174; BGHZ 45, 395, 397; BGHZ 85, 84, 88; BVerwG NJW 1998, 1166, 1166; K. Schmidt, Verbandszweck, S. 92; Hemmerich, Möglichkeiten und Grenzen, S. 47; Reuter in MünchKomm, BGB, §§ 21, 22 BGB Rdnr. 10; Soergel-Hadding, BGB, §§ 21, 22 Rdnr. 25; Sauter/Schweyer, Rdnr. 42.

Vereinsrecht zu erlangen, so wäre eine Umgehung der vergleichsweise strengen Normativbestimmungen des Aktiengesetzes, des GmbH-Gesetzes und des Genossenschaftsgesetzes zu befürchten. Daher soll § 22 BGB sicherstellen, daß Vereinigungen, die sich in potentiell gläubigergefährdender Weise wirtschaftlich betätigen, die Rechtsfähigkeit grundsätzlich nicht über das BGB-Vereinsrecht erlangen können.[131]

Der wohl einhelligen Meinung, nach der § 22 BGB gläubigerschützende Funktion zukommt, ist aus den dargestellten Gründen zuzustimmen.

bb) Mitgliederschutz

Während der Gläubigerschutz als Schutzzweck von § 22 BGB wohl unstreitig im Rahmen der Vereinsklassenabgrenzung zu berücksichtigen ist, wird die Frage, ob dies auch auf den Mitgliederschutz zutrifft, unterschiedlich beantwortet.[132] Diese Frage soll im folgenden näher untersucht werden. Dabei ist zwischen dem Schutz des einzelnen Mitglieds und dem Schutz der Mitgliedergesamtheit zu unterscheiden.

aaa) Schutz des einzelnen Vereinsmitglieds

Zum Schutz des einzelnen Mitglieds hat *Heckelmann*[133] ausgeführt, daß das Austrittsrecht nach § 39 BGB das einzige Mindest-Steuerungsinstrument des Mitglieds sei. Alle anderen wesentlichen Schutzvorschriften seien abdingbar. So könne durch geschickte Satzungsgestaltung der Vorstand weitgehend autonom konstruiert werden und die Einflußmöglichkeiten der Mitglieder bis auf das Austrittsrecht zurückgedrängt werden. Aber selbst der Mindestschutz nach § 39 BGB würde ins Leere gehen, wenn das Mitglied sein Austrittsrecht wegen zu befürchtender finanzieller Nachteile nicht wahrnehmen würde. Derartige Nachteile seien zu befürchten, wenn die Verbundenheit zwischen Verein und Mitglied nicht ideeller, sondern wirtschaftlicher Natur sei. Bei derartigen Konstellationen erfordere die innere Verbandsstruktur weitere, über das BGB hinausgehende, Mitgliederschutzvorschriften. Daher sei bei wirtschaftlicher Verbundenheit von Verein und Mitglied ein wirtschaftlicher Verein gegeben, der sich grundsätzlich gemäß § 22 BGB den strengeren Mitgliederschutzvorschriften der vereinsrechtlichen Sondergesetze des Handelsrechts unterwerfen müsse.[134]

Auch *Hemmerich*[135] will den Mitgliederschutz in die Vereinsklassenabgrenzung einfließen lassen. Allerdings soll nach ihrer Ansicht nicht jede wirtschaftliche Verbundenheit von Verein und Mitglied zu einem Rechtsformzwang führen.

---

[131] Vgl. die in der vorhergehenden Fußnote Genannten.
[132] Vgl. hierzu im Jahre 1937 bereits Schrader-Rottmers, Begriff, S. 37 f.
[133] Heckelmann, a.a.O.
[134] Heckelmann, AcP 179 (1979), 1, 37; vgl. auch Reuter, ZIP 1984, 1052, 1058.
[135] Hemmerich, Möglichkeiten und Grenzen, S. 49 ff.

Vielmehr liege ein wirtschaftlicher Verein aus Gründen des Mitgliederschutzes nur dann vor, wenn die faktische Wirkungslosigkeit des Austrittsrechts nach § 39 BGB darauf beruhe, daß der Mitgliedsbeitrag ähnlich wie die gesellschaftsrechtliche Beteiligung an einer AG, GmbH oder Genossenschaft ausgestaltet sei. Denn andernfalls fehle es an der Vergleichbarkeit zu diesen Gesellschaftsformen.

K. Schmidt[136] erkennt zwar an, daß § 39 BGB unter Umständen zur stumpfen Waffe werden kann. Aber seiner Ansicht zufolge soll das nicht zu einem Rechtsformzwang führen. Vielmehr soll den Belangen der Mitglieder im Wege einer „Typenverfeinerung" durch richterliche Rechtsfortbildung Rechnung getragen werden. So gestatte es die Anpassungsfähigkeit des Innenrechts der Vereine, den „Vereinsmitgliedern ein Wertrecht am Vereinsvermögen einzuräumen, das Mitgliedschaftsrecht veräußerlich zu gestalten oder ausscheidenden Mitgliedern Abfindungsansprüche zuzubilligen".[137]

Zunächst ist *Heckelmann* insoweit zuzustimmen, als § 39 BGB durch entsprechende Satzungsgestaltung tatsächlich wirkungslos werden kann. Allerdings kann nicht bereits die bloße Gefährdung der Funktionsfähigkeit von § 39 BGB den Verein zu einem wirtschaftlichen Verein machen. Das folgt aus der Überlegung, daß auch eine starke emotionale Bindung zum Verein für das Mitglied ein faktisches Austrittshindernis bedeuten kann. Auch bei rein ideellen Verbindungen kann der mit dem Austritt verbundene Verlust nicht immer durch den „Eintritt in einen Verband mit gleicher Interessenlage" kompensiert werden.[138] Dies macht insbesondere ein Blick auf die miteinander konkurrierenden Fußballbundesligavereine deutlich. Auch im ausschließlich ideellen Bereich kann also die Funktionsfähigkeit von § 39 BGB gefährdet sein. Daraus kann man aber keinen Rechtsformzwang herleiten.

Aber auch soweit die bloße wirtschaftliche Verbundenheit zu einem Rechtsformzwang führen soll, ist dem nicht zuzustimmen. Zwar können bestimmte Formen der wirtschaftlichen Verbundenheit zwischen Verein und Mitglied zu einem faktischen Austrittshindernis führen. Aber ein Rechtsformzwang kann nur dort erforderlich werden, wo der Vereinsbeitrag etwa aufgrund eines hohen Eintrittsgeldes wie eine Aktie, ein GmbH-Geschäftsanteil oder eine Geschäftseinlage der Genossenschaft ausgestaltet ist. Denn nur dann ist die wirtschaftliche Verbundenheit zwischen Verein und Mitglied mit der Verbundenheit der AG, GmbH und eG mit den Gesellschaftern bzw. Genossen vergleichbar. Nur in einer solchen Ausgestaltung kann die Schutzwürdigkeit der Mitglieder dazu führen, daß der Verein als ein wirtschaftlicher Verein zu qualifizieren ist.[139] Regelmäßig wird eine solche Ausgestaltung aber nicht vorliegen. Denn im Nor-

[136] K. Schmidt, AcP 182 (1982), 1, 15 f.
[137] K. Schmidt, a.a.O.
[138] So aber Heckelmann, AcP 179 (1979), 1, 37.
[139] Hemmerich, Möglichkeiten und Grenzen, S. 52.

24

malfall[140] wird das Mitglied durch die Entrichtung des Vereinsbeitrags lediglich das Recht erwerben, die ideellen Leistungen des Vereins - insbesondere die Teilnahme am Vereinsleben oder die Nutzung vorhandener Vereinseinrichtungen - in Anspruch zu nehmen.

Aber selbst wenn die Vereinsbeiträge ähnlich einer gesellschaftsrechtlichen Beteiligung an einer AG, GmbH oder eG ausgestaltet sind, ist der Verein nicht notwendig als wirtschaftlicher Verein im Sinne von § 22 BGB zu qualifizieren. Denn ein Mitgliederschutz durch besondere Normativvorschriften des Handelsrechts ist dort nicht erforderlich, wo die Mitglieder sich freiwillig einer für sie ungünstigen Satzungsregelung unterwerfen. Wer aufgrund freien Willensentschlusses in einem Verein Mitglied bleibt oder wird, dessen Satzung die Vereinsbeiträge wie Geschäftseinlagen ausgestaltet, aber keine Abfindungsregelung für ein eventuelles Ausscheiden trifft, der verzichtet, zumindest faktisch, auf sein Austrittsrecht nach § 39 BGB. Anhaltspunkte für eine Ausgestaltung des Vereinsbeitrags als Geschäftseinlage können sich etwa daraus ergeben, daß der Vereinsbeitrag oder ein Aufnahmebeitrag außergewöhnlich hoch ist und gemäß Satzung nicht zur Deckung der laufenden Unterhaltskosten des Vereins verwendet werden soll, sondern zum Erwerb eines einzelnen Vermögensgegenstandes (z.B. PKW, Tennishalle[141] oder Ferienhaus) zur gemeinsamen Verwaltung und Nutzung durch die Vereinsmitglieder, durch den dauerhaft der Wert des Vereinsvermögens erhöht wird. Wenn aber bei einer derartigen Ausgestaltung das Mitglied freiwillig auf Schutz verzichtet, dazu sogleich ausführlicher, kann der Mitgliederschutz kein Abgrenzungskriterium der Vereinsklassen sein.

Dagegen spricht auch nicht die für den Gläubigerschutz zutreffende Überlegung, daß ein institutioneller Gläubigerschutz nicht deshalb entbehrlich ist, weil einzelne Gläubiger die wirtschaftlichen Verhältnisse des Vereins kennen.[142] Denn im Unterschied zu den Vereinsmitgliedern stehen die Vereinsgläubiger außerhalb des Vereins. Sie haben nur im Einzelfall die Möglichkeit, sich die relevanten Informationen zu verschaffen. Dagegen können sich alle Vereinsmitglieder durch Einsichtnahme in die Satzung über die rechtlichen Gegebenheiten, insbesondere die satzungsmäßige Ausgestaltung der Vereinsbeiträge, ohne Schwierigkeiten unterrichten.[143] Ein institutioneller Mitgliederschutz ist daher bei solchen Konstellationen regelmäßig nicht erforderlich.

Ein institutioneller Mitgliederschutz ist allerdings dann erforderlich, wenn ein Mitglied nicht autonom entscheiden kann, ob es in einen Verein mit einer derartigen, bereits bestehenden Satzungsregelung eintritt oder nach erfolgter Satzungsänderung dort verbleibt. Eine solche Abhängigkeit ist nicht auszuschlie-

---

[140] Vgl. aber den bei Hemmerich dargestellten Fall, den das OLG Stuttgart zu entscheiden hatte; OLGZ 1971, 465 ff.
[141] Siehe zum Zusammenschluß zwecks Bau und Unterhalt einer Tennishalle - allerdings in der Rechtsform einer eG - RGZ 133, 170.
[142] Vgl. diesbezüglich zum Gläubigerschutz K. Schmidt, Verbandszweck, S. 200.
[143] Siehe auch unten im Text bei Fußnote 152.

ßen, wenn der Verein eine Monopol- oder monopolähnliche Stellung innehat oder das Mitglied sonst aufgrund der besonderen Leistungen des Vereins zum Beitritt genötigt ist. Denn diese Konstellation kann für das Mitglied einen faktischen Zwang insoweit bedeuten, als es sich trotz der ungünstigen Satzungsregelung für eine Mitgliedschaft entscheidet.

Letztlich darf bei einer solch starken Stellung des Vereins der Rechtsformzwang auch nicht durch die vorgeschlagene richterrechtliche Typenverfeinerung ersetzt werden.[144] Gegen die Typenverfeinerung spricht zunächst, daß ein ausschließlich auf richterliche Rechtsfortbildung gestützter Mitgliederschutz den Schutz des einzelnen Mitglieds unverhältnismäßig erschweren würde. Das Mitglied wäre darauf verwiesen, sich gegen etwaige ungünstige Satzungsbestimmungen zur Wehr zu setzen. Im Falle einer gerichtlichen Auseinandersetzung müßte das Vereinsmitglied das Prozeßrisiko tragen. Im Vorfeld und zwecks Abwendung einer gerichtlichen Auseinandersetzung könnte der Verein versuchen, mit dem einzelnen Mitglied eine Individualvereinbarung zu treffen, welche die anderen Mitgliedschaftsverhältnisse unberührt ließe. Weitere Mitglieder müßten sich dann gegen die ungünstige Satzungsbestimmung mit dem damit verbundenen Aufwand zur Wehr setzen.

Maßgeblich gegen die vorgeschlagene Typenverfeinerung durch richterliche Rechtsfortbildung spricht allerdings ein anderes Argument. Die richterliche Rechtsfortbildung hat Ausnahmecharakter.[145] Eine Typenverfeinerung im Wege der richterlichen Rechtsfortbildung darf daher erst dann einsetzen, wenn ein Schutzbedürfnis, wie etwa bei der Publikums KG das nach Anlegerschutz, unabweisbar geworden ist.[146] Der vorgeschlagene Vorrang der Typenverfeinerung vor dem Rechtsformzwang würde die Ausnahme zur Regel erheben. Ein Vorrang der richterrechtlichen Typenverfeinerung ist daher abzulehnen.

bbb) Schutz der Mitgliedergesamtheit

Es ist zu überlegen, ob neben dem Schutz des einzelnen Mitglieds auch der Schutz der Mitgliedergesamtheit bei der Vereinsklassenabgrenzung zu berücksichtigen ist. Dafür könnte folgende Überlegung sprechen.

Die Mitgliedergesamtheit kann gemäß § 41 BGB den Verein durch Beschluß, der eine Mehrheit von drei Vierteilen der Mitglieder erfordert, jederzeit auflösen. Mit der Auflösung fällt das Vereinsvermögen - soweit keine gegenteilige Bestimmung getroffen wurde - gemäß § 45 Abs. 3 BGB an die Vereinsmitglieder. Die Vereinsmitglieder haben also einen Anspruch auf das Auseinandersetzungsguthaben, den sie durch Auflösung des Vereins jederzeit realisieren können. Dieser Anspruch wird gefährdet, wenn der Verein oder Teile des Vereins Schulden erwirtschaften. Es stellt sich daher die Frage, ob die Mitgliederge-

---

[144] So aber K. Schmidt, Verbandszweck, S. 96 ff.
[145] Reuter in MünchKomm, BGB, §§ 21, 22 Rdnr. 17 ff.
[146] Soergel-Hadding, BGB, §§ 21, 22 Rdnr. 7.

26

samtheit vor einer solchen Gefährdung ihres Anspruchs auf das Auseinandersetzungsguthaben zu schützen ist.

Dazu ist zunächst zwischen solchen Vereinsschulden zu unterscheiden, die Folge einer dem statutarischen Zweck fremden Tätigkeit sind und solchen, die aus der ideellen Vereinstätigkeit resultieren. Soweit Vereinsschulden Folge der ideellen Tätigkeit des Vereins sind, was bei Fußballbundesligavereinen praktisch allerdings die Ausnahme sein wird, sind sie vom Satzungszweck gedeckt. Es handelt sich um eine - wenn auch wirtschaftlich nachteilige - Teilausführungshandlung des ideellen Zwecks. Es bedarf daher keines Schutzes der Mitgliedergesamtheit.

Anders sind dagegen Schulden zu behandeln, die Folge einer wirtschaftlichen Nebentätigkeit des Vereins sind. Führt die wirtschaftliche Nebentätigkeit per Saldo dauerhaft zu Verlusten, so wird dadurch das ursprünglich überwiegend aus Mitgliedsbeiträgen und sonstiger ideeller Tätigkeit angesammelte Vereinsvermögen angegriffen und der Anspruch der Mitglieder auf das Auseinandersetzungsguthaben gefährdet. Im Extremfall kann dies dazu führen, daß die Verluste der Nebentätigkeit das Vereinsvermögen nicht nur aufzehren, sondern darüber hinaus zu einer Verschuldung des Vereins führen, aufgrund derer der Verein Konkurs anmelden muß und aufgelöst wird.[147] Hiervor ist die Mitgliedergesamtheit zu schützen. Da - wie dargestellt - dem Mitgliederschutz nicht primär durch Typenverfeinerung im Wege der richterlichen Rechtsfortbildung Rechnung getragen werden kann, muß der Schutz der Mitgliedergesamtheit vor Verlust verursachenden Nebengeschäften im Wege des Rechtsformzwanges gewährleistet werden.

Aufgrund des Schutzes der Mitgliedergesamtheit ist ein Verein daher als wirtschaftlicher Verein zu qualifizieren, wenn er Nebengeschäfte betreibt, durch die per Saldo dauerhaft Verluste erwirtschaftet werden und dadurch der Anspruch der Mitgliedergesamtheit auf das Auseinandersetzungsguthaben gefährdet wird.

cc) Zwischenergebnis

Schutzzweck der Vereinsklassenabgrenzung ist der Gläubigerschutz und der Mitgliederschutz. Hinsichtlich des Mitgliederschutzes ist zwischen dem Schutz des einzelnen Mitgliedes (Individualmitgliederschutz) und dem Schutz der Mitgliedergesamtheit (Kollektivmitgliederschutz) zu unterscheiden. Aus Gründen des Individualmitgliederschutzes ist ein Verein, der eine Monopol- oder eine monopolähnliche Stellung hat oder dessen Mitglieder sonst aufgrund seiner

---

[147] So hat der Regionalligist Hessen Kassel 1997 Konkurs angemeldet. Gemäß der im Januar 1998 rechtskräftig gewordenen Entscheidung des zuständigen Amtsgerichts wurde die Eröffnung des Konkurses mangels Masse abgelehnt. Der Verein mußte während der laufenden Saison 1997/1998 den Spielbetrieb einstellen (SZ vom 14.1.1998 „Hessen Kassel steigt endgültig aus der Fußball-Regionalliga Süd aus").

besonderen Leistungen zum Beitritt genötigt sind, als wirtschaftlich zu qualifizieren, dessen Vereinsbeiträge bei Fehlen einer Abfindungsregelung ähnlich der gesellschaftsrechtlichen Beteiligung an einer AG, GmbH oder eG ausgestaltet sind. Aus Gründen des Kollektivmitgliederschutzes ist ein Verein als wirtschaftlich zu qualifizieren, wenn er Nebengeschäfte betreibt, die per Saldo dauerhaft zu Verlusten und dadurch zu einer Gefährdung des Anspruchs der Mitgliedergesamtheit auf das Auseinandersetzungsguthaben führen.

b) Folgerungen für die Vereinsklassenabgrenzung

aa) Zweck und Tätigkeit als Anknüpfungspunkt der Vereinsklassenabgrenzung

Maßgeblich für die Ermittlung der Schutzwürdigkeit der Mitglieder und Gläubiger des Vereins ist in erster Linie die tatsächlich ausgeübte Tätigkeit des Vereins. Im Normalfall wird diese mit der statutarischen Zwecksetzung des Vereins übereinstimmen. Von diesem Normalfall geht auch § 43 Abs. 2 BGB aus. Für die Vereinsklassenabgrenzung ist daher zunächst vom statutarischen Zweck des Vereins auszugehen,[148] anhand dessen sich die tatsächliche Tätigkeit des Vereins in der Regel bestimmen läßt. Ist der statutarische Vereinszweck ein wirtschaftlicher, so kann der Verein nicht als Idealverein eingetragen werden. Ist der statutarische Zweck dagegen ideell, so ist der Verein in der Regel einzutragen.

Da die tatsächliche Tätigkeit des Vereins von seiner statutarischen Zwecksetzung abweichen kann, muß neben der statutarischen Zwecksetzung auch die tatsächliche Tätigkeit des Vereins in die Vereinsklassenabgrenzung einfließen, von der eine etwaige Gefährdung der Gläubiger oder Mitglieder des Vereins letztlich ausgeht. Die Bedeutsamkeit von Zweck und Tätigkeit für die Vereinsklassenabgrenzung folgt auch aus § 43 Abs. 2 BGB. Denn wäre nur die tatsächliche Tätigkeit oder nur der statutarische Zweck des Vereins maßgeblich, so wäre die in § 43 Abs. 2 BGB getroffene Kollisionsregelung zugunsten der tatsächlich ausgeübten Tätigkeit überflüssig.

Im Ergebnis ist daher festzuhalten, daß die Vereinsklassenabgrenzung sich am statutarischen Zweck und an der tatsächlich ausgeübten Tätigkeit des Vereins orientieren muß. Insoweit ist der gemischten Theorie zuzustimmen.

bb) Kritik an der Typenbildung

Es stellt sich die weitere Frage, ob die Bestimmung des wirtschaftlichen Vereins anhand von Typen oder mittels eines einheitlichen Tatbestandes zu ermitteln ist.

---

[148] Für den Satzungswortlaut als Ausgangspunkt der Zweckbestimmung auch Soergel-Hadding, BGB, §§ 21, 22 Rdnr. 18; Staudinger-Coing, BGB, § 21 Rdnr. 9.

28

Nach herrschender Auffassung ist ein Verein als wirtschaftlich zu qualifizieren, der an einem äußeren Markt unternehmerisch tätig wird (sogenannter
Volltypus des unternehmerischen Vereins). Daneben soll ein Verein wirtschaftlich sein, dessen unternehmerische Tätigkeit sich auf einen Markt bezieht, zu
dem nur die Vereinsmitglieder Zugang haben (Verein mit unternehmerischer
Tätigkeit an einem inneren Markt). Hier ergeben sich Abgrenzungsprobleme
gegenüber dem ersten Typ. So kann beispielsweise auch die Konsumgenossenschaft - deren Merkmale für diesen zweiten Typ charakteristisch sein sollen
- das Nichtmitgliedergeschäft betreiben und daher auch dem ersten Typ zuzuordnen sein.[149] Generell bleibt offen, welchem Typ ein Verein zuzuordnen ist,
der das Mitgliedergeschäft - unternehmerische Tätigkeit an einem inneren
Markt - und das Nichtmitgliedergeschäft - unternehmerische Tätigkeit an einem
äußeren Markt - betreibt.

Daneben bestehen beim zweiten Typ Unschärfen hinsichtlich der Bestimmung des Entgelts für die empfangene Leistung. Da jeder Verein typischerweise seinen Mitgliedern Leistungen anbietet und dafür Mitgliedsbeiträge erhält,
bleibt im Einzelfall die Frage, ob der Mitgliedsbeitrag als pauschales Entgelt für
individualisierbare Einzelleistungen kalkuliert ist - so etwa der Pauschalbeitrag
an Lohnsteuerhilfevereine - oder als herkömmlicher Mitgliedsbeitrag ausgestaltet ist.[150]

Maßgeblich ergeben sich Bedenken gegen diesen Typ schließlich daraus,
daß danach alle genossenschaftlich strukturierten Vereine als wirtschaftliche
Vereine zu qualifizieren sind, die nicht das Nichtmitgliedergeschäft betreiben.
Dadurch werden die Vereinsmitglieder hinsichtlich ihrer Schutzwürdigkeit Dritt-
gläubigern gleichgestellt. Zwar kann der Mitgliederschutz einen Rechtsformzwang begründen,[151] jedoch sind die Vereinsmitglieder weniger schutzwürdig
als außenstehende Dritte.[152] Denn im Gegensatz zu außenstehenden Dritten
haben sie vereinsrechtliche Selbstverwaltungs- und Kontrollrechte, die es ihnen
ermöglichen, etwa erforderliche, sich selber schützende, Maßnahmen zu treffen. Dieser zweite Typ des wirtschaftlichen Vereins, der Mitglieder und außenstehende Dritte hinsichtlich ihrer Schutzwürdigkeit gleichstellt, ist daher abzulehnen.

Dem dritten Typ des wirtschaftlichen Vereins sollen Vereine mit genossen-
schaftlicher Kooperation zugerechnet werden. Auch hier ergeben sich Abgrenzungsschwierigkeiten und Überschneidungen. So wird nicht deutlich, wie die
Kooperation von Unternehmen beschaffen sein muß, um den Verein als wirtschaftlichen zu qualifizieren. Eine bloße Interessenvertretung soll nicht ausreichen. Erforderlich sei die kooperative Auslagerung von Unternehmensaktivitä-

---

[149] Zum Nichtmitgliedergeschäft der eG, Beuthien, 100 Jahre Genossenschaft, S. 27 ff.
[150] Vgl. K. Schmidt, Verbandszweck, S. 145 f.; Reuter in MünchKomm, BGB, §§ 21, 22 Rdnr.
27 m.w.N.
[151] Vgl. oben a) bb) Mitgliederschutz.
[152] Siehe oben im Text bei Fußnote 143.

ten auf Selbsthilfeverbände. Dabei bleibt allerdings offen, auf welche Weise die kooperative Tätigkeit mit der anbietenden Tätigkeit der Mitgliedsunternehmen verbunden sein muß.[153]

Gegen den dritten Typ spricht ferner, daß auch hier nur ein innerer Markt besteht, wenn der Verein nicht auch das Nichtmitgliedergeschäft betreibt. Wie beim zweiten Typ dargestellt, sind die Mitglieder aber nicht in gleichem Umfang schutzwürdig wie außenstehende Gläubiger. Der dritte Typ begegnet insoweit der gleichen Kritik wie der zweite Typ, der Mitglieder und außenstehende Gläubiger hinsichtlich ihrer Schutzwürdigkeit gleichstellt.

Schließlich ergeben sich Abgrenzungsschwierigkeiten zum ersten und zweiten Typ. So ist dem dritten Typ der genossenschaftlichen Kooperation auch die Konsumgenossenschaft zuzurechnen, die charakteristisch für den zweiten Typ sein soll. Noch schwieriger wird die Abgrenzung, wenn ein auch das Nichtmitgliedergeschäft betreibender Verein ähnlich einer Konsumgenossenschaft strukturiert ist. Dieser Verein müßte allen drei Typen des wirtschaftlichen Vereins zugeordnet werden. Hier zeigt sich eine entscheidende Schwäche der Methode der Typenbildung: Durch die Einteilung der Vereine in Typen wird dem Anwender nur scheinbare Sicherheit bei der Rechtsanwendung vermittelt. Theoretisch abstrakte Bestimmungen, wie die vorgeschlagenen Vereinstypen es sind, sind immer Idealtypen. Diese verkörpern jeweils nur die wesentlichen Eigenschaften und Beziehungen des jeweiligen Typs und werden in der Praxis immer nur annäherungsweise verwirklicht. Die tatsächlich vorkommenden Realtypen sind - wie beispielhaft gezeigt - oftmals Mischtypen, die einzelne Merkmale unterschiedlicher Idealtypen vereinen. Eine Abgrenzung anhand von theoretisch abstrakt bestimmten Typen bringt daher keine größere Sicherheit bei der praktischen Durchführung der Vereinsklassenabgrenzung als ein Einheitstatsbestand des wirtschaftlichen Vereins.

Die Methode der Typenbildung ist daher insgesamt nicht überzeugend. Neben den Abgrenzungsschwierigkeiten und Unschärfen spricht gegen die Methode der Typenbildung die Gleichsetzung von Vereinsmitgliedern und außenstehenden Dritten hinsichtlich ihrer Schutzbedürftigkeit.

cc) Einheitlicher Tatbestand des wirtschaftlichen Vereins

Es stellt sich daher die Frage, ob die Bestimmung des wirtschaftlichen Vereins in Anlehnung an die gemischte Theorie mittels eines einheitlichen Tatbestandes gefunden werden kann, der sich sowohl am Endzweck des Vereins als auch an seiner hauptsächlichen Tätigkeit orientiert. Nach der gemischten Theorie liegt ein wirtschaftlicher Geschäftsbetrieb vor, wenn der Verein unmittelbare wirtschaftliche Vorteile für sich oder seine Mitglieder statutarisch bezweckt und tatsächlich anstrebt.

---

[153] Soergel-Hadding, BGB, §§ 21, 22 Rdnr. 30; K. Schmidt, Verbandszweck, S. 154 ff.

Dem ist im Grundsatz zuzustimmen. Allerdings kann bereits die Verschaffung vermögenswerter Leistungen zu einer Gefährdung der Mitglieder oder Gläubiger des Vereins führen. Deshalb ist ein Verein auch dann als wirtschaftlich zu qualifizieren, wenn er für sich oder seine Mitglieder vermögenswerte Leistungen erstrebt. In diesem Sinne vermögenswert sind alle Leistungen, die am allgemeinen Markt gegen Entgelt gehandelt werden. Dabei ist es unerheblich, ob der Verein die vermögenswerten Leistungen oder wirtschaftlichen Vorteile seinen Mitgliedern unmittelbar verschaffen will oder zunächst sich selbst. Verschafft der Verein vermögenswerte Leistungen zunächst sich selbst, so erhöht er dadurch den Wert des Vereinsvermögens und so den Anspruch der Mitgliedergesamtheit auf ein etwaiges Auseinandersetzungsguthaben im Falle der Auflösung des Vereins. Die Vorteile kommen also letztlich immer den Mitgliedern zugute.

Demnach ist jeder Verein als wirtschaftlich zu qualifizieren, dessen statutarischer Hauptzweck darauf gerichtet ist, seinen Mitgliedern oder sich selbst vermögenswerte Leistungen (oder wirtschaftliche Vorteile) im vorgenannten Sinne zu verschaffen und dementsprechend dieses Ziel der Hauptsache nach auch tatsächlich anstrebt. Hierunter fallen ebenso genossenschaftlich strukturierte Vereine wie auch der Vermögensverwaltungsverein.

Der gegen die gemischte Theorie vorgebrachte Einwand, es sei nicht deutlich, ob letztlich der satzungsmäßige Hauptzweck oder die tatsächlich ausgeübte Tätigkeit entscheide, vermag nicht zu überzeugen. Denn die Behandlung dieses Sonderfalles, bei dem statutarischer Idealzweck und die tatsächlich ausgeübte Tätigkeit voneinander abweichen, ist in den §§ 22, 43 Abs. 2 BGB geregelt. Verfolgt ein der Satzung nach ideeller Verein tatsächlich satzungswidrig hauptsächlich wirtschaftliche Ziele im vorgenannten Sinne, kann ein solcher Scheinidealverein gemäß §§ 22, 43 Abs. 2 BGB aufgelöst werden. Der Verein muß sich dann grundsätzlich in den numerus clausus der Handelsgesellschaften einordnen, also die Rechtsform des eingetragenen Vereins verlassen.

Die der gemischten Theorie vorgehaltene Unsicherheit hinsichtlich der erzielten Ergebnisse beruht daher nicht auf der Frage, ob letztlich der statutarische Zweck oder die tatsächliche Tätigkeit für die Vereinsklassenabgrenzung maßgeblich sein soll, sondern wesentlich auf der Unsicherheit bei der Anwendung des Nebenzweckprivilegs.[154] Die mit der Anwendung des Nebenzweckprivilegs verbundenen Probleme sprechen aber nicht gegen die gemischte Theorie. Denn das Nebenzweckprivileg - mit den damit verbundenen Unsicherheiten - kann erst dann zur Anwendung kommen, wenn feststeht, daß ein Verein wirtschaftliche und nichtwirtschaftliche Ziele nebeneinander verfolgt.

---

[154] So ausdrücklich Soergel-Hadding, BGB §§ 21, 22 Rdnr. 21.

c) Ergebnis

Wirtschaftlich ist jeder Verein, dessen statutarischer Hauptzweck darauf gerichtet ist, seinen Mitgliedern oder sich selbst vermögenswerte Leistungen
(oder wirtschaftliche Vorteile) zu verschaffen und der dementsprechend dieses
Ziel der Hauptsache nach auch tatsächlich anstrebt. Vermögenswert in diesem
Sinne sind alle Leistungen, die am allgemeinen Markt gegen Entgelt gehandelt
werden.

Allein aus Gründen des Individualmitgliederschutzes ist ein Verein, der eine
Monopol- oder eine monopolähnliche Stellung hat oder dessen Mitglieder sonst
aufgrund seiner besonderen Leistungen zum Beitritt genötigt sind, als wirtschaftlich zu qualifizieren, wenn seine Vereinsbeiträge bei Fehlen einer Abfindungsregelung ähnlich der gesellschaftsrechtlichen Beteiligung an einer AG,
GmbH oder eG ausgestaltet sind.

Schließlich ist aus Gründen des Schutzes der Mitgliedergesamtheit ein Verein als wirtschaftlich zu qualifizieren, wenn er Nebengeschäfte betreibt, die per
Saldo dauerhaft zu Verlusten und dadurch zu einer Gefährdung des Anspruchs
der Mitgliedergesamtheit auf das Auseinandersetzungsguthaben führen.

III. Das Nebenzweckprivileg

Hat die Überprüfung eines Vereins nach obigen Kriterien dazu geführt, daß der
Verein grundsätzlich als wirtschaftlicher Verein zu qualifizieren ist, so kann sich
eine andere Beurteilung aus der Anwendung des Nebenzweckprivilegs ergeben. Das setzt zunächst voraus, daß man dessen Existenz anerkennt.

1. Grundsätzliche Anerkennung des Nebenzweckprivilegs

Bis auf wenige Ausnahmen in der Literatur[155] wird die Existenz eines Nebenzweckprivilegs allgemein anerkannt.[156] Soweit die Anerkennung eines Nebenzweckprivilegs verneint wird, wird das mit dem hauptsächlichen Schutzzweck
von § 22 BGB, dem Gläubigerschutz, begründet. Da jeder wirtschaftliche Betrieb eine Gläubigergefährdung in sich berge, sei eine Differenzierung nach
Haupt- und Nebentätigkeit unzulässig.[157]

Dieser Ansicht ist nicht zuzustimmen. Zwar ergeben sich aus dem Wortlaut
von § 21 BGB keine Anhaltspunkte für die Anerkennung des Nebenzweckprivi-

---

[155] Sachau, ZHR 56, 444, 468 f.; Nitschke, Personengesellschaft, S. 124 insbesondere Fußnote 45; Sack, ZGR 1974, 179, 194.
[156] RGZ 83, 231, 237; 133, 170, 176; 154, 343, 354; BGHZ 15, 315, 319; BGB-RGRK-
Steffen, § 21 Rdnr. 7; Soergel-Hadding, BGB, §§ 21, 22 Rdnr. 33 ff.; Reuter in
MünchKomm, BGB, §§ 21, 22 Rdnr. 17 ff.; Staudinger-Coing, BGB, § 21 Rdnr. 12; Sau-
ter/Schweyer, Rdnr. 47; Reichert/van Look, Rdnr. 128 ff.; K. Schmidt, Rpfleger 1972, 343,
351 ff.; Aldermann, Berufsfußball, S. 22.
[157] Sack a.a.O.

legs.[158] Aber sowohl die Entstehungsgeschichte der §§ 21, 22 BGB als auch der Sinn und Zweck der Vorschriften sprechen für die Anerkennung des Nebenzweckprivilegs.

Aus den Materialien ergibt sich, daß die zweite Kommission bei der Beratung des heutigen § 21 BGB von der Geltung eines Nebenzweckprivilegs ausging. So heißt es in der Denkschrift: „Bei Vereinen, die mit der Verfolgung eines idealen Zweckes einen wirtschaftlichen Geschäftsbetrieb verbinden, hängt die Entscheidung über ihre Eintragungsfähigkeit davon ab, ob der Geschäftsbetrieb zu den Hauptzwecken des Vereins gehört oder nur dazu dient, die zur Verfolgung des idealen Hauptzwecks erforderlichen Mittel beschaffen zu helfen".[159] Die Unschädlichkeit einer Nebentätigkeit ergibt sich auch aus den Protokollen. Denn dort heißt es: „Die gewählte Fassung verdeutlicht in ausreichender Weise, daß es für die Entscheidung der Frage, ob ein Verein unter die Vorschrift des § 21 oder § 22 BGB fällt, lediglich darauf ankommt, worin der von dem Verein verfolgte Hauptzweck zu suchen ist. Bildet ein wirtschaftlicher Geschäftsbetrieb den ausschließlichen oder Hauptzweck, so fällt der Verein unter § 22 BGB. Dagegen kann die Eintragung in das Vereinsregister auch ein solcher Verein erlangen, der neben seinen idealen Hauptzwecken ein wirtschaftliches Geschäft betreibt, um sich hierdurch die zur Erreichung jener Zwecke erforderlichen Mittel zu verschaffen".[160] Erlaubt ist danach also ein Hilfszweck mit Zweck-Mittel-Bindung.

Neben der Entstehungsgeschichte wird die Anerkennung des Nebenzweckprivilegs auch durch das praktische Argument bekräftigt, daß jeder Idealverein in bestimmter Weise wirtschaftlich tätig wird. Wie bereits dargestellt,[161] ist hinsichtlich der wirtschaftlichen Tätigkeit eines Vereins zwischen Hilfsgeschäften und Nebengeschäften zu unterscheiden. Hilfsgeschäfte sind Teilausführungshandlungen der ideellen Zweckverfolgung und damit zur Zweckerreichung erforderlich. Nebengeschäfte sind wirtschaftliche Geschäfte, die außerhalb des ideellen Hauptzwecks des Vereins liegen. Nur letztere unterfallen dem Nebenzweckprivileg. Würde man jegliches Nebengeschäft des Idealvereins als eintragungsschädlich ansehen, so würde die Möglichkeit einen nichtwirtschaftlichen Verein zu gründen, entgegen der Absicht des Gesetzgebers,[162] erheblich eingeschränkt werden.

Daher ist mit der ganz herrschenden Meinung die Existenz eines sogenannten Nebenzweckprivilegs[163] anzuerkennen.

---

[158] A.A. Hemmerich, Möglichkeiten und Grenzen, S. 80. Hemmerich ist der Ansicht, der Wortlaut spreche eher für als gegen die Anerkennung des Nebenzweckprivilegs. Ihr folgend Aldermann, Berufsfußball, S. 21.
[159] Mugdan I, S. 827.
[160] Mugdan I, S. 604 = Protokolle Bd. I, S. 498.
[161] Siehe oben 1.b) Objektive Theorie.
[162] Siehe Fußnote 87.
[163] Hemmerich spricht vom Nebentätigkeitsprivileg, Möglichkeiten und Grenzen, S. 78; so auch Reichert/van Look, Rdnr. 128.

2. Geltungsumfang des Nebenzweckprivilegs

a) Meinungsstand

aa) Relativer Geltungsumfang des Nebenzweckprivilegs

Nach herrschender Auffassung soll das zulässige Maß der wirtschaftlichen Betätigung, also der Geltungsumfang des Nebenzweckprivilegs, durch eine Gegenüberstellung von unternehmerischer und nichtunternehmerischer Tätigkeit in wertender Betrachtung ermittelt werden. Danach sei eine wirtschaftliche Tätigkeit eintragungsunschädlich, wenn sie im Verhältnis zu den ideellen Aktivitäten als Nebentätigkeit erscheine.[164] Das sei insbesondere der Fall, wenn sie den ideellen Tätigkeiten funktional diene.[165] Daher sei eine unternehmerische Tätigkeit erlaubt, die dazu diene, finanzielle Mittel zur Verwirklichung des ideellen „Hauptzwecks" zu beschaffen. Zulässig sei auch eine unternehmerische Tätigkeit, die vernünftigerweise nicht entbehrt werden könne, um die nichtunternehmerische zu ermöglichen.[166]

Diesem Lösungsansatz wurde entgegengehalten, daß sich der Geltungsumfang des Nebenzweckprivilegs so kaum sicher bestimmen ließe.[167] Um der Bestimmung des Geltungsumfangs einen konkreteren Abgrenzungsmaßstab zu geben, wurden daher von *Hemmerich*[168] Fallgruppen gebildet. Danach soll die wirtschaftliche Tätigkeit eines Idealvereins im Rahmen des Nebentätigkeitsprivilegs[169] zulässig sein,

- soweit die wirtschaftliche Tätigkeit für ein funktionsfähiges Vereinsleben notwendig und Grundlage sei,[170]
- die wirtschaftliche Tätigkeit nahezu unentbehrlich für die ideelle Zweckverfolgung sei,[171]
- oder die wirtschaftliche Tätigkeit ausschließlich der Beschaffung einer Mindestfinanzgrundlage diene, soweit dadurch keine Gläubigerinteressen gefährdet würden.[172]

---

[164] Reuter in MünchKomm, BGB, § 21, 22 Rdnr. 8, 17.
[165] Soergel-Hadding, BGB, §§ 21, 22 Rdnr. 36 m.w.N.
[166] K. Schmidt, Rpfleger 1972, 343, 352. Soergel-Hadding a.a.O.
[167] Hemmerich, Möglichkeiten und Grenzen, S. 91; Knauth, Rechtsformverfehlung, S. 74 ff., 86 f.; Heckelmann, AcP 179 (1979), 1, 22 ff.; Mummenhoff, Gründungssysteme, S. 128, 134 ff.; Staudinger-Coing, BGB, § 21 Rdnr. 15.
[168] Hemmerich, Möglichkeiten und Grenzen, S. 101 f.
[169] Hemmerich spricht vom Nebentätigkeitsprivileg, vgl. Fußnote 163.
[170] Hemmerich, Möglichkeiten und Grenzen, S. 101 ff.
[171] Hemmerich, Möglichkeiten und Grenzen, S. 104 ff.
[172] Hemmerich, Möglichkeiten und Grenzen, S. 106 ff.; vgl. auch K. Schmidt Rpfleger 1972, 343, 352.

Lasse sich die wirtschaftliche Tätigkeit eines Vereins unter eine dieser Fallgruppen subsumieren, so sei die unternehmerische Tätigkeit eintragungsunschädlich.

Einen anderen Ansatz verfolgt *Knauth*.[173] Zwar will auch er den Geltungsumfang des Nebenzweckprivilegs relativ, also in Abhängigkeit von der Haupttätigkeit bestimmen. Jedoch müsse sich die Umfangsbestimmung nach objektiven
Kriterien, nämlich nach den Ausgaben des Vereins richten. Seien die Ausgaben
für den ideellen Bereich des Vereins höher als die Ausgaben für den unternehmerischen Bereich, so sei die wirtschaftliche Tätigkeit im Rahmen des Nebenzweckprivilegs zulässig. Denn soweit der Verein den größten Teil seiner Einnahmen für ideelle Tätigkeiten verwende, sei gesichert, daß die ideelle Zweckverfolgung überwiege. Umgekehrt sei der Verein als wirtschaftlicher Verein zu
qualifizieren, wenn er den überwiegenden Teil seiner Einnahmen im unternehmerischen Bereich ausgebe.[174]

bb) Absoluter Geltungsumfang des Nebenzweckprivilegs

Andere Stimmen[175] in der Literatur haben versucht, die Geltung des Nebenzweckprivilegs durch absolute Grenzen zu bestimmen.

So hat *Mummenhoff* vorgeschlagen, die Grenzen einer eintragungsunschädlichen wirtschaftlichen Nebentätigkeit zu quantifizieren. Er geht davon aus, daß
die ideelle Haupttätigkeit eines Idealvereins eine Vermutung dafür begründe,
daß die Tätigkeit des Vereins wirtschaftlich harmlos oder ungefährlich sei. Diese Vermutung könne aber durch den Nachweis einer konkreten Gefährlichkeit
widerlegt werden.[176] Diese stehe der Eintragungsfähigkeit entgegen. Das Vor-
handensein einer konkreten Gefährlichkeit soll sich bei Vereinen, die am Au-
ßenmarkt tätig sind, analog den §§ 2, 4 HGB a.F., § 33 Abs. 3 Satz 3 GenG
a.F. beurteilen. Der Nachweis der konkreten Gefährlichkeit hänge damit von Art
und Umfang der wirtschaftlichen Tätigkeit des Vereins entsprechend der genannten Vorschriften ab.[177] Die Tätigkeit eines Vereins, der lediglich an einem
Binnenmarkt tätig sei, soll analog § 53 Abs. 1 Satz 2 GenG a.F. konkret gefähr-
lich sein, wenn der Verein eine Bilanzsumme - einschließlich der Giro- und
Avalverbindlichkeiten - von mindestens einer Million DM[178] aufweise. Danach
sei beispielsweise ein wie eine Konsumgenossenschaft strukturierter Verein mit
5.500 Mitgliedern, einem Umsatz von 3,5 Millionen DM und einer Bilanzsumme

---

[173] Knauth, Rechtsformverfehlung, S. 74 ff., insbesondere S. 86.
[174] Knauth a.a.O.
[175] Vgl. Mummenhoff, Gründungssysteme, S. 128, 134 ff.; Schwierkus, Rechtsfähiger Verein, S. 240 ff.; Larenz, AT § 10 I S. 134; Staudinger-Coing, BGB, § 21 Rdnr. 15; Heckelmann, AcP 179 (1979), 1, 23 f.
[176] Mummenhoff, Gründungssysteme, S. 134.
[177] Mummenhoff, Gründungssysteme, S. 143.
[178] Die Grenze ist durch das Bilanzrichtliniengesetz von 1985 auf 2 Millionen DM angehoben
worden.

von 670.000 DM eintragungsfähig, wenn er nur das Mitgliedergeschäft betrei-be.[179]

Heckelmann dagegen will die Reichweite des Nebenzweckprivilegs wesent-lich enger als *Mummenhoff* bestimmen. *Heckelmann* folgert aus der Entste-hungsgeschichte des § 21 BGB, daß entsprechend dem Willen des Gesetzge-bers dem Idealverein nur die Unterhaltung eines absolut geringfügigen Ge-schäftsbetriebs gestattet sei.[180] *Heckelmann* begründet seine Ansicht mit der unwidersprochen gebliebenen Aussage des Reichstagsabgeordneten *v. Strom-beck*. Dieser habe von einem kleinen und unbedeutenden Geschäftsbetrieb ge-sprochen, der nebenbei verfolgt werde.[181] Neben der Entstehungsgeschichte führt *Heckelmann* auch den Gläubigerschutz für eine restriktive Handhabung des Nebenzweckprivilegs an. Denn nur absolut geringfügige Geschäftsbetriebe würden dem Gläubigerschutz ausreichend Rechnung tragen.[182]

cc) Abgrenzung ausschließlich unter dem Gesichtspunkt des Gläubigerschutzes

Aldermann hat vorgeschlagen, den Geltungsumfang des Nebenzweckprivilegs ausschließlich unter dem Gesichtspunkt des Gläubigerschutzes zu bestimmen. Soweit die wirtschaftliche Betätigung eines Idealvereins Gläubigerinteressen nicht gefährde, dürfe er beliebig wirtschaftlich tätig sein. Eine Gläubigergefähr-dung sei nicht zu befürchten, wenn entweder aufgrund des Umfangs des wirt-schaftlichen Geschäftsbetriebes eine Gläubigergefährdung ausgeschlossen sei oder auf andere Weise der Gläubigergefährdung vorgebeugt würde.[183] Dies könne insbesondere durch verbandsrechtliche Regelungen geschehen. Bezüg-lich der Fußballbundesligavereine gelangt *Aldermann* zu dem Ergebnis, daß bei gewissen Modifikationen der bestehenden gesetzlichen und verbandsrecht-lichen Bestimmungen die wirtschaftliche Tätigkeit der Vereine vom Neben-zweckprivileg gedeckt sei. Diese Modifikationen beinhalteten eine Angleichung der verbandsrechtlichen Regelungen an die Bestimmungen des Rechts der Ka-pitalgesellschaften und Genossenschaften betreffend die Publizitätspflichten, die Pflicht zur Erstellung eines Bilanzanhanges und die Unwirksamkeit der Be-schränkung der Organvertretungsmacht.[184] Weiterhin erfordere der Gläubiger-schutz, daß der Gesetzgeber die Konkursverschleppung beim Idealverein unter Strafe stelle. Nach Umsetzung dieser Modifikationen sei die Tätigkeit der Fuß-ballbundesligavereine - unabhängig vom Umfang der wirtschaftlichen Tätigkeit - vom Nebenzweckprivileg gedeckt.[185]

---

[179] Beispiel nach Mummenhoff, Gründungssysteme, S. 137 ff. insbesondere Fußnote 739.
[180] Heckelmann, AcP 179 (1979), 1, 24.
[181] Heckelmann a.a.O.
[182] Heckelmann, AcP 179 (1979), 1, 34.
[183] Aldermann, Lizenzfußball, S. 30 ff.
[184] Aldermann, Lizenzfußball, S. 125.
[185] Aldermann, Lizenzfußball, S. 131, 138. Vgl. aber zum derzeitigen Status der Vereine S. 131 III. Ergebnis einerseits sowie S. 125 (g) Zwischenergebnis andererseits.

b) Stellungnahme

aa) Kritik an einzelnen Abgrenzungsversuchen

Wie bereits angedeutet, gelangt die herrschende Meinung oft zu nicht vorher-
sehbaren und willkürlich erscheinenden Ergebnissen. Wesentlich klarer läßt
sich die Reichweite des Nebenzweckprivilegs bestimmen, wenn man wie
Heckelmann, *Knauth* oder *Mummenhoff*[186] objektive oder/und absolute Größenkriterien zugrunde legt. So pragmatisch diese Objetivierungsversuche auf
den ersten Blick erscheinen mögen, so viele Bedenken rufen sie auch hervor.

Heckelmann begründet seine Ansicht mit der Entstehungsgeschichte und
dem Sinn und Zweck der §§ 21, 22 BGB. Aus der von *Heckelmann* angeführten
Aussage des Abgeordneten *v. Strombeck* läßt sich jedoch kaum der zwingende
Schluß ziehen, daß ausschließlich absolut geringfügige Geschäftsbetriebe eintragungsunschädlich seien.[187] Vielmehr läßt sich mit der Aussage des Abgeordneten genausogut die herrschende Meinung begründen, die den zulässigen
Umfang des Geschäftsbetriebs in Abhängigkeit von der ideellen Haupttätigkeit
bestimmt. Denn für die Frage, ob ein Geschäftsbetrieb unbedeutsam ist und nur
nebenbei verfolgt wird, kann statt auf absolute Kriterien auch auf den Umfang
und die Bedeutung der ideellen Tätigkeit abgestellt werden.

Zudem ist bei der Würdigung der Entstehungsgeschichte zu berücksichtigen,
daß der Gesetzgeber von einem kleinen und überschaubaren Mitgliederkreis
des Idealvereins ausging.[188] Entsprechend der vorgestellten geringen Größe
des Idealvereins wurde der Umfang der erlaubten Nebentätigkeit sehr begrenzt.
Aber einige Vereine haben heute eine Größe erreicht, die der Gesetzgeber um
die Jahrhundertwende nicht absehen konnte. Insoweit können die gesetzge-
rischen Vorstellungen nicht unbedingt als verbindlich für die Bestimmung der
Reichweite des Nebenzweckprivilegs für heutige Großvereine betrachtet werden.[189]

Auch das von *Heckelmann* angeführte Argument des Gläubigerschutzes
spricht nicht notwendig für seine Ansicht. *Heckelmann* meint, daß nur absolut
geringfügige wirtschaftliche Geschäftsbetriebe dem Gläubigerschutz ausreichend Rechnung trügen. Zuzugeben ist ihm, daß die Gläubigergefährdung in
nicht unerheblichem Maße durch den Umfang der Geschäftätigkeit beeinflußt
werden kann. Auf der anderen Seite beurteilt sich das Ausmaß der Gefährdung
aber auch anhand der vorhandenen - der Gläubigersicherung dienenden - Mittel. Je größer das Vereinsvermögen ist, auf das der Gläubiger als Haftungs-
masse zugreifen kann, desto umfangreicher darf der Idealverein sich trotz fehlender Gläubigerschutzvorschriften wirtschaftlich betätigen. Ein absolut gerin-

---

[186] jeweils a.a.O.
[187] So auch Hemmerich, Möglichkeiten und Grenzen, S. 94.
[188] Teubner, Organisationsdemokratie, S. 24.
[189] Hemmerich, Möglichkeiten und Grenzen, S. 95.

ger Geschäftsbetrieb eines sehr kleinen Vereins kann also eine erheblich größere Gläubigergefährdung bedeuten, als ein relativ kleiner Geschäftsbetrieb eines Großvereins.[190] Diese Überlegungen sprechen dafür, daß der Geltungsumfang in Abhängigkeit von weiteren Faktoren bestimmt werden muß. Der Ansicht von *Heckelmann* ist daher nicht zu folgen.

Aber auch der von *Mummenhoff* gemachte Vorschlag vermag nicht zu überzeugen. Durch die von ihm gezogene starre Grenze entbehrt die Bestimmung des Nebenzweckprivilegs der im Einzelfall erforderlichen Flexibilität. Ebenso wie bei *Heckelmann* werden die umsatzstarken Vereine benachteiligt. Denn für diese wird es sich bei wirtschaftlicher Betrachtung kaum lohnen, einen wirtschaftlichen Geschäftsbetrieb in absolut geringem Umfang zu betreiben. Dies gilt insbesondere, wenn der Nebenbetrieb vorrangig der Einnahmeerzielung für den ideellen Bereich dient und lediglich vergleichsweise unbedeutende Erträge erwirtschaften darf. Der Idealverein würde faktisch zu einer Rechtsform degradiert werden, die ausschließlich kleinen Vereinen vorbehalten ist. Eine derartige Zielsetzung kann aber nicht Sinn der Bestimmung des Nebenzweckprivilegs sein.

Außerdem spricht gegen die von *Mummenhoff* vorgeschlagene Analogie die Ungenauigkeit der analog anzuwendenden Vorschriften. Denn die zitierten Vorschriften stellen darauf ab, ob ein in kaufmännischer Weise eingerichteter Geschäftsbetrieb erforderlich ist. Die Bestimmung dieses Begriffs bereitet erhebliche Schwierigkeiten. Die bestehenden Unsicherheiten der genannten Vorschriften sollten nicht ohne Not auf die Bestimmung des Geltungsumfangs des Nebenzweckprivilegs übertragen werden.

Die Herleitung absoluter Größenkriterien gehört daher, wenn dieser Weg gegangen werden soll, in die Hand des Gesetzgebers.[191] Dem Lösungsansatz von *Mummenhoff* ist daher nicht zu folgen.

Auch der von *Knauth* gemachte Vorschlag ist im Ergebnis nicht überzeugend. Zwar wird *Knauth* dem Bedürfnis nach Objektivierbarkeit durch die Heranziehung der zahlenmäßig faßbaren Ausgaben des Vereins gerecht.[192] Auch trägt er der Erkenntnis Rechnung, daß der Umfang der Nebentätigkeit in Abhängigkeit von der Haupttätigkeit bestimmt werden muß. Dennoch wirft sein Ansatz in zweifacher Hinsicht Bedenken auf.

Zunächst ist gegen seinen Vorschlag die mangelnde Praktikabilität einzuwenden. Um den Umfang des Nebenzweckprivilegs bestimmen zu können, müßte dem Verein eine Kalkulationspflicht hinsichtlich seiner zukünftigen Einnahmen und Ausgaben auferlegt werden.[193] Es erscheint aber sehr fraglich, ob insbesondere kleine Vereine einer solchen Pflicht nachkommen wollen und können. Zudem müßte der Verein im Eintragungsverfahren die voraussichtliche

---

[190] Vgl. das Beispiel bei Hemmerich, Möglichkeiten und Grenzen, S. 96.
[191] K. Schmidt, AcP 182 (1982),1 , 28 f.
[192] Siehe oben a) aa) Relativer Geltungsumfang des Nebenzweckprivilegs.
[193] So Knauth, JZ 1978, 339, 342 f.

38

Entwicklung seiner Ausgaben und Einnahmen vorlegen. Eine manipulierbare Kalkulation, die letztlich nichts weiter als eine Zielvorstellung bedeutet, würde also über die Eintragungsfähigkeit entscheiden. Der Rechtssicherheit wäre damit nicht gedient.[194]

Außerdem spricht gegen den Vorschlag von *Knauth*, daß eine schlichte Gegenüberstellung der Ausgaben lediglich auf die wirtschaftliche Bedeutung der jeweiligen Bereiche abstellt. Keine Berücksichtigung findet die sonstige Bedeutung der Bereiche innerhalb des Gesamtvereins. Denn im Einzelfall kann auch der wirtschaftlich unbedeutsamere ideelle Bereich dem Verein das Gepräge geben.[195] Absolut höhere Ausgaben im unternehmerischen Bereich des Vereins stehen der Eintragungsfähigkeit daher nicht zwingend entgegen. Das Konzept von *Knauth* ist aus diesen Gründen abzulehnen.

Fraglich ist, ob die von *Hemmerich*[196] angeführten Fallgruppen der Konkretisierung des Nebenzweckprivilegs dienen können. Der ersten Fallgruppe ordnet sie diejenigen wirtschaftlichen Tätigkeiten eines Vereins zu, die für ein funktionsfähiges Vereinsleben erforderlich sind. Denn aus der funktionalen Unterordnung folge, daß es dem Verein nicht vorrangig auf die Erzielung von Einnahmen, sondern auf die Förderung des ideellen Hauptzwecks beziehungsweise der ideellen Haupttätigkeit ankomme.[197] Diese Fallgruppe betrifft ausschließlich den Bereich der Hilfsgeschäfte, der ohnehin nicht dem Bereich des Nebenzweckprivilegs zuzuordnen ist. Eine hilfsgeschäftliche Betätigung ist - unabhängig von der Frage nach dem Nebenzweckprivileg - uneingeschränkt zulässig.[198] Die Fallgruppe dient daher nicht der Konkretisierung des Nebenzweckprivilegs.

Der zweiten Fallgruppe ordnet *Hemmerich* die wirtschaftliche Tätigkeit zu, die nahezu unentbehrliches Erfordernis einer bestimmten Zweckverfolgung ist.[199] Dabei bleibt unklar, wie diese zweite Fallgruppe von der ersten abgegrenzt werden soll. Zudem unterfallen die meisten der zweiten Fallgruppe zuzuordnenden Geschäfte - wie die der ersten Fallgruppe - dem Bereich der Hilfsgeschäfte. Auch diese zweite Fallgruppe kann daher nicht der Konkretisierung des Nebenzweckprivilegs dienen.

Zur dritten Fallgruppe der eintragungsunschädlichen Nebentätigkeit zählt *Hemmerich* die wirtschaftlichen Tätigkeiten, die der Mindestfinanzausstattung eines Vereins dienen, ohne gleichzeitig Gläubigerinteressen zu gefährden.[200] Dazu soll insbesondere die Nutzung vorhandener Vereinsressourcen zählen.[201]

---

[194] K. Schmidt a.a.O.
[195] So auch Reuter in MünchKomm, BGB, §§ 21, 22 BGB 17 ff., 36a.
[196] Hemmerich, Möglichkeiten und Grenzen, S. 101 ff.
[197] Hemmerich a.a.O.
[198] Siehe II.1.b) Objektive Theorie.
[199] Hemmerich, Möglichkeiten und Grenzen, S. 104 ff.
[200] Hemmerich, Möglichkeiten und Grenzen, S. 106 ff.
[201] Hemmerich, Möglichkeiten und Grenzen, S. 107.

Allerdings läßt bereits das von *Hemmerich*[202] für diese Fallgruppe angeführte Beispiel, die Anschaffung einer EDV-Anlage für die Mitgliederverwaltung - welche im übrigen ein typisches Hilfsgeschäft darstellt - sowie deren entgeltliche Gebrauchsüberlassung an Dritte, die Ungenauigkeit dieser Fallgruppe erkennen. Denn regelmäßig wird der Verein bei der Anschaffung des Rechners das zu erwartende Entgelt aus der zukünftigen Gebrauchsüberlassung in seiner Finanzierung berücksichtigen. Er nutzt dann aber nicht vorhandene Ressourcen aus. Wird die Entgeltzahlung für die Gebrauchsüberlassung gestört, so berührt das unter Umständen die Finanzierung der EDV-Anlage und damit möglicherweise Gläubigerinteressen. Etwas anderes muß freilich gelten, wenn die Anlage Dritten überlassen wird, nachdem sie vollständig bezahlt wurde.

Noch schwieriger wird allerdings zu bestimmen sein, ob durch eine bestimmte Tätigkeit des Vereins Gläubigerinteressen berührt werden.[203] Selbst in dem von *Hemmerich* genannten wichtigsten Beispiel dieser Fallgruppe, der Nutzung ohnehin vorhandener Ressourcen, kann eine Gläubigergefährdung also nicht ausgeschlossen werden. Ähnliche Unsicherheiten verbergen sich hinter dem Begriff der „finanziellen Mindestausstattung". Auch diese dritte Fallgruppe - soweit sie überhaupt Nebengeschäfte und nicht bloße Hilfsgeschäfte behandelt - dient nicht der Konkretisierung des Nebenzweckprivilegs.

Die von *Hemmerich* vorgenommen Konkretisierung des Nebenzweckprivilegs durch Fallgruppen ist daher abzulehnen.

Schließlich begegnet auch der Ansatz von *Aldermann* Bedenken, gemäß dem der Nebenzweck völlig vom Hauptzweck des Idealvereins isoliert werden soll und beide jeweils für sich zu betrachten seien. Gegen eine solche Trennung von Haupt- und Nebenzweck spricht zunächst die Entstehungsgeschichte des § 21 BGB. Aus den Protokollen und aus den Materialien ergibt sich, daß der Idealverein einen ideellen Hauptzweck haben muß. Der wirtschaftliche Geschäftsbetrieb darf lediglich nebenbei betrieben werden, er darf also nicht den Hauptzweck des Vereins bilden.[204] Daraus folgt, daß der Umfang des Nebenzweckprivilegs, wie auch immer er zu bestimmen ist, jedenfalls in Relation zur ideellen Haupttätigkeit bestimmt werden muß. Dem wird eine Bestimmung des Nebenzweckprivilegs ausschließlich unter Gesichtspunkten des Gläubigerschutzes nicht gerecht. Denn das Verhältnis von ideeller und wirtschaftlicher Tätigkeit bleibt hierbei unbeachtet.

Ein weiterer Einwand gegen den Vorschlag von *Aldermann* ergibt sich aus folgender Überlegung: Soweit die Bestimmung des Nebenzweckprivilegs unabhängig vom Hauptzweck des Vereins erfolgen soll, besteht die auch von *Aldermann* angesprochene Gefahr der Umgehung der zwingenden Vorschriften

---

[202] Hemmerich, Möglichkeiten und Grenzen, S. 108.
[203] Vgl. die Kritik bei K. Schmidt, Verbandszweck, S. 190; Kebekus, Alternativen, S. 40.
[204] Vgl. oben unter 1. Grundsätzliche Anerkennung des Nebenzweckprivilegs.

40

des Aktiengesetzes, GmbH-Gesetzes und des Genossenschaftsgesetzes.[205] Nach Aldermann könnte sich ein „Verband deutscher Kapitalgesellschaften" bilden, der seine Mitglieder (Idealvereine) per Verbandsmacht verpflichtet, sich dem Kapitalgesellschaftsrecht angeglichenen Gläubigerschutzvorschriften (Bilanzierungs- und Publizitätspflichten) zu unterwerfen. Es stelle sich „die Frage, ob es möglich sei, auf diese Weise die kapitalgesellschaftsrechtlichen Formen völlig auszuschalten".[206] Das wird von *Aldermann* mit der Begründung verneint, daß die Mitgliedsvereine ihre Rechtsfähigkeit eben nur dann erwerben könnten, wenn sie einen ideellen Hauptzweck verfolgten. Die Umgehung des Kapitalgesellschaftsrechts sei daher nur im Rahmen des Nebenzweckprivilegs möglich und insoweit hinzunehmen.[207]

Das ist zwar insoweit richtig, aber keine echte Begrenzung der zulässigen wirtschaftlichen Tätigkeit, da Nebenzweck nicht mehr Nebenzweck im Wortsinne bedeutet. Denn wenn das zulässige Maß der wirtschaftlichen (Neben)Tätigkeit - wie von *Aldermann* vorgeschlagen - ausschließlich anhand der möglichen Gläubigergefährdung und nicht in Abhängigkeit von einer ideellen Haupttätigkeit bestimmt wird, erlaubt das Nebenzweckprivileg praktisch eine grenzenlose wirtschaftliche Betätigung. Ein Verein müßte eingetragen werden, wenn er einen statutarischen Idealzweck hat. Würde er nach Eintragung deutlich überwiegend zweckfremde wirtschaftliche Tätigkeiten ausüben, so wäre diese Tätigkeit nach der von *Aldermann* vorgenommenen Bestimmung des Nebenzweckprivilegs zulässig, soweit aufgrund der Anwendung gläubigerschützender Verbandsregelungen keine Gläubigergefahr bestünde. Die wirtschaftliche Tätigkeit eines „Idealvereins" könnte also auch dessen Haupttätigkeit darstellen, solange der Verein einen statutarischen Idealzweck hat, eine ideelle Mindestbetätigung entfaltet und ausreichend gläubigerschützende Verbandsregelungen bestehen.[208]

So könnte beispielsweise nach der von *Aldermann* vertretenen Auffassung ein Idealverein mit dem statutarischen Hauptzweck, einmal im Monat für die Mitglieder einen Kegelabend zu veranstalten, auch dann Rechtsfähigkeit durch Eintragung erlangen, wenn er - soweit ausreichend verbandsrechtliche Gläubigerschutzregelungen Anwendung finden[209] - im übrigen ausschließlich wirtschaftlich tätig wird. Der Umgehung der Normativvorschriften des Handelsrechts wären letztlich keine Grenzen gesetzt.

Auch der von *Aldermann* gemachte Vorschlag zur Bestimmung des Nebenzweckprivilegs ausschließlich unter Gesichtspunkten des Gläubigerschutzes ist aus den beiden genannten Gründen abzulehnen.

---

[205] „Gefahr der Umgehung der Vorschriften des Kapitalgesellschaftsrechts" (Aldermann, Berufsfußball, S. 84).
[206] Aldermann, Berufsfußball, S. 84.
[207] Aldermann, a.a.O.
[208] Vgl. Aldermann, Berufsfußball, S. 30/31, 95.
[209] Etwa aufgrund der Mitgliedschaft in einem Dachverband, der die Anwendung entsprechender Regelungen seinen Mitglieder vorschreibt.

bb) Bestimmung des Nebenzweckprivilegs anhand von Indizien

Die Schwierigkeit, den Geltungsumfang des Nebenzweckprivilegs zu bestimmen, besteht darin, daß aus Gründen der Rechtssicherheit die Bestimmung sich an objektiven Kriterien orientieren sollte. Zudem muß sich der zulässige Umfang einer Nebentätigkeit am Umfang der ideellen Haupttätigkeit orientieren. Insoweit ist daher der herrschenden Meinung zu folgen, die den Geltungsumfang des Nebenzweckprivilegs anhand einer Gegenüberstellung von unternehmerischer und nichtunternehmerischer Tätigkeit ermittelt.

Aus der Entstehungsgeschichte der §§ 21, 22 BGB folgt, daß eine wirtschaftliche Tätigkeit nur nebenbei betrieben werden darf. Daher kann eine wirtschaftliche Tätigkeit nur dann vom Nebenzweckprivileg gedeckt sein, wenn sie deutlich hinter der ideellen Haupttätigkeit zurückbleibt. Das wiederum ist nur dann der Fall, wenn die ideelle Haupttätigkeit dem Verein sowohl nach innen wie auch nach außen das Gepräge gibt.[210] Gibt dagegen die wirtschaftliche Tätigkeit dem Verein entweder nach innen oder nach außen das Gepräge, so ist sie unzulässig und eintragungsschädlich. Denn dann bleibt sie nicht deutlich hinter der ideellen Haupttätigkeit des Vereins zurück. In jedem Fall unzulässig ist eine wirtschaftliche Nebentätigkeit, die das durch die ideelle Haupttätigkeit angesammelte Vereinsvermögen angreift.[211]

Welche Tätigkeit einem Verein nach innen und nach außen das Gepräge gibt, ist anhand im Einzelfall anzuwendender folgender Indizien zu ermitteln.

aaa) Indizien für die Prägung nach innen

Als erstes Indiz für die Prägung nach innen ist die wirtschaftliche Bedeutung der gegenüberzustellenden Bereiche - gemessen an den Umsatzzahlen - heranzuziehen. Überwiegen die Umsätze der wirtschaftlichen Nebentätigkeit, so spricht dies für eine wirtschaftliche Prägung des Vereins. Überwiegen dagegen die Umsätze der Haupttätigkeit, so spricht dies für eine ideelle Prägung. Dieses Kriterium kann aber nicht allein entscheidend sein, da durch eine erwerbswirtschaftliche, an Gewinnmaximierung orientierte (Neben)Tätigkeit typischerweise höhere Umsatzerlöse erzielt werden als mittels einer ideellen, am Kostendeckungsprinzip orientierten Tätigkeit. Dennoch kommt diesem Kriterium besondere Bedeutung zu, da bei verhältnismäßig großer wirtschaftlicher Bedeutung der wirtschaftlichen Nebentätigkeit sich Fehlplanung und Mißmanagement in diesem Bereich für den Gesamtverein existenzbedrohend auswirken können.[212]

Als zweites Indiz zur Ermittlung der inneren Prägung eines Sportvereins ist die Anzahl der Mannschaften, die der ideellen Haupttätigkeit zuzuordnen sind,

---

[210] Vgl. Reuter in MünchKomm, BGB, §§ 21, 22, Rdnr. 36a.

[211] Hierzu ausführlich oben unter II. 2. a)bb) bbb) Schutz der Mitgliedergesamtheit.

[212] So etwa bei den Vereinen Dynamo Dresden im Jahr 1995 und Hessen Kassel im Jahr 1997, vgl. zu Hessen Kassel auch Fußnote 147; siehe auch Väth, S. 107.

der Anzahl der Mannschaften des wirtschaftlichen Nebengeschäftes gegen-
überzustellen. Hat ein Verein mehr Amateur- als Profimannschaften, spricht
dies dafür, daß der Amateursport dem Verein nach innen das Gepräge gibt. Hat
der Verein umgekehrt mehr Berufs- als Amateursportmannschaften, so spricht
das für eine innere Prägung des Vereins durch den Berufssport. Aber auch diesem Kriterium kann nur Indizwirkung für die innere Prägung eines Vereins zukommen. Denn naturgemäß können nur die jeweils besten Sportler Berufssport
betreiben. Selbst eine Gesellschaft, deren Zweck die Förderung des Berufssports ist, wird in der Regel aus Gründen der Nachwuchsförderung einige
Amateurmannschaften unterhalten. Die Gegenüberstellung der Mannschaften
spricht daher nur dann für eine ideelle innere Prägung des Vereins, wenn die
Amateursportmannschaften deutlich in der Überzahl sind.

Als drittes Kriterium betreffend das innere Gepräge eines Vereins kann die
Mitgliederstruktur des Vereins herangezogen werden. Ist der überwiegende
oder ein bedeutender Teil der Mitglieder dem Verein aufgrund der wirtschaftlichen Nebentätigkeit beigetreten, so spricht das für eine innere Prägung des
Vereins durch diesen Teilbereich. Ist der deutlich überwiegende Teil der Mitglieder dagegen aufgrund des ideellen Hauptzwecks Vereinsmitglied geworden, so spricht dies für eine ideelle Prägung des Vereins nach innen. Als Indiz
für die Motivation des Mitgliederbeitritts kann die Mitgliederzahl und die Ansäs-
sigkeit der Mitglieder herangezogen werden. Ist aufgrund Anzahl und Ansässig-
keit der Mitglieder eine Teilhabe - aktiv oder passiv - am ideellen Hauptzweck
des Vereins nicht möglich, spricht dies für eine wirtschaftliche Prägung des
Vereins. Läßt dagegen die Mitgliederstruktur eine dem statutarischen ideellen
Hauptzweck des Vereins entsprechende Sportausübung der Mitglieder zu, so
spricht dies für eine ideelle Prägung des Vereins nach innen.

Als viertes Kriterium betreffend das innere Gepräge eines Vereins kann
schließlich die Mitarbeiter- und Führungsstruktur eines Vereins herangezogen
werden. Ist die Mehrzahl der hauptberuflich Angestellten des Vereins mit Aufgaben betraut, die die wirtschaftliche Nebentätigkeit des Vereins betreffen,
oder kommt die Mehrzahl der mit Führungsaufgaben betrauten Personen aus
dem Umfeld der Berufssportabteilung, so spricht das für eine wirtschaftliche
innere Prägung des Vereins. Kommen umgekehrt die Führungskräfte vorwie-
gend aus dem ideellen Bereich, oder sind die meisten Mitarbeiter mit Aufgaben
aus dem ideellen Bereich befaßt, spricht das für eine innere ideelle Prägung
des Vereins.

Eine hohe Anzahl hauptberuflich Angestellter spricht für sich für eine wirtschaftliche Prägung des Vereins. Denn bei einem Idealverein wird typischerweise ein Großteil der anfallenden Aufgaben durch ehrenamtlich tätige Kräfte
ausgeführt, so daß hauptberuflich Angestellte überwiegend nicht erforderlich
sind.

bbb) Indizien für die Prägung nach außen

Als erstes Indiz für die Bestimmung des Gepräges eines Vereins nach außen ist der Einfluß der gegenüberzustellenden Bereiche auf den Bekanntheitsgrad des Vereins zu berücksichtigen. Beruht die Bekanntheit des Vereins maßgeblich auf der wirtschaftlichen Nebentätigkeit, so spricht dies für eine wirtschaftliche Prägung des Vereins nach außen. Beruht umgekehrt die Bekanntheit des Vereins auf der ideellen Zweckverfolgung, so spricht dies für eine ideelle Prägung des Vereins nach außen.

Als zweites Indiz sind bei Sportvereinen für die Beurteilung des Gepräges nach außen die sportlichen Erfolge heranzuziehen.[213] Werden die sportlichen Erfolge überwiegend im Rahmen der wirtschaftlichen Nebentätigkeit erzielt, so spricht das für eine wirtschaftliche Prägung des Vereins nach außen. Umgekehrt sprechen überwiegende Erfolge des Vereins im Rahmen seiner ideellen Tätigkeit für eine entsprechende ideelle Prägung des Vereins.

Anhand der vorgenannten Kriterien ist im Einzelfall zu ermitteln, welche Tätigkeit dem Verein das Gepräge gibt. Nur wenn die ideelle Haupttätigkeit dem Verein sowohl nach innen wie auch nach außen das Gepräge verleiht, bleibt die wirtschaftliche Nebentätigkeit deutlich hinter der ideellen Haupttätigkeit zurück und ist - soweit sie nicht per Saldo Verluste erwirtschaftet - vom Nebenzweckprivileg gedeckt.

3. Ergebnis

Mit der ganz herrschenden Meinung ist die Existenz eines Nebenzweckprivilegs anzuerkennen. Die danach zulässige Nebentätigkeit beurteilt sich maßgeblich anhand der ausgeübten ideellen Haupttätigkeit. Eine wirtschaftliche Nebentätigkeit ist zulässig, wenn sie deutlich hinter der ideellen Haupttätigkeit zurückbleibt. Dafür ist erforderlich, daß die ideelle Haupttätigkeit dem Verein sowohl nach innen wie auch nach außen das Gepräge gibt. Dies ist anhand der sechs aufgestellten Indizien in jedem Einzelfall gesondert zu untersuchen. In jedem Fall unzulässig ist eine wirtschaftliche Nebentätigkeit, die das überwiegend durch die ideelle Haupttätigkeit angesammelte Vereinsvermögen angreift, eine wirtschaftliche Tätigkeit also, die per Saldo dauerhaft Verluste erwirtschaftet.

Betreibt der Verein seine wirtschaftliche Tätigkeit nur als Nebenzweck im vorgenannten Sinne, so liegt trotz der wirtschaftlichen Tätigkeit lediglich ein nichtwirtschaftlicher Verein im Sinne von § 21 BGB vor.

IV. Folgerungen für die Bundesligavereine

Im folgenden ist unter Zugrundelegung der gewonnenen Ergebnisse die Tätigkeit der Fußballbundesligavereine zu beurteilen.

---

[213] Dabei kann es natürlich zu Überschneidungen mit dem vorgenannten Indiz kommen.

1. Grundsätzliche Einordnung als wirtschaftlicher Verein

Ein Verein ist wirtschaftlich, wenn sein statutarischer Hauptzweck darauf gerichtet ist, seinen Mitgliedern oder sich selbst vermögenswerte Leistungen oder wirtschaftliche Vorteile zu verschaffen und er dieses Ziel auch der Hauptsache nach anstrebt. Außerdem ist ein Verein wirtschaftlich, wenn er eine wirtschaftliche Nebentätigkeit betreibt, die per Saldo dauerhaft Verluste erwirtschaftet und daher das Vereinsvermögen schmälert.

a) Satzungsmäßige Zielsetzung der Vereine

Die Vereine der ersten und zweiten Bundesliga verfolgen gemäß statutarischer Zielsetzung ideelle Zwecke wie die Pflege des Sports, die Pflege der Kameradschaft oder die Pflege des Fußballsports.[214] Sie sind insoweit nicht als wirtschaftliche Vereine im Sinne von § 22 BGB zu qualifizieren.

b) Tatsächliche Tätigkeit der Fußballbundesligavereine

Alle Fußballbundesligavereine lassen sich in zwei große Bereiche unterteilen, nämlich die Berufssportabteilung einerseits und die in der Regel dem Breitensport dienenden Amateursportabteilungen andererseits. Die Tätigkeiten des Berufssports und des Amateursports sind - angesichts der bestehenden erheblichen Unterschiede - zunächst jeweils für sich zu untersuchen.

aa) Aktivitäten im Jugend- und Amateursportbereich

Alle Fußballbundesligavereine betreiben eine oder mehrere Sportabteilungen, in denen der Amateursport, insbesondere der Jugendsport gefördert wird.[215] Innerhalb dieser Amateursportabteilungen werden die Vereine im Sinne ihrer statutarischen Zielsetzung tätig. Zwar kann ein Verein gelegentlich auch hier wirtschaftlich tätig sein, beispielsweise indem er Verpflegung im Vereinsheim anbietet[216] oder Werbeeinnahmen mittels des Annoncenteils der Vereinszeitschrift erzielt. Aber der sportliche und ideelle Aspekt überwiegt deutlich.

---

[214] Gemäß § 2 der Satzung des HSV ist der ausschließliche Zweck des Vereins die Pflege des Sports; der Zweck des Vereins Borussia VfL 1900 e.V. Mönchengladbach ist gemäß § 2 der Satzung die Pflege und Förderung des Sports, insbesondere des Fußballsports. Siehe für weitere Beispiele auch Fußnoten 68 ff.
[215] Gemäß § 7 Nr. 4 DFB-Lizenzspielerstatut müssen die Vereine insgesamt mindestens 10 Amateur- oder Juniorenmannschaften unterhalten.
[216] Häufig wird der Betrieb des Vereinsheims allerdings durch eine Kantinenpächter erfolgen, so daß der Verein als Vermieter wirtschaftlich tätig wird. Nur bei Kleinstvereinen wird die Gaststätte häufig nebenbei vom Hausmeister oder einer vergleichbaren Person betrieben (Latz, SpuRt 1995, 254, 254).

bb) Tätigkeit im Berufssportbereich

Die Fußballbundesligavereine unterhalten alle eine Lizenzfußballabteilung, im Sinne einer funktionellen Untergliederung, mittels derer sie wirtschaftlich an verschiedenen Märkten tätig werden. So verkaufen sie beispielsweise die Übertragungsrechte für ihre Spiele an TV-Anstalten,[217] bieten die Spiele gegen Entgelt dem Zuschauer an und vermarkten ihren „good will" in Form der Trikot- und Bandenwerbung sowie mittels des Fanartikelverkaufs (Merchandising). Außerdem sind die Lizenzspielerabteilungen vieler Vereine werbend im Internet vertreten.[218] Die Vereine versuchen also, sich als Marktteilnehmer vermögenswerte Leistungen und wirtschaftliche Vorteile zu verschaffen. Mittels der Lizenzfußballabteilung werden die Vereine also in erheblichem Ausmaß wirtschaftlich und somit zweckfremd tätig.

Es stellt sich die Frage, ob die Lizenzspielerabteilung neben ihrer wirtschaftlichen Tätigkeit unmittelbar oder mittelbar auch der Sportförderung im Sinne der statutarischen Zwecksetzung eines Vereins dient. Unmittelbar könnte die Lizenzfußballabteilung der Sportförderung dadurch dienen, daß sie den dort tätigen Berufsfußballspielern die sportliche Betätigung ermöglicht. Mittelbar könnte die Sportförderung zu bejahen sein, wenn die Lizenzfußballabteilung eine Vorbildfunktion oder sonstige Unterstützungsfunktion für den Amateursport, insbesondere den Jugendsport ausüben würde.

aaa) Unmittelbare Förderung des statutarischen Hauptzwecks

Es fragt sich, ob die Tätigkeit der Lizenzspielerabteilung als unmittelbare Sportförderung im Sinne des statutarischen Vereinszwecks einzuordnen ist.

---

[217] Gemäß § 3 DFB-Lizenzspielerstatut wurde und wird die Vermarktung der Spiele bisher zentral vom DFB vorgenommen. Allerdings hat das Kammergericht Berlin in seiner Entscheidung vom 8.11.1995 (abgedruckt in SpuRt 1996, 199 ff.) und der BGH in seinem Beschluß vom 11.12.1997 (KVR 7/96) die Auffassung des Bundeskartellamtes bestätigt, nach der die zentrale Vermarktung der Fernsehrechte an den Heimspielen der deutschen Teilnehmer des UEFA-Pokals und des Pokals der Pokalsieger durch den DFB auf einem durch das UWG untersagtem Kartell beruht. Der DFB hatte für die insgesamt sechs Spielzeiten der Jahre 1992/1993 bis 1997/1998 die Fernsehübertragungsrechte im Gesamtpaket an zwei Rechteverwertungsgesellschaften vergeben. Von den daraus erzielten Einnahmen führte der DFB 10% an die internationalen Verbände ab und verteilte sie im übrigen nach einem bestimmten Jahr für Jahr festgelegten Schlüssel unter den deutschen Teilnehmern der Wettbewerbe und den anderen Vereinen der ersten und zweiten Bundesliga. Ausführlich hierzu Heermann, ZHR 161 (1997), 665, 667 ff.; ders. SpuRt 1999, 11 ff. Durch die Neufassung des § 31 GWB mit Wirkung zum 1.1.1999 darf der DFB zwar aus nationaler Sicht weiterhin die Fernsehrechte zentral vermarkten. Ob dies allerdings mit EU-Recht vereinbar ist, erscheint zweifelhaft. Auch in England wird die kartellrechtliche Zulässigkeit der zentralen Vermarktung der Fernsehübertragungsrechte der Spiele der Premier League vom Office of Fair Trading (OFT) bezweifelt, vgl. Fußnote 513.
[218] SZ vom 17/18.2.1996 „Borussia reist ins Internet". Zur wirtschaftlichen Tätigkeit der Vereine siehe auch BGH vom 11.12.1997, NJW 1998, 756, 758.

Der statutarische Zweck eines Bundesligavereins besteht in der Regel in der Förderung der sportlichen Betätigung seiner Mitglieder. Da die Berufsfußball-spieler nicht Mitglieder des Vereins sind und dies aus Gründen der Gemeinnüt-zigkeit auch nicht werden sollten,[219] kann die sportliche Betätigung der Berufs-sportler keine Sportförderung im Sinne des statutarischen Hauptzwecks eines Bundesligavereins darstellen. Eine unmittelbare Sportförderung durch die Li-zenzspielerabteilung im Sinne des statutarischen Hauptzwecks erfolgt daher nicht.

bbb) Mittelbare Förderung des statutarischen Hauptzwecks

Es stellt sich jedoch die Frage, ob der Berufsfußball dem statutarischen Ver-einszweck mittelbar dient. Denkbar ist eine mittelbare Förderung sowohl durch die Übernahme einer Vorbild- und Integrationsfunktion als auch durch die Aus-übung einer Finanzierungsfunktion.

(1) Vorbild- und Integrationsfunktion der Berufsfußballabteilung

Eine Vorbildfunktion der Berufsfußballabteilung ist darin zu sehen, daß einzelne Spitzensportler vielfach als Vorbilder fungieren,[220] insbesondere für Spieler aus dem Jugendbereich des Vereins. Die Berufsfußballmannschaft kann dadurch den sportlichen Aufstieg einzelner Spieler fördern. Neben der Vorbildfunktion kommt der Berufsfußballabteilung eine Integrationswirkung zu. Denn das Selbstverständnis eines Fußballbundesligavereins lebt vielfach von und durch die Berufsfußballmannschaft. Siege und Niederlagen stärken das Identitätsge-fühl des Vereins und seiner Mitglieder. Durch die Vorbild- und Integrationsfunk-tion der Berufsfußballmannschaft fördert sie den statutarischen Vereinszweck mittelbar.

Neben diesen positiven Auswirkungen kann die Berufssportabteilung aller-dings auch dem statutarischen Vereinszweck zuwiderlaufende Auswirkungen auf den Amateursport haben. So haben die Professionalisierung des Fußball-sportes und die Millionengehälter der Bundesligaspieler dazu geführt, daß die Entgeltlichkeit heute weit in den Bereich des Amateursports hinabreicht, was zu diesbezüglichem Anspruchsdenken vieler Amateursportler[221] und entsprechend

---

[219] Davon geht auch der DFB in dem zwischen ihm und dem jeweiligen Bundesligaverein abzuschließenden Vertrag aus, vgl. § 4b) a.E. Vertrag zwischen dem Verein und dem DFB (Anhang 1 zum Lizenzspielerstatut). Gemäß AEAO zu § 55 Tz. 3 dürfen Mitglieder grund-sätzlich keine Zuwendungen aus Mitteln des gemeinnützigen Vereins erhalten. Vgl. auch Troll, S. 419; Herrmkind, Sportvereine, S. 109 f. m.w.N.
[220] Raupach, SpuRt 1995, 241, 245.
[221] SZ vom 11.2.1997 „Die Verlierer sammeln sich zum Marsch nach Frankfurt".

hohen Spielergehältern insbesondere bei den Regionalligavereinen geführt hat.[222] Kritisch werden die Auswirkungen der Kommerzialisierung des Berufssports auf den Amateursport auch von FIFA-Generalsekretär *Blatter* beurteilt. *Blatter* sieht die Kommerzialisierung des Fußballs und das Profitstreben der Beteiligten als Gefahr für die eigentlichen Werte und Aufgaben des Fußballs. Die eigentliche Aufgabe des Fußballs - wie sie auch in einigen Statuten der Bundesligavereine ausdrücklich festgelegt ist - bestehe in der Erziehung der Spieler mit den Schwerpunkten der Formierung und Stärkung des Charakters, der Selbstdisziplin und des Respekts.[223] Der Berufsfußball fördere dagegen die rücksichtslose und egoistische Ausrichtung auf persönlichen Erfolg und Geld.[224] Das im Berufsfußball übliche Gratifikationssystem schließe das Fairplay aus.[225] Die Kommerzialisierung führe zu der Gefahr, daß außersportliche oder gar unsportliche Elemente in den ideellen Bereich des Sports hineinwirken.[226]

Als negative Auswirkung der Kommerzialisierung des Fußballsports ist auch die Verpflichtung der Sportler bis weit in den Amateurbereich zu sehen, als Werbeträger zu fungieren. Zwar können die Spieler darauf verzichten, sich eines persönlichen Sponsors zu bedienen, aber dennoch werden sie etwa in Form der Trikotwerbung, der sich einzelne Spieler aufgrund entsprechender vertraglicher Vereinbarung mit dem Verein in der Regel nicht entziehen können, werben müssen. In dieser Werbeverpflichtung kann eine Beeinträchtigung der Freiheit und Freiwilligkeit der Sportausübung liegen, deren Förderung aber gerade Ziel vieler Vereine ist.[227]

Weitere negative Auswirkungen des Berufssports auf den ideellen Bereich des Sports wurden in der vom BAT-Freizeitforschungsinstitut Hamburg 1997 vorgelegten Studie betreffend Berufsfußball und Freizeitverhalten festgestellt. Die Untersuchung gelangt zu dem Ergebnis, daß der Unterhaltungswert eines Fußballbundesligaspiels, die mit dem Stadionbesuch verbundene Geselligkeit und das sportfremde Beiwerk für den Zuschauer bedeutsamer seien als das Ergebnis des Spiels. Das Showelement im bezahlten Fußball habe inzwischen derart zugenommen, daß Showspektakel und Sport kaum mehr scharf zu trennen seien. Es sei eine „Entsportung" des Berufsfußballs zu beobachten, durch

---

[222] Aufgrund des oft waghalsigen Finanzgebarens der Regionalligisten hat der DFB beschlossen, eine zweigeteilte Regionalliga (Süd und Nord) ab der Spielzeit 2000/2001 einzuführen. Ab diesem Spieljahr müssen die Vereine als Teilnahmevoraussetzung für die Regionalliga ihre wirtschaftliche Leistungsfähigkeit im Rahmen eines Lizenzierungsverfahrens nachweisen (vgl. Rahmenbedingungen für die Regionalliga und Oberligen).

[223] Blatter in der SZ vom 6.3.1996 „Es sollte weniger geschlagen und unterbrochen werden", kritisch auch Väth, S. 129 f.

[224] Väth a.a.O.

[225] Vizepräsident der Vereinigung der Vertragsfußballspieler K. Allgöwer zitiert nach Väth, S. 129.

[226] Raupach, Profigesellschaften, S. 54.

[227] Niese, SpuRt 1996, 126, 126.

48

die der Gedanke des Fairplay gefährdet sei.[228] In eine ähnliche Richtung zielen die Bedenken des Justitiars des Deutschen Sportbundes *Niese*. Nach Ansicht von *Niese* führt die Kommerzialisierung dazu, daß wichtiger als die sportliche Leistung, die Typenqualität der diese verkörpernden Individuen sei, die bei Sportlerinnen im Idealfall durch optische Attribute unterstützt würden. Das wiederum führe dazu, daß der gegebenenfalls erfolgreichere Sportler gegenüber den Unterhaltungskünstlern unter den Sportlern verkümmere.[229]

Schließlich führt die Kommerzialisierung des Berufssports dazu, daß Sportvereine mit Berufsportabteilungen zunehmend hauptberuflich tätige Mitarbeiter anstellen müssen, um den in diesem Bereich wachsenden Anforderungen gerecht zu werden. Dies verringert im Gesamtverein, also auch im Amateurbereich, tendenziell die Bereitschaft, ehrenamtlich tätig zu werden, weil die Notwendigkeit hierfür nicht mehr gesehen wird.

Die Auswirkungen, die der Berufsfußball auf den Amateursport aufgrund seiner Vorbild- und Integrationsfunktion hat, sind daher nicht nur positiv zu beurteilen. Dennoch ist bei Abwägung aller positiven und negativen Auswirkungen davon auszugehen, daß derzeit die den statutarischen Vereinszweck fördernden Auswirkungen der Berufsfußballabteilung die schädlichen Auswirkungen überwiegen. Im Ergebnis ist daher festzuhalten, daß die Berufsfußballabteilung den statutarischen Hauptzweck des Vereins durch Übernahme einer Vorbild- und Integrationsfunktion mittelbar fördert.

(2) Finanzierungsfunktion des Berufsfußballs

Besondere Bedeutung kommt der wirtschaftlichen Tätigkeit der Lizenzspielerabteilung im Hinblick auf ihre finanzielle Auswirkung auf den Amateurbereich zu. Kann die Lizenzspielerabteilung eines Vereins Überschüsse erzielen, so besteht die Möglichkeit, die Amateursportabteilungen ganz oder teilweise zu finanzieren. Insbesondere im Profisport erfolgreiche Vereine können durch planvolles Wirtschaften zum Teil erhebliche Gewinne erzielen und dadurch ihre Amateurabteilungen finanziell unterstützen.[230] Erfolgt eine solche finanzielle Unterstützung des Amateursports, so kommt der Lizenzfußballabteilung eine Finanzierungsfunktion zu.[231]

---

[228] Opaschowski in der SZ vom 31.7.1997 „Das Zeitalter der Sensationen - im Seichten kann man nicht untergehen".
[229] Niese, SpuRt 1996, 126, 127.
[230] Beispielsweise werden bei Borussia Dortmund, Borussia Mönchengladbach und dem FC Freiburg zwischen 90% und 100% der Ausgaben des Amateurbereichs von der Berufsfußballabteilung getragen, so die Vereine in Schreiben an den Autor vom August und September 1994.
[231] Die Gesamtausgaben der Vereine der ersten Bundesliga für den Amateur- und Jugendfußball sowie für andere Sportabteilungen erreichten 1994 etwa 40 Millionen DM (Kalb, DFB-Journal 4/1993, 24, 27). Das waren etwa 13% des Gesamtumsatzes der Vereine.

Anders stellt sich die Situation dagegen dar, wenn die Lizenzspielerabteilung per Saldo dauerhaft Verluste erwirtschaftet. Durch die Verluste wird nämlich das Vereinsvermögen angegriffen und der im Falle einer Auflösung des Vereins bestehende Anspruch der Mitglieder auf das Auseinandersetzungsguthaben gefährdet. Eine Förderung des statutarischen Hauptzwecks durch die Berufsfußballabteilung erfolgt dann nicht. Im Gegenteil, aufgrund der Gefährdung des Anspruchs der Mitglieder auf das Auseinandersetzungsguthaben ist der Verein aus Gründen des Schutzes der Mitgliedergesamtheit als wirtschaftlicher Verein zu qualifizieren. Weist die Bilanz eines Fußballbundesligavereins insgesamt eine Verschuldung aus, so spricht angesichts der unverhältnismäßig gestiegenen Spielergehälter eine Vermutung dafür,[232] daß diese auf die wirtschaftliche Betätigung der Lizenzspielerabteilung zurückzuführen ist. Der wirtschaftliche Erfolg oder Mißerfolg der Berufsfußballabteilung hat also besondere Bedeutung für die Einordnung eines Vereins als wirtschaftlich oder nichtwirtschaftlich. Erwirtschaftet die Berufsfußballabteilung dauerhaft Verluste, ist der Verein aus Gründen des Kollektivmitgliederschutzes als wirtschaftlich zu qualifizieren. Erwirtschaftet die Berufsfußballabteilung dagegen Gewinne, so kann sie den Amateursport finanziell unterstützen und den statutarischen Hauptzweck des Vereins zumindest mittelbar fördern.

(3) Zwischenergebnis

Die Lizenzspielerabteilung fördert den statutarischen Hauptzweck eines Vereins mittelbar, indem sie eine Leitbild- und Integrationsfunktion übernimmt. Dabei ist allerdings zu berücksichtigen, daß der Berufssport auch negative, dem ideellen Hauptzweck des Vereins widersprechende Auswirkungen hat. Diese nehmen mit wachsender Kommerzialisierung zu. Gegenwärtig überwiegen allerdings noch die positiven Auswirkungen.

Soweit die Lizenzspielerabteilung Gewinne erwirtschaftet und davon den Amateursport finanziell unterstützt, dient sie dem statutarischen Hauptzweck des Vereins durch diese Finanzierungsfunktion. Erwirtschaftet ein Verein dagegen dauerhaft Verluste, und ist dies auf die wirtschaftliche Tätigkeit der Berufsfußballabteilung zurückzuführen - wofür angesichts der unverhältnismäßig gestiegenen Personalkosten eine Vermutung spricht -, so ist der Verein als wirtschaftlicher Verein zu qualifizieren.

---

[232] Von 1990 bis 1996 sind die Gesamteinnahmen der 36 Bundesligavereine um 128 Prozent gestiegen. Dagegen sind die Personalkosten um 238 Prozent gestiegen (SZ vom 15/16.2.1997 „Die Reichen an die Börse, Hasardeure an die Wand"). In Folge des Bosman-Urteils wird sich diese Entwicklung voraussichtlich weiter verschärfen, wenn nicht regulierend eingegriffen wird.

ccc) Zwischenergebnis

Die Vereine der ersten und zweiten Bundesliga werden mittels ihrer Lizenzspielerabteilung wirtschaftlich tätig. Gleichzeitig erfolgt eine Förderung des
statutarischen ideellen Hauptzwecks. Eine unmittelbare Förderung des statutarischen Hauptzwecks erfolgt allerdings nicht. Jedoch fördern die Lizenzspielerabteilungen den statutarischen Hauptzweck mittelbar, indem sie eine Vor-
bild- und Integrationsfunktion sowie - abhängig von der wirtschaftlichen Situation - eine Finanzierungsfunktion übernehmen. Da lediglich eine mittelbare Förderung des ideellen Zwecks erfolgt und diese zudem mit zunehmender Kommerzialisierung abnimmt, überwiegt die unmittelbar ausgeübte wirtschaftliche
Tätigkeit der Berufsfußballabteilung deutlich.

c) Ergebnis

Die Vereine der ersten und zweiten Bundesliga verfolgen durch ihre Amateursportabteilungen deutlich überwiegend ideelle Zwecke im Sinne ihrer statutarischen Zwecksetzung. Mittels ihrer Lizenzspielerabteilung verfolgen sie dagegen deutlich überwiegend wirtschaftliche Ziele. Alle Vereine der ersten und
zweiten Bundesliga sind daher zumindest auch wirtschaftlich im Sinne von § 22
BGB tätig. Da die Vereine sowohl wirtschaftlich wie auch nichtwirtschaftlich tätig sind, beurteilt sich die Vereinsklassenzugehörigkeit grundsätzlich nach dem
Geltungsumfang des Nebenzweckprivilegs. Ausgenommen hiervon sind diejenigen Vereine, deren Lizenzspielerabteilungen per Saldo dauerhaft Verluste
erwirtschaften. Diese Vereine sind aus Gründen des Kollektivmitgliederschutzes jedenfalls als wirtschaftliche Vereine im Sinne von § 22 BGB zu beurteilen.

2. Anwendung des Nebenzweckprivilegs

Eine wirtschaftliche Nebentätigkeit ist im Rahmen des Nebenzweckprivilegs
zulässig, wenn sie deutlich hinter der ideellen Haupttätigkeit zurückbleibt. Das
setzt voraus, daß die ideelle Haupttätigkeit dem Verein nach innen und nach
außen das Gepräge gibt. Um das zu ermitteln, sind die oben gewonnenen Indizien auf die Bundesligavereine anzuwenden. [233]

a) Gepräge nach innen

aa) Wirtschaftliche Bedeutung der Abteilungen

Obwohl die Vereine ihre Bilanzen in der Regel nicht veröffentlichen, läßt sich
unschwer feststellen, daß bei Anlegung dieses Kriteriums die Berufsfußballabteilung allen Vereinen der ersten und zweiten Bundesliga das Gepräge nach

---

[233] Siehe oben unter III. 3. Ergebnis.

innen gibt. Die Umsätze der Lizenzspielerabteilung übersteigen die Umsätze der Amateursportabteilungen bei allen Vereinen der ersten und zweiten Bundesliga deutlich. Allein die Fernseheinnahmen, die bei allen Vereinen der ersten Bundesliga unabhängig von deren sportlichen Erfolg derzeit mindestens 11 Millionen DM je Saison betragen,[234] dürften den Gesamtumsatz der Amateuerabteilungen deutlich übersteigen.

bb) Gegenüberstellung der Mannschaften

Bei Anlegung dieses Maßstabs verhält es sich umgekehrt. Die Vereine der ersten und zweiten Bundesliga unterhalten ausnahmslos deutlich mehr Amateursportmannschaften als Berufssportmannschaften. Die Vereine sind gemäß § 7 Nr. 4 DFB-Lizenzspielerstatut verpflichtet, mindestens 10 Jugend- oder Amateurmannschaften zu unterhalten. Dagegen unterhalten sie in der Regel nur eine Berufssportmannschaft.[235] Dieses Kriterium spricht daher für eine innere Prägung des Vereins durch den Amateursport.

cc) Mitgliederstruktur

Bei Anlegung dieses Maßstabs ist das Ergebnis weniger eindeutig. Denn die Mitgliederstruktur der Vereine ist sehr unterschiedlich. Einige Vereine, beispielsweise Hansa Rostock, haben lediglich einige hundert Mitglieder. Bei diesen Vereinen ist davon auszugehen, daß der Verein in der Lage ist, nahezu allen Mitgliedern Sportmöglichkeiten im Sinne der statutarischen Zwecksetzung anzubieten. Dies spricht dafür, daß die Mitglieder in erster Linie aufgrund des statutarischen Hauptzwecks dem Verein beigetreten sind.

Andere Vereine - insbesondere Bayern München mit derzeit etwa 75.000 im gesamten Bundesgebiet und zum Teil im Ausland ansässigen Mitgliedern[236]- haben eine Mitgliederstruktur, die eine Verfolgung des statutarischen Zwecks unmöglich macht.[237] Es ist daher davon auszugehen, daß bei Vereinen mit einer derartigen Mitgliederstruktur der Vereinsbeitritt der meisten Mitglieder in erster Linie durch die überregionale Anziehungskraft der Berufsfußballmannschaft motiviert ist. Das spricht für eine innere Prägung des Vereins durch die Berufsfußballmannschaft.

---

[234] Weinreich, S. 21. Siehe zum Verhältnis der Ausgaben im Amateur- und Profibereich auch Fußnoten 292, 677.

[235] Eine Ausnahme stellt etwa der Verein Bayer Leverkusen dar, der neben der Berufsfußballabteilung eine Berufsbasketballabteilung unterhält.

[236] Vgl. zu den Mitgliederzahlen im einzelnen Kicker Jahresheft 1998/1999, S. 83 ff.

[237] So soll der Satzungszweck von Bayern München - die Förderung des Sports - insbesondere durch die Förderung sportlicher Übungen, Schulungen und Leistungen verwirklicht werden (§ 2 Nr. 2 der Satzung).

dd) Mitarbeiter- und Führungsstruktur

Die Fußballbundesligaklubs werden nahezu ausschließlich von Personen geleitet, die aus dem Umfeld der Berufsfußballabteilung stammen.[238] Dies spricht für eine innere Prägung des Vereins durch den Berufsfußball. Daneben spricht die bei einigen Vereinen recht hohe Anzahl der hauptberuflich tätigen Mitarbeiter für eine innere Prägung des Vereins durch die Berufsfußballabteilung. Daher ist bei Vereinen wie Bayern München (124 Angestellte) und Borussia Dortmund (50 Angestellte)[239] allein aus Gründen der Mitarbeiterstruktur davon auszugehen, daß die Berufsfußballabteilung dem Verein das Gepräge nach innen gibt. Im Ergebnis ist festzuhalten, daß bei nahezu allen Vereinen die Führungsstruktur und bei wenigen Vereinen auch die Mitarbeiterstruktur für eine innere Prägung des Vereins durch den Berufssport spricht.

ee) Zwischenergebnis

Bei allen Vereinen sind die Umsätze der Lizenzspielerabteilung deutlich größer als die der Amateursportabteilungen. Das spricht für eine innere wirtschaftliche Prägung der Vereine. Auf der anderen Seite unterhalten alle Vereine neben der Lizenzspielerabteilung mindestens 10 Jugend- oder Amateursportmannschaften, was für eine innere ideelle Prägung spricht. Die Mitgliederstruktur spricht nur bei wenigen mitgliederstarken Vereinen für eine innere wirtschaftliche Prägung des Vereins, da bei diesen Vereinen eine Teilhabe an der ideellen Zweckverwirklichung für viele Mitglieder nicht mehr möglich ist. Vielmehr ist davon auszugehen, daß die Mitglieder dem Verein aufgrund der überregionalen Anziehungskraft der Lizenzsportabteilung beigetreten sind. Schließlich spricht bei nahezu allen Vereinen die Führungsstruktur und bei wenigen Vereinen auch die Mitarbeiterstruktur für eine wirtschaftliche Prägung nach innen.

b) Gepräge nach außen

aa) Bekanntheitsgrad

Wenn über einen Verein in der Öffentlichkeit berichtet wird, so betrifft die Meldung meistens die Spiele oder Spieler der Berufsfußballmannschaft. So werden Spiele der Berufsfußballmannschaft häufig im Fernsehen übertragen, einzelne Spieler werden im Radio oder Fernsehen interviewt, in Zeitungen wird über Erfolge und Mißerfolge der Berufsfußballmannschaft berichtet. Ferner bezieht sich die Internetwerbung vieler Vereine hauptsächlich auf deren Berufsfußballabteilung. Auch in sonstigen Publikationen, wie etwa der Stadionzeitung und Pressemitteilungen des Vereins, wird in erster Linie über die Berufsfußballab-

---

[238] Kebekus, Alternativen, S. 44.
[239] SZ vom 31.7.1997 „Immobilienprojekte, Börsengang und ein bißchen Pipifax"

teilung berichtet. Der Bekanntheitsgrad aller Vereine der ersten und zweiten Bundesliga wird daher wesentlich und maßgeblich durch deren Lizenzspielerabteilung bestimmt.

Ferner werden auf den meisten Briefköpfen der Fußballbundesligavereine die Erfolge der Lizenzspielermannschaft wiedergegeben. Die Erfolge anderer Mannschaften werden überwiegend nicht erwähnt. Auch im Schriftverkehr dient daher die Lizenzspielerabteilung als Aushängeschild der Vereine und damit der Steigerung der Bekanntheit des Vereins.

Die Mannschaften der Amateursportabteilungen fördern dagegen nur in Ausnahmefällen die Bekanntheit des Vereins. Selbst wenn eine Mannschaft beispielsweise Deutscher Amateurmeister im Fußball oder Deutscher Meister in einer nicht kommerzialisierten Sportart geworden ist, bleibt die dadurch erreichte Steigerung der Bekanntheit des Vereins immer noch deutlich hinter der durch die Lizenzspielerabteilung erzielte zurück. Es ist daher festzuhalten, daß die Lizenzspielerabteilung bei Zugrundelegung dieses Kriteriums allen Fußballbundesligavereinen das Gepräge nach außen gibt.

bb) Sportliche Erfolge

Auch die größten sportlichen Erfolge eines Bundesligavereins wurden und werden in der Regel von der Lizenzspielermannschaft erzielt. Davon ist insbesondere auszugehen, wenn ein Verein ausschließlich eine Fußballabteilung unterhält, so etwa Hansa Rostock. Aber auch bei Vereinen, die weitere Sportarten fördern, ist die Lizenzfußballabteilung diejenige Abteilung, die die größten sportlichen Erfolge erzielt.[240] Daher gibt auch bei Anwendung dieses Kriteriums die jeweilige Lizenzfußballabteilung allen Bundesligavereinen das Gepräge nach außen.

cc) Zwischenergebnis

Es ist daher festzuhalten, daß die Berufsfußballabteilung allen Bundesligavereinen das Gepräge nach außen gibt. Denn diese bestimmt maßgeblich den Grad der Bekanntheit des jeweiligen Vereins und erzielt zudem die größten sportlichen Erfolge.

c) Ergebnis

Für eine innere Prägung der Fußballbundesligavereine durch den Lizenzspielerbereich sprechen die größeren Umsätze der Lizenzspielerabteilung, die Füh-

---

[240] Soweit ein Verein - beispielsweise Bayer Leverkusen (Basketball) - eine weitere Berufssportabteilung unterhält, werden wichtige sportliche Erfolge auch durch diese Mannschaft erzielt. Da es sich hierbei aber auch um eine prinzipiell wirtschaftliche Tätigkeit handelt, ändert das nichts an der wirtschaftlichen Prägung des Vereins nach außen.

54

rungsstruktur und bei wenigen großen Vereinen auch die Mitglieder- und Mitarbeiterstruktur. Dagegen sprechen für eine ideelle Prägung nach innen die zahlenmäßig überwiegenden Amateursportmannschaften und bei vielen Vereinen auch die Mitglieder- und Mitarbeiterstruktur. Dagegen gibt die Berufsfußballmannschaft aufgrund ihrer großen sportlichen Erfolge und des maßgeblichen Einflusses auf die Bekanntheit des Vereins den Fußballbundesligavereinen das Gepräge nach außen. Da es für die Einordnung eines Vereins als wirtschaftlich in Sinne von §§ 22 BGB ausreicht, daß die wirtschaftliche Nebentätigkeit dem Verein nach innen oder nach außen das Gepräge gibt, sind alle Vereine der ersten und zweiten Bundesliga als wirtschaftliche Vereine im Sinne von § 22 BGB einzuordnen.[241]

3. Rechtsfolgen für die Vereine

Da die Vereine der ersten und zweiten Fußballbundesliga ursprünglich auf einen nichtwirtschaftlichen Geschäftsbetrieb gerichtet waren, wurden sie zu Recht als Idealvereine in das Vereinsregister eingetragen. Obwohl sie sich im Laufe der vergangenen Jahrzehnte zu wirtschaftlichen Vereinen im Sinne von § 22 BGB entwickelt haben, sind nach wie vor nahezu ausschließlich ideelle Zielsetzungen in den Vereinssatzungen normiert.[242] Die meisten Vereine werden also durch die Förderung des Lizenzsports wirtschaftlich tätig, ohne daß diese ursprünglich nicht vorhandene wirtschaftliche Zielsetzung in der Satzung eine Grundlage findet.

Nach ganz herrschender Meinung finden in einem solchen Fall der sogenannten verdeckten Rechtsformverfehlung ausschließlich die §§ 43 Abs. 2, 44 BGB mit der Folge Anwendung, daß allein die Verwaltungsbehörde zuständig ist.[243] Nach anderer Ansicht berechtigt die verdeckte Rechtsformverfehlung auch das Registergericht zur Einleitung eines Amtslöschungsverfahrens nach den §§ 159, 142 FGG.[244] Da Eintragung und Löschung Bestandteile einer ein-

---

[241] Im Ergebnis ebenso Reuter in MünchKomm, BGB, §§ 21, 22 Rdnr. 36a; Staudinger-Coing, BGB, § 21 Rdnr. 15; Kebekus, Alternativen, S. 49, 149; Hemmerich, Möglichkeiten und Grenzen, S. 109; Heckelmann, AcP 179 (1979), 1, 39 ff.; Knauth, Rechtsformverfehlung, S. 110 f.; List, NWB 1996, 3459, 3459, Schad, NJW 1998, 2411, 2413; Menke, S. 43 f.; Habersack in der FAZ vom 5.8.1997 „Wenn Bundesligavereine zu Aktiengesellschaften werden"; a.A. Palandt-Heinrichs, BGB, § 21 Rdnr. 5; zurückhaltend ohne Begründung auch K. Schmidt, Verbandszweck, S. 203 „Universalsportvereine und andere Sportvereine mit umfangreichen Amateurabteilungen können ... trotz bedeutender Lizenzspielerabteilungen noch unter das Nebenzweckprivileg fallen."; ähnlich ders., Gesellschaftsrecht, S. 677 (Beispiel 10), offen gelassen auch bei Reichert/van Look, Rdnr. 133.
[242] Siehe dazu oben I. Rechtstatsächliche Entwicklung und Fußnoten 68 ff.
[243] Reuter in MünchKomm, BGB, §§ 21, 22 Rdnr. 57; Palandt-Heinrichs, BGB, §§ 43, 44 Rdnr. 2 m.w.N.; BayObLGZ 1984, 283, 287; KG NJW-RR 1993, 187, 188; Hemmerich, Möglichkeiten und Grenzen, S. 58; Keidel/Kuntze/Winkler, FGG, § 159 Rdnr. 27 m.w.N.
[244] Oetker, NJW 1991, 385, 392, K. Schmidt, NJW 1993, 1225, 1226 f., ders. Rpfleger 1988, 45, 50, ihm folgend Böttcher, Rpfleger 1988, 169, 170. In diesem Sinne auch der

heitlichen Rechtsformkontrolle seien, müsse die Löschung eines Vereins - gleich ob aufgrund offener oder verdeckter Rechtsformverfehlung - als actus contrarius in derselben Hand wie die Eintragung liegen. Deshalb sei das Registergericht jedenfalls neben der Verwaltungsbehörde zuständig.[245] Dieser Ansicht ist nicht zuzustimmen. Aus dem Wortlaut von § 43 Abs. 2 BGB folgt, daß diese Vorschrift nur auf die sogenannte verdeckte Rechtsformverfehlung anwendbar ist. Wären daneben auch die §§ 159, 142 FGG bei der verdeckten Rechtsformverfehlung einschlägig, so würde es zu unkoordinierten Doppelzuständigkeiten für die Vornahme belastender Hoheitsakte kommen. So wäre es beispielsweise nicht ausgeschlossen, daß ein Verein nach erfolgreicher Abwehr eines Entziehungsverfahrens nach § 43 Abs. 2 BGB noch einmal dem Löschungsverfahren, nun nach §§ 159, 142 FGG, ausgesetzt wäre.[246] Aus diesem Grund ist der herrschenden Meinung zuzustimmen. Die §§ 159, 142 FGG finden daher nur auf die offene, sich bereits aus der Satzung ergebende Rechtsformverfehlung Anwendung.

Auf die verdeckte Rechtsformverfehlung der Bundesligavereine finden also die §§ 43 Abs. 2, 44 BGB Anwendung. Danach kann die zuständige Landesbehörde[247] dem Verein die Rechtsfähigkeit entziehen.

Aus der Kann-Formulierung folgt, daß der Entzug der Rechtsfähigkeit trotz Vorliegens der Tatbestandsvoraussetzungen nicht zwingende Folge sein muß. Vielmehr eröffnet die Vorschrift der Landesbehörde einen Ermessensspielraum. Die Ausübung des Ermessens muß sich gemäß § 40 VwVfG an den gesetzlichen Zielvorstellungen der Ermächtigungsnorm orientieren.[248]

§ 43 Abs. 2 BGB ist Instrument der Vereinsklassenabgrenzung und dient der Durchsetzung der §§ 21, 22 BGB. Daher ist für die Ermessensbetätigung die Sperr- und Auffangfunktion des § 22 BGB maßgebend.[249] Die Ermessensentscheidung nach § 43 Abs. 2 BGB muß sich daher wesentlich an den Schutzzwecken von § 22 BGB, also am Gläubigerschutz und am Mitgliederschutz orientieren.

Zunächst ist daher der Ansicht zu widersprechen, nach der das Untätigbleiben der Verwaltungsbehörde aufgrund von sportpolitischen Gründen gerechtfertigt sei.[250] Die sogenannten sportpolitischen Gründe können lediglich die Untätigkeit der Verwaltungsbehörden erklären, sie können sie indes nicht begründen. Weder gibt es einen allgemeinen Rechtssatz, dem zufolge sportpoliti-

---

Entwurf der SPD eines „Gesetzes zur Verbesserung von Transparenz und Beschränkung von Machtkonzentration in der deutschen Wirtschaft". Siehe dazu Fußnote 261.

[245] Oetker, NJW 1991, 385, 388; K. Schmidt, Rpfleger 1988, 45, 50.

[246] Reuter in MünchKomm, BGB, §§ 21, 22 Rdnr. 59; ähnlich auch Staudinger-Weick, BGB, § 43 Rdnr. 7.

[247] Zuständig ist in allen Ländern die höhere Verwaltungsbehörde, siehe die Zusammenstellung bei Soergel-Hadding, BGB, § 44 Rdnr. 2.

[248] Vgl. Soergel-Hadding a.a.O.; vgl. zur Ermessensausübung auch Maurer, S. 119.

[249] Vgl. Soergel-Hadding a.a.O.

[250] In diese Richtung Segna unter Berufung auf Heckelmann, AcP 179 (1979), 1, 51 ff. (Segna, ZIP 1997, 1901, 1904).

sche Auswirkungen bei hoheitlichen Entscheidungen generell zu berücksichtigen sind.[251] Noch folgt aus den Schutzzwecken der Vereinsklassenabgrenzung, daß im Rahmen der Ermessensausübung bei § 43 Abs. 2 BGB sportpolitische Erwägungen zu berücksichtigen sind. Die Ermessensausübung im Rahmen des § 43 Abs. 2 BGB hat sich daher ausschließlich am Gläubiger- und Mitgliederschutz zu orientieren, deren Durchsetzung Aufgabe dieser Vorschrift ist.

Da die wirtschaftliche Betätigung der Fußballbundesligavereine die Grenzen des Nebenzweckprivilegs überschreitet, ist ihnen aus Gründen des Gläubigerschutzes grundsätzlich die Rechtsfähigkeit zu entziehen. Außerdem ist solchen Fußballbundesligavereinen aus Gründen des Mitgliederschutzes grundsätzlich die Rechtsfähigkeit zu entziehen, deren Lizenzspielerabteilung per Saldo dauerhaft Verluste erwirtschaftet.[252]

Folge des Entzugs der Rechtsfähigkeit wäre ein Wegfall der Haftungsbegrenzung auf das Vereinsvermögen. Denn der Verein kann nach Entzug der Rechtsfähigkeit, soweit er die Rechtsform nicht wechselt, nur als nichtrechtsfähiger wirtschaftlicher Verein fortbestehen. Dies mit der Konsequenz, daß alle Mitglieder persönlich und unbeschränkt für die Verbindlichkeiten des Vereins haften würden.[253] Angesichts dieser, für die Mitglieder des Vereins sehr harten Rechtsfolge, ist unter Verhältnismäßigkeitsgesichtspunkten zu untersuchen, ob ein milderes Mittel zur Verfügung steht, welches dem Gläubiger- und Mitgliederschutz ausreichend Rechnung trägt.

So ist zu überlegen, ob durch eine Unterwerfung der Vereine unter berufssportspezifische Bilanzierungs- und Publizitätspflichten dem Gläubigerschutz genügt werden kann.[254] Der DFB legt den Vereinen weitreichende Bilanzierungspflichten kraft Verbandsmacht auf, die im wesentlichen den Rechnungslegungspflichten der Kapitalgesellschaften und Genossenschaften entsprechen.[255] Ferner überprüft der DFB die wirtschaftliche Leistungsfähigkeit der Vereine umfassend und verlangt von den Vereinen die Hinterlegung einer Kaution, die das Mindestkapital einer AG (GmbH) weit übersteigt.[256] Insoweit wird dem Gläubigerschutz weitreichend Rechnung getragen. Ein wesentlicher Unterschied zu den gläubigerschützenden Vorschriften des Handelsrechts[257] be-

---

[251] Weder der EuGH im sogenannten Bosman-Urteil noch der BGH in seiner kartellrechtlichen Entscheidung vom 11.12.1997 haben sportpolitischen Auswirkungen entscheidende Bedeutung beigemessen.

[252] Vgl. auch BVerwG NJW 1998, 1166. Danach bedarf die Entziehung der Rechtsfähigkeit nach § 43 Abs. 2 BGB nur in atypischen Fällen behördlichen Ermessenerwägungen. Siehe zu den Reformbestrebungen auch Fußnote 261.

[253] Palandt-Heinrichs, BGB, § 54 Rdnr. 12; Fuhrmann, SpuRt 1995, 12, 13; Reichert/van Look, Rdnr. 2095; Soergel-Hadding, BGB, § 54 Rdnr. 25 m.w.N.

[254] So Kebekus, Alternativen, S. 53 f.; ähnlich Aldermann, Berufsfußball, S. 136, freilich im Rahmen des Nebenzweckprivilegs.

[255] Ausführlicher hierzu Galli, SpuRt 1996, 79, 81 ff.; Aldermann, Berufsfußball, S. 111.

[256] Siehe hierzu ausführlich unten Dritter Abschnitt: Ausmaß und Kontrolle der wirtschaftlichen Leistungsfähigkeit.

[257] Vgl. die Übersicht unter 2.) a) aa) Gläubigerschutz.

steht allerdings darin, daß die Vereine keinen Publizitätspflichten unterliegen. Die Offenlegung der Jahresabschlüsse stellt aber ein wesentliches Element des Gläubigerschutzes dar. Unter Verhältnismäßigkeitsgesichtspunkten ist ein Entzug der Rechtsfähigkeit daher nur dann nicht erforderlich, wenn in Ergänzung zu den bestehenden Rechnungslegungsvorschriften die Fußballbundesligavereine dem Handelsrecht vergleichbaren Publizitätspflichten unterstellt werden.[258]

Ein weiteres wesentliches Element der Verwirklichung des Gläubigerschutzes im Handelsrecht ist die Strafbewehrtheit der Konkursantragspflicht. Um einen dem Handelsrecht vergleichbaren Gläubigerschutz zu gewährleisten, muß daher auch beim Idealverein die Verzögerung des Konkursantrages grundsätzlich strafrechtlich sanktioniert werden. Nicht erforderlich ist die Strafbewehrung bei Vereinen, die nur in verhältnismäßig geringem Umfang wirtschaftlich tätig werden. Denn hier fehlt die Vergleichbarkeit mit den wirtschaftlichen Sondervereinen. Die Verzögerung des Konkursantrages ist daher nur bei Vereinen unter Strafe zu stellen, die in erheblichem Umfang wirtschaftlich tätig sind.[259] Als Anknüpfungspunkt bietet sich die gleichfalls den Gläubigerschutz betreffende Regelung des § 267 HGB an. Entsprechend den dort aufgestellten Größenkriterien ist die Konkursantragspflicht nur bei solchen Vereinen mit Strafe zu bewehren, die als groß im Sinne von § 267 Abs. 3 HBG zu qualifizieren sind.

Weiterhin müssen die Vereine aus Gründen des Mitgliederschutzes verbindlichen Regelungen unterstellt werden, die eine Verwendung der Mittel des ideellen Bereichs für den Berufsfußball untersagen und dadurch den Erhalt des Vereinsvermögens sichern.[260]

Es ist zu überlegen, ob die vorgenannten Ergänzungen im Wege gesetzlicher und/oder verbandsrechtlicher Regelungen eingeführt werden können. Die Strafbewehrung der Konkursantragspflicht kann aufgrund der Strafgewalt des Staates nur durch gesetzliche Regelung erfolgen. Dementsprechend könnten folgende Sätze 3 und 4 in § 42 Abs. 2 BGB eingefügt werden:

„Mit Freiheitsstrafe bis zu drei Jahren oder mit Geldstrafe wird bestraft, wer es als Vorstand eines Vereins entgegen Satz 1 unterläßt, bei Überschuldung die Eröffnung des Konkursverfahrens oder des gerichtlichen Vergleichverfahrens

---

[258] So auch Kebekus, Alternativen, S. 158; ähnlich Aldermann, Berufsfußball, S. 112; vgl. auch K. Schmidt, AcP 182 (1982), 1, 29.
[259] Nach Auffassung von K. Schmidt sollten Verletzungen der Konkursantragspflicht bei „Großvereinen" generell unter Strafe gestellt werden (K. Schmidt, AcP 182 (1982), 1, 29); nach Aldermann, Berufsfußball, S. 123, soll eine entsprechende Modifikation für alle Idealvereine eingeführt werden.
[260] Zwar überprüft der DFB bei der Beurteilung der wirtschaftlichen Leistungsfähigkeit eines Vereins dessen Vermögenslage. Diese muß so gehalten und geordnet sein, daß das Vereinsvermögen durch den Spielbetrieb der Lizenzabteilung nicht nachhaltig gemindert wird. (Roth, Profigesellschaften, S. 122). Dennoch hat die Verschuldung der Bundesligavereine in den letzten Jahren erheblich zugenommen.

zu beantragen. Satz 3 findet keine Anwendung, wenn der Verein als klein oder mittelgroß entsprechend den Regelungen des § 267 HGB einzuordnen ist."

Die erforderlichen Publizitätsvorschriften und Sicherungsvorschriften zum Erhalt des Vereinsvermögens kann dagegen der DFB kraft seiner Verbandsmacht einführen. Hierbei ist allerdings zu berücksichtigen, daß die Beibehaltung der Rechtsfähigkeit durch die Unterwerfung unter gläubiger- und mitgliederschützende Verbandsvorschriften einen Eingriff in das bestehende System der Normativvorschriften des Handelsrechts darstellt. Aus Gründen der Rechtssicherheit sollte daher eine gesetzliche Klarstellung getroffen werden, aus der sich ergibt, daß vom DFB lizenzierten Vereinen die Rechtsfähigkeit nicht zu entziehen ist. Andernfalls wäre unklar, welcher Verband berechtigt ist, untergesetzliche Bestimmungen aufzustellen, deren Einhaltung seine Mitglieder (Idealvereine) berechtigen, trotz überwiegender wirtschaftlicher Tätigkeit eingetragen zu werden oder zu bleiben.[261] Erforderlich ist daher eine Regelung, aus der sich ergibt, daß vom DFB lizenzierte Fußballvereine trotz überwiegend wirtschaftlicher Tätigkeit als Idealvereine im Sinne von § 21 BGB gelten. Dementsprechend könnte folgender § 43 Abs. 2 Satz 2 BGB eingefügt werden:

„Einem Verein ist die Rechtsfähigkeit nicht zu entziehen, wenn er gemäß den Vorschriften des Deutschen Fußball Bundes eine Lizenz für die Teilnahme am Spielbetrieb einer Lizenzliga erhalten hat."

Soweit die vorgenannten Ergänzungen nicht eingeführt werden, ist den Vereinen aufgrund einer Ermessensreduzierung auf Null nach § 43 Abs. 2 BGB die Rechtsfähigkeit zu entziehen. Im Rahmen der Ermessensausübung ist allerdings die durch Artikel 9 Abs. 1 GG verfassungsrechtlich geschützte Vereinigungsfreiheit zu berücksichtigen. Daraus ist zu folgern, daß ein Tätigwerden der zuständigen Verwaltungsbehörde dem jeweiligen Verein mindestens ein Jahr vorher anzukündigen ist, damit diesem die Möglichkeit gegeben wird,

---

[261] Eine solche Klarstellung ist insbesondere vor dem Hintergrund der neueren Rechtsprechung des Bundesverwaltungsgerichts, nach der Ermessen im Rahmen von § 43 Abs. 2 BGB nur noch in Ausnahmefällen ausgeübt werden soll, erforderlich (vgl. Fußnote 252). Siehe auch den letztlich nicht umgesetzten Gesetzesentwurf der SPD vom 30.1.1995, der folgende Neufassung von § 43 Abs. 2 BGB vorsah: "Ein Verein, dessen Zweck nicht auf einen wirtschaftlichen Geschäftsbetrieb gerichtet ist, *ist* aus dem Vereinsregister zu löschen, wenn er einen solchen Zweck verfolgt. § 142 Abs. 2 und 3 des Gesetzes über die Angelegenheiten der freiwilligen Gerichtsbarkeit finden Anwendung." (Entwurf der SPD eines „Gesetzes zur Verbesserung von Transparenz und Beschränkung von Machtkonzentration in der deutschen Wirtschaft" vom 30.1.1995, BT-Drucksache 13/367). Denkbar wäre auch eine Ermächtigung der Exekutiven, durch Rechtsverordnung zu bestimmen, daß typisierten Gruppen von Scheinidealvereinen die Rechtsfähigkeit nicht zu entziehen ist, weil aufgrund untergesetzlicher (verbandsrechtlicher) Sicherungsvorschriften ein den handelsrechtlichen Normativvorschriften entsprechender Gläubiger- und Mitgliederschutz gewährleistet ist.

durch entsprechende Umstrukturierungen[262] dem Entzug der Rechtsfähigkeit zuvorzukommen und so eine persönliche Haftung der Mitglieder zu vermeiden.

Aus dem Grundsatz der Verhältnismäßigkeit ist ferner zu folgern, daß der Sportverein nicht ausschließlich darauf verwiesen werden darf, ein mögliches Tätigwerden der Verwaltungsbehörde abzuwarten. Um etwaige Unsicherheiten bezüglich seines Status zu vermeiden, ist vielmehr jedem Verein das Recht zuzubilligen, eine diesbezügliche Anfrage an die Verwaltungsbehörde zu stellen. Die daraufhin ergehende Auskunft ist als nach dem Grundsatz der Selbstbindung der Verwaltung die Verwaltungsbehörde bindend zu behandeln. Mit der Anfrage hat der Verein - entsprechend der im Steuerrecht von der Verwaltung anerkannten verbindlichen Auskunft[263]- alle für die Beurteilung des Sachverhalts bedeutsamen Angaben zu machen. Nur bezogen auf den dargestellten Sachverhalt ist die Auskunft der Verwaltungsbehörde bindend.

4. Ergebnis

Alle Fußballvereine der ersten und zweiten Bundesliga verfolgen satzungsmäßig hauptsächlich ideelle Ziele. Dazu im Widerspruch werden sie tatsächlich wirtschaftlich in einem Umfang tätig, der die Grenzen des Nebenzweckprivilegs überschreitet. Auf eine solche sogenannte verdeckte Rechtsformverfehlung finden ausschließlich die §§ 43 Abs. 2, 44 BGB Anwendung. Danach können die Landesbehörden den Vereinen die Rechtsfähigkeit entziehen.

Ein Entzug der Rechtsfähigkeit ist aus Gründen der Verhältnismäßigkeit nicht erforderlich, wenn die Konkursantragspflicht bei Großvereinen strafbewehrt wird, und der DFB die verbandsrechtlichen Rechnungslegungsvorschriften um Publizitätsvorschriften ergänzt sowie zwingende Sicherungsvorschriften für den Erhalt des Vereinsvermögens schafft. Außerdem muß eine klarstellende Vorschrift in das BGB aufgenommen werden, aus der sich ergibt, daß vom DFB lizenzierten Vereinen die Rechtsfähigkeit nicht zu entziehen ist.

Werden vorstehende Modifikationen nicht umgesetzt, so müssen die zuständigen Verwaltungsbehörden den Vereinen der ersten und zweiten Bundesliga die Rechtsfähigkeit entziehen. Aus Gründen der Verhältnismäßigkeit ist ein entsprechendes Tätigwerden der Behörden dem jeweiligen Verein mindestens ein Jahr zuvor bekannt zu geben. Ferner ist die jeweils zuständige Verwaltungsbehörde verpflichtet, einem Verein auf eine entsprechende Anfrage hin, eine die Behörde bindende Auskunft darüber zu erteilen, ob die Behörde den Verein als wirtschaftlich einstuft, und ob ihm die Rechtsfähigkeit entzogen werden soll.

---

[262] Siehe dazu ausführlich unten Zweites Kapitel: Rechtsformunabhängige Überlegungen zur Ausgliederung der Berufsfußballabteilung.
[263] Vgl. zur verbindlichen Auskunft BMF-Schreiben vom 24.6.1987, BStBl. I 1987, S. 474.

Zweiter Abschnitt: Die Gemeinnützigkeit des Fußballbundesligavereins

Die Fußballbundesligavereine sind entsprechend ihrer satzungsmäßigen Zielsetzung, ein in erster Linie den Sport fördernder Idealverein zu sein, als gemeinnützig anerkannt. Der Gemeinnützigkeitsstatus bringt den Vereinen zahlreiche steuerliche Vergünstigungen.[264] Allerdings profitieren nicht sämtliche Bereiche des Vereins von dieser steuerlichen Vergünstigung. Denn die Tätigkeiten des Vereins, die als wirtschaftliche Geschäftsbetriebe zu qualifizieren sind, sind - soweit sie keine Zweckbetriebe sind[265]- in der Regel voll steuerpflichtig.[266] Der finanzielle Vorteil, der letztlich durch den Gemeinnützigkeitsstatus erzielt wird, ist daher, aber auch im Hinblick auf § 8 Abs. 6 KStG,[267] von Verein zu Verein sehr unterschiedlich zu beurteilen.[268]

I. Sportförderung im Sinne von § 52 Abs. 2 Nr. 2 AO als gemeinnütziger Zweck

Es stellt sich zunächst die Frage, ob die Fußballbundesligavereine überhaupt gemeinnützige Zwecke verfolgen. Gemeinnützige Zwecke definiert § 52 Abs. 1 Satz 1 AO als selbstlose[269] Förderung der Allgemeinheit auf materiellem, geistigem oder sittlichem Gebiet. § 52 Abs. 2 AO nennt Beispiele typischer gemeinnütziger Zwecke. Nach Nr. 2 dieser Vorschrift ist insbesondere die Sportförderung als ein gemeinnütziger Zweck anzuerkennen. Allerdings muß entsprechend dem Wortlaut von Abs. 2

---

[264] So sind gemeinnützige Körperschaften gemäß § 5 Abs. 1 Nr. 9 KStG, § 3 Nr. 6 GewStG, § 3 Abs. 1 Nr. 12 VStG, §§ 3 Abs. 1 Nr. 3 b, 7 GrStG von der Körperschaftsteuer, der Gewerbesteuer, der Vermögensteuer (die aber seit dem Veranlagungszeitraum 1997 ohnehin weggefallen ist) sowie von der Grundsteuer befreit. Zudem müssen die Vereine nur eine ermäßigte Umsatzsteuer nach § 12 Abs. 2 Nr. 8 UStG entrichten. Das UStG enthält zudem weitere Befreiungsgründe in § 4 UStG, die zum großen Teil nur bei gemeinnützigen Vereinen in Betracht kommen. Außerdem sind Spenden an den gemeinnützigen Verein gemäß § 10b EStG, 48 EStDV beim Spender abzugsfähig. Schließlich kann eine steuerfreie Aufwandsentschädigung gemäß § 3 Nr. 26 EStG gezahlt werden.
[265] Die Einnahmen im Rahmen eines Zweckbetriebes dürfen 60.000 DM nicht übersteigen, soweit dieser eine sportliche Veranstaltung darstellt §§ 65, 67a Abs. 1 Satz 1 AO. Siehe aber auch § 67a Abs. 2 und 3 AO.
[266] Allerdings besteht gemäß § 23 Abs. 2 KStG ein ermäßigter Steuersatz in Höhe von 42 v.H. Im Rahmen des Steuerentlastungsgesetzes 1999/2000/2002 ist allerdings geplant, den Körperschaftsteuersatz für alle Körperschaften mit Wirkung zum 1.1.1999 einheitlich auf 40% abzusenken. Die Besserstellung für Vereine würde dann entfallen.
[267] Nach § 8 Abs. 6 KStG bleiben bei der Ermittlung des steuerpflichtigen Einkommens des Vereins die Mitgliedsbeiträge außer Ansatz.
[268] Beim FC Freiburg werden für den Amateur- und Jugendbereich nicht mehr als 300.000,-- DM pro Jahr ausgegeben, so der Klub in einem Schreiben an den Verfasser vom 15.9.1994. Insbesondere bei den umsatzstarken Vereinen scheint der Gemeinnützigkeitsstatus an Bedeutung zu verlieren. Vgl. auch Fußnoten 230, 677.
[269] Zur Selbstlosigkeit sogleich unter II.1. Selbstlosigkeit.

durch die Sportförderung auch eine Förderung der Allgemeinheit auf materiellem, geistigem oder sittlichem Gebiet erfolgen.[270]

Im folgenden ist diesbezüglich die Tätigkeit der Vereine, getrennt nach Berufs- und Amateursportabteilungen, zu untersuchen.

1. Der Amateurbereich der Vereine

Alle Fußballbundesligavereine betreiben neben der Lizenzspielerabteilung weitere Sportabteilungen, mittels derer der Amateursport im Bereich des Fußballs oder anderer Sportdisziplinen gefördert wird.[271] Da die Mitgliedschaft in den Sportvereinen jedermann offen steht, sind sie der interessierten Allgemeinheit zugänglich. Die Vereine fördern diese Allgemeinheit auf materiellem und ideellem Gebiet, indem sie Sportstätten zur Verfügung stellen und die Zusammenkunft sowie die sportliche Betätigung Gleichgesinnter ermöglichen.[272]

Die bei allen Bundesligavereinen bestehende Förderung des Amateursports erfüllt daher in satzungsmäßiger Hinsicht[273] und tatsächlich die Voraussetzungen einer Sportförderung im Sinne von § 52 Abs. 2 Nr. 2 AO.

2. Der Lizenzspielerbereich der Vereine

Ob auch die Lizenzabteilung den Sport im Sinne von § 52 Abs. 2 Nr. 2 AO fördert, ist indessen zweifelhaft. Für die Beantwortung dieser Frage ist zunächst zwischen einer unmittelbaren und einer mittelbaren Sportförderung zu unterscheiden.

a) Unmittelbare Förderung des Sports

Selbst wenn man die Betätigung der Lizenzspieler als Sport und nicht als Arbeit[274] qualifiziert, erscheint eine unmittelbare Sportförderung im Sinne von § 52 Abs. 2 Nr. 2 AO mittels der Lizenzabteilung zweifelhaft. Denn nach dem Wortlaut von § 52 Abs. 2 AO kann nur eine die Allgemeinheit fördernde Sportförderung ein förderungswürdiger Zweck im Sinne von § 52 AO sein. Dementsprechend normiert § 52 Abs. 1 Satz 2 AO ausdrücklich, daß der Kreis der Personen, dem die Förderung zugute kommt, nicht dauernd nur klein sein darf. Die unmittelbar sportfördernde Tätigkeit der Lizenzabteilung kommt aber naturgemäß nur einem kleinen Kreis, eben den Berufsfußballspielern, zugute. Selbst wenn es einigen besonders erfolgreichen Amateursportlern gestattet ist, die Einrichtungen der Profis zu nutzen, etwa durch Inanspruchnahme von Trai-

---

[270] Vgl. auch Arndt/Immel, BB 1987, 1153, 1154.
[271] Vgl. oben Erster Abschnitt IV. 1. b) aa) Aktivitäten im Jugend- und Amateurbereich.
[272] Siehe dazu auch Arndt/Immel, BB 1987, 1153, 1155 m.w.N.
[273] Siehe hierzu Erster Abschnitt I. Rechtstatsächliche Entwicklung der Vereine.
[274] So Tipke/Kruse, AO, § 52 Tz. 27. Auch in OFH v. 7.9.1949 (RFHE 54, 386 f.) wurde Berufssport nicht als Sport qualifiziert, da dieser in erster Linie dem Erwerb diene.

ningsmöglichkeiten oder der medizinischen Betreuung, erfolgt keine Förderung der Allgemeinheit. Denn die sehr qualifizierten Dienstleistungen der Lizenzabteilung sind eben nur auf eine geringe Benutzeranzahl zugeschnitten und würden daher nur sehr wenigen Amateursportlern zugute kommen. Eine unmittelbare Förderung der Allgemeinheit auf sportlichem Gebiet im Sinne von § 52 AO durch die Berufsfußballabteilung scheidet daher aus.

b) Mittelbare Förderung des Sports

Bezüglich der mittelbaren Förderung des Sports können im wesentlichen die Ergebnisse herangezogen werden, die bei der gleich gelagerten zivilrechtlichen Problematik erarbeitet wurden.[275] Danach kann eine mittelbare Förderung des Sports im Sinne der statutarischen Zielsetzung der Vereine - und damit auch im Sinne von § 52 AO - dadurch erfolgen, daß die Lizenzabteilung eine Vorbild- und Integrationsfunktion oder eine Finanzierungsfunktion für den Amateursport, insbesondere den Jugendsport, übernimmt. Hierbei ist allerdings zu berücksichtigen, daß viele Lizenzspielerabteilungen aufgrund ihrer wirtschaftlichen Situation nicht in der Lage sind, diese Finanzierungsfunktion zu übernehmen. Hinsichtlich der Vorbildfunktion ist ferner zu bedenken, daß aufgrund zunehmender Kommerzialisierung des Berufssports die Gefahr besteht, daß die Lizenzspieler Eigenschaften verkörpern, die im Widerspruch zu dem ursprünglichen Gedanken des Sports stehen und daher als negatives Vorbild mit der Gefahr der Infizierung des Amateursports dienen.[276]

In Ergänzung dazu sind im Rahmen der Beurteilung der Gemeinnützigkeit eines Vereins die Auswirkungen des Berufssports auf die Allgemeinheit zu berücksichtigen. Als positive Auswirkungen des Berufsfußballs sind die Förderung der Sportbegeisterung, die überregionale Integrationswirkung sowie die Tauglichkeit des Sports als „Ersatzkrieg" zu nennen. Als nachteilige Auswirkungen auf die Allgemeinheit sind insbesondere die mit einer sportlichen Veranstaltung verbundenen Umweltbelastungen zu berücksichtigen.[277] Im Bereich des Berufsfußballs erfolgen solche Belastungen durch das bei Spielen stets erforderliche Aufgebot an Ordnungskräften, die Beeinträchtigung des Straßenverkehrs durch den An- und Abfahrtsverkehr sowie durch sonstige Beeinträchtigungen der Sicherheit und Ordnung durch „Hooligans". [278]

---

[275] Erster Abschnitt IV.1. b) bb) bbb) Mittelbare Förderung des statutarischen Hauptzwecks.
[276] Siehe im einzelnen den in der vorhergehenden Fußnote genannten Abschnitt.
[277] Tipke/Kruse, AO, § 52 Tz. 29; Arndt/Immel, BB 1987, 1153, 1155 .
[278] Die Kosten der Polizeieinsätze trägt bisher die öffentliche Hand. Deshalb wird insoweit ein Gemeinschaden verursacht (Tipke/Kruse, AO, § 52 Tz. 30; siehe zur Kostentragungspflicht auch unten im Text bei Fußnoten 680 ff.).

c) Zwischenergebnis

Eine unmittelbare Sportförderung im Sinne von § 52 Abs. 2 Nr. 2 AO erfolgt durch die Berufsfußballabteilung nicht. Allerdings wird die Berufsfußballabteilung im Regelfall den Sport im Sinne von § 52 AO mittelbar durch ihre Vorbild- und Integrationsfunktion fördern. Durch die wachsende Kommerzialisierung des Berufssports wird diese Art der mittelbaren Sportförderung allerdings in zunehmendem Maße zweifelhaft. Soweit es die finanzielle Situation des Vereins erlaubt, kann die Berufsfußballabteilung zudem den Sport mittelbar durch Übernahme einer Finanzierungsfunktion fördern. Daneben ist zu berücksichtigen, daß der Berufssport außersportliche positive Auswirkungen - beispielsweise seine Tauglichkeit als „Ersatzkrieg"- und negative Auswirkungen in Form vom Umweltbelastungen entfaltet.

3. Ergebnis

Die Fußballbundesligavereine fördern mittels ihrer Amateursportabteilungen, entsprechend ihrer satzungsmäßigen Zielsetzung, den Sport im Sinne von § 52 Abs. 2 Nr. 2 AO unmittelbar. Mittels der Lizenzabteilung werden unmittelbar keine steuerbegünstigten Ziele verfolgt, es erfolgt lediglich eine mittelbare Förderung des Sports im Sinne von § 52 AO.

II. Selbstlose, ausschließliche und unmittelbare Förderung des Sports

Es fragt sich, ob das Nebeneinander von steuerbegünstigten und nicht steuerbegünstigten Zielen der Gemeinnützigkeit entgegensteht. Dafür könnte sprechen, daß ein Verein nur dann als gemeinnützig anerkannt werden kann, wenn er das förderungswürdige gemeinnützige Ziel im Sinne der §§ 51, 52, 55, 56, 57 AO selbstlos, ausschließlich und unmittelbar fördert. Nur dann soll er in den Genuß der steuerlichen Vergünstigungen kommen.

1. Selbstlosigkeit

Nach § 55 Abs. 1 AO erfolgt die Verfolgung gemeinnütziger Zwecke nur dann selbstlos, wenn der Verein weder im Rahmen der Einnahmeerzielung noch bei der Mittelverwendung in erster Linie eigen- oder erwerbswirtschaftliche Zwecke verfolgt.[279]

---

[279] Vgl. auch Arndt/Immel, BB 1987, 1153, 1156.

a) Einnahmeerzielung der Fußballbundesligavereine

aa) Nebeneinander von gemeinnützigen und eigenwirtschaftlichen Zielen

Nach § 55 Abs. 1 AO darf der Verein also eigenwirtschaftliche Zwecke verfolgen, diese dürfen aber lediglich einen Nebenzweck bilden, der Hauptzweck muß hiernach gemeinnützig sein. Mittels der Amateursportabteilungen verfolgen die Vereine, wie dargestellt, unmittelbar gemeinnützige Ziele. Anders verhält es sich mit den Zielsetzungen der Berufssportabteilungen. Mittels dieser werden in erster Linie eigenwirtschaftliche Ziele und nur mittelbar gemeinnützige Ziele[280] verfolgt. Die eigenwirtschaftliche Zielsetzung in der Lizenzabteilung ergibt sich bereits aus dem faktischen Zwang der Vereine, am „Spielermarkt" wettbewerbsfähig zu sein. Dazu müssen sie vorhandene Einnahmequellen wie die Sportveranstaltungen der Lizenzabteilung, Werbemöglichkeiten und TV-Übertragungsrechte[281] sowie Transfererträge[282] wirtschaftlich optimal ausnutzen.[283] Ferner wird der Verein mittels der Berufsfußballabteilung durch die Zahlung der hohen Spielergehälter eigenwirtschaftlich tätig. Denn dadurch fördert er die Eigenwirtschaft der Spieler.[284] Die durch die Berufsfußballabteilung entfaltete Tätigkeit stellt also eine Förderung der Eigenwirtschaft des Vereins und der Spieler dar. Es ist somit festzustellen, daß die Bundesligavereine eigenwirtschaftliche und steuerbegünstigte Ziele nebeneinander verfolgen.

bb) Zulässiger Umfang der eigenwirtschaftlichen Betätigung

Die Verfolgung eigenwirtschaftlicher Ziele neben dem förderungswürdigen Zweck steht allerdings nicht notwendig der Gemeinnützigkeit entgegen. Denn wie bereits erwähnt, erlaubt § 55 Abs. 1 AO eigenwirtschaftliche Zielsetzungen, soweit diese nicht in erster Linie verfolgt werden.

Es stellt sich zunächst die Frage, ob durch die Regelung des § 58 Nr. 9 AO der nach § 55 Abs. 1 AO grundsätzlich zulässige Umfang der eigenwirtschaftlichen Betätigung für den Bereich des Berufssports ausgedehnt werden soll. Für eine solche Sonderregelung könnte sprechen, daß nach dieser Vorschrift die Förderung des bezahlten Sports der Gemeinnützigkeit scheinbar grundsätzlich nicht entgegen steht. Im Ergebnis folgt aber aus dem Wortlaut und der Entstehungsgeschichte dieser Vorschrift, daß eine derartige Privilegierung des bezahlten Sports nicht beabsichtigt ist.

---

[280] Zum Verhältnis gemeinnütziger und eigenwirtschaftlicher Ziele vgl. Scholtz in Koch/ Scholtz, AO, § 55 Anm. 1.
[281] Ausführlicher dazu Ch. Müller, Rechtsfragen, S. 9 ff.
[282] Aufgrund des sogenannten Bosman-Urteils durch den EuGH wird dieser Einnahmequelle allerdings in Zukunft geringere Bedeutung zukommen.
[283] Siehe zur wirtschaftlichen Betätigung der Bundesligavereine oben Erster Abschnitt I. Rechtstatsächliche Entwicklung der Vereine.
[284] Scholtz in Koch/Scholtz, AO, § 58 Anm. 10; AEAO zu § 52 Tz. 3.

Nach der in § 58 Nr. 9 AO getroffenen Regelung darf der bezahlte Sport nur neben dem Amateursport gefördert werden. Amateursport und Profisport dürfen also nicht beziehungslos voneinander gefördert werden. Vielmehr folgt aus dem Wortlaut der Regelung, daß die Förderung des Amateursports im Vordergrund stehen muß.[285]

Auch die Entstehungsgeschichte von § 58 Nr. 9 AO spricht dafür, daß durch diese Vorschrift nicht jede Förderung des bezahlten Sports erlaubt werden soll. Die Vorschrift wurde durch das Vereinsförderungsgesetz mit Wirkung zum 1.1.1990 eingefügt. Diese Norm ist daher in Zusammenhang mit der zum gleichen Zeitpunkt erfolgten Änderung des § 67a AO zu sehen. In diesem Zusammenhang soll die Regelung des § 58 Nr. 9 AO verhindern, daß die Steuervergünstigung für den Verein verloren geht, wenn Sportler im Rahmen eines Zweckbetriebes bezahlt werden.[286] Die in § 58 Nr. 9 AO getroffene Regelung soll also die Förderung des Lizenzsports nur insoweit privilegieren, wie sie sich im Rahmen der Zweckbetriebsgrenze des § 67a Abs. 1 AO hält.[287] Auch aus der Entstehungsgeschichte des § 58 Nr. 9 AO folgt also, daß diese Vorschrift nicht jede Förderung des Lizenzsports mit dem Grundsatz der Selbstlosigkeit für vereinbar erklärt.

Da also § 58 Nr. 9 AO zu keiner anderen Beurteilung führt, bleibt es dabei, daß sich der zulässige Umfang der eigenwirtschaftlichen Betätigung der Bundesligavereine - insbesondere also der im Lizenzsportbereich entfalteten Tätigkeit - nach § 55 Abs. 1 AO richtet. Danach steht die wirtschaftliche Betätigung der Bundesligavereine der Gemeinnützigkeit nicht entgegen, soweit sie nicht in erster Linie verfolgt wird, also nicht Hauptzweck ist.

cc) Bestimmung von Haupt- und Nebenzweck

Es fragt sich somit, ob die mittels der Berufssportabteilung entfaltete eigenwirtschaftliche Tätigkeit oder die gemeinnützige unmittelbare und mittelbare Sportförderung Hauptzweck im Sinne von § 55 Abs. 1 AO eines Fußballbundesligavereins ist. Eine scharfe Grenzziehung zwischen Haupt- und Nebenzweck gestaltet sich hier ähnlich schwierig wie die Quantifizierung des Nebenzweckprivilegs im Zivilrecht.[288] Es wurden daher verschiedene Abgrenzungsversuche unternommen.

So wurde vorgeschlagen, durch Gegenüberstellung der Einnahmen aus beiden Bereichen die Abgrenzung zu treffen. Überwiegen die Einnahmen aus der wirtschaftlichen Betätigung, so spreche dies für in erster Linie eigenwirtschaftliche Ziele. Umgekehrt sollen höhere Einnahmen im ideellen Bereich für in erster Linie ideelle Zwecke sprechen. Allerdings könne diesem Verhältnis lediglich

---

[285] Märkle, S. 178; Kießling/Buchna, S. 68.
[286] Begr. RegEntwurf BT-Ducks.11/4176, 10.
[287] Vgl. auch Thiel/Eversberg, DB 1990, 344, 348.
[288] Siehe dazu ausführlich Erster Abschnitt III. Das Nebenzweckprivileg.

indizielle Bedeutung zukommen. Denn die Einnahmen aus einer wirtschaftlichen Tätigkeit seien naturgemäß höher als die aus einer ideellen Tätigkeit.[289] Außerdem könnten höhere Einnahmen aus der wirtschaftlichen Tätigkeit gerade erforderlich sein, um die gemeinnützige Tätigkeit zu finanzieren.[290] Nach anderer Ansicht soll ein wirtschaftlicher Geschäftsbetrieb bloßer Nebenzweck sein, wenn er dem steuerbegünstigten Hauptzweck dient. Dies könne entweder unmittelbar in Form von Hilfstätigkeiten erfolgen oder in mittelbarer Form, etwa indem finanzielle Mittel zur Erfüllung des steuerbegünstigten Zwecks bereitgestellt würden. Fehle es an einer solchen dienenden Unterordnung, so stehe der wirtschaftliche Geschäftsbetrieb der Anerkennung des gesamten Vereins als steuerbegünstigte Körperschaft schlechthin entgegen.[291]

Wendet man diese Kriterien auf die Fußballbundesligavereine an, so ist zunächst festzustellen, daß bei allen Vereinen der Fußballbundesligen die Einnahmen aus dem Bundesligabetrieb - also der überwiegend eigenwirtschaftlichen Tätigkeit - die übrigen Einnahmen weit übersteigen.[292] Da aber die Einnahmen aus einer wirtschaftlichen Tätigkeit naturgemäß höher sind als die Einnahmen und Beiträge einer ideellen Tätigkeit, kann diesem Verhältnis eben nur indizielle Bedeutung zukommen.

Es stellt sich daher die weitere Frage, ob die Lizenzspielerabteilungen den gemeinnützigen Zwecken des Vereins in den genannten Formen unmittelbar oder mittelbar dienen. Eine unmittelbare Förderung besteht, wie dargestellt, nicht.

Eine mittelbare Förderung kann durch die Vorbild- und Integrationsfunktion oder eine Finanzierungsfunktion[293] erfolgen. Dabei ist zu beachten, daß die Vorbildfunktion mit wachsender Kommerzialisierung in ihr Gegenteil umschlagen kann. Die Lizenzabteilung kann daher nicht aufgrund der gegenwärtig bestehenden Vorbildfunktion dauerhaft als unschädlich für die Gemeinnützigkeit des Gesamtvereins beurteilt werden.

Bezüglich der Finanzierungsfunktion ist zu berücksichtigen, daß die Lizenzabteilung nicht derart in den Vordergrund treten darf, daß sie zum Selbstzweck

---

[289] Vgl. Märkle, S. 157; kritisch Herbert, Geschäftsbetrieb, S. 119. Siehe zur Kritik an zahlenorientierten Abgrenzungsversuchen beim zivilrechtlichen Nebenzweckprivileg Erster Abschnitt III. 2. b) bb) Kritik an einzelnen Abgrenzungsversuchen.

[290] Müller-Gatermann, FR 1995, 261, 262. Siehe zur Finanzierungsfunktion bereits oben I 2b) mittelbare Förderung desSports.

[291] Kühn/Hofmann, AO, § 64 Anm. 2; vgl. auch Troll, S. 503 f., der in diesem Fall allerdings einen Verstoß gegen den Grundsatz der Ausschließlichkeit annimmt.

[292] So wurden beispielsweise beim FC Bayern München in der Saison 1991/1992 ca. 85% (= knapp 36 Millionen DM) des Gesamtumsatzes von der Berufssportabteilung umgesetzt, vgl. FAZ vom 12.12.1992 „Ohne internationales Geschäft können wird nur zwei Jahre überstehen". Der SC Freiburg setzte beispielsweise in der Saison 1994/1995 nur etwa 3% (= knapp 300.000,-- DM) des Gesamtumsatzes im Amateur- und Jugendbereich (Aufwand im Sinne von Nummer 4.1 der von den Vereinen aufzustellenden Gewinn- und Verlustrechnung) um. Siehe hierzu auch oben im Text bei Fußnoten 230 f., 234 sowie unten Fußnote 677.

[293] Zur Mittelverwendung in diesem Zusammenhang sogleich ausführlicher unter b) Mittelverwendung der Bundesligavereine.

wird. Erforderlich ist eine Unterordnung der Lizenzspielerabteilung unter den ideellen Hauptzweck des Vereins. Selbst wenn die Vereine im Profibereich Gewinne erwirtschaften und davon einen Teil oder die gesamten Aufwendungen des Amateurbereichs bestreiten, so bedeutet das nicht notwendig, daß die Profiabteilung den Amateurabteilungen untergeordnet ist. Eine Unterordnung kann nur dann angenommen werden, wenn die Berufsfußballabteilung trotz der finanziellen Förderung nicht zum Selbstzweck von übergeordneter Bedeutung wird.[294] Die Berufsfußballabteilung muß von ihrem Erscheinungsbild her nebenbei unterhalten werden. Für diese Beurteilung ist eine wertende Betrachtung vorzunehmen,[295] die für jeden Bundesligaverein isoliert erfolgen muß. Indiz für einen Selbstzweck ist ein Mittelüberschuß der Berufsfußballabteilung über mehrere Jahre.[296]

Erwirtschaftet dagegen die Lizenzabteilung dauerhaft Verluste,[297] so kann sie die Finanzierungsfunktion nicht ausüben. Die dann nur noch mögliche mittelbare Förderung des Sports durch Übernahme einer Vorbild- und Integrationsfunktion reicht zum Erhalt der Gemeinnützigkeit nicht aus. Dem Verein ist dann die Gemeinnützigkeit insgesamt abzuerkennen.[298]

dd) Zwischenergebnis

In der Berufsfußballabteilung werden die Bundesligavereine eigenwirtschaftlich tätig. Diese Tätigkeit steht der Selbstlosigkeit allerdings grundsätzlich nicht entgegen, soweit sie die sportfördernde Haupttätigkeit des Vereins, also den Amateursport, unmittelbar oder mittelbar fördert.[299] Eine unmittelbare Förderung des Sports erfolgt nicht. Eine mittelbare Unterstützung der Amateursportabteilungen kann durch Übernahme einer Vorbild- und Integrationsfunktion oder einer Finanzierungsfunktion erfolgen. Die ausschließliche Übernahme einer Vorbild- und Integrationsfunktion genügt dem Grundsatz der Selbstlosigkeit nicht, wenn die Berufsfußballabteilung dauerhaft Verluste erwirtschaftet.[300] Trotz finanzieller Unterstützung des Amateursports liegt ein Verstoß gegen den Grundsatz der Selbstlosigkeit vor, wenn die Berufssportabteilung zum Selbst-

---

[294] Vgl. Franz, Grundlagen, S. 113 m.w.N.
[295] Herbert, Geschäftsbetrieb, S. 119.
[296] So generell zum wirtschaftlichen Geschäftsbetrieb Troll, S. 490; Franz, Grundlagen, S. 113/114.
[297] Zum Begriff der Dauerhaftigkeit sogleich ausführlicher unter b) aa) Verbot des Verlustausgleichs.
[298] So jetzt ausdrücklich Finanzministerium Baden-Württemberg, Erlaß vom 21.2.1996 - S 0171/54 - zur steuerlichen Behandlung der Vereine der Deutschen Eishockey-Profi-Liga (DEL). Vgl. auch Kirch, StBp 1990, 255, 257 m.w.N.
[299] A.A. List, NWB 1996, 3459, 3464 der generell die Gemeinnützigkeit der Fußballbundesligavereine als überholt ansieht.
[300] Dazu sogleich unter b) aa) Verbot des Verlustausgleichs.

68

zweck wird. Indiz für einen Selbstzweck ist ein dauerhafter Mittelüberschuß in der Lizenzabteilung.[301]

b) Mittelverwendung der Fußballbundesligavereine

Ähnlich wie bei der Mittelerzielung besteht auch bei der Mittelverwendung das Verbot der hauptsächlich eigenwirtschaftlichen Zwecksetzung. Es findet im wesentlichen seinen Ausdruck im Verbot des Verlustausgleichs und im Gebot der zeitnahen Mittelverwendung.

aa) Verbot des Verlustausgleichs

Das Gebot der Selbstlosigkeit verlangt, daß alle Mittel des Vereins, einschließlich der Überschüsse aus dem steuerpflichtigen wirtschaftlichen Geschäftsbetrieb, für den steuerbegünstigten Zweck verwendet werden. Insbesondere dürfen Verluste des wirtschaftlichen Geschäftsbetriebs nicht mit anderen Mitteln des Vereins, also etwa dem angesammelten Vereinsvermögen, ausgeglichen werden.[302] Das Entstehen gelegentlicher Verluste - längstens für fünf bis sieben Jahre[303] - ist nach Auffassung des BFH[304] und der Finanzverwaltung[305] unschädlich, wenn der Verlustausgleich auf anderem Wege ernsthaft versucht wird. Soweit ein Bundesligaverein dagegen aus dem Lizenzbetrieb dauerhaft Verluste erwirtschaftet und diese durch das angesammelte Vereinsvermögen - wie in der Vergangenheit bei einigen Vereinen geschehen - ausgleicht, steht das der Gemeinnützigkeit des Vereins generell entgegen.

bb) Gebot der zeitnahen Mittelverwendung

Schließlich muß die Verwendung der durch den wirtschaftlichen Geschäftsbetrieb vereinnahmten Mittel grundsätzlich zeitnah für die satzungsmäßigen Zwecke verwendet werden. Die Finanzverwaltung anerkennt eine Mittelverwendung als in diesem Sinne zeitnah, wenn die Mittel bis zum Ende des auf die Vereinnahmung folgenden Kalenderjahres den steuerbegünstigten Zwecken zugeführt werden.[306]

Zum Gebot der zeitnahen Mittelverwendung sogleich unter b) bb) Gebot der zeitnahen Mittelverwendung sowie Kirch, StBp 1990, 255, 256.
[302] Müller-Gatermann, FR 1995, 261, 263.
[303] Märkle, S. 158 m.w.N.
[304] BFH BStBl. 1969, S. 43.
[305] AEAO a.F. zu § 55 Tz. 8. Im neuen Erlaß vom Juli 1998 findet sich diese Regelung nicht mehr.
[306] BMF-Schreiben vom 14.12.1994, BStBl. I 1995, S. 40, AEAO zu § 55 Tz. 9; Müller-Gatermann, a.a.O.

Nicht dem Gebot der zeitnahen Mittelverwendung unterliegt zulässig gebildetes Vermögen.[307] So ist es dem Verein gestattet, Rücklagen zu bilden. Insbesondere darf gemäß § 58 Nr. 7a AO eine freie Rücklage in Höhe von 25 Prozent des Überschusses aus der Vermögensverwaltung gebildet werden. Außerdem dürfen Rücklagen in wirtschaftlichen Geschäftsbetrieben gebildet werden, soweit sie bei vernünftiger kaufmännischer Beurteilung wirtschaftlich begründet sind.[308] Schließlich darf gemäß § 58 Nr. 6 AO eine zweckgebundene Rücklage gebildet werden, soweit dies erforderlich ist, um die steuerbegünstigten Zwecke nachhaltig erfüllen zu können.

Ein Verstoß gegen das Gebot der zeitnahen Mittelverwendung führt jedoch nicht unmittelbar zum Verlust der Gemeinnützigkeit für den Gesamtverein. Vielmehr kann das Finanzamt dem Verein gemäß § 63 Abs. 4 AO eine Frist zur Verwendung der Mittel setzen.

Der Nachteil der zeitnahen Mittelverwendung besteht für die Lizenzabteilungen in erster Linie darin, daß die durch die Wirtschaftätigkeit erzielten Mittel grundsätzlich - das heißt vorbehaltlich einer zulässigen Rücklagenbildung - nicht thesauriert werden dürfen. Zinserträge oder sonstige Erträge können daher auf diese Weise nicht erwirtschaftet werden.[309] Dies stellt insbesondere dann eine Einschränkung für einen Bundesligaverein dar, wenn seine Lizenzspielerabteilung erhebliche Gewinne erwirtschaftete.[310]

c) Ergebnis

Mittels der Berufsfußballabteilung werden die Bundesligavereine eigenwirtschaftlich tätig. Diese Tätigkeit steht der Selbstlosigkeit allerdings grundsätzlich nicht entgegen, soweit sie der sportfördernden Haupttätigkeit der Vereins, also dem Unterhalt der Amateursportabteilungen, unmittelbar oder mittelbar dient. Eine unmittelbare Förderung erfolgt nicht. Eine mittelbare Unterstützung der Amateursportabteilungen durch den Profisport kann durch Übernahme einer Vorbild- und Integrationsfunktion oder einer Finanzierungsfunktion erfolgen. Die ausschließliche Übernahme einer Vorbild- und Integrationsfunktion kann den Gemeinnützigkeitsstatus der Vereine allerdings nicht sichern, wenn die Lizenzabteilung dauerhaft Verluste erwirtschaftet. Trotz finanzieller Unterstützung des Amateursports liegt ein Verstoß gegen den Grundsatz der Selbstlosigkeit vor, wenn die Berufssportabteilung zum Selbstzweck wird. Indiz für einen Selbstzweck ist ein dauerhafter Mittelüberschuß der Lizenzabteilung.

Ferner liegt ein Verstoß gegen den Grundsatz der Selbstlosigkeit vor, wenn Verluste der Lizenzspielerabteilung dauerhaft durch andere Mittel des Vereins

---

[307] BMF-Schreiben a.a.O.
[308] AEAO zu § 55 Tz. 2.
[309] Vgl. Orth, FR 1995, 253, 261.
[310] So hat etwa Bayern München in dem 1997 endenden Geschäftsjahr einen Gewinn nach Steuern in Höhe von 15 Millionen DM erwirtschaftet (SZ vom 26.11.1997 „Vergangenheit trifft Zukunft").

ausgeglichen werden. Schließlich müssen die Einnahmen des Vereins grundsätzlich - das heißt vorbehaltlich zulässiger Rücklagenbildung - zeitnah dem
förderungswürdigen Zweck zugeführt werden. Ein Verstoß gegen den Grundsatz der zeitnahen Mittelverwendung führt allerdings nicht unmittelbar zum Entzug der Gemeinnützigkeit, sondern in der Regel zu einer Fristsetzung für die
Mittelverwendung durch das Finanzamt.

2. Unmittelbarkeit

Weiterhin ist für die Anerkennung der Gemeinnützigkeit erforderlich, daß der
Verein die gemeinnützigen Ziele unmittelbar verfolgt. Das ist gemäß § 57 Abs.
1 AO nur dann der Fall, wenn der Verein die steuerbegünstigten satzungsmäßigen Zwecke selbst verwirklicht, die Aufgabenerfüllung also nicht Dritten übertragen hat, auf die er keinen Einfluß ausübt.[311]
    Die Förderung des Sports im Sinne von § 52 Abs. 2 Nr. 2 AO, das steuerbe-
günstigte statutarische Ziel der Fußballbundesligavereine, verwirklichen die
Vereine selbst. Sie bedienen sich nicht externer Dritter, auf die sie keinen Einfluß haben. Sie verfolgen diese satzungsmäßigen Ziele daher unmittelbar im
Sinne von § 52 Abs. 2 Nr. 2 AO.

3. Ausschließlichkeit

Letztlich verlangt § 56 AO, daß der Verein das steuerbegünstigte statutarische
Ziel ausschließlich verfolgt. Ausschließlich verfolgt ein Verein nach § 56 AO die
steuerbegünstigten Ziele, wenn er nur diese verfolgt.
    Betrachtet man nur den Wortlaut von § 56 AO, so scheinen die Bundesliga-
vereine durch die Förderung des bezahlten Sports gegen den Grundsatz der
Ausschließlichkeit zu verstoßen. Denn die Förderung des bezahlten Sports ist
in erster Linie eine Förderung der Eigenwirtschaft des Vereins und der Spieler.[312] Die Förderung stellt daher kein steuerbegünstigtes Ziel im Sinne des
dritten Abschnitts der Abgabenordnung dar, so daß die Bundesligavereine
scheinbar nicht ausschließlich steuerbegünstigte Ziele verfolgen.
    Allerdings wird auch der Grundsatz der Ausschließlichkeit durch § 55 Abs. 1
AO gelockert.[313] Deshalb verstößt ein wirtschaftlicher Geschäftsbetrieb von nur
untergeordneter Bedeutung nicht gegen den Grundsatz der Ausschließlichkeit.[314] Ein wirtschaftlicher Geschäftsbetrieb, der mit dem Erfordernis der
Selbstlosigkeit in Einklang steht, ist daher auch stets mit dem Grundsatz der
Ausschließlichkeit im Sinne von § 56 AO vereinbar.[315]

---

[311] Märkle, S. 167.
[312] Siehe oben im Text bei Fußnote 284.
[313] Tipke/Kruse, AO, § 56 Tz. 2; Arndt/Immel, BB 1987, 1153, 1156.
[314] Kießling/Buchna, S. 84/85.
[315] Herbert, Geschäftsbetrieb, S. 124 m.w.N.

§ 56 AO hat also nur die Aufgabe, solche Zwecke auszuscheiden, die weder gemeinnützig noch eigenwirtschaftlich sind.[316] Für die Beurteilung der Gemeinnützigkeit der Fußballbundesligavereine hat § 56 AO deshalb keine eigenständige Bedeutung. Die Vereine verfolgen nämlich entweder gemeinnützige Zwecke durch die Förderung des Amateursports, oder sie verfolgen überwiegend eigenwirtschaftliche Ziele mittels der Berufsfußballabteilung. Sonstige Zielsetzungen sind nicht erkennbar. Die Tätigkeit der Fußballbundesligavereine läßt sich also, soweit sie selbstlos im Sinne von § 55 Abs. 1 AO erfolgt, auch mit dem Grundsatz der Ausschließlichkeit vereinbaren.

III. Ergebnis

Die Gemeinnützigkeit der Fußballbundesligavereine ist wegen Verstoßes gegen den Grundsatz der Selbstlosigkeit gefährdet, wenn die jeweilige Lizenzspielerabteilung ihrer Vorbild- und Integrationsfunktion sowie ihrer Finanzierungsfunktion nicht gerecht wird. Die Ausübung der Vorbild- und Integrationsfunktion ist aufgrund zunehmender Kommerzialisierung des Berufssports gefährdet. Die Finanzierungsfunktion kann nicht ausgeübt werden, wenn die Lizenzabteilung Verluste erwirtschaftete. Trotz finanzieller Unterstützung des Amateursports liegt ein Verstoß gegen den Grundsatz der Selbstlosigkeit vor, wenn die Förderung des Berufsfußballs zum Selbstzweck wird. Indiz für einen Selbstzweck ist ein mehrjähriger Mittelüberschuß der Berufssportabteilung trotz Finanzierung der Amateurabteilungen.

Außerdem liegt ein Verstoß gegen den Grundsatz der Selbstlosigkeit vor, wenn Verluste der Berufsfußballabteilung dauerhaft durch andere Mittel des Vereins ausgeglichen werden. Ferner müssen die Einnahmen des Vereins, vorbehaltlich zulässiger Rücklagenbildung, zeitnah dem förderungswürdigen Zweck - also der ideellen Zweckverfolgung - zugeführt werden. Ein Verstoß gegen das Gebot der zeitnahen Mittelverwendung führt allerdings nicht unmittelbar zum Entzug der Gemeinnützigkeit. Vielmehr kann das Finanzamt dem Verein eine Frist für die Mittelverwendung setzen.

Verstößt das Betreiben der Lizenzsportabteilung nicht gegen den Grundsatz der Selbstlosigkeit, so ist es auch mit dem Prinzip der Ausschließlichkeit vereinbar. Schließlich entspricht die sportfördernde Tätigkeit auch dem Erfordernis der Unmittelbarkeit nach § 57 AO.

---

[316] Herbert, Geschäftsbetrieb, S. 124.

72

Dritter Abschnitt: Ausmaß und Kontrolle der wirtschaftlichen Leistungsfähigkeit

Die Tätigkeit der Fußballbundesligavereine hat sich seit ihrer Gründung um die Jahrhundertwende stark gewandelt.[317] Die ursprünglich kaum vorhandene wirtschaftliche Ausrichtung der Vereine ist im Laufe der Zeit immer mehr in den Vordergrund gerückt. Im folgenden soll kurz die wirtschaftliche Leistungsfähigkeit der Vereine zusammenfassend skizziert werden, um anschließend die verschiedenen zur Verfügung stehenden Kontrollinstanzen darzustellen.

I. Die wirtschaftliche Leistungsfähigkeit der Fußballbundesligavereine

Wie bereits dargestellt,[318] sind die Einnahmen aus dem Spielbetrieb, der Trikotwerbung und der Vermarktung der TV-Rechte sowie alle sonstigen Einnahmen der Vereine in den letzten Jahren erheblich gestiegen. Derartige Umsatzsteigerungen lassen vermuten, daß es den Vereinen wirtschaftlich gut gehen müsse und etwa bestandene Schulden inzwischen abgetragen wurden. Die tatsächliche Entwicklung war aber gegenläufig. Die Schulden der Vereine haben sich in den vergangenen Jahren noch erhöht. Wiesen die 18 Vereine der ersten Fußballbundesliga zu Beginn der Saison 1983/1984 noch einen Schuldenstand von knapp 44 Millionen DM auf,[319] so waren es in der Saison 1993/1994 bereits etwa 100 Millionen DM.[320] Die Gesamtverschuldung der 36 Bundesligavereine erreichte zu Beginn der Saison 1995/1996 etwa 480 Millionen DM. Zu Beginn der folgenden Saison 1996/1997 war die Gesamtschuldenlast bereits auf 550 Millionen DM angewachsen.[321] Einige Vereine weisen zwar im Branchenvergleich eine relativ solide Finanzierung auf,[322] aber die meisten Bundesligaklubs, Schätzungen zufolge etwa 75%,[323] befinden sich in einer unbefriedigenden Liquiditätslage,[324] haben sich hoch verschuldet oder sind gar überschuldet.[325]

---

[317] Siehe ausführlich dazu oben Erster Abschnitt I. Rechtstatsächliche Entwicklung der Vereine.
[318] Siehe die vorhergehende Fußnote.
[319] Handelsblatt vom 14.12.1983 „König Fußball auf dem Weg zur Börse: Tor-Fabrik zwischen Hausse und Baisse". Noch 1980 beliefen sich die Schulden auf knapp 30 Millionen DM, Handelsblatt a.a.O.
[320] Der Spiegel Heft 31/1993, S.170 „Liga des Leichtsinns".
[321] SZ vom 22.4.1996 „DFB läßt Gnade vor Recht walten".
[322] So beispielsweise der FC Bayern München mit einer Eigenkapitalquote von etwa 20%, FAZ vom 12.12.1992 „Ohne internationales Geschäft können wird nur zwei Jahre überstehen".
[323] Hopt, BB 1991, 778, 779; H. P. Westermann, ZIP 1991, 705.
[324] Das bemängelte der frühere DFB-Ligasekretär Holzhäuser, zitiert nach Der Spiegel Heft 31/1993 S. 170 „Liga des Leichtsinns".
[325] Nach Scholz/Aulehner, SpuRt 1996, 44, 45 Fußnote 17 sind die 36 Bundesligavereine nach Erlaß des „Bosman-Urteils" insgesamt in einer fast dreistelligen Millionenhöhe überschuldet.

So war beispielsweise 1994 der 1.FC Nürnberg mit 23,44 Millionen DM,[326] der FC Schalke 04 mit etwa 14 Millionen DM [327] und der Fußballclub Dynamo Dresden mit etwa 10 Millionen DM verschuldet.[328] Aber auch Zweitligavereine weisen zum Teil beachtliche Schuldenstände auf. So belief sich Ende 1994 der Schuldenstand des damaligen Fußball-Zweitligisten Hertha BSC Berlin auf 10,2 Millionen DM[329] und Mitte 1996 der von Eintracht Frankfurt auf 7,8 Millionen DM.[330] Hauptsächliche Ursache für die wachsende Verschuldung der Vereine sind die überproportional gestiegenen Spielergehälter. So sind von 1990 bis 1996 die Gesamteinnahmen der Vereine um 128 Prozent gestiegen, dagegen nahmen die Personalkosten der Vereine um 233 Prozent zu.[331]

II. Kontrollinstanzen der wirtschaftlichen Leistungsfähigkeit der Vereine

Angesichts der hohen Verschuldung der Vereine stellt sich die Frage nach den vorhandenen Kontrollinstrumenten. Dazu ist zunächst zwischen den gesetzlich vorgesehenen Kontrollen und den verbandsrechtlich normierten Kontrollen der wirtschaftlichen Leistungsfähigkeit zu unterscheiden.

1. Gesetzliche Kontrolle der wirtschaftlichen Leistungsfähigkeit

Das Vereinsrecht des BGB beinhaltet kaum Vorschriften, die die wirtschaftliche Leistungsfähigkeit der Vereine betreffen. Weder verpflichtet das BGB die Vereine zur Aufstellung einer Jahresbilanz noch sind die Vereine verpflichtet, ein bestimmtes Mindest- oder Stammkapital zu erhalten.[332] Eine der wenigen Regelungen ist in § 42 Abs. 2 BGB getroffen worden. Danach unterliegt der Vereinsvorstand einer Konkursantragspflicht bei Überschuldung. Im Gegensatz zu den Konkursantragspflichten des Handelsrechts[333] ist diese Pflicht allerdings nicht strafbewehrt. Die Vorstandsmitglieder trifft bei Nichtanzeige „lediglich" die Schadensersatzpflicht nach § 42 Abs. 2 Satz 2 BGB.

Die Vorschriften des § 42 BGB über die Konkursantragspflicht des Vorstandes und dessen Haftung beinhalten jedoch ausschließlich repressive Maßnahmen. Sie dienen nicht der Vermeidung des Konkurses selbst, sondern nur der ordnungsgemäßen Einleitung des Konkursverfahrens. Daher sind sie für Vereine, insbesondere für solche mit erheblichen Umsätzen, als Mittel zur Konkurs-

---

[326] SZ vom 11/12.5.1994 „Der Pleitegeier grüßt".
[327] SZ vom 3.2.94 „Bekennender Borusse für Schalke 04".
[328] Dynamo Dresden wurde letztlich auch deshalb im Juli 1995 endgültig die Lizenz entzogen (SZ vom 7.7.1995 „Opposition will Otto stürzen").
[329] SZ Nr. 278/1994 „Wildes Buhlen um Herthas Gunst".
[330] SZ vom 1.8.1996 „Stepanovic tut und macht und sorgt sich".
[331] SZ vom 15/16.2.1997 „Die Reichen an die Börse, Hasardeure an die Wand".
[332] Siehe ausführlich oben Erster Abschnitt II. 2. a) aa) Gläubigerschutz.
[333] Siehe §§ 64 Abs. 1 Satz 1 und 2, 84 Abs. 1 Nr. 2 GmbHG, §§ 92 Abs. 2 Satz 1 und 2, 401 Abs. 1 Nr. 2 AktG, §§ 99 Abs. 1, 148 Abs. 1 Nr. 2 GenG.

74

verhinderung nicht geeignet.[334] Weitere Vorschriften, die die finanzielle Absicherung des Idealvereins betreffen oder sonstwie seine wirtschaftliche Leistungsfähigkeit kontrollieren, beinhaltet das BGB-Vereinsrecht nicht.[335]

2. Verbandsrechtliche Kontrolle der wirtschaftlichen Leistungsfähigkeit

Neben den nur unzureichenden Vorschriften des BGB bestehen in erster Linie verbandsrechtliche Regelungen, die der Überprüfung der wirtschaftlichen Leistungsfähigkeit der Vereine der ersten und zweiten Fußballbundesliga dienen.[336]

Diese verbandsrechtliche Überprüfung wird im Wege der Lizenzerteilung durchgesetzt. So benötigt jeder Fußballverein gemäß § 4 DFB-Lizenzspielerstatut[337] eine vom DFB zu erteilende Lizenz, wenn er am Spielbetrieb der ersten oder zweiten Fußballbundesliga teilnehmen will. Mit Erteilung der Lizenz wird der Fußballverein gemäß § 7 Nr. 3 DFB-Satzung außerordentliches Mitglied des DFB. Dieser Lizenzvertrag zwischen DFB und Verein wird für jeweils ein Jahr abgeschlossen. Nach Ablauf eines Jahres muß die Lizenz erneut beantragt und erteilt werden.[338] Voraussetzung für die Erteilung der Lizenz sind nach §§ 5 lit. b, c, 6, 7 DFB-Lizenzspielerstatut die sportliche und verwaltungsmäßige Qualifikation des Vereins und gemäß §§ 5 lit. d, 8 DFB-Lizenzspielerstatut der Nachweis der wirtschaftlichen Leistungsfähigkeit.[339]

a) Die wirtschaftliche Leistungsfähigkeit im Sinne von § 8 Nr. 1 DFB-Lizenzspielerstatut

Um die Lizenz für die jeweils folgende Saison zu erhalten, müssen die Vereine bis zum 15. März bzw. 1. März[340] eines Jahres ihre Lizenzunterlagen beim DFB einreichen. Durch diese Unterlagen weisen die Vereine auch ihre wirtschaftliche Leistungsfähigkeit nach. Sie umfassen die Abschlüsse des Vereins für die

---

[334] Reichert in Grunsky, S. 5.
[335] Vgl. aber die lediglich die Abwicklung des Idealvereins betreffenden Vorschriften der §§ 45 ff. BGB. Der nachträglichen Kontrolle dienen außerdem die Rechnungslegungsvorschriften gemäß §§ 140 f. AO sowie §§ 27 Abs. 3, 259 Abs. 1, 260 Abs. 1 BGB.
[336] Vgl. zur beschlossenen Neugestaltung einer zweigleisigen Regionalliga und der damit verbundenen Überprüfung der wirtschaftlichen Leistungsfähigkeit der Regionalligavereine Fn. 222.
[337] Das Lizenzspielerstatut ist eine vom DFB gemäß § 8 Nr. 4 letzter Absatz, § 31 Nr. 3 DFB-Satzung erlassene Vereinsordnung, vgl. dazu auch Wertenbruch, ZIP 1993, 1292, 1292 Fußnote 3.
[338] § 4 Nr. 3 DFB-Lizenzspielerstatut, vgl. auch § 9 Nr. 1 lit. a DFB-Lizenzspielerstatut.
[339] Aus wirtschaftlichen Gründen wurde die Lizenz bisher folgenden Vereinen verweigert: Bonner SC (1978), FC St. Pauli (1980), TSV 1860 München (1982), Rot-Weiß Oberhausen (1988), Kickers Offenbach (1989), Rot-Weiß Essen (1991), Blau-Weiß Berlin (1992), Union Berlin (1993), Rot-Weiß Essen (1994), Dynamo Dresden (1995), FC Saarbrücken (1995), (DFB-Journal 3/1994, 36, 37 und oben 328).
[340] Für Lizenzbewerber aus der Regionalliga.

Stichtage 30.6. und 31.12. eines Jahres, eine Planrechnung unter Aufwands- und Ertragsgesichtspunkten für den Zeitraum vom 01.01 bis zum 30.6 eines Jahres sowie einen Finanzplan für das kommende Spieljahr (01.07. bis 30.06.) nach Einnahmen und Ausgaben.[341] Der Jahresabschluß oder Zwischenabschluß per 31.12. muß von einem Wirtschaftsprüfer geprüft und testiert sein.[342]

Gemäß der in der Saison 1996/1997 eingeführten Neuregelung werden die eingereichten Unterlagen zunächst von einem vom DFB beauftragten Wirtschaftsprüfer intern überprüft. Anschließend wird die Auswertung und Aufbereitung der Unterlagen durch die sogenannte Direktion Liga durchgeführt.[343] Sodann erfolgt die abschließende Überprüfung der Unterlagen durch den Lizenzierungsausschuß. Dem Lizenzierungsausschuß gehören 5 Mitglieder des Ligaausschusses, der Vorsitzende des Steuer- und Wirtschaftsausschusses des DFB und ein vom DFB beauftragter Wirtschaftsprüfer an. Die mit Rechtsbehelfsbelehrung versehene Entscheidung des Lizenzierungsausschusses wird dem Verein zugestellt. Will sich der Verein gegen die Entscheidung wehren, so steht ihm innerhalb einer Frist von einer Woche ein Beschwerderecht zu. Über die Beschwerde entscheidet der Lizenzierungsbeschwerdeausschuß.[344]

Bisher legten die dem Prüfungsverfahren zugrunde liegenden Richtlinien ausdrücklich fest, daß sich die wirtschaftliche Leistungsfähigkeit in erster Linie anhand der Liquidität des Vereins beurteilt.[345] Der Liquidität kam im Rahmen der Prüfung der wirtschaftlichen Leistungsfähigkeit besondere Bedeutung zu.[346] Sie mußte, soweit das für die Ingangsetzung des Spielbetriebs erforderlich war, vorliegen. Daneben war für die Beurteilung der Leistungsfähigkeit die gesamtwirtschaftliche Vermögenslage des Vereins in Betracht zu ziehen. Danach sollte das Vereinsvermögen durch den Spielbetrieb nicht nachhaltig gemindert werden. Hierbei handelte es sich im Gegensatz zur Liquiditätsüberprüfung lediglich um eine Soll-Vorschrift.[347]

Die unterschiedliche Bedeutung von Liquidität und Gesamtvermögenslage des Vereins war auf den hauptsächlichen Zweck der Überprüfung zurückzufüh-

---

[341] Vgl. zu den erforderlichen Unterlagen im einzelnen § 8 DFB-Lizenzspielerstatut.

[342] Gemäß § 8 Nr. 2 DFB-Lizenzspielerstatut muß der Verein dem DFB außerdem das Recht einräumen, beim zuständigen Finanzamt Auskünfte über den Verein einholen zu dürfen, außerdem muß der Verein erklären, daß er die Bankinstitute, mit denen er in geschäftlicher Verbindung steht, vom Bankgeheimnis gegenüber vom Ligaausschuß beauftragten Dritten entbunden hat.

[343] Roth, Profigesellschaften, S. 120.

[344] Siehe im einzelnen zum Verfahren der Überprüfung der wirtschaftlichen Leistungsfähigkeit § 14a DFB-Lizenzspielerstatut. Ausführlicher hierzu Roth, Profigesellschaften, S. 121; vgl. auch Galli, SpuRt 1996, 79, 82.

[345] Vgl. zum bisherigen Prüfungsverfahren Roth in Grunsky, S. 27 ff.

[346] Siehe Anhang 2 zum DFB-Lizenzspielerstatut in der Fassung bis 1995.

[347] Vgl. „Richtlinien zur Beurteilung der wirtschaftlichen Leistungsfähigkeit" in der Fassung bis 1995; siehe auch Roth in Grunsky, S. 29; zu den Reformbestrebungen siehe SZ vom 26.2.1994 „Härterer Kurs bei der Lizenzvergabe".

ren.[348] Die Überprüfung hatte und hat nämlich in erster Linie das Ziel, den Spielbetrieb während der laufenden Saison aufrecht zu erhalten.[349] Insbesondere soll verhindert werden, daß es durch etwaige Zahlungsunfähigkeit eines Vereins zu Spielausfällen oder Annullierungen kommt.[350] Aus diesem Grund kam der gesamtwirtschaftlichen Situation des Vereins im Rahmen der Prüfung nur eine untergeordnete Bedeutung zu.[351]

Dementsprechend stand eine etwaige Verschuldung eines Vereins in Millionenhöhe der Lizenzerteilung nicht notwendig entgegen.[352] Denn die für die Lizenzerteilung zwingend erforderliche Liquidität konnte der Verein trotz erheblicher Verschuldung - beispielsweise durch einen Einnahmeüberschuß aus dem Transfergeschäft - erreichen.[353]

An der verbandsrechtlichen Überprüfung der wirtschaftlichen Leistungsfähigkeit wurde kritisiert, daß sie die Gesamtvermögenslage des Vereins zu sehr vernachlässige.[354] Es bestanden daher Bestrebungen, bei der Überprüfung der wirtschaftlichen Leistungsfähigkeit die Vermögenslage und die Liquidität des Vereins als gleichwertige Kriterien zu behandeln. Dementsprechend sehen die Kriterien für die Beurteilung der wirtschaftlichen Leistungsfähigkeit eines Bundesligavereins nunmehr vor, daß die Vermögenslage des Vereins so gehalten und geordnet sein *muß*, daß das Vereinsvermögen durch den Spielbetrieb der Lizenzabteilung nicht nachhaltig gemindert wird.[355]

Trotz der gestiegenen Bedeutung der gesamtwirtschaftlichen Vermögenslage im Lizenzierungsverfahren hatte sich der Schuldenstand der 36 Bundesliga-

---

[348] Kritisch Schickhardt, Kicker Sportmagazin Nr. 60 vom 24.7.1995 „So kann alles schneller gehen". Dieser Zweck sei angesichts der bestehenden Regelungsdichte in den Hintergrund gerückt.
[349] Roth, Profigesellschaften, S. 124.
[350] Roth in Grunsky, S. 27 f.; Weiland, NJW 1978, 737, 738; Niersbach, DFB-Journal 3/1994, 36 ff. Die Aufrechterhaltung des Spielbetriebs liegt nicht nur im Interesse der übrigen Ligateilnehmer, sondern - wie das Beispiel des Handballbundesligisten OSC Rheinhausen zeigt - auch im Interesse des betroffenen Vereins selbst. Der OSC Rheinhausen hatte seine erste Herren Mannschaft auf eine GmbH ausgegliedert, die angesichts finanzieller Schwierigkeiten den Spielbetrieb in der laufenden Saison einstellen mußte. Ein Ende Dezember 1997 von Deutschen Handball-Bund in Auftrag gegebenes Rechtsgutachten gelangte zu dem Ergebnis, daß der Verein für den Schaden verantwortlich ist, der den anderen Ligateilnehmern durch die jeweils ausgefallenen Heimspiele entstanden ist (SZ vom 8.1.1998 „Verein haftet für die GmbH").
[351] Vgl. im einzelnen die „Richtlinien zur Beurteilung der wirtschaftlichen Leistungsfähigkeit" in der Fassung bis 1995.
[352] So wurde etwa dem 1. FC Nürnberg, Schalke 04 und Dynamo Dresden trotz Schulden in zweistelliger Millionenhöhe die Lizenz für die Saison 1993/1994 und 1994/1995 erteilt.
[353] Dem mit knapp 24 Millionen DM verschuldeten 1. FC Nürnberg wurde die Lizenz für die Saison 1994/1995 unter der Voraussetzung erteilt, daß er aus dem Transfergeschäft 7 Millionen DM Überschuß erwirtschafte (SZ vom 11/12.5.1994 „Nürnberg vor dem freien Fall").
[354] Vgl. SZ vom 26.2.1994 „Härterer Kurs bei der Lizenzvergabe"
[355] So der bisherige Vorsitzende des Steuer- und Wirtschaftsausschusses des DFB Roth (Roth, Profigesellschaften, S. 122). Eine entsprechende Regelung findet sich allerdings weder im DFB-Lizenzspielerstatut noch im Anhang 2 dazu.

vereine zu Beginn der Saison 1996/1997 gegenüber der vergangenen Saison um 70 Millionen DM erhöht.[356] Diese Steigerung sowie der nach wie vor maßgebliche Zweck der Überprüfung der wirtschaftlichen Leistungsfähigkeit, nämlich die Aufrechterhaltung des Ligabetriebs während der Saison, sprechen dafür, daß auch nach der Neuregelung das Gewicht der Überprüfung faktisch auf der Liquidität der Vereine liegt.

Für diese Annahme spricht auch die Regelung im Lizenzierungsverfahren, gemäß der die wirtschaftliche Leistungsfähigkeit eines Vereins auch dann bejaht werden kann, wenn die Vermögensverhältnisse zwar nicht am Überprüfungsstichtag geordnet sind, sie aber später noch geordnet werden können.[357] Dann kann die Lizenz allerdings nur unter einer Auflage erteilt werden. Ist dagegen die Besicherung des Spielbetriebes eines Vereins nicht nachgewiesen, ist die Lizenz jedenfalls zu versagen. Davon ist stets auszugehen, wenn die Einnahmen zur Deckung von Defiziten aus dem Spielbetrieb nicht ausreichen und der Verein keine entsprechenden Fremdmittel nachweist oder weitere Kreditaufnahmen unter Überschuldungsgesichtspunkten nicht mehr verantwortet werden können.[358]

Ferner läßt sich die geringere Bedeutung der gesamtwirtschaftlichen Vermögenslage eines Vereins auch darauf zurückführen, daß die Entscheidung über einen Lizenzantrag erhebliche sport- und gesellschaftspolitische Auswirkungen haben kann.[359] Sollte einem Verein aus wirtschaftlichen Gründen keine Lizenz erteilt werden, so bedeutet das den Zwangsabstieg in die Regionalliga. Angesichts dieser erheblichen Bedeutung wurde der Begriff der wirtschaftlichen Leistungsfähigkeit in der Vergangenheit zum Teil weit ausgelegt[360] und hauptsächlich anhand der für den Verein kurzfristig leichter zu erreichenden Liquidität beurteilt.

Die verbandsrechtliche Überprüfung der wirtschaftlichen Leistungsfähigkeit dient also in erster Linie der Aufrechterhaltung des Spielbetriebs. Daher orientiert sich die Überprüfung nach wie vor hauptsächlich an der Liquidität des Vereins. Diesem Zweck konnte die Überprüfung bisher stets gerecht werden. Denn bisher hat kein Bundesligaklub der ersten oder zweiten Bundesliga Konkurs anmelden[361] oder sonst aus wirtschaftlichen Gründen den Spielbetrieb einstellen müssen.[362] Dagegen kann die gegenwärtige Überprüfung der wirtschaftlichen Leistungsfähigkeit überwiegend keine Gewähr für betriebswirtschaftlich

---

[356] SZ vom 22.4.1996 „DFB läßt Gnade vor Recht walten".
[357] Roth, Profigesellschaften, S. 124.
[358] Roth, a.a.O.
[359] So hatte der rheinland-pfälzische Innen- und Sportminister im April 1996 anläßlich der Abstiegsgefahr aus sportlichen Gründen des 1. FC Kaiserslautern in die zweite Liga geäußert: „Der 1. FC Kaiserslautern ist für die Pfalz mehr als nur ein Verein, er ist eine Institution und der Imageträger Nummer eins". (zitiert nach der SZ vom 17.4.1996 „Abstiegsgefahr für eine ganze Region").
[360] Kritisch dazu Heckelmann, AcP 179 (1979), 1, 5.
[361] Niersbach, DFB-Journal 3/1994, 36.
[362] Roth, Profigesellschaften, S. 124.

sinnvolles Handeln geben und einer etwaigen Verschuldung kaum entgegenwirken.[363]

b) Die Erbringung einer Kaution nach § 8 Nr. 2 lit. c DFB-Lizenzspielerstatut

Neben dem Nachweis der wirtschaftlichen Leistungsfähigkeit müssen die Bundesligavereine für jede Saison dem DFB eine Kaution stellen. Vereine der ersten Bundesliga müssen derzeit 2.000.000,-- DM, Vereine der zweiten Liga 1.000.000,-- DM Kaution erbringen.[364] Diese Summe ist entweder unmittelbar vom Verein zu leisten oder nach Absprache mit dem DFB durch eine selbstschuldnerische Bürgschaft eines Kreditinstituts oder einer Kommune zu erbringen.

Die Erbringung der Kaution dient, wie die Überprüfung der wirtschaftlichen Leistungsfähigkeit, in erster Linie dazu, den Spielbetrieb während einer laufenden Saison auch im Falle des Konkurses eines Vereins aufrecht zu erhalten. Dementsprechend ist in den Durchführungsbestimmungen geregelt, daß von der Kaution nur Gebrauch gemacht werden darf, wenn der Verein zahlungsunfähig ist. In einem solchen Fall sind zunächst die Verbindlichkeiten gegenüber den Spielern, dem Trainer und dem Masseur zu begleichen. Danach werden die Ansprüche des DFB und zuletzt die Ansprüche Dritter gegen den Verein befriedigt.[365]

III. Ergebnis

Trotz der expandierenden wirtschaftlichen Tätigkeit der Vereine weisen die meisten Bundesligavereine eine unbefriedigende Liquiditätslage oder hohe Verschuldung auf. Es fehlt überwiegend an effektiven Sicherungen oder Kontrollen der wirtschaftlichen Tätigkeit.

Das BGB-Vereinsrecht sieht lediglich eine Konkursantragspflicht des Vorstandes nach § 42 Abs. 2 Satz 1 BGB vor. Diese Bestimmung soll allerdings nur die ordnungsgemäße Einleitung des Konkursverfahrens sichern. Sie dient dagegen nicht der Konkursvermeidung selbst.

Auch die jährliche Überprüfung der wirtschaftlichen Leistungsfähigkeit durch den DFB kann überwiegend keine solide, an wirtschaftlichen Grundsätzen orientierte Vereinsführung gewährleisten oder effektiv unterstützen. Denn der DFB überprüft in erster Linie die Liquidität der Vereine. Die gesamtwirtschaftliche Struktur des Vereins ist dagegen für die Beurteilung der wirtschaftlichen Lei-

---

[363] Nach Ansicht von Roth kann die Kontrolle die Vereine allerdings zu verantwortungsbewußterem wirtschaftlichen Planen und Handeln anhalten (Roth a.a.O).

[364] Deutscher Fußball-Bund, Rundschreiben Nummer 1 zum Lizenzierungsverfahren 1999/2000, S. 4.

[365] Nummer 3 und 4 der „Durchführungsbestimmungen zu § 8 Nr. 2 lit. C des Lizenzspielerstatuts (Kaution)". Kritisch zu dieser Reihenfolge Kebekus, Alternativen, S. 161 f.; Aldermann, Lizenzfußball, S. 117 f.

stungsfähigkeit minder bedeutsam. Das entspricht allerdings auch dem vorrangigen Zweck der verbandsrechtlichen Überprüfung. Die Kontrolle soll nämlich in erster Linie gewährleisten, daß der Spielbetrieb während der laufenden Saison nicht durch Zahlungsschwierigkeiten eines Vereins gefährdet wird. Die von den Vereinen zu erbringende Kaution dient vorrangig dem gleichen Zweck. Dieser Zielsetzung konnte die Überprüfung bisher stets gerecht werden. Noch kein Fußballbundesligaverein mußte Konkurs anmelden.

Außerdem ist zu berücksichtigen, daß ein etwaiger Lizenzentzug erhebliche sportpolitische Auswirkungen haben kann. Diese können im Einzelfall einer strengen, ausschließlich an betriebswirtschaftlichen Kriterien orientierten Kontrolle der gesamtwirtschaftlichen Vermögenslage des Vereins entgegenstehen.

Vierter Abschnitt: Die Organe eines Fußballbundesligavereins und deren Funktionen

Aufgrund der hohen Umsätze werden die Bundesligavereine mit mittleren Industrieunternehmen verglichen.[366] Allerdings steht den Millionenumsätzen eine innere Vereinsleitungsstruktur gegenüber, die insbesondere wegen ihrer fehlenden Professionalität immer wieder kritisiert wurde.[367] Schon oft wurden neue und adäquate Führungsstrukturen gefordert.[368] Im folgenden soll dieser Kritik nachgegangen werden. Dazu werden die den verschiedenen Vereinsorganen obliegenden Aufgaben dargestellt und deren tatsächliche Bewältigung untersucht.

I. Die Mitgliederversammlung

1. Aufgaben der Mitgliederversammlung

Die Mitgliederversammlung hat gemäß § 32 BGB grundsätzlich alle Angelegenheiten des Vereins durch Beschlußfassung zu ordnen. Die Mitgliederversammlung wird daher als das oberste Organ des Vereins bezeichnet.[369] Soweit keine andere Regelung in der Satzung getroffen wurde, obliegt der Mitgliederversammlung gemäß § 27 BGB die Bestellung, Kontrolle und Entlastung des Vorstandes.[370] Außerdem entscheidet sie nach § 33 BGB über etwaige Satzungsänderungen und über eine eventuelle Auflösung des Vereins. Die meisten Fußballbundesligavereine haben in ihrer Satzung der Mitgliederversammlung Aufgaben und Kompetenzen zugewiesen, die diesem gesetzlichen Leitbild -

---

[366] Heckelmann, AcP 179 (1979), 1, 2; Hopt, BB 1991, 778, 779.

[367] Hopt a.a.O.; Rummenigge, Welt am Sonntag vom 16. 9. 1990 „Bei Aktien-Gesellschaften gibt es keine Profilneurotiker als Präsidenten mehr"; Kebekus, Alternativen, S. 163.

[368] Siehe etwa Kicker Sportmagazin Nr. 84 vom 16.10.1989 „Profis in die Chefetage", Der Spiegel Heft 15/1993, S. 186 ff. „Kampf der Viererbande".

[369] Palandt-Heinrichs, BGB, § 32 Rdnr. 1.

[370] Sauter/Schweyer, Rdnr. 160.

neuerdings mit Ausnahme der Wahl des Vorstandes[371]- weitgehend entsprechen.[372]

2. Bewältigung der gestellten Aufgaben

Die Entscheidungen der Mitgliederversammlung, wie etwa die Bestellung und Entlastung des Vereinsvorstandes oder eine mögliche Satzungsänderung sind für den Verein in der Regel von grundlegender Bedeutung. Um die Belange des Vereins möglichst umfassend würdigen und berücksichtigen zu können, sollten derartige Entscheidungen daher sachgerecht und wohl überlegt getroffen werden. Doch damit sind die Mitgliederversammlungen in der Vergangenheit nicht selten überfordert gewesen.[373] Denn oft waren die Versammlungen emotionsgeladen und das Abstimmungsverhalten der Mitglieder von sachfremden Erwägungen beeinflußt.[374] Selbst einer Satzungsänderung wurde zuweilen auch ohne langes Abwägen zugestimmt.[375]

Beispielhaft dafür sei die Wahl des früheren Schalker Präsidenten Bernd Tönnies in der Mitgliederversammlung des Vereins vom 7.2.1994 genannt. Die Schalker Vereinssatzung sah ursprünglich vor, daß nur solche Kandidaten zum Präsidenten gewählt werden dürften, die mindestens seit einem Jahr Vereinsmitglied waren. Bernd Tönnies war jedoch erst einige Monate Vereinsmitglied.[376] Also mußte vor seiner Wahl die Satzung geändert werden. Dies geschah durch Handzeichen. Anschließend wurde Tönnies auf die gleiche Weise zum Präsidenten gewählt.[377] Allerdings wurde bei beiden Entscheidungen das genaue Abstimmungsergebnis nicht ermittelt. Bei der Satzungsänderung wurden zwar 21 Enthaltungen und 198 Gegenstimmen gezählt, die Ja-Stimmen aber nur auf über 80 % geschätzt. Das Abstimmungsergebnis der Präsidentschaftswahl wurde dagegen komplett geschätzt. Wegen der ungenauen Stimmenauswertung verweigerte das zuständige Amtsgericht sowohl die nach § 71 BGB erforderliche Eintragung der Satzungsänderung als auch die Eintragung der Präsidentschaft von Bernd Tönnies in das Vereinsregister.[378]

Auf andere Art belegt die außerordentliche Mitgliederversammlung des HSV vom April 1991, daß die Mitglieder mit den gestellten Aufgaben unter Umständen überfordert sind. Der damalige HSV-Präsident Jürgen Hunke stellte anhand zahlreicher Schaubilder, Modelle und Zahlen das von ihm zur Geldbe-

---

[371] Zur in § 7 Nr. 2 lit. b (bisher Nr.1 lit. f) DFB-Lizenzspielerstatut getroffenen Neuregelung sogleich.

[372] Vgl. §§ 10, 22 der Satzung des MSV Duisburg; §§ 12, 13 der Satzung des FC Bayern München; § 13 der Satzung von Borussia Mönchengladbach.

[373] In diesem Zusammenhang ist auch zu berücksichtigen, daß die Mitgliederzahlen einiger Vereine in den letzten Jahren erheblich zugenommen haben.

[374] Der Spiegel Heft 47/1988, S. 210 „Monopoly gespielt".

[375] Vgl. auch SZ vom 26.10.1994 „Die elegante Art, den Präsidenten abzuservieren".

[376] SZ vom 3.2.1994 „Bekennender Borusse für Schalke 04".

[377] SZ vom 9.2.1994 „Die Schalker erliegen dem Reiz des Scheckbuchs".

[378] Weser-Kurier vom 7.3.1994 „Beim FC Schalke 04 geht´s wieder rund".

schaffung favorisierte Modell einer HSV-AG vor.[379] Obwohl die Realisierung
dieses Vorschlags im Detail sehr kompliziert und die Folgen kaum absehbar
waren,[380] stimmten 95,8 % der vornehmlich sportlich interessierten anwesen-
den Mitglieder für die Gründung dieser HSV-AG. Diese AG, so versprach Jürgen Hunke damals, sollte dem HSV 36 Millionen DM zusätzliche liquide Mittel
einbringen.[381]

Diese Beispiele veranschaulichen, daß die Mitgliederversammlungen mit den
ihnen zugewiesenen Aufgaben unter Umständen überfordert sind oder kein Interesse an einer vernünftigen und betriebswirtschaftlich sinnvollen Entscheidung haben. Populistische Äußerungen sind oftmals überzeugungskräftiger als
rationale Argumente. Ungeordnete und emotionalisierte Mitgliederversammlungen sind eine mögliche Folge.[382]

Um wenigstens die Wahl des Vorstandes in geordnetere Bahnen zu lenken,
hat der DFB nunmehr in § 7 Nr. 2 lit. b DFB-Lizenzspielerstatut geregelt, daß
einem Verein nur noch dann die Lizenz zu erteilen ist, wenn seine Satzung bestimmte Mindestanforderungen hinsichtlich der Wahl des Vorstandes vorsieht.[383] Danach muß sichergestellt sein, daß entweder die Mitgliederversammlung den Vorsitzenden und gegebenenfalls auch die übrigen Mitglieder
des Vorstandes wählt, nachdem zuvor ein Wahlausschuß den Vorsitzenden
beziehungsweise die Mitglieder des Vorstandes vorgeschlagen hat, oder daß
ein von der Mitgliederversammlung gewähltes Vereinsorgan (z.B. Beirat oder
Aufsichtsrat) den Vorsitzenden und auch gegebenenfalls alle übrigen Mitglieder
des Vorstandes bestellt. Durch die Neuregelung soll und kann verhindert werden, daß Zufallskandidaten Präsident eines Bundesligavereins werden. Insoweit wird durch die Neuregelung die innere Vereinsleitungsstruktur gestärkt.

Schließlich ist bei der Untersuchung der gegenwärtigen Gestaltung, bei der
Amateur- und Profisport dem gleichen Rechtsträger zugeordnet sind, zu bedenken, daß einige von der Mitgliederversammlung zu treffende Entscheidungen -
insbesondere solche mit erheblichen finanziellen Auswirkungen - in erster Linie
für die Berufssportabteilung bedeutsam sein können. Dennoch sind bei den Ab-
stimmungen alle Vereinsmitglieder gleichermaßen stimmberechtigt. Das kann
dazu führen, daß die von einer solchen Entscheidung hauptsächlich betroffene
Berufsfußballabteilung verhältnismäßig unterrepräsentiert oder - mangels Ver-
einsmitgliedschaft der Fußballprofis - überhaupt nicht stimmberechtigt ist.[384]

---

[379] Siehe dazu ausführlicher unter Zweites Kapitel Dritter Abschnitt II. Abgrenzung zum Modell der HSV Sport AG.
[380] Siehe Kicker Sportmagazin Nr. 19 vom 31.1.1991 „Kritik an Hunkes Modell"; siehe auch
Der Spiegel Heft 11/1991, S. 220 ff. „Mit dem Geld von Onkel Paul".
[381] Kicker Sportmagazin Nr. 31 vom 18.4.1991 „Jetzt muß die Aktie an den Mann".
[382] So auch der frühere DFB-Ligasekretär Holzhäuser, SZ vom 23/24.4.1994 „Der Sekretär".
[383] Diese Regelung fand erstmals im Lizenzierungsverfahren der Saison 1996/1997 Anwendung.
[384] So bemängelte Ohms, daß bei Eintracht Frankfurt 1600 Turner über die Geschicke der
Fußballprofiabteilung mitentscheiden (Kicker Sportmagazin Nr. 84 vom 16.10.1989 „Profis in
die Chefetage").

Das mag zwar im Interesse der Mitgliedermehrheit sein, kann aber einer effektiven Geschäftsführung der Berufsfußballabteilung, im Sinne einer funktionellen Untergliederung des Vereins, im Wege stehen, da diese möglicherweise andere Interessen als der ideelle Bereich des Vereins verfolgt. Insoweit kann aus Sicht des Berufsfußballbereichs die bestehende Situation nachteilhaft sein und der Durchsetzung einer eigenen Geschäftspolitik im Wege stehen.

Insgesamt bietet die Mitgliederversammlung daher nicht den geeigneten Rahmen für eine professionelle Entscheidungsfindung,[385] den ein Unternehmen mit einem durchschnittlichen Jahresumsatz in Höhe von etwa 54 Millionen DM[386] verlangt. Positiv ist allerdings die neu eingeführte Zwischenschaltung eines Wahlausschusses zu beurteilen, durch den die Wahl von Zufallskandidaten zum Präsidenten eines Bundesligavereins verhindert wird.

II. Der Vorstand

Jeder Verein muß gemäß § 26 Abs. 1 Satz 1 BGB einen Vorstand haben. Der Vorstand ist das geschäftsführende Organ des Vereins.[387] Ihm obliegt nach §§ 26 Abs. 2 Satz 1, 27 Abs. 3 BGB die Geschäftsführung und Vertretung, also die Leitung des Vereins.

Gemäß § 7 Nr. 2 lit. a DFB-Lizenzspielerstatut sollen die Vereine überwiegend ehrenamtlich geführt werden.[388] Entsprechend dieser Regelung sind die meisten Vorstandsmitglieder der Fußballbundesligavereine ehrenamtlich für den Verein tätig. Insbesondere die Vereinspräsidenten üben hauptsächlich ihren eigenen Beruf außerhalb des Vereins aus und leiten nur nebenbei den Klub.[389] Der Vorstand setzt sich daher nicht aus am Markt gewonnenen Fachkräften zusammen. In diesem Zusammenhang wurde einigen Präsidenten der Vorwurf gemacht, sie würden ihre Präsidentschaft anstatt zu einer verantwortungsvollen Vereinsführung als Bühne zur Selbstdarstellung benutzen.[390] Dies ist letztlich auch ein Grund dafür, daß in der Vergangenheit einige Präsidenten bereits nach sehr kurzer Amtszeit wieder aus dem Vorstand ausschieden.

Im Rahmen der bisherigen Praxis werden daher nicht nur solche Personen zum Leiter eines Vereins berufen, die den umfangreichen Anforderungen der gestellten sportlichen und wirtschaftlichen Aufgaben gerecht werden. Zwar werden bis auf wenige Ausnahmen die ehrenamtlich tätigen Vereinsvorsteher

---

[385] So auch Hopt, BB 1991, 778, 779.
[386] Siehe hierzu im einzelnen Fußnote 49.
[387] Palandt-Heinrichs, BGB, § 26 Rdnr. 1.
[388] Vgl. hierzu auch Kicker Sportmagazin vom 27.10.1994 „Der DFB übt Druck auf die Profivereine aus".
[389] Kritisch auch Kebekus, Alternativen, S. 163.
[390] Der Spiegel Heft 44/1990, S. 256 „Fritz, Harry, Fummel und ich - Wie in der Fußballbundesliga Vereinspräsidenten gesucht und gemacht werden".

durch bezahlte Manager unterstützt,[391] die Letztentscheidungskompetenz über Maßnahmen der Geschäftsführung verbleibt aber in der Regel beim Vorstand.[392]

Die gegenwärtige Praxis schließt weder aus noch gewährleistet sie, daß die Führungskräfte des Vereins über die erforderliche Qualifikation und entsprechende Zeit verfügen,[393] die für die Leitung des Vereins als einem zumindest mittelständischen Unternehmen erforderlich sind.[394]

III. Der Beirat

1. Aufgaben des Beirats

Viele Vereine haben einen Beirat oder Verwaltungsrat als drittes Organ installiert.[395] Die Einrichtung eines solchen Organs ist im Rahmen der Satzungsautonomie zulässig. Diesem Organ obliegt in der Regel die Aufgabe, die Tätigkeit des Vorstandes zu überwachen. Dabei sind die Kompetenzen des Rates jeweils unterschiedlich ausgestaltet. Entweder soll der Beirat lediglich beratend tätig werden[396] oder ihm sind darüber hinaus Einspruchs- und Zustimmungsrechte eingeräumt.[397] Außerdem haben einige Beiräte - entsprechend den Vorgaben des DFB[398] - die weitere Aufgabe, den durch die Mitgliederversammlung zu wählenden Vorstand vorzuschlagen oder den Vorstand selbst zu wählen.[399] Zum Teil ist diese Aufgabe auch einem eigens dafür eingerichteten Wahlausschuß[400] oder dem Ehrenrat übertragen.[401]

---

[391] So sprach sich 1994 Wattenscheids Vorsitzender Günter Ritter ausdrücklich gegen die Beschäftigung eines bezahlten Managers aus, SZ vom 2.2.1994 „Gegen Betonköpfe und Biederkeit". Der Verein Wattenscheid 09 setzte in der Spielzeit 1992/1993 und in der ersten Saisonhälfte 1993/1994 zusammen 20 Millionen DM um (SZ vom 23.3.1994 „Mit Frauen-Power in eine bessere Zukunft?").

[392] Allerdings hat beispielsweise Schalke 04 die Tätigkeiten des Präsidenten überwiegend auf Repräsentationsaufgaben beschränkt.

[393] Abgesehen von der sportlichen Führungskraft des Vereins, also dem Fußballbundesligatrainer oder Sportdirektor.

[394] Kritisch auch Reichert in Grunsky, S. 5.

[395] Beispielsweise wurde die Einrichtung eines solchen Organs in §§ 19, 20 der Satzung von Borussia VfL 1900 e.V. Mönchengladbach, §§ 17, 18 der Satzung des FC Bayern München e.V., §§ 14 ff. der Satzung des MSV Duisburg normiert. Bei zahlreichen weiteren Vereinen besteht ein derartiges Organ.

[396] So gemäß § 19 der Satzung von Borussia VfL 1900 e.V. Mönchengladbach.

[397] So bedurften bestimmte Vorstandsentscheidungen beim 1. FC Nürnberg gemäß § 18 Abs. 1 der Satzung (vor der Spartenaufteilung) der Zustimmung des Finanz- und Verwaltungsrats.

[398] Siehe dazu oben I. 2. Bewältigung der gestellten Aufgaben.

[399] So etwa die Satzung des HSV (Hamburger Abendblatt vom 31.5.1996 „Das Unternehmen HSV").

[400] So etwa die Satzung von Eintracht Frankfurt (SZ vom 1.8.1996 „Stepanovic tut und macht und sorgt sich").

84

2. Bewältigung der gestellten Aufgaben

Hinsichtlich der Aufgabenerfüllung durch den Beirat ist zwischen der Überwachungsfunktion und der Wahlausschußfunktion zu unterscheiden.

a) Überwachungsfunktion

Hinsichtlich der Überwachungsfunktion hat die Praxis gezeigt, daß der Beirat dieser nicht immer gerecht werden konnte. Eine Ursache dafür ist in der finanziellen Abhängigkeit einiger Vereine von privaten Spendern und Förderern zu sehen. Eine solche Abhängigkeit kann zum Beispiel entstehen, wenn Privatleute die Spielergehälter ganz oder teilweise bezahlen[402] oder Kredite durch Bürgschaften absichern.[403] Der private Sponsor gewinnt dadurch eine gewisse Machtstellung und kann, wenn er diese ausnutzt, die Selbstbestimmung des Vereins beeinträchtigen[404] und Entscheidungen der Vereinsorgane - etwa des Beirats - von außen beeinflussen oder boykottieren.[405]

Ein Verein kann allerdings nicht nur von Dritten, sondern auch vom Präsidium in diesem Sinne abhängig sein. So hatte beispielsweise der Präsident von 1860 München ein Darlehen zugunsten des Vereins von einem Freundeskreis vermittelt. Das Darlehen wurde jedoch letztlich nicht ausgezahlt bzw. nach Bekanntwerden des Vertrages sofort wieder zurückgezahlt.[406] In dem Darlehensvertrag, den der Präsident ohne Kenntnis des Vizepräsidenten unterschrieben hatte, war als außerordentlicher Kündigungsgrund insbesondere ein Wechsel im Präsidium des Vereins festgelegt.[407]

Die Einflußnahmemöglichkeit Dritter auf die Vereinspolitik ist als solche zwar nicht zu beanstanden. Auch in anderen Branchen wollen sich Kapitalgeber aus Gründen der Kreditsicherung Mitspracherechte im Unternehmen sichern. Reformbedürftig erscheint nur die Art und Weise, in der die Mitwirkungsrechte

---

[401] So sehen es die „Die Rahmenbedingungen für die Satzung eines Lizenzvereins" vor, vgl. Anhang Nr. 6 zum DFB-Lizenzspielerstatut.

[402] So soll nach Angaben von Der Spiegel, Günter Eichberg, damaliger Präsident von Schalke 04, einem Großteil des Personals Sonderprämien aus dem eigenen Vermögen gezahlt haben (Der Spiegel Heft 44/1993, S. 286 ff. „Die Treuhand vom Revier").

[403] Ein Viertel aller Kredite der Fußballbundesligavereine sollen privat verbürgt sein, Der Spiegel Heft 49/1992, S. 234/235 „Mit Scheckbuch in der Ehrenloge". So erklärte 1991 der ehemalige Präsident des HSV, Jürgen Hunke, daß der damals mit 9 Millionen DM verschuldete HSV „von den Banken kein Geld mehr bekomme" (Kicker Sportmagazin Nr. 5 vom 17.1.1991 „Ei des Kolumbus oder Windei ?").

[404] Vgl. zu der Finanzierungsgesellschaft WHH in Bochum Der Spiegel Heft 43/1992, S. 264 „Schwarze Kasse mit 73 Pfennig".

[405] So können etwa Entscheidungen über die Verpflichtung eines neuen Spielers maßgeblich von finanziell fördernden Privatleuten getroffen werden (Der Spiegel Heft 49/1992, S. 236 „Mit Scheckbuch in der Ehrenloge").

[406] SZ vom 19/20.10.1994 „Fragenkatalog für Rechenkünstler".

[407] SZ vom 17.10.1994 „Diskrete Geschäfte, die in der Familie bleiben"; SZ vom 18.10.1994 „FC Wildmoser oder der gläserne Verein".

eingeräumt werden. Da das BGB-Vereinsrecht keine nach Kapitalanteilen gesplitteten Mitspracherechte vorsieht, fehlt es oft an klaren Regelungen, so daß
jeder Geldgeber sich eigene Regeln ausbedingen kann.

Eine weitere Ursache für ein etwaiges Versagen des Kontrollorgans Beirat ist
darin zu sehen, daß die vereinsinterne Kompetenzordnung überwiegend nicht
verbindlich festgelegt, also insbesondere nicht gesetzlich oder verbandsrechtlich geregelt ist und ein Verstoß dagegen nicht notwendigerweise sanktioniert
wird. Jede Kompetenzüberschreitung und jeder sonstige Satzungsverstoß kann
grundsätzlich nur vereinsintern geahndet werden. Eine mögliche Sanktion steht
daher im Belieben des Vereins. Gegebenenfalls kann darauf verzichtet oder
sogar die Satzung mit einer bereits getroffenen Entscheidung in Einklang gebracht werden.

Die Satzung von Hannover 96 sah beispielsweise vor, daß bei jeder Entscheidung des Präsidiums, die den Finanzrahmen von 50.000,-- DM überschreitet, der Verwaltungsrat seine Zustimmung erteilen muß. Dennoch fällte
der Vorstand des Vereins Anfang 1995 mit der Verpflichtung eines neuen Trai-
ners eine solche Entscheidung ohne die erforderliche Zustimmung des Verwaltungsrates einzuholen. Nach eigenen Angaben verstieß er „bewußt gegen
die Satzung", um sodann „abzuwarten, was passiert".[408]

Schließlich kann die mangelnde Effektivität eines Aufsichtsorgans darin begründet liegen, daß die Kompetenzen des Rates entweder zu sehr begrenzt
sind, die anfallenden Aufgaben nur ungenau umschrieben sind[409] oder er mit
den Aufgaben schlicht überfordert ist.[410]

So wurde etwa dem Verein Rot-Weiß Essen 1994 die Lizenz vom DFB entzogen, weil dessen Präsident Himmelreich „bei der Einreichung der Lizenzunterlagen über die wirtschaftliche Leistungsfähigkeit des Vereins arglistig ge-
täuscht und dadurch die Lizenz für die Saison 1993/1994 erschlichen" hatte.[411]
Trotz eines in Essen existierenden Verwaltungsrates, zu dessen Aufgabe unter
anderem die Kontrolle des Vorstandes zählte, waren diese Manipulationen
möglich.[412]

Im Ergebnis sind die Bemühungen zwar zu begrüßen, ein den Vorstand
überwachendes Kontrollorgan zu schaffen. Allerdings konnte dieses Organ bisher seinen Verpflichtungen nicht immer gerecht werden. Das kann seine Ursache etwa darin haben, daß die Vereine sich in finanzielle Abhängigkeit gegenüber Dritten begeben haben, und diese sich dadurch ein faktisches Weisungsrecht sichern. Ferner wird eine mangelhafte Aufgabenerfüllung dadurch begün-

[408] Weser-Kurier vom 28.5.1995 „96-Fans: Krieg dem Präsidium".
[409] Allerdings hat der DFB durch den Anhang Nr. 6 zum DFB-Lizenzspielerstatut -
„Rahmenbedingungen für die Satzung eines Lizenzvereins" - den Vereinen Anhaltspunkte
für die Aufgaben des Beirats gegeben.
[410] Siehe Hamburger Abendblatt vom. 4/5.6.1994 „HSV - Wirtschaftsrat vor der Auflösung".
[411] SZ vom 21/22.5.1994 „Nur Essen fiel durch".
[412] Siehe zu den Kompetenzen des Verwaltungsrats SZ vom 19/20.11.1994 „Fragenkatalog
für Rechenkünstler".

stigt, daß die Satzungen der Vereine sowie die Regelungen des BGB-Vereinsrechts überwiegend dispositiv sind und vielfach niemand ernsthaft an Satzungsverstößen Anstoß nimmt. Zu einer Sanktionierung möglicher Kompetenzüberschreitungen, die in der Regel ausschließlich in die Macht des Vereins selbst gestellt ist, kommt es daher oftmals nicht. Schließlich sind einige der Organe mit der ihnen obliegenden Überwachungsfunktion schlicht überfordert.

b) Wahlausschußfunktion

Anders ist dagegen die Aufgabenerfüllung des Beirats (oder Wahlausschusses) zu beurteilen, soweit er bei der Wahl und Bestellung des Vorstandes mitwirkt (Wahlausschußfunktion). Zwar kann es in Ausnahmefällen auch hier zu Schwierigkeiten gekommen. So konnte bei Eintracht Frankfurt im Sommer 1996 mehrere Monate unter anderem deshalb kein Präsidium gewählt werden, weil der dafür zuständige Wahlausschuß sich im Urlaub befand.[413] In der Regel kann das für die Wahl zuständige Organ allerdings die ihm insoweit obliegenden Aufgaben funktionsgerecht und im Sinne des Vereins erfüllen.

IV. Ergebnis

Durch die bisherige Praxis wird nicht gewährleistet, daß die Vereinsorgane ihre jeweiligen Funktionen adäquat erfüllen.[414] Die Mitgliederversammlung und der ehrenamtlich tätige Vorstand des Idealvereins sind zwar möglicherweise die geeigneten Entscheidungsträger für einen ausschließlich ideell ausgerichteten Sportverein, aber sie sind mit den Anforderungen die an Organisation, Entscheidungsfindung und Leitung in einem kommerziellen Fußballbundesligaverein gestellt sind, häufig überfordert. Durch die Einsetzung eines Wahlausschusses zur Wahl des Vorstandes kann der Wahl von Zufallskandidaten vorgebeugt werden. Der Verwaltungs- oder Beirat, ein von vielen Vereinen installiertes Kontrollorgan, konnte bisher seinen Überwachungsaufgaben aus den genannten Gründen nicht immer gerecht werden.

Fünfter Abschnitt: Ergebnis des ersten Kapitels

Die gegenwärtige Organisation der Fußballbundesligavereine ist reformbedürftig. So haben sich die um die Jahrhundertwende gegründeten Fußballbundesligavereine im Laufe der letzten Jahrzehnte zu wirtschaftlichen Vereinen im Sinne von § 22 BGB entwickelt.

---

[413] SZ vom 1.8.1996 „Stepanovic tut und macht und sorgt sich". In erster Linie wurde aber wohl deshalb kein Präsident gewählt, weil sich kein geeigneter Kandidat fand.
[414] Kritisch auch Mayer-Vorfelder, DFB-Journal 3/1994, S. 44 „Die Liga muß ihre Grenzen kennen".

87

Wirtschaftlich ist jeder Verein, dessen statutarischer Hauptzweck darauf gerichtet ist, seinen Mitgliedern oder sich selbst vermögenswerte Leistungen (oder wirtschaftliche Vorteile) zu verschaffen und dementsprechend dieses Ziel der Hauptsache nach auch tatsächlich anstrebt. Vermögenswert in diesem Sinne sind alle Leistungen, die am allgemeinen Markt gegen Entgelt gehandelt werden.

Aus Gründen des Individualmitgliederschutzes ist ein Verein, der eine Monopol- oder monopolähnliche Stellung hat oder dessen Mitglieder sonstwie zum Beitritt genötigt sind, als wirtschaftlich zu qualifizieren, wenn seine Vereinsbeiträge bei fehlender Abfindungsregelung ähnlich der gesellschaftsrechtlichen Beteiligung an einer AG, GmbH oder eG ausgestaltet sind.

Ferner ist ein Verein aus Gründen des Schutzes der Mitgliedergesamtheit als wirtschaftlicher Verein zu qualifizieren, wenn er Nebengeschäfte betreibt, die per Saldo dauerhaft zu Verlusten und dadurch zu einer Gefährdung des Anspruchs der Mitgliedergesamtheit auf das Auseinandersetzungsguthaben führen.

Eine etwaige wirtschaftliche Betätigung steht der Eintragungsfähigkeit jedoch nicht entgegen, wenn sie vom Nebenzweckprivileg gedeckt ist. Eine wirtschaftliche Nebentätigkeit ist zulässig, wenn sie deutlich hinter der ideellen Haupttätigkeit zurückbleibt. Das setzt voraus, daß die ideelle Haupttätigkeit dem Verein sowohl nach innen wie auch nach außen das Gepräge gibt. Dies ist anhand der sechs aufgestellten Indizien in jedem Einzelfall gesondert zu untersuchen. In jedem Fall unzulässig ist eine wirtschaftliche Nebentätigkeit, welche das angesammelte Vereinsvermögen angreift, eine wirtschaftliche Tätigkeit also, die per Saldo dauerhaft Verluste erwirtschaftet.

Bei Anwendung dieser Kriterien auf die Fußballbundesligavereine ist festzustellen, daß diese nichtwirtschaftlich und wirtschaftlich tätig werden. Im Amateurbereich werden die Vereine deutlich überwiegend ideell im Sinne ihrer statutarischen Zwecksetzung tätig. Mittels der Lizenzspielerabteilung werden sie deutlich überwiegend wirtschaftlich tätig, da sie die Verschaffung vermögenswerter Leistungen für sich anstreben. Eine unmittelbare Förderung des ideellen Zwecks erfolgt durch die Berufsfußballabteilung nicht. Allerdings fördert die Lizenzspielerabteilung eines Bundesligavereins den statutarischen Vereinszweck mittelbar, indem sie eine Vorbild- und Integrationsfunktion und - abhängig von der wirtschaftlichen Situation - eine Finanzierungsfunktion übernimmt.

Da die Vereine sowohl wirtschaftlich als auch nichtwirtschaftlich tätig sind, beurteilt sich die Vereinsklassenzugehörigkeit grundsätzlich nach dem Geltungsumfang des Nebenzweckprivilegs. Ausgenommen hiervon sind diejenigen Vereine, deren Lizenzspielerabteilungen per Saldo Verluste erwirtschaften. Diese Vereine sind jedenfalls als wirtschaftliche Vereine im Sinne von § 22 BGB zu beurteilen.

Bei Anwendung der Kriterien zur Bestimmung des Nebenzweckprivilegs auf die Fußballbundesligavereine ist festzustellen, daß die Lizenzspielerabteilung einigen Vereinen das Gepräge nach innen gibt. Allen Bundesligavereinen gibt die Lizenzspielerabteilung jedoch das Gepräge nach außen. Da es für die Einordnung eines Vereins als wirtschaftlich in Sinne von §§ 22 BGB ausreicht, wenn die wirtschaftliche Nebentätigkeit dem Verein entweder nach innen oder nach außen das Gepräge gibt, sind alle Vereine der ersten und zweiten Bundesliga als wirtschaftliche Vereine im Sinne von § 22 BGB einzuordnen.

Da die Vereine tatsächlich satzungswidrig wirtschaftlich tätig werden, handelt es sich um Scheinidealvereine. Auf eine solche verdeckte Rechtsformverfehlung finden ausschließlich die §§ 43 Abs. 2, 44 BGB Anwendung. Danach können die Landesbehörden den Vereinen die Rechtsfähigkeit entziehen. Ein Entzug der Rechtsfähigkeit ist aus Gründen der Verhältnismäßigkeit nicht erforderlich, wenn die bestehenden verbandsrechtlichen Rechnungslegungsvorschriften um Publizitätsvorschriften und Sicherungsvorschriften zum Erhalt des Vereinsvermögens ergänzt werden und der Gesetzgeber die Konkursantragspflicht für Großvereine mit Strafe bewehrt. Zur Klarstellung sollte eine gesetzliche Regelung geschaffen werden, aus der sich ergibt, daß vom DFB lizenzierten Vereinen die Rechtsfähigkeit nicht entzogen werden darf.

Werden vorgenannte Ergänzungen nicht eingeführt, so müssen die zuständigen Verwaltungsbehörden den Vereinen die Rechtsfähigkeit entziehen. Aus Gründen der Verhältnismäßigkeit ist ein entsprechendes Tätigwerden der Behörden dem jeweiligen Verein mindestens ein Jahr vorher bekannt zu geben. Ferner ist die jeweils zuständige Verwaltungsbehörde verpflichtet, einem Verein auf eine entsprechende Anfrage hin, eine die Behörde bindende Auskunft darüber zu erteilen, ob die Behörde den Verein als wirtschaftlich einstuft und ob ihm die Rechtsfähigkeit entzogen werden soll.

Die Gemeinnützigkeit der Fußballbundesligavereine ist wegen Verstoßes gegen den Grundsatz der Selbstlosigkeit und Ausschließlichkeit gefährdet, wenn die Lizenzspielerabteilung ihrer Vorbild- und Integrationsfunktion sowie ihrer Finanzierungsfunktion nicht gerecht wird. Die Vorbildfunktion ist aufgrund zunehmender Kommerzialisierung des Berufssports gefährdet. Die Finanzierungsfunktion kann nicht ausgeübt werden, wenn die Lizenzabteilung Verluste erwirtschaftet. Trotz finanzieller Unterstützung des Amateursports liegt ein Verstoß gegen den Grundsatz der Selbstlosigkeit vor, wenn die Förderung des Berufsfußballs zum Selbstzweck wird. Indiz für einen Selbstzweck ist ein mehrjähriger Mittelüberschuß der Berufssportabteilung trotz Finanzierung der Amateurabteilungen.

Ferner liegt ein Verstoß gegen den Grundsatz der Selbstlosigkeit vor, wenn Verluste der Berufsfußballabteilung dauerhaft durch andere Mittel des Vereins ausgeglichen werden. Schließlich müssen die Einnahmen des Vereins zeitnah dem förderungswürdigen Zweck - also der ideellen Zweckverfolgung - zugeführt werden. Ein Verstoß gegen das Gebot der zeitnahen Mittelverwendung führt allerdings nicht unmittelbar zum Entzug der Gemeinnützigkeit. Vielmehr kann das Finanzamt dem Verein eine Frist für die Mittelverwendung setzen.

Aufgrund der überwiegend bestehenden wirtschaftlichen Unbedeutsamkeit der Amateursportabteilungen und der Regelung des § 8 Abs. 6 KStG, hat der Gemeinnützigkeitsstatus für einige Vereine in wirtschaftlicher Hinsicht allerdings an Bedeutung verloren.

Auch die Finanzstruktur der Vereine ist reformbedürftig. Viele Vereine sind hoch verschuldet oder weisen eine unbefriedigende Liquiditätslage auf. Die Kontrollinstanzen der wirtschaftlichen Leistungsfähigkeit beschränken sich im wesentlichen auf die verbandsrechtliche Kontrolle der wirtschaftlichen Leistungsfähigkeit. Diese hat aber hauptsächlich den Zweck, die Aufrechterhaltung des Spielbetriebs der Fußballbundesliga für die jeweils folgende Saison zu gewährleisten. Daher liegt der Schwerpunkt der Überprüfung auf der Liquidität der Vereine. Dem Erhalt des Vereinsvermögens kommt im Rahmen der Überprüfung faktisch nur eine untergeordnete Bedeutung zu. Ein solides, ausschließlich an betriebswirtschaftlichen Grundsätzen orientiertes Wirtschaften der Vereine kann dadurch überwiegend nicht gewährleistet werden.

Das BGB-Vereinsrecht beinhaltet kaum Vorschriften, die die wirtschaftliche Leistungsfähigkeit des Vereins betreffen. Die bestehenden Regelungen haben nur repressiven Charakter und dienen daher nicht der Konkursvermeidung selbst.

Schließlich wird auch die innere Verfassung der Bundesligavereine den Anforderungen des modernen Profifußballs nicht mehr gerecht. Die Organe des Idealvereins sind mit ihren Aufgaben, nämlich ein Unternehmen mit zweistelligen Millionenumsätzen zu leiten und zu kontrollieren, oftmals überfordert. Nachteilig wirken sich zudem die unbeständige und zum Teil unklare Kompetenzverteilung, die weitgehende Dispositivität des BGB-Vereinsrechts sowie die im Einzelfall bestehenden faktischen Einflußmöglichkeiten Dritter aus. Durch die Einsetzung eines Wahlausschusses zur Wahl des Vorstandes kann der Wahl von Zufallskandidaten vorgebeugt werden. Der von vielen Vereinen eingerichtete Verwaltungs- oder Beirat konnte seinen Überwachungsaufgaben nicht immer gerecht werden. Eine ausschließlich an den Belangen der Berufsfußballabteilung orientierte Entscheidungsfindung auf der Mitgliederversammlung kann dadurch erschwert werden, daß die Mitglieder aller Sportabteilungen des Vereins stimmberechtigt sind.

Zweites Kapitel: Rechtsformunabhängige Überlegungen zur Ausgliederung der Berufsfußballabteilung

Im ersten Kapitel wurde die Reformbedürftigkeit der gegenwärtigen Organisation der Berufsfußballabteilung dargestellt. Im zweiten und dritten Kapitel soll die Ausgliederung der Berufsfußballabteilung auf einen externen Rechtsträger näher untersucht werden. Dabei sind im nun folgenden zweiten Kapitel zunächst die rechtsformunabhängigen Aspekte einer Ausgliederung der Berufsfußballabteilung zu behandeln.

Erster Abschnitt: Ausgliederung oder Satzungsänderung als mögliche Reaktion auf die bestehenden Schwierigkeiten

Für eine Verbesserung der gegenwärtigen Lage kommen zunächst zwei verschiedene Wege in Betracht, die auch miteinander kombiniert werden können: Änderung der Vereinssatzungen und eine stärkere Reglementierung der Vereine durch den DFB[415] oder Ausgliederung der Berufsfußballabteilung auf einen externen Rechtsträger.

Gegen eine Reform unter Beibehaltung der gegenwärtigen Struktur spricht aus vereinsrechtlicher Sicht allerdings die erhebliche wirtschaftliche Betätigung der Vereine und die damit verbundene Gefahr eines Entzugs der Rechtsfähigkeit. Wie dargestellt, kann dieser Gefahr zwar auch durch entsprechende Änderungen des BGB-Vereinsrechts und des DFB-Verbandsrechts begegnet werden. Solange diese Änderungen aber nicht durchgeführt sind, also bei Zugrundelegung der gegenwärtigen Rechtslage, droht den Vereinen der Entzug der Rechtsfähigkeit.

Zwar wurde bisher noch keinem Verein die Rechtsfähigkeit entzogen, so daß man daraus folgern mag, diesbezüglich bestehe für die Vereine kein Handlungsbedarf.[416] Eine solche Folgerung ließe allerdings unberücksichtigt, daß das bisherige Untätigbleiben der Behörden nur darauf zurückzuführen ist, daß bisher das sportpolitische Interesse am Verbleib in der Rechtsform des Idealvereins das Interesse am rechtlich gebotenen Entzug der Rechtsfähigkeit überwogen hat.[417] Kein Verein sollte sich aber darauf verlassen, daß diese Interessenlage aufrechterhalten bleibt, und die zuständigen Behörden auch in Zukunft ihrer bestehenden Handlungspflicht nicht nachkommen werden.[418] Die zunehmende Verrechtlichung des Berufssports im nationalen[419] und internationalen[420] Bereich spricht dafür, daß sportpolitische Interessen in Zukunft im Berufsfußball immer mehr an Bedeutung verlieren werden. Es wird daher auch die

---

[415] So Kebekus, Alternativen, S. 158 ff.
[416] So Segna, ZIP 1997, 1901, 1904. Offen gelassen bei Heermann, ZIP 1998, 1249, 1257.
[417] Ähnlich Kebekus, Alternativen, S. 53.
[418] Ähnlich auch Raupach, Profigesellschaften, S. 26.
[419] Vgl. etwa die Entscheidungen des BAG vom 6.12.1995 (5 AZR 237/94 und 5 AZR 85/95). Nach Auffassung des BAG steht Berufsfußballspielern - hier der Vereine Stuttgarter Kickers und SV Waldhof Mannheim - ein Lohnfortzahlungsanspruch nach den allgemein für Arbeitnehmer geltenden Grundsätzen zu. Siehe auch die kartellrechtliche Entscheidung des BGH vom 11.12.1997 nach der die zentrale Vermarktung von Fernsehübertragungsrechten an Heimspielen deutscher Teilnehmer am UEFA-Pokal und am Pokal Europäischer Pokalsieger durch den DFB gegen § 1 GWB verstößt (ausführlicher hierzu Fußnote 217).
[420] Forster, S. 123, mit zahlreichen Beispielen; vgl. auch EuGH vom 15.12.1995 RS C-415/93 (Bosman-Urteil). Jüngstes Beispiel ist der englische Erstligaklub Wimbledon, der unter Berufung auf Art. 52 der Römischen Verträge vor dem Europäischen Gerichtshof durchsetzen will, daß er seine Heimspiele der englischen Premier League im irischen Dublin austragen darf. Er verspricht sich dort eine erheblich größere Zuschauerresonanz als in London, da in Dublin bisher keine Profifußballmannschaft spielt (Die Welt vom 2.8.1998 „Wenn Wimbledon London verläßt und in Dublin spielt").

Bereitschaft der Vereinsgläubiger, ihre Ansprüche mit allen zur Verfügung stehenden rechtlichen Mitteln durchzusetzen, mit zunehmender Kommerzialisierung und Verrechtlichung des Profisports wachsen.[421] Dieses Wachstum, aber auch die zunehmende Verschuldung der Vereine, machen es wahrscheinlicher, daß ein Vereinsgläubiger die Rechtmäßigkeit des derzeitigen Systems gerichtlich überprüfen läßt, um entweder im Wege der Amtshaftung auf die öffentliche Hand Rückgriff zu nehmen[422] oder eine persönliche Haftung der Vereinsmitglieder zu erreichen.[423]

Wie im ersten Kapitel dargestellt, ist der Gemeinnützigkeitsstatus vieler Vereine - sowohl der Vereine mit besonders profitablen als auch der Vereine mit dauerhaft Verlust erwirtschaftenden Lizenzabteilungen - gefährdet. Dieser Gefahr kann im Rahmen der gegenwärtigen Struktur überwiegend nicht begegnet werden.[424] Für Vereine mit profitablen Lizenzabteilungen stellt zudem das Gebot der zeitnahen Mittelverwendung eine Einschränkung in der Freiheit der Finanzplanung dar.

In wirtschaftlicher Hinsicht erscheint ein Appell an die Vereine, den Schuldenstand zu verringern, nicht vielversprechend. Es ist aber zu überlegen, ob die Finanzlage der Vereine durch eine stärkere Kontrolle des DFB gefestigt werden kann.[425] Daß sich wirtschaftliche Vereine grundsätzlich der Wirtschaftsprüfung kollektiver Selbsthilfeeinrichtungen unterwerfen können, zeigen die genossenschaftlichen Prüfungs- und Interessenverbände.[426] So wäre es denkbar, den bisher eingeschränkten Zweck der verbandsrechtlichen Überprüfung der wirtschaftlichen Leistungsfähigkeit[427] zu erweitern. Der DFB könnte strengere Maßstäbe hinsichtlich des Erhalts des Vereinsvermögens anlegen und der geordneten Vermögenslage eines Vereins größeren Wert beimessen. Auf diese Weise könnte möglicherweise ein stärker an wirtschaftlichen Grundsätzen orientiertes Handeln der Vereine erreicht werden.

---

[421] Beispielsweise hat die Verwaltungs-Berufsgenossenschaft (VBG) aufgrund von Beitragsrückständen gegen 15 Vereine Vollstreckungsmaßnahmen eingeleitet. Insgesamt wiesen 120 Vereine der Bundes- und Regionalligen einen Rückstand - der seit 1995 um 700 % erhöhten Beiträge - in Höhe von 120 Millionen DM auf. (Sport Bild vom 19.11.1997 „Droht den Bundesligavereinen Konkurs?"). Im Rahmen der Neuordnung der Regionalliga (Nord und Süd) ab der Saison 2000/2001 ist die Begleichung der Beitragsschuld zur gesetzlichen Unfallversicherung für die Jahre 1995 bis 1997 als Zulassungsvoraussetzung niedergelegt worden (vgl. Rahmenbedingungen für die Regionalliga V. Zulassungsvoraussetzungen).
[422] So bereits Meyer-Cording in der FAZ vom 15.6.1977 „Sportvereine rechtlich im Abseits ?". Im Einzelfall wäre dann zu prüfen, ob eine etwaige Kenntnis des Gläubigers von der Vermögenslage des Vereins ein Mitverschulden begründet.
[423] Ähnlich Raupach, Profigesellschaften, S. 26.
[424] Abgesehen etwa davon, daß eine bisher Verluste erwirtschaftende Lizenzabteilung in Zukunft Gewinne erzielt und deshalb ihre Finanzierungsfunktion wieder aufnehmen kann.
[425] Vgl. zu den Reformüberlegungen Mayer-Vorfelder in Kicker Sportmagazin Nr. 60 vom 24.7.1995 „Italiener müssen uns ein warnendes Beispiel sein".
[426] Vgl. §§ 53 ff. GenG.
[427] Siehe hierzu oben Erstes Kapitel Dritter Abschnitt II. 2. Verbandsrechtliche Kontrolle der wirtschaftlichen Leistungsfähigkeit.

92

Dabei ist allerdings zu berücksichtigen, daß die Hauptursache der hohen Verschuldung der Vereine nicht darin zu sehen ist, daß der DFB die Vereine nur unzureichend überprüft. Maßgeblicher Grund für die Verschuldung sind vielmehr die im Verhältnis zu den Einnahmen der Vereine überproportional gestiegenen Gehälter der Berufsfußballspieler.[428] Angesichts des Wegfalls der Transferentschädigungen wird sich diese Entwicklung - sofern keine Regulierung erfolgt - fortsetzen. Eine finanzielle Gesundung der Vereine kann daher nur dann möglich sein, wenn das überproportionale Wachstum der Spielergehälter gebremst wird. Um eine solche Begrenzung zu erreichen, sind zunächst zwei verschiedene Wege denkbar.

Es könnte versucht werden, die Begrenzung der Spielergehälter dadurch zu erreichen, daß jeder Verein für sich bestimmte Gehaltsobergrenzen intern festlegt und alle darüber liegenden Gehaltsforderungen eines Spielers zurückweist.[429] Ein solches Vorgehen erscheint allerdings wenig vielversprechend, da es sich in einer individuellen Selbstbeschränkung erschöpft und daher einem bloßen Appell gleichkommt. Gegenüber der gegenwärtigen Situation wäre nichts gewonnen. Zudem bestünde bei einem solchen individuellen Vorgehen die Gefahr, daß nicht alle Vereine sich einer solchen Selbstbeschränkung unterwerfen und deshalb eine Wettbewerbsverzerrung entstehen könnte.

Erfolgversprechender erscheint daher ein gemeinsames Vorgehen aller Vereine. Deshalb sollten die Vereine dem DFB als Verband die Aufgabe übertragen, kraft DFB-Lizenzspielerstatut bestimmte Höchstgehälter festzulegen. Durch die Festsetzung von Obergrenzen könnte das Wachstum der Gehälter gebremst und den Vereinen ein solideres Wirtschaften erleichtert werden. Allerdings sollten keine, für alle Vertragsfußballspieler einer Liga gleichermaßen gültigen, absoluten Höchstgehälter festgelegt werden. Denn eine solch starre Obergrenze, der sich alle Vereine einer Liga zu unterwerfen hätten, würde die unterschiedliche wirtschaftliche Leistungsfähigkeit der Vereine ignorieren. Vielmehr sollte der unterschiedlichen Leistungsfähigkeit der Vereine dadurch Rechnung getragen werden, daß jeder Verein unterschiedlich hohe Beträge für Spielergehälter ausgeben darf.

Dabei sollte nicht für jeden einzelnen Verein ein Höchstgehalt festgelegt werden, daß für alle bei diesem Verein angestellten Spieler gleichermaßen gilt. Eine solche Grenze, die für jeden Spieler eines Vereins das gleiche Höchstgehalt festlegt, würde vernachlässigen, daß es sich bei einer durch den DFB erlassenen Regelung lediglich um ein nationales Vorgehen handelt. Eine starre Gehaltsobergrenze würde nämlich dazu führen, daß ein Verein bei Erreichen der Gehaltsobergrenze keine Möglichkeit hätte, ein Angebot eines ausländi-

---

[428] Die Personalausgaben der Fußballbundesligavereine sind von 1990 bis 1996 nahezu doppelt so schnell wie die Einnahmen gestiegen, siehe dazu oben im Text bei Fußnote 331.
[429] In diese Richtung jüngst Bayern München. Nach U. Hoeneß hat Bayern München den bis 1997 in München spielenden Fußballspieler Christian Ziege nach Italien gehen lassen, weil dem Verein das geforderte Jahresgehalt (4 Millionen DM) zu hoch erschien (zitiert nach der FAZ vom 15.9.1997 „Hoeneß vergleicht den FC Bayern schon mit der Telekom").

schen Klubs, der möglicherweise keine Höchstgrenzen beachten muß, zu überbieten. Für einen um einen Spieler werbenden Verein wäre es zudem sehr
leicht, einen konkurrierenden Klub zu überbieten, wenn die auf alle Arbeitsver-
hältnisse gleichermaßen anwendbare Gehaltsobergrenze des konkurrierenden
Klubs niedriger als die des werbenden Vereins ist, und diesem die entsprechende Gehaltsobergrenze des anderen Klubs bekannt ist.

Aus diesen Gründen sollte für jeden Verein lediglich ein bestimmter Höchst-
betrag festgelegt werden, den er je Wirtschaftsjahr für Spielergehälter insgesamt ausgeben darf. Auf diese Weise kann jeder Verein seine eigene Gehalts-
politik betreiben und die zur Verfügung stehende Summe auf die bei ihm angestellten Vertragsspieler ohne Beachtung starrer Gehaltsobergrenzen nach Belieben aufteilen. Gleichzeitig kann auf diese Weise das Gehaltswachstum begrenzt werden. Der jedem Verein zur Verfügung stehende Gesamthöchstbetrag
sollte in jedem Jahr im Rahmen des Lizenzierungsverfahrens durch den DFB
neu festgelegt werden und 70 Prozent der für das Folgejahr angestrebten Gesamteinnahmen des Vereins nicht überschreiten.[430]

Die Gefahr der Umgehung einer solchen Höchstbetragsregelung ist relativ
gering, da die Vereine dem DFB ihre von Wirtschaftsprüfern geprüften Bilanzen
vorlegen und zudem den DFB ermächtigen, Auskünfte über den Verein beim
zuständigen Finanzamt einzuholen. Die Gefahr der Umgehung der Höchstbetragsregelung ist daher nicht größer als die einer Steuerverkürzung oder Bi-
lanzfälschung.

Bedenken gegen die vorgeschlagene Ausweitung der Kontrolle der wirtschaftlichen Leistungsfähigkeit durch den DFB könnten sich allerdings daraus
ergeben, daß letztlich der DFB Hüter des Gläubigerschutzes sein würde. Je
mehr sich die Bundesligavereine unternehmerisch betätigen, desto wirkungs-
voller muß auch der Gläubigerschutz sein. Da im BGB-Vereinsrecht aber kaum
Gläubigerschutzvorschriften existieren, müßten die fehlenden Regelungen
durch den DFB ersetzt werden. Soweit Gläubigerschutzvorschriften des Aktiengesetzes, GmbH-Gesetzes oder Genossenschaftsgesetzes[431] nützlich erscheinen, würden diese im DFB-Lizenzspielerstatut als für die Vereine verbindlich
festgeschrieben werden. Der Fußballbundesligaverein würde sich weiter zu einem Idealverein mit unbegrenztem Nebenzweckprivileg entwickeln, dessen
Gläubigerschutz seine Ausprägung ausschließlich in verbandsrechtlichen Regelungen findet.

Es bestünde die Gefahr, daß der DFB Bestimmungen hinsichtlich der wirtschaftlichen Leistungsfähigkeit bezüglich einiger Vereine besonders weit aus-
legt, um deren Teilnahme am Spielbetrieb zu ermöglichen. Hinzu kommt, daß

---

[430] Zwar könnte der DFB auch bei gegenwärtiger Rechtslage einem Verein die Lizenz unter
einer derartigen Auflage erteilen. Durch eine generelle, für alle Vereine geltende Regelung
kann aber das Gehaltswachstum effektiv begrenzt werden. Ein solche für alle Vereine
geltende Regelung (sogenannter Salary Cap) wird ab der Saison 1999/2000 die Deutsche
Eishockey-Liga einführen (RP vom 30.1.1999 „Großes Interesse am „Salary Cap"").
[431] Siehe dazu oben Erstes Kapitel Erster Abschnitt II. 2 a) aa) Gläubigerschutz.

das Interesse des DFB als Ausrichter der Fußballbundesligen am reibungslo-
sen Ablauf einer Saison im Zweifel immer größer sein wird, als das nicht notwendig damit gleichlaufende Interesse an finanziell gesunden Bundesligaklubs.
Es kann also zu Interessenkollisionen kommen, soweit allein der DFB über den
Gläubigerschutz wacht.

Um diesen Gefahren vorzubeugen, müssen die für den Entzug der Rechtsfähigkeit zuständigen Landesbehörden dem DFB und den Vereinen deutlich machen und entsprechenden Druck ausüben, daß ein Entzug der Rechtsfähigkeit
droht, wenn die Bestimmungen des Lizenzierungsverfahrens nicht streng eingehalten werden.[432]

Hinsichtlich der inneren Vereinsleitungsstruktur - dem vierten festgestellten
Reformansatz - sind die Möglichkeiten, die das Vereinsrecht bietet, noch nicht
ausgeschöpft. Wie jüngst erfolgt, kann der DFB bestimmte Mindestanforderungen an die Satzungen der Bundesligavereine stellen.[433] Die Befugnisse der
Mitgliederversammlung, des Vorstandes und des Kontrollorgans können auf
diese Weise zunehmend den Befugnissen der entsprechenden Organe einer
AG, GmbH oder eG angeglichen werden.[434] Schließlich könnte den Vereinen
nahegelegt werden, den Vorstand überwiegend mit hauptberuflich tätigen Personen zu besetzen.[435]

Dennoch erscheint eine solche, lediglich innerhalb der gegenwärtigen Struktur ansetzende Reform, auf Dauer unzureichend. Um der im ersten Kapitel beschriebenen wachsenden Gefahr der negativen Beeinflussung des Amateursports durch den Berufsfußball vorzubeugen, sollten Berufssport und ideeller
Bereich des Vereins möglichst deutlich getrennt werden. Diese Trennung kann
am deutlichsten mittels organisationsrechtlicher Trennung, also durch eine
Ausgliederung der Berufsfußballabteilung auf einen externen Rechtsträger erreicht werden.

Für eine möglichst deutliche Trennung sprechen zudem die unterschiedlichen
Anforderungen des Amateur- und Berufssports an Entscheidungsfindung,
Sachkunde, zeitlicher Präsenz und Professionalität.[436] Um diesen unterschiedlichen Anforderungen Rechnung tragen zu können und Überschneidungen sowie
damit verbundene Reibungsverluste zu vermeiden, sollten beide Bereiche or-
ganisationsrechtlich getrennt werden.[437] Ferner spricht für eine organisationsrechtliche Trennung, daß dadurch eine ausschließlich an den Belangen des je-

---

[432] Aus diesem Grund sollte die vorgeschlagene Gesetzesänderung (vgl. oben im Text bei
Fußnote 261) zum Ausdruck bringen, daß nicht die bloße Lizenzerteilung, sondern nur eine
Lizenzerteilung unter Einhaltung der Vorschriften des Lizenzierungsverfahrens vor dem Entzug der Rechtsfähigkeit schützt. Vgl. auch Aldermann, Berufsfußball, S. 133, freilich unter
dem Gesichtspunkt des Nebenzweckprivilegs.
[433] So auch der Vorschlag von Kebekus, Alternativen, S. 170.
[434] Vgl. Holzhäuser im Handelsblatt vom 21/21.11.1997 „Fußball-Aktien sind eine Investition
in den Sport und nicht ins Big Business".
[435] In diese Richtung Hopt, BB 1991, 778, 780.
[436] Raupach, SpuRt 1995, 241, 248.
[437] Raupach, Profigesellschaften, S. 34 f.

weiligen Bereichs orientierte Entscheidungsfindung an der Basis erreicht werden kann. Die Mitgliederversammlung des Idealvereins wäre nahezu ausschließlich für Entscheidungen betreffend den Amateursport zuständig, dagegen würde die Haupt-, Gesellschafter- oder Generalversammlung ausschließlich über Fragen des Berufsports entscheiden.

Schließlich spricht gegen eine Beibehaltung der gegenwärtigen Struktur, daß innerhalb dieser keine gesellschaftsrechtliche Einbindung von Sponsoren oder anderen externen Kapitalgebern erreicht werden kann. Der Gefahr der faktischen Beeinflussung und der verdeckten Kontrolle eines Bundesligavereins durch externe Dritte kann bei einer Reform innerhalb der gegenwärtigen Strukturen nicht wirksam begegnet werden.

Zusammenfassend ist festzuhalten, daß aus vereinsrechtlicher Sicht bei Nichtvornahme der im Ersten Kapitel erarbeiteten Ergänzungen des BGB-Vereinsrechts und des DFB-Verbandsrechts in zunehmendem Maße die Gefahr besteht, daß die zuständigen Verwaltungsbehörden den Vereinen die Rechtsfähigkeit entziehen.

Den im ersten Kapitel dargestellten Gefahren für die Gemeinnützigkeit der Vereine sowie der aus dem Gebot der zeitnahen Mittelverwendung folgenden Einschränkung in der Finanzplanung kann im Rahmen der gegenwärtigen Vereinsstruktur überwiegend nicht effektiv begegnet werden.

Hinsichtlich der finanziellen Leistungsfähigkeit der Vereine könnte eine solidere Haushaltsführung dadurch erreicht werden, daß die Vereine dem DFB größere Kontrollrechte übertragen. Insbesondere sollte der DFB für jeden Verein Höchstbeträge festsetzen, die je Wirtschaftsjahr für Spielergehälter ausgegeben werden dürfen. Eine Ausgliederung auf einen externen Rechtsträger verspricht insoweit keine Vorteile. Hinsichtlich der wirtschaftlichen Leistungsfähigkeit könnte eine Ausgliederung allerdings dann vorteilhaft sein, wenn hierdurch zusätzliches Kapital für den Berufsfußball gewonnen werden könnte.

In organisatorischer Hinsicht kann der DFB - wie jüngst geschehen - kraft seiner Verbandsmacht bestimmte Mindestanforderungen an die Satzungen der Vereine stellen, um so die innere Vereinsleitungsstruktur an die einer Kapitalgesellschaft oder einer eingetragenen Genossenschaft anzugleichen. Insoweit verspricht eine Ausgliederung nicht notwendig Vorteile. Eine deutlichere Trennung zwischen Amateursport und Berufssport kann dadurch allerdings nicht erreicht werden. Diese kann besser durch eine organisationsrechtliche Trennung, also eine Ausgliederung der Berufsfußballabteilung auf einen externen Rechtsträger erreicht werden. Gleiches gilt für eine Einbindung externer Kapitalgeber.

Es ist daher im folgenden zu untersuchen, ob und inwieweit den aufgezeigten Problemen der gegenwärtigen Struktur mit einer Ausgliederung der Lizenzspielerabteilung auf einen externen Rechtsträger begegnet werden kann.

Zweiter Abschnitt: Die Organisation des Berufsfußballs im europäischen Ausland

Bevor Möglichkeiten und Praktikabilität einer Ausgliederung in Deutschland untersucht werden, sollen die rechtlichen Organisationsformen der Fußball-klubs im europäischen Ausland dargestellt werden. Da die Entwicklung des Be-rufsfußballs in England nicht nur für die deutschen Vereine, sondern auch vie-len anderen europäischen Spitzenvereinen als Vorbild dient, soll hierauf be-sonderes Gewicht gelegt und diese ausführlicher dargestellt werden.

1. Berufsfußball in England

a) Ursprung des bezahlten Fußballs

Bereits Mitte des neunzehnten Jahrhunderts wurden in England die ersten Sportzusammenschlüsse gegründet, die die Vorläufer der heutigen Fußballge-sellschaften in England waren. Es handelte sich dabei um nichtrechtsfähige Zu-sammenschlüsse, vergleichbar der deutschen Gesellschaft Bürgerlichen Rechts oder dem nichtrechtsfähigen Verein.[438] Der hauptsächliche Zweck die-ser überwiegend losen Verbindungen bestand darin, gemeinsam Fußball zu spielen. Weder existierten einheitliche Regeln - insbesondere, um den Fußball von dem zu dieser Zeit noch populäreren Rugby abzugrenzen - noch bestand ein fester Spielplan, der regelmäßige Spiele für die Mannschaften vorsah. Die auszutragenden Spiele und die anzuwendenden Regeln wurden im Einzelfall mit dem jeweiligen Gegner vereinbart. Dabei wurde der Kontakt zwischen den Mannschaften beispielsweise durch eine Zeitungsanzeige wie etwa die folgen-de des Forest Football Clubs aus dem Jahre 1862 hergestellt:

„FOOTBALL-The hon. Secretary of the FOREST FOOTBALL CLUB will be happy to make arrangements for MATCHES to be played during the coming season, on the rules of the University of Cambridge. Alfred W. Mackenzie, hon. Sec., F.F.C., Woodford, Essex."[439]

Neben dem gemeinsamen Fußballspiel förderten viele der Zusammenschlüsse weitere Sportarten wie beispielsweise Cricket, Leichtathletik oder Tennis.[440]
Im Jahre 1863 gründeten 15 - überwiegend südenglische - Sportzusam-menschlüsse die Football Association (FA).[441] Die Aufgabe der Football As-sociation bestand im wesentlichen in der Vereinheitlichung des Regelwerks und

---

[438] Das englische Recht kennt keine dem rechtsfähigen Verein des BGB vergleichbare Rechtsform.
[439] Erschienen in der Lokalzeitung *Bell´s Life* vom 7. Oktober 1862, zitiert nach Mason, As-sociation, S. 22.
[440] A.J. Arnold, Game, S. 19, 21.
[441] Tomlinson, S. 27.

der Organisation eines regelmäßigen Spielbetriebs durch Einführung des Football Association Cups, einem Pokalwettbewerb vergleichbar dem deutschen DFB-Pokal. Das erste FA Cup Finale wurde im Jahre 1871 ausgetragen. Fünf Jahre nach der Gründung hatte sich die Mitgliederzahl der Football Association bereits auf 30 verdoppelt, 1870 gehörten der Football Association 39 Klubs als Mitglieder an, 1905 waren es bereits über 10.000 Mitgliederklubs.[442] Die Football Association entwickelte sich in den Folgejahren zum Dachverband zwischenzeitlich gegründeter lokaler Fußballverbände[443] und später zum nationalen Vertretungsorgan des englischen Fußballs. Heute ist die Football Association landesweit für die Aufstellung und Änderung der Spielregeln, die ligaweite Vermarktung des Profifußballs, die englische Nationalmannschaft und den FA Cup verantwortlich.[444]

In der Folgezeit gewann das Fußballspiel zunehmend an Beliebtheit und Verbreitung. Bereits Anfang der achtziger Jahre des letzten Jahrhunderts wurden die ersten Spieler für ihre Dienste für den Verein entlohnt. Die Zahlungen erfolgten zunächst inoffiziell und wurden - obwohl deren Existenz bekannt war - nicht in den Klubbilanzen ausgewiesen.[445] Die Zahlung solcher inoffiziellen Handgelder löste eine Diskussion über die Erwünschtheit und Zulässigkeit von professionellem Fußballsport aus. Infolgedessen beschloß die FA 1885 auf einem Treffen in London, die Professionalisierung des Fußballsportes zuzulassen und damit die offizielle Entlohnung der Fußballspieler zu erlauben. Allerdings unterlag der neu eingeführte Berufsfußball, ähnlich wie damals der professionelle Cricketsport, einigen Beschränkungen. Beispielsweise durften Fußballprofis nur dann für einen Verein spielen, wenn sie entweder im Umkreis von 6 Meilen dieses Vereins geboren waren oder dort ihren Wohnsitz hatten.[446]

Im Jahre 1888 wurde die zweite große Organisation des englischen Fußballs, die Football League (FL), durch 12 nord- und mittelenglische Vereine - unter ihnen Aston Villa, Blackburn Rovers und Everton - gegründet. Initiiert wurde die Gründung durch den damaligen Präsidenten von Aston Villa, William McGregor. Die Gründung der Football League war eine Reaktion auf die Legalisierung des Profitums durch die von südenglischen Vereinen dominierte Football Association. Der Hauptzweck der Football League bestand darin, neben dem bereits bestehenden FA Cup weiteren regelmäßigen Spielbetrieb zu organisieren, um den Vereinen die Möglichkeit zu geben, zusätzliche Zuschauereinnahmen zu erzielen. So rief die Football League 1888 mit der First Division den ersten Ligabetrieb - vergleichbar der deutschen Bundesliga - ins Leben und über-

---

[442] Mason, Association, S. 31.
[443] Tomlinson, S. 25.
[444] Tomlinson, S. 42.
[445] Mason, Association, S. 34 f.
[446] A.J. Arnold, Game, S. 16. Diese Regelung wurde allerdings vier Jahre später wieder abgeschafft, Arnold a.a.O.

98

wachte deren Durchführung. Teilnehmer der ersten Spielzeit 1888/1889 waren die 12 Gründungsmitglieder der Football League.[447]

Außerdem hatte die Football League die Aufgabe, die Bestimmungen des Profifußballs zu überwachen und einheitliche Regeln betreffend den Inhalt der Arbeitsverträge zwischen Spieler und Verein sowie Transferbestimmungen zu schaffen.[448] Ferner legte die Football League Höchstgehälter für die Spieler fest. Das stieß zwar zunächst auf den Widerstand der wohlhabenderen Klubs. Letztlich einigten sich die Mitglieder der Football League aber zugunsten der finanzschwächeren Klubs und legten das zulässige Wochenhöchstentgelt in Höhe von 4 englischen Pfund fest. Der Durchschnittsverdienst eines Profifußballers erreichte allerdings nur knapp die Hälfte davon und entsprach damit in etwa dem durchschnittlichen Verdienst eines ausgebildeten Handwerkers. Die Höchstgrenzen für Gehälter wurden in den Folgejahren stets angehoben und 1961 schließlich abgeschafft.[449]

Weiterhin beschloß die Football League Regeln, nach denen jeder Spieler für einen bestimmten Verein angemeldet sein mußte, um spielberechtigt zu sein. Durch die Anmeldung wurde dem jeweiligen Verein gleichzeitig ein Vetorecht bezüglich eines möglichen Vereinswechsels des Spielers eingeräumt.[450] Auf diese Weise wurde das erste Transfersystem im englischen Berufsfußball geschaffen.

Nach Einführung des Ligabetriebs und der Legalisierung des Profitums nahm die Kommerzialisierung des Fußballs rasch zu. Der Grund hierfür lag in erster Linie in den steigenden Zuschauerzahlen. So besuchten die Ligaspiele der First Division in der Saison 1888/1889 (12 teilnehmende Klubs) etwa 600.000 Zuschauer. In der Saison 1895/96 (16 teilnehmende Klubs) hatte sich die Zuschauerzahl auf 1,9 Millionen erhöht und damit mehr als verdreifacht. Um dem gestiegenen Zuschauerinteresse Rechnung tragen zu können und zudem möglichst hohe Einnahmen zu erzielen, ergab sich schon bald die Notwendigkeit, neue und größere Stadien zu bauen.[451]

Ferner führte das erhebliche Wachstum der Klubs dazu, daß sich der mit der Verwaltung der Klubs verbundene Aufwand kaum mehr in der Freizeit der Mitglieder erledigen ließ. So hielt etwa Blackburn Rovers in der Saison 1881/82 insgesamt 57 Vorstandssitzungen nebst zahlreichen Ausschußsitzungen ab.[452] Schließlich stiegen auch die Ausgaben der Klubs, insbesondere die Reiseko-

---

[447] Dies waren Preston North End, Aston Villa, Wolverhampton Wanderers, Blackburn Rovers, Bolton Wanderers, West Bromwich Albion, Acrington, Everton, Burnley, Derby County, Notts County und Stoke (Tomlinson, S. 30).

[448] Abdruck eines Arbeitsvertrages aus dem Jahre 1909 bei Mason, Association, S. 136.

[449] T. Arnold, S. 53.

[450] A.J. Arnold, Game, S. 17.

[451] A.J. Arnold, Game, S. 19, 20.

[452] Mason, Association, S. 34.

sten, die den größten Anteil der Klubausgaben darstellten,[453] so daß neue Finanzierungsquellen erschlossen werden mußten.

Die wachsenden Zuschauerzahlen, die Stadienneubauten und die damit verbundenen zunehmenden finanziellen Risiken einerseits sowie der gestiegene Verwaltungsaufwand andererseits waren für die Klubs die maßgeblichen Gründe, zwei weitreichende Strukturänderungen vorzunehmen: Die Sportzusammenschlüsse begannen sich von einem Multi-Sport Klub zu einem ausschließlich auf Fußball spezialisierten Verein zu entwickeln, da sich damit das meiste Geld verdienen ließ. Außerdem begannen die Klubs, sich in eine juristische Person, nämlich in eine *limited liability company* (LLC),[454] umzuwandeln. Ziel der Umwandlung war in erster Linie die Herbeiführung einer Haftungsbegrenzung.[455]

Zwar bestanden bei einigen Klubs bezüglich der Umwandlung zunächst Bedenken, da diese als Schritt in Richtung Kommerzialisierung und daher als unvereinbar mit dem Gedanken des Sports empfunden wurde.[456] Dennoch wandelten sich die meisten Klubs in dieser Zeit in eine LLC um. Nachdruck wurde der Idee der Umwandlung durch einen Artikel in den neunziger Jahren in der Zeitschrift *Athletic News* verliehen, in dem allen Klubs, deren Jahresumsatz 1.000 englische Pfund überstieg, die Umwandlung aus Haftungsgründen dringend empfohlen wurde.[457]

Die Gesellschafter der neugegründeten LLCs - deren Namen und Beruf ähnlich wie bisher bei der deutschen GmbH[458] bei Gründung und sodann grundsätzlich jährlich der Register führenden Stelle mitgeteilt werden müssen[459]- repräsentierten den Durchschnitt der englischen Bevölkerung. Die zahlenmäßig größte Gruppe der Gesellschafter waren Arbeiter. In der Regel hielt ein Arbeiter allerdings nur ein oder zwei Anteile. Die wertmäßig meisten Anteile wurden von wohlhabenderen Leuten wie Handwerkern, Ärzten, Lehrern, Kaufleuten, Verlegern, Schiffsbauern, Anwälten oder Gastwirten gehalten.[460] Die Anzahl der Gesellschafter schwankte in Abhängigkeit vom Zielpublikum des jeweiligen Klubs.

---

[453] Vgl. die bei Mason abgedruckte Bilanz der Bolton Wanderers F.C. von 1884/85, Mason a.a.O. S. 36.

[454] Ausführlicher zur Rechtsform der Limited Liability Company sogleich unter b) Die Rechtsform der Limited Liability Company.

[455] In diesem Zusammenhang ist bedeutsam, daß - wie bereits erwähnt - das englische Recht eine dem deutschen Idealverein (§ 21 BGB) vergleichbare Rechtsform nicht kennt. Die Haftungsbegrenzung konnte daher nur durch die Umwandlung in eine LLC erreicht werden.

[456] A.J. Arnold, Game, S. 20.

[457] Mason, Association, S. 37.

[458] Vgl. §§ 8 Abs. 1 Nr. 3, 40 GmbHG a.F. Durch die Neufassung des § 40 Abs. 1 Satz 1 GmbHG ist die Verpflichtung der Angabe des Berufs entfallen.

[459] Heute geregelt in sec. 352 ff. Companies Act 1985. Danach muß jede Gesellschaft ein Register führen, das unter anderem Namen und Anzahl der Anteile eines jeden Gesellschafters erkennen läßt. Das Register ist für jedermann gegen ein geringes Entgelt einsehbar. Das Register darf für maximal 30 Tage pro Jahr geschlossen werden.

[460] Mason, Association, S. 38.

Beispielsweise hatte Woolwich Arsenal im Jahre 1893 900 überwiegend aus der Arbeiterklasse stammende Gesellschafter, die die 1500 Anteile des Klubs hielten. Dagegen hatte Blackburn Rovers im Jahre 1897 lediglich 93 Gesellschafter. Diese waren überwiegend sehr wohlhabend und hielten im Durchschnitt jeweils 20 Anteile.[461] Im Laufe der Jahre unterlag der Gesellschafterbestand der Klubs häufigen Wechseln.

Im Jahre 1892 wurde die bestehende First Division um eine weitere Liga, die Second Division, erweitert. Das geschah in erster Linie deshalb, um die zwischenzeitlich gegründete Football Alliance als Konkurrentin der FL in der Organisation des Ligabetriebs auszuschalten.[462] In den Jahren 1920 und 1921 wurden die Division Three (north) und Division Three (south) eingeführt. In den 4 Ligen spielten insgesamt 88 Fußballklubs. Die Teilnehmerzahl wurde nur einmal geändert. Im Jahre 1950 wurde der Spielbetrieb um 4 Klubs auf die heute bestehende Größe von 92 Klubs erweitert.[463] Alle 92 Klubs der 4 Ligen sind heute in der Rechtsform der *limited liability company* organisiert.[464] Sie sind alle Mitglieder der Football Association, dem Dachverband des englischen Profifußballs.[465]

Im Jahre 1992 kam es nach langen Auseinandersetzungen zu einer Neuorganisation des englischen Erstligafußballs. Kurze Zeit nachdem 1991 die Football League angeregt hatte, die First Division von 20 auf 22 Mannschaften zu vergrößern, schlug die bis dahin nicht unmittelbar für den Ligabetrieb zuständige Football Association vor, eine von ihr organisierte und kontrollierte Premier League (Super League) mit nur 18 Mannschaften ins Leben zu rufen. Die Teilnehmer sollten sich aus den bis dahin in der First Division spielenden Klubs rekrutieren. Der Hintergrund für diesen Vorschlag war eine zunehmende Unzufriedenheit unter den Fußballklubs und deren Eigentümern über die Unfähigkeit und Schwerfälligkeit der Verantwortlichen der Football League,[466] die bis dahin unmittelbar für den Ligabetrieb verantwortlich war. Als sich abzeichnete, daß eine neue Premier League unter der Verantwortung der Football Association gegründet werden würde, versuchte die Football League ihren Einfluß zu sichern, indem sie vorschlug, einen Teil der verantwortlichen Positionen bei der neuen Premier League selbst zu besetzen. Nachdem auch dies von der Football Association abgelehnt worden war, und weitere Diskussionen bezüglich einer Vereinigung der beiden Verbände gescheitert waren, wurde schließlich am 29. Juni 1991 in einer Versammlung der 92 Mitglieder der Football Association die Gründung einer Premier League und die Übertragung aller diesbezüglichen Rechte von der Football League auf die Football Association be-

---

[461] Mason, Association, S. 40.
[462] Ausführlicher dazu T. Arnold, S. 52.
[463] T. Arnold, S. 52.
[464] T. Arnold, S. 51.
[465] Tomlinson, S. 42.
[466] Tomlinson, S. 43.

schlossen.[467] Dies führte dazu, daß die Football League erheblich an Einfluß und Bedeutung für den englischen Berufsfußball verlor.

In Ausführung des Beschlusses vom 29. Juni 1991 wurden mit Beginn der Saison 1992/1993 die bis dahin in der First Division spielenden Klubs Teilnehmer der neu geformten Premier League mit 22 Mannschaften.[468] Gleichzeitig wurden die Divisionen zwei bis vier in First Division, Second Division und Third Division umbenannt. Ab der Saison 1995/1996 wurde die Premier League auf 20 Mannschaften reduziert.[469] An den Divisionen 1 bis 3 nehmen heute jeweils 24 Klubs teil.

b) Die Rechtsform der *limited liabiltiy company*

Wie bereits erwähnt, sind heute alle englischen Fußballklubs in der Rechtsform der *limited liability company* (LLC) organisiert. Aus diesem Grund soll die Rechtsform der *limited liability company* im folgenden kurz erläutert werden.

aa) Die Haftungsmodelle der *company limited by shares* und der *company limited by guarantee*

Die LLC ist eine Gesellschaft, deren Gesellschaftskapital grundsätzlich in Kapitalanteile zerlegt ist,[470] so daß die Gesellschafter kapitalmäßig am Vermögen der Gesellschaft beteiligt sind und eine persönliche Haftung in der Regel ausgeschlossen ist. Der Companies Act 1985 unterscheidet zwischen dem Haftungsmodell der *company limited by shares* und der *company limited by guarantee*.

Bei der *company limited by shares* wird die Haftungsbeschränkung der Gesellschafter durch die Übernahme und Einzahlung von Gesellschaftsanteilen erreicht. Soweit die Einlagen erbracht sind, ist eine persönliche Haftung der Gesellschafter in der Regel ausgeschlossen.[471]

---

[467] Die begehrte gerichtliche Überprüfung der Einrichtung der Premier League wurde versagt. Das zuständige Gericht war der Auffassung, daß es sich bei der Neuorganisation um eine ausschließlich innerverbandsrechtliche Maßnahme handele, die als solche einer gerichtlichen Überprüfung nicht zugänglich sei. (R. v. Football Association, Ex p. Football League, [1992] C.O.D. 52).

[468] B. R. Cheffins, Company Lawyer 1997, 104, 106. Außerdem wurde die Football Association Premier League Limited als Veranstalter der Premier League gegründet, deren Mitglieder die Vereine der Premier League sind.

[469] Annual Review of Football Finance 1997, S. 3.

[470] Eine Ausnahme stellen nach dem 22.12.1980 gegründete companies limited by guarantee dar (dazu sogleich). Diese dürfen kein in Kapitalanteile zerlegtes Gesellschaftskapital haben.

[471] Ein wichtiger Fall der Durchgriffshaftung auf den oder die Gesellschafter ist ausdrücklich in sec. 24 Companies Act 1985 für den Fall geregelt, daß eine public limited company länger als 6 Monate weniger als zwei Gesellschafter hat und der Gesellschafter in Kenntnis dieses Umstandes weiterhin die Geschäfte betreibt.

Das Haftungsmodell der *company limited by guarantee* unterscheidet sich von der *company limited by shares* im wesentlichen dadurch, daß die Mitglieder keine Einlagen leisten. Vielmehr garantieren die Gesellschafter ihre Haftung bis zu einem bestimmten Betrag, dessen Höhe im Gesellschaftsvertrag festgelegt ist. Der Haftungsbetrag ist der Gesellschaft nur bei Beendigung und Liquidation und nur insoweit zuzuführen, als dann noch Verbindlichkeiten der Gesellschaft offen sind. Die von den Gesellschaftern gegebene Garantie ist daher nicht Teil des Gesellschaftsvermögens. Es handelt sich also um eine Gesellschaft mit beschränkter Nachschußpflicht. Auf das Haftungsmodell der *company limited by guarantee*, das heute in der Regel von Unternehmen mit ideeller Zielsetzung gewählt wird,[472] soll hier nicht näher eingegangen werden, da alle Vereine der Premier League und der First Division und nahezu alle Vereine der Second und Third Division das Haftungsmodell der *company limited by shares* gewählt haben.[473]

bb) *Private limited company* und *public limited company*

Neben den genannten zwei verschiedenen Haftungsmodellen gibt es im wesentlichen zwei Unterformen der LLC: Die *private limited company* (Ltd) und die *public limited company* (plc). Die meisten Profiklubs - gegenwärtig 74 - sind in der Rechtsform der *private limited company* organisiert. Immer mehr Klubs, insbesondere die der Premier League, wechseln jedoch die Rechtsform und lassen sich als *public limited company* registrieren. Beide Rechtsformen sind Typen einer einheitlichen Gesellschaftsform, von denen die plc den Grundtyp darstellt. Die Besonderheiten der Ltd beschränken sich im wesentlichen auf den Gesellschafterkreis und die Möglichkeiten der Kapitalbeschaffung. Zwar sind sowohl die Gesellschaftsanteile der Ltd als auch die der plc frei übertragbar, die Anteile der Ltd dürfen jedoch grundsätzlich nicht öffentlich zum Kauf angeboten werden.[474] Die Ltd ist daher regelmäßig auf einen kleineren Gesellschafterkreis als die plc angelegt. Ursprünglich war der Gesellschafterkreis gesetzlich auf 50 Gesellschafter beschränkt.[475]

cc) Gründung der *limited liability company*

Die Erlangung der Rechtsfähigkeit setzt im wesentlichen die Unterzeichnung der zwei Satzungsdokumente (*memorandum of association* und *articles of as-*

---

[472] Davies, S. 11. In der Haftungsverfassung der company limited by guarantee sind allerdings die Football Association Premier League Limited und die Football League Limited organisiert.
[473] Annual Review of Football Finance 1997, S. 38.
[474] Sec. 170 subs. 1 Financial Act 1986. Der Secretary of State for Trade and Finance kann im Einzelfall Ausnahmen zulassen.
[475] Vgl. sec. 28 subs. 1 Companies Act 1948. Diese Bestimmung wurde allerdings nicht in den Companies Act 1985 übernommen.

sociation) durch die Gesellschafter, die Beantragung der Eintragung der Gesellschaft durch den Registrator für Kapitalgesellschaften (registrar of companies) und die Erteilung des *certificate of incorporation* voraus.[476] Das *certificate of incorporation* besagt, daß die Gesellschaft eingetragen und deren Haftung beschränkt ist. Erforderlich ist mindestens ein Gründer. Ein bestimmtes Mindestkapital ist bei der Ltd nicht erforderlich.

Die plc entsteht üblicherweise nicht unmittelbar bei Aufnahme einer wirtschaftenden Tätigkeit durch Neugründung, sondern in erster Linie durch Umwandlung einer bereits tätigen Ltd.[477] Die Umwandlung einer Ltd in eine plc ist in den sec. 43 bis 48 Companies Act 1985 geregelt. Danach ist für die Umwandlung ein entsprechender satzungsändernder Gesellschafterbeschluß sowie die Anmeldung der Umwandlung und die Einreichung bestimmter Unterlagen[478] bei der zuständigen Institution (in der Regel der *Registrar of Companies*) erforderlich. Nach Erhalt der Bestätigung der erfolgreichen Umwandlung (*certificate of incorporation*) durch den Registrator ist die Gesellschaft verpflichtet, den Firmenzusatz plc zu führen.

Sowohl im Fall der Neugründung als auch der Umwandlung sind strenge Kapitalaufbringungsvorschriften einzuhalten. Das Mindestkapital der plc beträgt gemäß sec. 118(1) Companies Act 1985 in der Regel 50.000 englische Pfund. Üblicherweise werden die Einlagen voll eingezahlt, wenn auch nur die Einzahlung eines Viertels erforderlich ist.[479] Die Einlagen können sowohl als Bar- wie auch als Sacheinlage geleistet werden.

dd) Rechnungslegung und Publizitätspflichten der *limited liability company*[480]

Grundsätzlich sind alle in der Rechtsform der *limited liability company* organisierten Unternehmen zur Buchführung und zur Aufstellung von Jahresabschlüssen verpflichtet.[481] Für die Buchführungsunterlagen (*original accounting records*) bestehen Aufbewahrungspflichten zwischen 3 (Ltd) und 6 (plc) Jahren.[482] Der Jahresabschluß muß von einem Wirtschaftsprüfer (*auditor*) geprüft und mit Bestätigungsvermerk versehen werden.[483] Daneben sind die Direktoren (*directors*) der Gesellschaft verpflichtet, einen eigenen Bericht über das Wirtschaftsjahr aufzustellen.

---

[476] Sec. 13 subs. 3, 7 Companies Act 1985.

[477] Davies, S. 96.

[478] So etwa die Umwandlungsbilanz mit Bestätigungsvermerk des Wirtschaftsprüfers sowie die Bestätigung des Exekutivorgans der Gesellschaft über die Ordnungsgemäßheit der Umwandlung, vgl. im einzelnen sec. 43 ff. Companies Act 1985.

[479] Davies, S. 243.

[480] Auf die hier nicht interessierenden Besonderheiten bei Banken und Versicherungsgesellschaften wird nicht eingegangen.

[481] Sec. 226 Companies Act 1985.

[482] Sec. 222 subs. 5 Companies Act 1985.

[483] Sec. 235 Companies Act 1985.

Der Jahresabschluß und der Bericht der Geschäftsführer müssen beim Registrator für Kapitalgesellschaften (*Registrar of Companies*)[484] eingereicht werden.[485] Neben dem Jahresabschluß müssen die Gesellschaften dem *Registrar of Companies* die aktuelle Fassung des Gesellschaftsvertrages, die Adresse der Gesellschaft, die Namen der leitenden Angestellten der Gesellschaft (*officers*) und die gezeichneten Gesellschaftsanteile sowie die Namen und Adressen der Gesellschafter einreichen.[486] Diese Informationen können dort von jedermann eingesehen werden.[487]

Erleichterungen hinsichtlich der Rechnungslegung und Bilanzpublizität bestehen unter bestimmten Voraussetzungen für kleine und mittlere Gesellschaften. Ähnlich der Regelung des § 267 HGB unterteilt auch der Companies Act 1985 die Gesellschaften nach Größenklassen. Maßgeblich für die Unterteilung sind, wie in Deutschland, die Bilanzsumme,[488] die Umsatzerlöse[489] und die durchschnittliche Anzahl der Arbeitnehmer.[490] Werden mindestens zwei der Kriterien einer Größenklasse in zwei aufeinanderfolgenden Jahren erfüllt, so ist die Gesellschaft dieser Klasse zuzuordnen.[491]

Eine kleine Gesellschaft im vorgenannten Sinne muß lediglich eine gekürzte Bilanz an den Registrator für Kapitalgesellschaften abgeben, außerdem ist die Abgabe der Gewinn- und Verlustrechnung sowie der Bericht der Direktoren entbehrlich.[492]

Die Prüfungspflichtigkeit der Gesellschaften wird durch die Einordnung als kleine, mittlere oder große Gesellschaft grundsätzlich nicht berührt. Die Prüfungspflicht entfällt nur dann, wenn die Gesellschaft als kleine Gesellschaft einzuordnen ist und der Jahresumsatz weniger als 90.000 Pfund (etwa 270.000,-- DM) beträgt. Es besteht eine eingeschränkte Prüfungspflicht, wenn der Jahresumsatz 350.000 Pfund (etwa 1 Million DM) nicht erreicht.[493] Keinem der englischen Profiklubs kommen diese Erleichterungen zugute, da alle höhere Umsatzerlöse aufweisen. Den geringsten Umsatzerlös aller Profiklubs erzielte in dem 1996 endenden Wirtschaftsjahr - bei allen englischen Profiklubs endet das Wirtschaftsjahr im Mai, Juni oder Juli[494]- der Drittdivisionär Scarborough mit

---

[484] Sogenanntes Companies House mit Sitz in London, Edinburgh und Cardiff.
[485] Sec. 242 Companies Act 1985.
[486] Davies, S. 507.
[487] Sec. 126 subs. 2 Companies Act 1985.
[488] Indiz für eine kleine Gesellschaft ist eine Bilanzsumme von nicht mehr als 1,4 Millionen Pfund. Indiz für eine mittlere Gesellschaft ist eine Bilanzsumme von nicht mehr als 5,6 Millionen Pfund.
[489] Indiz für eine kleine Gesellschaft sind Umsätze von nicht mehr als 2,8 Millionen Pfund. Indiz für eine mittlere Gesellschaft sind Umsätze von nicht mehr als 11,2 Millionen Pfund.
[490] Indiz für eine kleine Gesellschaft sind nicht mehr als 50 Arbeitnehmer. Indiz für eine mittlere Gesellschaft sind nicht mehr 250 Arbeitnehmer.
[491] Sec. 247 Companies Act 1985.
[492] Sec. 248 Companies Act 1985.
[493] Sec. 249A Companies Act 1985.
[494] Annual Review of Football Finance 1997, S. 58 f.

528.000 Pfund. Die Umsatzerlöse der Premier League Clubs schwankten zwischen 5,874 Millionen Pfund (Wimbledon) und 53,316 Millionen Pfund (Manchester United).[495] In der 1997 endenden Saison schwankten die Umsatzerlöse zwischen 757.000 Pfund (Drittdivisionär Torquay United) und 87,939 Millionen Pfund (Manchester United).[496] Alle Klubs sind somit ohne Einschränkungen prüfungspflichtig und im obengenannten Sinne publizitätspflichtig.

c) Einfluß der Football Association auf die Vereine und der Solidaritätsgedanke im englischen Profifußball

Die Football Association hat niemals eine direkte Beschränkung der Rechtsformwahl - wie sie der DFB in § 7 Nr. 1 lit. a Lizenzspielerstatut a.f. vorgenommen hatte - normiert.[497] Bezüglich der zulässigen Rechtsform haben stets die allgemeinen gesellschaftsrechtlichen Vorschriften Anwendung gefunden. Es gab allerdings andere durch die Football Association aufgrund ihrer Verbandsmacht ausgesprochene Beschränkungen. Auf diese Beschränkungen sowie auf deren Wegfall und die damit einhergehende Verringerung der Solidarität unter den Vereinen soll im folgenden eingegangen werden.

Ursprünglich mußte der Gesellschaftsvertrag einer Profifußball-LLC eine Regelung enthalten, nach der keiner ihrer Geschäftsführer (*directors*) - die auch juristische Person sein können - für seine Tätigkeit entlohnt wird. 1981 wurde diese Beschränkung dahingehend gelockert, daß zumindest ein Geschäftsführer entlohnt werden durfte.[498] Später wurde auch diese Beschränkung aufgehoben.[499] Außerdem schränkte die Football Association die Möglichkeit der Gewinnausschüttung ein. Ursprünglich durften die Fußballgesellschaften maximal eine Dividende in Höhe von 5 Prozent des Nennbetrags der Beteiligung aus-

---

[495] Annual Review of Football Finance 1997, S. 56. Im Wirtschaftsjahr 1997 erzielte Manchester United bereits einen Umsatz in Höhe von 87,9 Millionen Pfund (etwa 260 Millionen DM). Der Gewinn vor Steuern verdoppelte sich von 13,2 Millionen Pfund (knapp 40 Millionen DM) auf 27,6 Millionen Pfund (etwa 80 Millionen DM). (Financial Times vom 1.10.1997 „Clubs aim to exploit their name brands"). Der Börsenwert des Klubs beträgt etwa 1,2 Milliarden DM.
[496] Annual Review of Football Finance 1998, S. 50.
[497] Cheffins, Company Lawyer 1997, 66, 70.
[498] A.J. Arnold, Game, S. 127.
[499] Siehe zur gegenwärtigen Regelung: Rules of The Association (club companies) 34 (a) (iii) Remuneration to Directors (a) save as provided in sub-clause (b) a Director (as defined by the Companies Act) shall not be entitled to receive any remuneration in respect of the office of a Director or as an employee of a Club. (b) Directors of any Club in Full or Associate Membership of The Association may receive remuneration in consideration of their appointment as Director, provided that the terms of such appointment are notified to and aprroved by The Association and the League of which the Clubs' First Team is a Member and that such appointment is in respect of full-time employment.

zahlen. Mitte der achtziger Jahre wurde diese Beschränkung gelockert und der Satz auf 15 Prozent erhöht.[500] Der ursprüngliche Sinn dieser Beschränkungen bestand darin, daß Fußball- gesellschaften nicht ausschließlich aus Gründen des Profits unterhalten werden sollten. Insbesondere durch die Beschränkung der Gewinnausschüttung und damit der Beschränkung der Verzinsung des eingesetzten Kapitals sollte die Beteiligung an einer Fußballgesellschaft als reine Kapitalanlage verhindert werden.[501] Diese noch heute bestehende Beschränkung bedeutet aber letztlich keine große Einschränkung: Da sich die meisten an der Börse notierten engli- schen Profiklubs in einer Investitionsphase befinden,[502] sind sie derzeit wirt- schaftlich ohnehin nicht in der Lage, eine höhere als die verbandsrechtlich zu- lässige Dividende zu zahlen. Ferner erwerben die meisten Investoren englische Fußballaktien nicht deshalb, weil sie mit einer Gewinnausschüttung rechnen, sondern weil sie erhebliche Kursgewinne der Aktie erwarten.[503] Schließlich be- steht die Möglichkeit, die Gewinnausschüttungsbeschränkung dadurch zu um- gehen, daß die Profifußball-LLC als hundertprozentige Tochtergesellschaft ei- ner Kapitalgesellschaft errichtet wird. Dabei können Vermögenswerte zwischen Profifußball-LLC und Alleingesellschafterin derart verschoben werden, daß Gewinne letztlich nur bei der nicht der Gewinnausschüttungsbeschränkung un- terliegenden Mutter anfallen.[504]

Wie bereits erwähnt, gab es früher durch die Football Association bzw. die Football League festgelegte Höchstgehälter für Fußballprofis.[505] Seit Aufhe- bung dieser Beschränkung im Jahre 1961 haben sich die Spielergehälter deut- lich überproportional zur Inflationsrate entwickelt. Die Freigabe der Gehälter führte dazu, daß die wohlhabendsten Vereine sich die besten Spieler leisten konnten und entsprechend erfolgreich waren.[506] In der Saison 1995/1996 be- legten die drei Premier League Klubs mit den größten Etats für Spielergehälter die Plätze eins, zwei und drei. Den geringsten Etat wies Bolton Wanderers auf und wurde Letzter.[507] In der Saison 1996/1997 belegten die vier Vereine mit den jeweils höchsten Ausgaben für Spielergehälter in der entsprechenden Fol-

---

[500] Rules of The Association 34 (club companies) (a) (i) Dividends - A larger dividend shall not be declared than the maximum dividend allowed from time to time by The Association and may be cummulative for a peroid not exceeding three years. Until otherwise determined by The Asociation the maximum dividend payable in respect of any year shall be fiveteen per cent of the amount credited as paid up on such share.
[501] T. Arnold, S. 52.
[502] Hierzu sogleich unter d) Die besondere Bedeutung der Fußballstadien im englischen Be- rufsfußball.
[503] So der auf Fußballaktien spezialisierte englische Börsenhändler Greig Middle, zitiert nach der Financial Times vom 1.8.1997 „Team shares: When football plays the market".
[504] Dazu ausführlicher J. Tomas, Czars, S. 28, 32.
[505] Siehe oben im Text bei Fußnote 449.
[506] A.J. Arnold, Game, S. 126.
[507] Annual Review of Football Finance 1997, S. 7.

ge die Plätze eins bis vier.[508] Der Erfolg in der Premier League führt wiederum zu erhöhten Einnahmen etwa durch die Teilnahme an internationalen Wettbewerben[509] und eröffnet dadurch die Möglichkeit, bessere Spieler anzustellen. Auch die 1890 eingeführten Mindesteintrittspreise waren Ausdruck der Solidarität zwischen den Fußballvereinen, da sie halfen, einen Preiskampf zwischen den Vereinen weitgehend zu vermeiden. Diese Regelung wurde 1981 abgeschafft.[510]

Bereits sehr früh wurden im englischen Fußball Poolsysteme eingeführt, um die durch den Berufsfußball erzielten Einnahmen möglichst gleichmäßig auf alle beteiligten Vereine zu verteilen. So war beispielsweise jeder gastgebende Fußballklub verpflichtet, der Gastmannschaft eine bestimmte Gebühr für jeden Stadionbesucher zu zahlen. Auf diese Weise sollten die durch die Spiele erzielten Einnahmen gleichmäßig zwischen den einzelnen Klubs verteilt werden. Auch diese Regelung war Ausdruck des Solidargedankens, benachteiligte aber die großen Klubs, da diese die meisten Zuschauer hatten. Die Regelung wurde letztlich auf Druck der großen Klubs 1983 abgeschafft.[511]

Eine weitere Umlage in Höhe von 4 Prozent der Eintrittsgelder wurde seit 1949 an die Football League abgeführt. Mit der Umlage wurden Verwaltungsaufgaben der Verbände sowie Zahlungen der Football League an die Vereine finanziert.[512] Die Fernseheinnahmen, die durch eine zentrale Vermarktung der Übertragungsrechte durch die Football Association erzielt werden,[513] wurden ursprünglich gleichfalls relativ gleichmäßig zwischen den einzelnen Klubs der verschiedenen Divisionen verteilt.[514]

Durch die relativ gleichmäßige Verteilung der Fernseheinnahmen und die Abgabe auf die Eintrittsgelder in Höhe von 4 Prozent haben lange Zeit die besser situierten Klubs die weniger wohlhabenden finanziell unterstützt. Die großen Klubs waren der Ansicht, wie auch in Deutschland von Vereinsseite vorgetragen,[515] daß sie als Zugpferde der Liga zuwenig von den Gesamteinnahmen er-

---

[508] Annual Review of Football Finance 1998, S. 6.
[509] Die Finalisten des Champions League Wettbewerbs 1996/1997 (Dortmund und Turin) erhielten jeweils 12 Millionen DM von der UEFA als Erfolgsprämie (SZ vom 27/28.9.1997 „Die UEFA startet eine neue Geld-Offensive").
[510] T. Arnold, S. 53 f. Allein in London buhlen mit Arsenal, Tottenham Hotspur, West Ham United, Chelsea, Wimbledon, QPR, Crystal Palace, Charlton Athletic, Millwall, Brentford, Barnet und Fulham 12 Vereine um die Zuschauergunst.
[511] Goldberg/Wagg, S. 243.
[512] Goldberg/Wagg, S. 242.
[513] Die Zulässigkeit der zentralen Vermarktung wird allerdings auch in England angezweifelt. So hat das Office of Fair Trading (OFT) die gerichtliche Überprüfung der zentralen Vermarktung initiiert (Pressemitteilung der OFT vom 6.2.1996 (6/96): Premier League broadcast agreements referred to court). Das zuständige Gericht wird sich voraussichtlich Anfang 1999 mit der Zulässigkeit der zentralen Vermarktung befassen.
[514] T. Arnold, S. 54 f.
[515] So will Bayern München die Übertragungsrechte seiner Spiele selber vermarkten (Handelsblatt vom 25.9.1997 „Bayern München will an die Börse"). Vgl. zu den rechtlichen

hielten.[516] Sie drohten daher 1986, eine eigene Superliga unter Ausschluß der anderen Vereine zu gründen.[517] Angesichts der Bedeutung der großen Klubs für den Ligabetrieb und dem Bestreben, die Liga in der bestehenden Form zu erhalten, wurde dem Druck der großen Vereine nachgegeben. Der Verteilungsschlüssel wurde daraufhin erheblich zu Gunsten der großen Vereine geändert und der an die Football League abzuführende Anteil der Zuschauereinnahmen um 25 Prozent gekürzt.[518]

Außerdem wurden die Stimmrechte der Klubs in ihrer Eigenschaft als Mitglieder der Football Association geändert. Hatten früher die Klubs der ersten (heute Premier League) und zweiten Division jeweils eine Stimme und die Klubs der dritten und vierten Division insgesamt 8 Stimmen, so wurde dieser Schlüssel in den achtziger Jahren dahingehend geändert, daß die 20 First Division Klubs 30 Stimmen erhielten (jeder Klub 1,5 Stimmen) und die Klubs der drei anderen Divisionen insgesamt 32 Stimmen. Als in der Saison 1991/1992 die First Division auf 22 Mannschaften erweitert wurde, wurden ihr insgesamt 33 Stimmen eingeräumt. Dadurch verfügte sie über Stimmenmehrheit gegenüber allen übrigen Vereinen.[519]

Bei den Verhandlungen um den Verteilungsschlüssel der Fernsehgelder drohten 1988 die großen Klubs wieder mit der Abspaltung und Einrichtung einer eigenen Superliga. Folge dieser Drohung war eine erneute Änderung des Verteilungsschlüssels zugunsten der großen Vereine. Diese führte dazu, daß von den Gesamtfernseheinnahmen in der Saison 1989/1990 die Klubs der First Division insgesamt 75 Prozent erhielten, wovon etwa 40 Prozent an die Spitzenklubs Arsenal, Tottenham Hotspur, Liverpool, Manchester United und Everton flossen. Diese erhielten also etwa ein Drittel der Gesamtfernseheinnahmen.[520]

Der Einfluß der Football Association auf die Organisation und Finanzierung der Profiklubs wurde im Laufe der Jahre also immer weiter zurückgedrängt. Der ursprünglich bestehende Solidargedanke, der seinen Ausdruck insbesondere in den verschiedenen Poolsystemen gefunden hatte, wurde in den achtziger Jahren zum Vorteil der großen Vereine erheblich zurückgedrängt. Als Folge der

---

Bedenken hinsichtlich der zentralen Vermarktung in Deutschland und den Reformbestrebungen Fußnote 217.

[516] Der damalige Vorsitzende (Chairman) von Manchester United, Peter Swales, äußerte in diesem Zusammenhang über die Tätigkeit seines Klubs: „It is like running a business and having to give a part of your income to some other business. But who does that?", zitiert nach Goldberg/Wagg, S. 244.

[517] T. Arnold, S. 56.

[518] Aufgrund der hohen Eintrittspreise haben die Zuschauereinnahmen in England eine größere Bedeutung als in Deutschland. Die Zuschauereinnahmen machten in der Saison 1995/1996 etwa 40 Prozent (218 Millionen Pfund) des Cashflows der Vereine (insgesamt 517 Millionen Pfund zuzüglich eines Defizits in Höhe von 61 Millionen Pfund) aus (Annual Review of Football Finance 1997, S. 36).

[519] Goldberg/Wagg, S. 243 f.

[520] Goldberg/Wagg, S. 244.

Einschränkung des Solidargedankens und der zunehmenden Kommerzialisierung hat sich der Abstand zwischen armen und reichen Klubs erheblich vergrößert. Dies belegt auch die Entwicklung der Ertragsstrukturen in den verschiedenen Ligen. So konnte der durchschnittliche Premier League Klub seinen Gewinn aus der gewöhnlichen Geschäftstätigkeit innerhalb eines Jahres von 2,6 Millionen (Saison 1995/1996) um 1,7 Millionen auf 4,3 Millionen englische Pfund (Saison 1996/1997) steigern. Im gleichen Zeitraum konnte der durchschnittliche First Division Klub den Jahresverlust von 1,2 Millionen auf 511.000 englischen Pfund reduzieren.[521] Der Unterschied in der finanziellen Leistungsfähigkeit zwischen den Premier League Clubs und den First Division Clubs hat sich also innerhalb eines Jahres um durchschnittlich eine Million Pfund (von 3,8 Millionen auf 4,8 Millionen) vergrößert. Es ist absehbar, daß sich diese Entwicklung fortsetzen wird.

d) Die besondere Bedeutung der Fußballstadien im englischen Berufsfußball

Die nachfolgend noch näher darzustellende besondere Bedeutung der englischen Fußballstadien für die Berufsfußballgesellschaften macht es erforderlich, hierauf gesondert einzugehen. Das gilt umso mehr, als sich viele deutsche Bundesligavereine auch diesbezüglich am englischen Vorbild orientieren.[522] Auslöser der heutigen Entwicklung der englischen Fußballstadien war die Tragödie vom 15. April 1989 im Sheffielder Hillsborough-Stadion, bei der aufgrund unzureichender Sicherheitsvorkehrungen 95 Liverpool Fans auf überfüllten Stehplätzen zu Tode gequetscht und getrampelt wurden.[523] Dieser Vorfall löste eine ausführliche Untersuchung über die Sicherheitsstandarts der damals völlig veralteten englischen Fußballstadien aus. Etwa 90 Prozent der 1989 existierenden Stadien der 92 englischen Profiklubs wurden vor dem zweiten Weltkrieg erbaut. Davon wurden 34 Stadien bereits im letzten Jahrhundert errichtet, 36 Stadien wurden zwischen 1900 und 1918 und weitere 13 Stadien zwischen den Weltkriegen erbaut.[524] Das Ergebnis der Untersuchung wurde in einer Studie von Lord Justice Taylor - dem sogenannten Taylor Report - festgehalten. Im Taylor Report sind zahlreiche Vorgaben und Empfehlungen bezüglich der baulichen Gestaltung englischer Fußballstadien, wie etwa die Abschaffung von Stehplätzen, enthalten.[525]

---

[521] Annual Review of Football Finance 1997, S. 12 sowie Annual Review of Football Finance 1998, S. 12.
[522] Niebaum, S. 1 (betreffend Borussia Dortmund); U. Hoeneß (betreffend Bayern München) in der FAZ vom 15.9.1997 „Hoeneß vergleicht den FC Bayern schon mit der Telekom"; Möllemann (betreffend Schalke 04) in der FAZ vom 17.10.1997 „Börseneinführungen spielen zentrale Rolle/Skepsis der Finanzprofis läßt Sport ungerührt". Siehe auch Fußnote 533.
[523] Taylor, S. 1.
[524] Duke, Modernization, S. 130.
[525] Duke, Modernization, S. 131.

Die Vorgaben wurden zum Teil gesetzlich verankert.[526] Nach Abfassung des Taylor Reports begannen viele Vereine - teils freiwillig, teils aufgrund gesetzlicher Verpflichtung - ihre Stadien entsprechend den Vorgaben des Reports umzurüsten. Viele der großen englischen Fußballklubs haben ihre Stadien mit hohem finanziellen Aufwand in den Jahren 1993 bis 1997 modernisiert, unter ihnen Manchester United (55,8 Millionen englische Pfund), Newcastle United (33,8 Millionen englische Pfund), Chelsea (25,8 Millionen englische Pfund), Liverpool (12,4 Millionen englische Pfund) und Aston Villa (10,9 Millionen englische Pfund).[527]

Andere Vereine nahmen die Vorgaben des Taylor Reports zum Anlaß, ihre veralteten Stadien nicht umzurüsten, sondern durch komplette Neubauten zu ersetzen. Seit Beginn der neunziger Jahre kam es daher im englischen Profifußball zu zahlreichen Stadionneubauten. 1992 errichtete Chester City ein völlig neues Stadion, 1993 folgte Millwall,[528] 1994 Huddersfield und Northampton, 1995 Middlesbrough. Im Jahre 1997 wurden die Stadien von Bolton (Reebok Stadium), Derby (Pride Park) Stoke (Britannia Stadium) und Sunderland (Stadium of Light) neu errichtet. Reading und Oxford beabsichtigen, ihre Neubauten in 1999 fertigzustellen. Außerdem planen Newcastle, Blackpool, Southampton, Luton, Plymouth, Mansfield und Everton Neubauten.[529]

Die für den Neubau und die Modernisierung der Stadien erforderlichen Gelder, von 1991 bis 1997 wurden insgesamt 533 Millionen englische Pfund dafür aufgewendet,[530] wurden zum Teil durch die Vereine selbst, zum Teil durch den Football Trust, der seine Einnahmen aus einer Art Fußballwettsteuer (*football pools betting duty*) erzielt,[531] aufgebracht. Insbesondere die Vereine der zweiten und dritten Division, die einen Baukostenzuschuß in Höhe von etwa 35 Prozent vom Football Trust erhalten,[532] sind auf dessen finanzielle Unterstützung angewiesen, um die Stadien entsprechend den Vorgaben des Taylor Reports zu erneuern, bzw. neu zu erstellen.

Ziel von Neubau und Umgestaltung ist neben der Erfüllung der Vorgaben des Taylor Reports insbesondere die auch von einigen deutschen Klubs angestrebte[533] Errichtung multifunktionaler Freizeitarenen. So haben im Rahmen der

---

[526] Vgl. „Safety of Sports Grounds Act".

[527] Annual Review of Football Finance 1997, S. 54 und Annual Review of Football Finance 1998, S. 64.

[528] Duke, Modernization, S. 129.

[529] Financial Times vom 3.10.1997 „A pitch for business". Aufgrund lokaler Widerstände sind zwischenzeitlich allerdings einige Neubaupläne verschoben worden (Financial Times vom 15.8.1998 „Stock market may see fewer players").

[530] Die Vereine kalkulieren mit Ausgaben in Höhe von insgesamt 750 Millionen englischen Pfund (Annual Review of Football Finance 1998, S. 64).

[531] Taylor, S. 17.

[532] Annual Review of Football Finance 1997, S. 55.

[533] Vgl. etwa die Presseerklärung der Lindner Hotels AG zum Hotelbau in der Nordtribüne des Leverkusener Ulrich Haberland Stadions vom November 1997. Danach wird die Lindner Hotels AG ein Hotel in der Nordtribüne des Stadions mit 120 Gästezimmern (jeweils ausge-

Stadionneubauten einige Klubs ihre überwiegend in besten Innenstadtlagen gelegenen Stadien um Einkaufspassagen, Hotels, Appartementanlagen, Restaurants und Fanshops erweitert.[534] Dies hat letztlich auch dazu beigetragen, daß im Durchschnitt zwei Fünftel aller Einnahmen britischer Profiklubs auf Geschäfte außerhalb des unmittelbaren Spielbetriebs entfallen.[535]

e) Das Unternehmen Berufsfußball-LLC und die Börse

Entsprechend den weitreichenden Publizitätspflichten veröffentlichen die englischen Klubs, im Gegensatz zu den meisten deutschen Vereinen, ihre Bilanzen. Bevor auf die Börsennotierung einzelner Klubs, die auch von einigen deutschen Klubs angestrebt wird, eingegangen wird, sollen einige Wirtschaftsdaten der englischen Klubs dargestellt werden.

aa) Zahlen des englischen Berufsfußballs

Insgesamt erwirtschafteten die 92 Profivereine in dem 1995 endenden Wirtschaftsjahr einen Verlust vor Steuern in Höhe von 14 Millionen englischen Pfund. Im Folgejahr 1996 wurde ein Verlust in Höhe von 98 Millionen englischen Pfund erreicht. Im abgelaufenen Wirtschaftsjahr 1997 erzielten die Vereine einen Verlust vor Steuern von nur noch 42 Millionen Pfund. [536] Bei Betrachtung der 1996 erheblich gestiegenen Verschuldung ist zu berücksichtigen, daß sich viele Vereine aufgrund der Stadionneu- und umbauten in einer Investitionsphase befinden oder befunden haben und daher erheblich Summen für den Ausbau ihrer Stadien entsprechend dem Taylor Report ausgegeben haben

stattet mit Multimedia Online PC, Fax/Modemanschluß, Voice-Mailbox, Videokonferenzanlage etc.) sowie Bankett- und Konferenzbereich mit Multimedia Veranstaltungstechnik - letzterer umbaubar in Stadion-Logen - errichten. Die Hotelgäste können Stadion-Logen buchen und die Sportmöglichkeiten des Sportparks Leverkusen nutzen (z.B. Eissport oder Joggen). Der Umbau des inzwischen in BayArena umbenannten Stadions soll im Juni 1999 abgeschlossen sein (SZ vom 18.8.1998 „Millionen für die Fußball-Kultstätten"). Ähnliche Pläne bestehen bei Bayern München. Allerdings ist Bayern München unentschieden, ob für etwa 500 Millionen DM eine ganz neue Arena mit fahrbarem Dach - ähnlich dem Stadion von Ajax Amsterdam - und einem eigenen TV Studio gebaut werden soll. Oder ob das bestehende Olympiastadion lediglich umgebaut werden soll (Handelsblatt vom 25.9.1997 „Bayern träumt von der Börse"). Ein fahrbares Dach soll auch im städtischen Hamburger Volksparkstadion installiert werden. Für den Um- und Ausbau des Stadions will der Hamburger Senat insgesamt 160 Millionen DM investieren. Der Umbau soll Ende 1999 abgeschlossen werden. Auch in Frankfurt war geplant, das Waldstadion von 1925 abzureißen und bis zum Jahre 2001 durch ein mulitfunktionales sogenanntes Maindome zu ersetzen. Mulitfunktionale Arenen werden auch in Schalke und Mönchengladbach geplant. In Dortmund wird das Westfalenstadion derzeit zu einem Freizeitpark mit einem 2000qm großen Gastronomieareal umgebaut (SZ vom 5.8.1998 „Millionen für die Fußball-Kultstätten").

[534] So etwa Chelsea Village (Handelsblatt vom 23/24.5.1997 „Der Fußball allein kann die Klubkassen nicht füllen").

[535] Perlitz/von Winter, S. 8.

[536] Annual Review of Football Finance 1998, S. 9.

(1996 92 Millionen englische Pfund).[537] Obwohl die Ausgaben für die Stadionausbauten in 1997 sogar noch um 24 Millionen gestiegen sind, konnte in 1997 eine Verringerung der Schuldenlast erreicht werden.[538] Das ist erster Linie auf die erheblich gestiegenen Fernsehgelder zurückzuführen.[539]

Vor Berücksichtigung der Transferausgaben erzielten 65 Prozent der Premier League Klubs und 22 Prozent der Football League Klubs 1996 ein positives Ergebnis. Vier Klubs erreichten ein positives Ergebnis vor Transferausgaben von mehr als 5 Millionen englischen Pfund (Aston Villa, Liverpool, Manchester United und Tottenham Hotspur).[540] Der Umsatz der Vereine hat sich 1996 um 10 Prozent gegenüber dem Vorjahr erhöht. 1997 stieg der Umsatz um 31 Prozent. Dies war im wesentlichen auf die stark erhöhten Fernseheinnahmen zurückzuführen. Die Gehälter stiegen dagegen durchschnittlich um 22 in 1996 und um 25 Prozent in 1997.[541]

Nur 15 der 92 Profiklubs zahlten für die Saison 1995/1996 Körperschaftsteuer. Neben der Körperschaftsteuer konnte der englische Fiskus durch den Berufsfußball Einkünfte in Höhe von insgesamt knapp 150 Millionen englischen Pfund in Form von Einkommensteuer, Umsatzsteuer und Beiträge zur Nationalversicherung (*National Insurance Contributions*) verzeichnen. 1997 erhöhten sich die Staatseinnahmen aus den genannten Quellen auf 178 Millionen Pfund.[542]

Die Klubs der Premier League hatten in der Saison 1995/1996 im Durchschnitt jeweils 157 Angestellte (First Division: 101, Second Division: 72, Third Division: 52). Im Durchschnitt hat ein Angestellter bei einem Premier League Klub 55.000 Pfund Jahresgehalt erhalten (First Division: 32.600, Second Division: 19.800, Third Division: 14.600). Insgesamt wurden für Spielergehälter in der Premier League in der Saison 1995/96 100 Millionen englische Pfund (knapp 300 Millionen DM) ausgegeben (Gesamtausgaben aller vier Ligen: 178 Millionen englische Pfund).[543] Für Spielereinkäufe haben die 92 englischen Profiklubs 1996 insgesamt 250 Millionen englische Pfund (etwa 750 Millionen DM) investiert.[544]

---

[537] Annual Review of Football Finance 1997, S. 8.
[538] Annual Review of Football Finance 1998, S. 64.
[539] Vorbehaltlich der Zustimmung der Wettbewerbskommission wird der zu 40% Rupert Murdoch gehörende Fernsehsender BSkyB für die Übertragungsrechte der Premier League Spiele von 1997 bis 2001 knapp 2 Milliarden DM zahlen. Die Zahlungen für 1997 und 1998 sind bereits erfolgt (FAZ vom 26.9.1998 „In England sind die Fluttore schon geöffnet").
[540] Annual Review of Football Finance 1997, S. 6.
[541] Annual Review of Football Finance 1998, S. 6. Zur ähnlichen Entwicklung in Deutschland siehe oben im Text bei Fußnote 331.
[542] Annual Review of Football Finance 1998, 63.
[543] Gemäß Schätzung von Deloitte & Touche, Annual Review of Football Finance 1997, S. 31.
[544] Annual Review of Football Finance 1997 a.a.O.

bb) Going public und Gesellschafter der englischen Fußballklubs

Wie bereits erwähnt, sind einige der englischen Profiklubs in der Rechtsform der plc organisiert. Sie dürfen also ihre Gesellschaftsanteile öffentlich zum Kauf anbieten. Das geschieht über die Börse. Insgesamt sind derzeit 18 englische und 2 schottische Klubs an der Londoner Börse notiert. Der erste an der Börse notierte Klub war 1983 Tottenham Hotspur. Als die Geschäftsleute und Spurs-Fans Irving Scholar und Paul Bobroff 1982 die Mehrheit der Anteile des damals noch als Ltd organisierten Vereins von Witwen und Töchtern verstorbener Fans erwarben, wies der Verein einen Schuldenstand in Höhe von 5 Millionen Pfund auf.[545] Nach Umwandlung des Klubs in eine plc und Abschluß aller sonstigen für den Börsengang erforderlichen Vorbereitungen, erfolgte im Oktober 1983 das going-public. Die Aktien waren 4,5 fach überzeichnet. Von dem Emissionsgewinn konnte der Verein die bis dahin noch bestehenden Schulden in Höhe von knapp 3,3 Millionen englischen Pfund tilgen.[546]

Im Oktober 1989 folgte als zweiter Verein Millwall. Im Juni 1991 folgte als dritter Verein Manchester United. In den folgenden Monaten gingen zahlreiche weitere Vereine an die Börse. So folgte im September 1995 der schottische Klub Celtic Glasgow und im Oktober 1995 der zum damaligen Zeitpunkt in der Division 3 spielende und später in die Division 2 aufgestiegene Klub Preston North End, dessen Anteile seit dem Börsengang bis August 1998 um 6% gestiegen waren. Im Jahre 1996 folgten Chelsea Village (März), Caspian/ Leeds United/ Leeds Sporting (August), Loftus Road/QPR (Oktober) und Sunderland (Dezember). 1997 folgten West Bromwich Albion, Southampton Leisure und Sheffield United (alle im Januar), Charlton Athletic und Birmingham City (beide im März), Newcastle United und Burnden Leisure/Bolton (beide im April) und Aston Villa sowie der schottische Klub Heart of Midlothian (beide im Mai).[547] Als vorläufig letzte Klubs folgten jeweils im Oktober 1997 Nottingham Forrest und Leicester City.[548]

Acht der vorgenannten Klubs sind am Alternative Investment Market (AIM) notiert. Wie der in Deutschland 1997 eingeführte Neue Markt soll der AIM insbesondere kleineren Gesellschaften aus Wachstumsbranchen die Möglichkeit einer Börsennotierung geben.[549] Die Anforderungen an eine Börsennotierung

---

[545] Zu dieser Zeit bestand gemäß 28 subs. 1 Companies Act 1948 noch die Beschränkung der Ltd auf maximal 50 Gesellschafter, so daß für Scholar und Bobroff die Zahl der Gesellschafter überschaubar war.

[546] A. Tomlinson, S. 44.

[547] Annual Review of Football Finance 1997, S. 62 f.

[548] Financial Times vom 16.9.1997 „Forest sets 32m goal for float". Siehe auch Annual Review of Football Finance 1998, S. 60.

[549] Kersting, AG 1997, 222, 222 f. Fußnote 4; siehe auch Plewka/Aymans DB 1996, 2192, 2192 f.

sind weniger streng, als die des Hauptsegmentes (*Official List/Main*).[550] Die anderen 12 Klubs sind an der Hauptbörse notiert. Insgesamt haben die Aktien der Fußballvereine seit dem going public bis August 1998 einen Zuwachs von 24% erzielt. Den größten Gewinn erzielten Manchester United (780%) Tottenham Hotspur (627%), Celtic Glasgow (244%) und Southampton Leisure (135%). Die Aktien von 13 der börsennotierten Vereine haben seit ihrer Erstnotierung bis August 1998 an Wert verloren.[551]

Soweit die Aktien bei Börseneinführung zum freien Verkauf angeboten wurden, konnten die Vereine durch die Börseneinführung Nettozuflüsse[552] zwischen 1,4 Millionen englischen Pfund (Sheffield United)[553] und 50,4 Millionen englischen Pfund (Newcastle United)[554] erzielen. Der durchschnittliche Nettozufluß lag bei etwa 12,5 Millionen englischen Pfund (etwa 37 Millionen DM).[555]

Acht der 18 englischen an der Börse notierten Klubs konnten das erste Halbjahr 1997/1998 mit einem Gewinn vor Steuern abschließen, nämlich die Premier League Klubs Manchester United, Aston Villa, Chelsea, Leicester City, Tottenham Hotspur und Newcastle United sowie die Football League Klubs Sunderland und West Bromwich Albion.[556]

Die Aktionäre der Fußballgesellschaften sind neben Kleinaktionären und lokalen Geschäftsleuten in zunehmenden Maße institutionelle Anleger. Ende 1997 hat mit der Bayerischen Landesbank erstmals ein Deutsches Geldinstitut den Kauf von englischen Fußballaktien - nämlich die der Klubs Manchester United und Tottenham Hotspur[557] - empfohlen.[558] Bereits seit einigen Jahren ermittelt das Investmenthaus Nomura International den UK Football Club Index und den UK Leading Football Club Index zu dem Manchester United, Arsenal, Chelsea Village, Liverpool, Everton, Tottenham Hotspur, Leeds United (Caspian), Aston Villa und West Ham United gehören. Neben den Klub-Aktien werden inzwischen auch Optionen auf Fußballindizes[559] und auf Aktien von Manchester United und Tottenham Hotspur gehandelt.[560]

---

[550] Cheffins, Company Lawyer 1997, 66, 68.

[551] Annual Review of Football Finance 1998, S. 61 f.

[552] Die mit dem going public verbundenen Kosten werden auf 6 Prozent bis 14 Prozent der durch den Anteilsverkauf erzielten Bruttoeinnahmen beziffert (Cheffins, Company Lawyer 1997, 66, 73).

[553] Sheffield placierte 42 Prozent der Anteile (Annual Review of Football Finance 1997, S. 62 f.)

[554] Newcastle placierte 28 Prozent der Anteile (Annual Review of Football Finance 1997 a.a.O.).

[555] Annual Review of Football Finance 1997 a.a.O.

[556] Annual Review of Football Finance 1998, S. 62.

[557] Seit Anfang 1997 sind einige der englischen Fußballaktien auch in Deutschland an der Berliner Freiverkehr Börse notiert (Börse Online vom 13.3.1997 „Fußball-Aktien, Börsen-Kick mit Pfiff").

[558] FAZ vom 27.9.1997 „Eins zu null für Fußballaktien aus Großbritannien".

[559] FAZ vom 28.1.1997 „Der britische Milliardär Lewis steigt bei den Glasgow Rangers ein".

[560] Börse Online vom 13.3.1997 „Das Depot durch Sportwerte fit machen".

Bereits 1996 wurde der Fußballverein Leeds United von dem Medien- und Freizeitkonzern Caspian Group übernommen, der den Klub als Konzernbestandteil und damit als Medien- und Freizeitunternehmen etablieren möchte.[561]

Im Januar 1997 wurde von Singer & Friedlander ein eigener Fußballfond ins Leben gerufen, der sich auf die Anlage in Fußballtiteln spezialisiert hat. Innerhalb eines halben Jahres hatte der Fond umgerechnet bereits knapp 100 Millionen DM von Anlegern für Investments in Fußballaktien eingesammelt.[562]

Im März 1997 kaufte Charterhouse Development Capital - gleichfalls ein institutioneller Anleger - für 16 Millionen englische Pfund 36 Prozent der Anteile von Sheffield Wednesday.[563]

Im Juli 1997 verkaufte der Eigentümer von Derby County - Lionel Pickering - 25 Prozent seiner Anteile an dem Klub für 10 Millionen englische Pfund an den institutionellen Anleger Elektra Investment Trust.[564]

Soccer Investments - ein von Sir Rodney Walker, Chairman der English Sports Council, und Micheal Edeson, einem früheren Manchester United Geschäftsführer, initiierter Investment Zusammenschluß - machte Ende September 1997 den Gesellschaftern von Leicester City, dies waren in erster Linie Familien aus Leicester und Umgebung, ein mit dem Klub abgestimmtes Übernahmeangebot, das von den Gesellschaftern angenommen wurde.[565]

Besonderes Augenmerk soll auf den inzwischen an der Börse notierten englischen Investment Trust Enic (English National Investment Company) gelegt werden. Es handelt sich um einen gleichfalls auf Investitionen im Fußballbereich spezialisierten Trust, dessen Hauptanteilseigner der britische Milliardär Joe Lewis ist. Neben Lewis ist die Schweizer Unternehmensgruppe Compagnie Financière Richemont der zweite große Anteilseigner. Der Schweizer Gruppe gehören 15 Prozent von Canal Plus, Europas größtem Pay-TV Anbieter und zudem Eigentümer zahlreicher Fußballverwertungsrechte insbesondere in Frankreich. Außerdem ist Canal Plus zu 90% Eigentümer des Fernsehsenders Tele Plus, der Ende 1998 einen TV-Rechte-Vertrag mit einer Laufzeit von sechs Jahren mit Juventus Turin, Inter und AC Mailand sowie dem SSC Neapel abgeschlossen hat. Für die Einräumung der Fernsehübertragungsrechte betreffend alle Heimspiele der vier Klubs in der Serie A bis zum Jahre 2005 - die Tele Plus alle übertragen will - erhalten die genannten Vereine insgesamt 2,25

---

[561] FAZ vom 27.9.1997 „Eins zu null für Fußballaktien aus Großbritannien".
[562] FAZ vom 14.8.1997 „Britische Fußballklubs bereiten sich auf die Superliga vor".
[563] Financial Times vom 30.7.1997 „Derby County owner to sell 25% to EIT".
[564] Financial Times vom 30.7.1997 „Derby County owner to sell 25% to EIT".
[565] Financial Times vom 30.9.1997 „Leicester City accepts 24m takeover".

Milliarden DM.[566] Außerdem ist Canal Plus zu 56,7 Prozent Anteilseigner des französischen Profiklubs Paris-Saint-Germain und an Servette Genf beteiligt.[567] Der Investment Trust Enic hat sich zur Aufgabe gesetzt, in verschiedenen europäischen Ländern Anteile an Fußballkapitalgesellschaften zu erwerben, um dann das mit dem Anteilskauf erworbene geistige Eigentum (Recht am Logo des Vereins, Fernsehübertragungsrechte etc.) durch Vermarktung des Klubs im Wert zu steigern. Dabei sollen die im englischen Profifußball gewonnenen Erfahrungen gewinnbringend auf die - nach Auffassung von Enic - wenig kommerziell geführten kontinental-europäischen Klubs angewandt werden. Entscheidende Bedeutung kommt in diesem Zusammenhang der Multiplikatorwirkung des Fernsehens zu, durch die die Wertsteigerung in erster Linie erreicht werden soll. Daneben sollen die in England gesammelten Erfahrungen aus dem Bereich des Merchandisings, der Verwertung von TV-Rechten und dem Stadionausbau genutzt werden. Zwei Jahre nach dem 1995 erfolgten Börsengang von Enic waren die Anteile um fast das zehnfache gestiegen.[568]

Enic hat bisher von fünf europäischen Spitzenvereinen Anteile erworben, bzw. die Option, deren Anteile zu erwerben. So hat Enic eine Option auf den Erwerb jener 25% Glasgow Rangers-Aktien, die Joe Lewis Ende 1996 für 40 Millionen Pfund erworben hat.[569] Im Juni 1997 erwarb Enic 30% der Anteile des italienischen Erstligisten Vicenza. Gleichzeitig ließ Enic sich die Option einräumen, die übrigen 70% der Gesellschaftsanteile zu erwerben[570] und hatte bis Ende 1998 seine Beteiligung auf 75,1% erhöht.[571] Im September 1997 gab Enic bekannt, 30 Prozent der Anteile an dem griechischen Spitzenklub AEK Athen erworben zu haben. Auch hier erhielt Enic zunächst eine Option auf den Erwerb der für die Mehrheit erforderlichen Anteile zum Preis von insgesamt 5 Millionen englischen Pfund.[572] Bis Ende 1998 hatte Enic die Beteiligungsquote auf 78,4% erhöht.[573] Im Oktober 1997 erwarb Enic für 2,3 Millionen englische Pfund eine Mehrheitsbeteiligung in Höhe von 53,7% am tschechischen Erstligaklub Slavia Prag.[574] Im September 1998 hat Enic dem englischen Hauptaktionär von Tottenham Hotspur - Alan Sugar - angeboten, seine 41 prozentige Beteiligung am englischen Erstligisten zu kaufen. Ein Verkauf kam für Alan Sugar zu diesem

---

[566] Financial Times vom 15.10.1997 „Making a strong pitch for global football". FAZ vom 4.9.1998 „Kurze Meldungen".

[567] Financial Times vom 28.11.1997 „Italy leads the way towards stock market goal" sowie Handelsblatt vom 7.12.1998 „Streit mit der UEFA". Zur Organisation des Berufsfußballs in Frankreich sogleich ausführlicher unter 2 b) Frankreich.

[568] Financial Times vom 15.10.1997 „Making a strong pitch for global football".

[569] Zum Erwerb der Anteile durch Lewis siehe FAZ vom 28.1.1997 „Der britische Milliardär Lewis steigt bei den Glasgow Rangers ein".

[570] Financial Times vom 28.8.1997 „Vicenza ahead in listing game".

[571] Handelsblatt vom 7.12.1998 „Batman, Bugs Bunny und der FC Basel".

[572] Financial Times vom 30.9.1997 „Leicester City accepts 24m takeover".

[573] Handelsblatt vom 7.12.1998 a.a.O.

[574] Financial Times vom 15.10.1997 „Making a strong pitch for global football".

Zeitpunkt jedoch nicht in Betracht.[575] Im Herbst 1998 erwarb Enic die Mehrheit an der FC Basel Marketing AG,[576] der Vermarktungs-AG des schweizerischen Erstligaklubs.[577]

Jüngstes Beispiel der Kommerzialisierung des Berufsfußballs in England ist das im Herbst 1998 von der britischen Fernsehgesellschaft BSkyB den Aktionären von Manchester United gemachte Übernahmeangebot in Höhe von knapp 1,8 Milliarden DM. Die Fernsehgesellschaft BSkyB - die außerdem die Übertragungsrechte der Premier League bis zum Jahre 2001 gekauft hat - gehört zu 40% der von Rupert Murdoch kontrollierten Gesellschaft News International. Der Verwaltungsrat von Manchester United hat den Aktionären des Klubs bereits empfohlen, das Übernahmeangebot anzunehmen. Voraussetzung für die Durchführung der Übernahme ist allerdings die Zustimmung der britischen Wettbewerbsbehörde, dem Office of Fair Trading.[578]

Wie diese Beispiele zeigen, hat die Kommerzialisierung im englischen Berufsfußball dazu geführt, daß sich insbesondere in der Premier League und der First Division die Fußballkapitalgesellschaften zunehmend in Richtung Freizeitgesellschaften entwickeln, die neben dem Fußball zahlreiche weitere außersportliche wirtschaftliche Aktivitäten zwecks Einnahmeerzielung entfalten. Diese Entwicklung führt auch dazu, daß die Gewinne bei den Spitzenklubs steigen und in zunehmendem Maße institutionelle Anleger Interesse an Anteilen von Fußballkapitalgesellschaften haben, und damit korrespondierend lokale Geschäftsleute und Familien ihre Gesellschaftsanteile vielfach verkaufen. Dabei engagieren sich die institutionellen Anleger sowohl als Minderheits- als auch zunehmend als Mehrheitsgesellschafter. Der geplanten Übernahme des englischen Spitzenklubs Manchester United durch BSkyB wird diesbezüglich eine Art Vorbildfunktion mit der Folge zukommen, daß in den nächsten Monaten wahrscheinlich weiteren Profiklubs konkrete Übernahmeangebote von Fernsehgesellschaften gemacht werden. Ferner wird durch das Übernahmeangebot die zunehmende Bereitschaft deutlich, Fernsehen und Berufsfußball auch gesellschaftsrechtlich zu verzahnen. Schließlich kann festgestellt werden, daß die Börsennotierung vielen Klubs erhebliche Liquiditätszuflüsse gebracht hat, auch wenn viele Fußballaktien den Kurs ihrer Erstnotierung nicht halten konnten.

---

[575] The Guardian vom 15.9.1998 „United challenge fades as takeover fever grows".
[576] Handelsblatt vom 7.12.1998 a.a.O.
[577] Zur Ausgestaltung des Berufsfußballs in der Schweiz sogleich unter 2.c) Schweiz.
[578] FAZ vom 10.9.1998 „Führung von Manchester United begrüßt Murdochs erhöhtes Angebot" und FAZ vom 26.91998 „In England sind die Fluttore schon geöffnet".

2. Berufsfußball in anderen europäischen Ländern

a) Italien

In Italien wurden die Fußballvereine zunächst durch eine Direktive von 1966 des italienischen Fußballverbandes FIGC[579] und später auch durch ein Gesetz von 1981 verpflichtet, sich in eine Handelsgesellschaft umzuwandeln, wenn sie mit Berufssportlern Arbeitsverträge abschließen. Das Gesetz von 1981 ließ den Vereinen die Wahl zwischen der *società per azioni* (s.p.a.) und der *società a responsabilità limitata* (s.r.l.).[580] Die s.p.a. weist erhebliche Gemeinsamkeiten mit der deutschen AG und die s.r.l. mit der GmbH auf. Allerdings normierte dieses Gesetz einige sportspezifische Besonderheiten, wie etwa das Verbot der Gewinnerwirtschaftung[581] und dementsprechend der Gewinnausschüttung.[582] Aufgrund des bestehenden Gewinnausschüttungsverbots bestand für die italienischen Fußballkapitalgesellschaften zunächst keine Möglichkeit, die Gesellschaftsanteile einem breiten Publikum öffentlich zum Kauf anzubieten oder an der Börse notieren zu lassen.[583]

Gesellschafter der Fußballkapitalgesellschaften waren und sind überwiegend wohlhabende Privatleute, die in erheblichem Maße die erforderlichen finanziellen Mittel für ihre Klubs zur Verfügung stellen. Dabei nutzen sie die Klubs vielfach zur Selbstdarstellung oder sonstwie zur Werbung in eigener Sache.[584] Beispielsweise ist der Privatmann *Massimo Moratti* Mehrheitsaktionär und Präsident von Inter Mailand, Hauptaktionär von Juventus Turin ist die *Agnelli* Familie (allerdings über die Familienholding),[585] Eigentümer von AC Mailand ist der Politiker und Medienunternehmer *Silvio Berlusconi* und mit 99,8% nahezu alleiniger Anteilseigner von Lazio Rom war der Lebensmittelindustrielle *Sergio Cragnoni* über seine beiden Gesellschaften Cragnotti & Partners und Cirio Spa.[586]

Im Herbst 1996 erließ die italienische Regierung ein Gesetz (*decree*), nach dem die italienischen Fußballgesellschaften in herkömmliche, auf Gewinnerzielung angelegte, Kapitalgesellschaften umgewandelt und etwaige Gewinne auch an die Gesellschafter ausgeschüttet werden dürfen.[587] Durch diese Gesetzesänderung wurde den italienischen Fußballgesellschaften erstmals der Weg zur Börsennotierung eröffnet.

---

[579] Federazione Italiana Giuoco Calcio.
[580] Malatos, Berufsfußball, S. 69 f.
[581] SZ vom 30.10.1996 „Die tiefrote Bilanz der „Herrenrasse"".
[582] Malatos, Berufsfußball, S. 71 ff. Vgl. zur Rechnungslegung der italienischen Klubs Galli, SpuRt 1998, 18, 22.
[583] Telegraph vom 4.9.1996 „Italien Clubs Net Profits".
[584] Financial Times vom 28.11.1997 „Italy leads the way towards stock market goal".
[585] SZ vom 30.10.1996 „Die tiefrote Bilanz der „Herrenrasse"".
[586] The European, 4 May 1998, S. 46 „New field of play for Lazio" und Die Welt vom 11.12.1997 „Italienische Klubs schließen Börsenvorbereitungen ab".
[587] Cheffins, Company Lawyer 1997, 66, 69.

Unmittelbar nach der Gesetzesänderung gaben mehrere italienische Erstligavereine - insbesondere die großen Klubs wie Inter Mailand, Lazio Rom, Parma,
AC Mailand und Bologna - bekannt, daß sie in naher Zukunft eine Börsennotierung der Anteile ihres Klubs anstreben.[588]

Trotz der 1996 geänderten rechtlichen Rahmenbedingungen schien eine bal-
dige Börsennotierung für die meisten italienischen Klubs aufgrund ihrer
schlechten wirtschaftlichen Verfassung nicht in Betracht zu kommen. Denn das
italienische Börsengesetz forderte, daß der Börsenaspirant in den drei vor der
Börseneinführung liegenden Jahren bestimmte Gewinne erwirtschaftet haben
muß. Jedoch konnten nur sechs Vereine der Serie A (vergleichbar der ersten
Bundesliga) die 1997 endende Saison mit einem geringen Gewinn abschließen.[589]

Zusätzliche Einnahmen versprechen sich die italienischen Fußballgesell-
schaften in Zukunft in erster Linie durch den Ausbau der Stadien - viele Stadien
verfügen über keine VIP-Logen - und die Erhöhung der Einnahmen aus dem
Bereich des Merchandisings. Die Steigerungsmöglichkeiten der Merchandising-
Einnahmen werden insbesondere durch einen Vergleich mit ausländischen
Vereinen deutlich. So erreichten die Gesamteinnahmen der Klubs der Serie A
aus dem Merchandising in der Saison 1996/1997 lediglich 45 Milliarden Lire.
Allein der englische Klub Manchester United erzielte in der gleichen Saison
Merchandising-Einnahmen in Höhe von umgerechnet 51 Milliarden Lire.[590]

Einer der wenigen profitablen italienischen Fußballvereine, der zunächst als
wahrscheinlichster Kandidat für eine Börseneinführung gehandelt wurde, war
der Erstligist Vicenza, dessen Anteile zu 75,1 Prozent vom englischen Investment Trust Enic gehalten werden. Vicenza erreichte in der Saison 1996/1997
den achten Platz in der Serie A und gewann den italienischen Cup. Vicenza
schloß die Saison 1994/1995 erstmals ohne Verlust ab, in der Saison
1995/1996 wurde ein Gewinn in Höhe von 3,2 Milliarden Lire erwirtschaftet. Ein
ähnlich hoher Gewinn wird für die 1997 endende Saison erwartet.[591] In einer
Gesellschafterversammlung des Vereins vom 12. September 1997 wurde eine
Kapitalerhöhung zwecks Börseneinführung sowie die Stellung des für die Börseneinführung erforderlichen Antrags bei der italienischen Börsenaufsicht
(Consob) beschlossen. Der Klub beabsichtigt, bis Mitte 1999 seine Aktien an
der Mailänder Börse placiert zu haben.

Jedoch wurde die Börseneinführung Ende 1997 für zahlreiche weitere italienische Fußballkapitalgesellschaften aufgrund einer erneuten Gesetzesänderung erleichtert: Die bis dahin erforderliche dreijährige Gewinnperiode als Vor-

---

[588] AC Mailand hat seinen Börsengang allerdings erst für 1999 angekündigt (Die Welt vom
11.12.1997 „Italienische Klubs schließen Börsenvorbereitungen ab").
[589] So eine Studie von Deloitte & Touche von 1997 über den italienischen Erstligafußball
zitiert nach der Financial Times vom 28.11.1997 „Italy leads the way towards stock market
goal".
[590] Financial Times vom 28.11.1997 „Italy leads the way towards stock market goal".
[591] Financial Times vom 28.8.1997 „Vicenza ahead in listing game".

aussetzung für die Börsenzulassung wurde abgeschafft. Vielmehr reicht es nunmehr aus, wenn der Börsenaspirant einen Überschuß aus dem laufenden Geschäftsbetrieb erwirtschaftet. Die Neuregelung machte die Börseneinführung für viele Klubs wahrscheinlicher. Folge dieser Neuregelung war, daß nicht - wie erwartet - Vicenza, sondern Lazio Rom als erster italienischer Klub im Mai 1998 an die Börse ging. Im Rahmen der Emission wurden insgesamt 30 Prozent der Lazio Rom Anteile an der Börse zum Kauf angeboten. Davon wurden drei Viertel institutionellen Anlegern zugeteilt. Das verbleibende Viertel wurde Privatanlegern angeboten und war mehr als zehnfach überzeichnet.[592]

b) Frankreich

In Frankreich wurde durch ein Gesetz von 1984 bestimmt, daß die Sportvereine ihre Profiabteilungen auf eine AG ausgliedern können. Überschreiten die Einnahmen aus Eintrittsgeldern und die Ausgaben für die Berufssportler bestimmte Höchstgrenzen, so sind die Klubs sogar verpflichtet, die Berufssportabteilung auf eine AG auszugliedern.[593] Den französischen Klubs stehen dafür zwei verschiedene Formen der AG zur Verfügung. Sie unterscheiden sich durch die Beteiligung der jeweiligen Kommune. Bei der *société d'économie mixte sportive locale* ist neben Privatpersonen auch die Kommune am Gesellschaftskapital beteiligt. Dagegen ist die *société à objet sportif* eine ausschließlich private Sportaktiengesellschaft.[594] Die Sportgesellschaften sind jedoch nicht auf Gewinnerzielung ausgerichtet und deren Geschäftsführer sind ehrenamtlich tätig. Erwirtschaftete Gewinne dürfen nicht ausgeschüttet, sondern müssen reinvestiert werden.[595] Viele der Sportgesellschaften erwirtschaften allerdings Verluste und sind daher auf finanzielle Unterstützung von außen - die vielfach von der jeweiligen Stadt oder Gemeinde gewährt wird - angewiesen.[596] Mangels Ausrichtung der Gesellschaften auf Gewinnerzielung und dem Verbot der Gewinnausschüttung war eine Börsennotierung der Vereine bisher nicht möglich.

Die vorstehenden Restriktionen wurden allerdings zunehmend als nachteilhaft für die Vereine empfunden, da die Möglichkeit privates Kapital zu gewinnen dadurch erheblich eingeschränkt wird. Um im internationalen Wettbewerb bestehen zu können, gab es - wie in Italien - Überlegungen, die für den Berufsfußball geltenden gesetzlichen Beschränkungen aufzuheben. Bisher ist es dazu noch nicht gekommen. Allerdings wird für 1999 eine gesetzliche Neuregelung erwartet, durch die die berufsfußballspezifischen Einschränkungen abgeschafft werden. Auf diese Weise soll den Fußballgesellschaften ermöglicht werden, erwerbswirtschaftlich tätig zu sein.[597]

---

[592] The European, 4 May 1998 „New field of play for Lazio".
[593] Malatos, Berufsfußball, S. 76.
[594] Vgl. ausführlicher Malatos, Berufsfußball, S. 77 f.
[595] Malatos, Berufsfußball, S. 78.
[596] Raspaud, S. 104
[597] Financial Times vom 7.6.1998 „FRANCE: Seeking to ignite Gallic passion".

Bereits jetzt sind die Mehrheitsgesellschafter einiger großer französischer Klubs private, erwerbswirtschaftlich geführte Unternehmen. Wie bereits erwähnt, ist die französische Fernsehgesellschaft Canal Plus zu 56,7 Prozent an Paris-Saint-Germain beteiligt. Racing Club de Strasbourg gehört zu 51 Prozent der in den USA ansässigen International Management Group (IMG), dessen Hauptgesellschafter der Sportunternehmer *Mark McCormack* ist. 54 Prozent der Anteile von Olympique Marseille gehören Société Eric Soccer, einer Gesellschaft, dessen Mehrheitsgesellschafter *Robert-Louis Dreyfus*, der Vorstandsvorsitzende der deutschen Adidas Gruppe, ist.[598]

c) Schweiz

In der Schweiz waren die Profifußballklubs bisher in der Rechtsform des Vereins organisiert. Lange Zeit durften an der Schweizer Nationalliga (vergleichbar der ersten Bundesliga) nur Idealvereine teilnehmen. Im Herbst 1994 hatte die Nationalliga einen Beschluß gefaßt, wonach auch Aktiengesellschaften am Ligabetrieb teilnahmeberechtigt sein sollten. Dem Gesamtverband des Schweizerischen Fußballs (SFV) wurde eine entsprechende Vorlage zur Satzungsänderung präsentiert. Im Frühjahr 1995 entschied dieser über die Vorlage und beschloß, die - fakultative - Umwandlung der Idealvereine in Aktiengesellschaften nicht zuzulassen. Begründet wurde die Ablehnung in erster Linie damit, daß keine ehrenamtlich tätigen Funktionäre für die Führung eines Fußballklubs gewonnen werden könnten, die sich freiwillig den strengen Haftungsregelungen des Schweizer Aktienrechts aussetzen würden. Diese Argumentation wurde als wenig überzeugend empfunden, da die Ausgliederung lediglich fakultativ eingeräumt werden sollte. Es hätte also jeder Verein selbst entscheiden können, ob er ausgliedert oder nicht.[599]

Zwei Jahre später wurde dem Dachverband des Schweizer Fußballs erneut ein Vorschlag zur Ausgliederung der Berufsfußballabteilungen vorgelegt. Diesmal stimmten die Delegierten auf ihrer Versammlung vom 22. Februar 1997 der Neuerung zu.[600] Es wurde angestrebt, die für die Neuordnung erforderlichen statutarischen Voraussetzungen der Nationalliga bis zum Frühjahr 1998 zu schaffen.[601]

Nachdem die Schweizer Nationalliga zahlreiche Umsetzungsmodelle für die geplante Neuordnung hatte erarbeiten lassen,[602] hat sie sich im Mai 1998 nun für ein Modell entschieden und die Statuten der Nationalliga entsprechend geändert. Danach ist es nach wie vor nicht erlaubt, daß eine Aktiengesellschaft alleiniges und direktes Mitglied der Nationalliga wird. Erlaubt ist nur eine Art

---

[598] Financial Times vom 28.11.1997 „Italy leads the way towards stock market goal".
[599] Scherrer, SpuRt 1995, 88, 88.
[600] Scherrer, Beilage Schweiz 2/1997.
[601] Scherrer, SpuRt 1997, 178, 178.
[602] Siehe dazu im einzelnen Scherrer, SpuRt 1998, 42 ff.

Doppelmitgliedschaft von Verein und Aktiengesellschaft in der Nationalliga, eine sogenannte „gemeinsame Mitgliedschaftsstelle".[603] Danach müssen Verein und Aktiengesellschaft einen Kooperationsvertrag abschließen, der bestimmte Mindestinhalte betreffend die Einhaltung der Statuten des Verbandes, der Ausbildung von Jugendspielern und das Ende der Kooperation im Falle des Abstiegs der Mannschaft aus der ersten Liga enthalten muß.[604] Steigt die Mannschaft der Aktiengesellschaft in die 1. Liga (vergleichbar der zweiten Bundesliga) ab, so verliert die Aktiengesellschaft gegenüber dem Verband jede Bedeutung. Nur noch der Verein tritt der 1. Liga gegenüber.[605]

Nach der erstmaligen Bekanntgabe der neu geschaffenen Ausgliederungsmöglichkeit hat der Grasshopper-Club in Zürich die Übertragung der Berufsfußballabteilung auf die im Dezember 1997 gegründete Grasshopper Fußball AG angekündigt und durchgeführt.[606] Die Aktie notierte im Dezember 1997 mit einem Eröffnungskurs von 57 Franken. Dieser Kurs konnte jedoch in den folgenden Monaten nicht wieder erreicht werden.[607]

Neben den mit einer Ausgliederung für den jeweiligen Verein verbundenen Vorteilen, verspricht sich auch die Nationalliga von der Ausgliederung insoweit Vorteile, als im Lizenzierungsverfahren die vorgelegten Rechnungslegungsunterlagen der Aktiengesellschaft nicht mehr auf ihre inhaltliche Richtigkeit überprüft werden müssen.

d) Weitere europäische Länder

In *Griechenland* wurden die Vereine mit Gründung der Profi-Liga 1979 verpflichtet, ihre Profiabteilungen auf eine AG auszugliedern. Diese Verpflichtung betrifft allerdings im Unterschied zu Italien nur Klubs, die am Wettbewerb der ersten Division teilnehmen. Erfüllt der Klub diese Verpflichtung nicht, so kann er lediglich an Wettbewerben der zweiten oder dritten Division teilnehmen. Steigt der Klub aus sportlichen Gründen in die zweite oder dritte Division ab, so kann er die Rechtsform der AG beibehalten.[608] Auf die Fußball-AG werden auch in Griechenland neben dem für alle Aktiengesellschaften geltenden Recht einige sportspezifische Regelungen angewandt.[609]

Alle *niederländischen* Fußballklubs waren bis Anfang 1998 in der Rechtsform des Vereins organisiert.[610] Dennoch durften die Klubs nahezu jede gewerbliche

---

[603] Vgl. Statuten der Nationalliga Art. 3bis: Rechtsform der Mitglieder: Die Mitglieder können organisiert sein als: a) Verein im Sinne der Art. 60 ff. ZBG; b) Verein und Aktiengesellschaft im Sinne der Art. 620 ff. OR unter folgenden Bedingungen: (ausführlicher hierzu die Fundstelle in der folgenden Fußnote).

[604] Scherrer, SpuRt 1998, 175 ff. Siehe dort auch die Neufassung der Statuten.

[605] Scherrer, Beilage Schweiz 2/1997.

[606] Scherrer, Beilage Schweiz 2/1997.

[607] Scherrer, S. 15; siehe auch Scherrer, SpuRt 1998, 42.

[608] Vgl. Malatos, Berufsfußball, S. 74.

[609] Vgl. dazu ausführlicher Malatos, Berufsfußball, S. 75.

[610] Financial Times vom 28.11.1997 „Italy leads the way towards stock market goal".

Tätigkeit ausüben, da daß niederländische Recht nicht zwischen Idealverein und Wirtschaftsverein unterscheidet.[611] Eine Umwandlung in eine Aktiengesellschaft (N.V.) und eine Börseneinführung kam für die niederländischen Vereine lange Zeit nicht in Betracht. Erst 1997 äußerten einige Vereine den Wunsch, an die Börse gehen zu wollen. Neben den eher zurückhaltenden Erstligisten PSV Eindhoven und Feyenoord Rotterdam[612] waren in erster Linie die unterklassig spielenden AZ Alkmaar und ADO Den Haag an einer Umwandlung und einem Börsengang interessiert. Der sportlich und wirtschaftlich erfolgreichste Klubs Hollands - Ajax Amsterdam - stand einem Börsengang zunächst skeptisch gegenüber. Neben einem Bruch mit der Tradition des Klubs befürchteten die Verantwortlichen, daß nach einem Börsengang Fondsmanager die Klubpolitik bestimmen könnten.[613] Dennoch beschloß der Verein im Februar 1998 - in erster Linie wegen der wachsenden Kapitalkraft der konkurrierenden Vereine aus England, Italien und Deutschland - eine Ausgliederung des Profifußballbereichs auf eine neu zu gründende Aktiengesellschaft und eine Notierung der Anteile an der Börse vorzubereiten.[614] In Ausführung des Beschlusses spaltete sich der Profibereich des Vereins vom Amateurbereich des Vereins ab und wandelte sich in eine Aktiengesellschaft um. Hauptaktionär der neu gegründeten Profiaktiengesellschaft wurde der alte Verein mit 73 Prozent der Anteile. Seit Mitte Mai 1998 werden die Anteile der neuen Fußball-AG an der Amsterdamer Börse gehandelt.[615]

In *Spanien* sind nahezu alle Profiklubs als sogenannte sportliche Aktiengesellschaft in der Rechtsform der *Sociedad Anónima Deportiva (SAD)* als Sonderform der Sociedad Anónima (SA) organisiert.[616] So beispielsweise Atlético Madrid SAD, dessen Anteile zu 95 Prozent dem Unternehmer *Jesus Gil y Gil* gehören.[617] Nur die vier Klubs FC Barcelona, Real Madrid, Athletic de Bilbao und Osasuna Pamplona sind als Idealverein in der Rechtsform des *Club Deportiva Básico* (CDB) organisiert.[618]

Bis 1992 waren fast alle spanischen Klubs in der Rechtsform der CDB organisiert. Die 1992 erfolgte Umwandlung der meisten Vereine in eine SAD war Teil eines mit der spanischen Regierung Ende der achtziger Jahre ausgehandelten und im Sportgesetz 10/1990 gesetzlich normierten Sanierungsplanes für die Vereine, die Ende der achtziger Jahre erhebliche Schulden angehäuft hat-

---

[611] Vgl. Mehring in EU-Handbuch des Gesellschaftsrechts, Niederlande, Rdnr. 119.
[612] FAZ vom 20.8.1997 „Südeuropas renommierte Klubs stürmen an die Börse".
[613] Financial Times von 28.11.1997 „Italy leads the way towards stock market goal".
[614] Handelsblatt vom 18.2.1998 „Ajax Amsterdam geht an die Börse".
[615] SZ vom 11.5.1998 „Ajax Amsterdam möchte über den Gang an der Börse aufsteigen".
[616] FAZ vom 20.8.1997 „Südeuropas renommierte Fußballklubs stürmen an die Börse".
[617] Financial Times vom 28.11.1997 „Italy leads the way towards stock market goal".
[618] Annual Review of Football Finance 1997, S. 44. Die Klubs Barcelona und Real Madrid haben derzeit keine Pläne, an die Börse zu gehen. Die Vereine befürchten, daß durch einen Börsengang die Verwurzelung und Identität der Vereine gefährdet werde. Außerdem - so die Verantwortlichen der Vereine - sei Voraussetzung für einen Börsengang, daß eine größere Kontinuität in sportlicher Hinsicht erzielt werde.

124

ten.[619] Das Gesetz sah vor, daß sich 1992 alle spanischen Vereine in eine SAD umwandeln müssen, soweit sie nicht ein positives Nettovermögen in den Jahren 1986 bis 1991 vorweisen konnten. Bis auf die vier vorgenannten Vereine konnte dieses Erfordernis kein Verein erfüllen. Folge der Umwandlung in eine SAD war und ist für die Klubs, daß sie besonders strenge Rechnungslegungsvorschriften und umfangreiche Auflagen betreffend ihre Wirtschaftlichkeit beachten müssen. Zur diesbezüglichen Überwachung stehen den Dachorganisationen des bezahlten Fußballs umfangreiche Kontroll- und Einsichtsrechte zu.[620] Werden die besonderen Auflagen nicht eingehalten, kann dem jeweiligen Verein die Lizenz für die Teilnahme am professionellen Spielbetrieb verweigert werden.

Für die Saison 1997/1998 planten die 22 spanischen Erstligavereine mit einem um 32 Prozent erhöhtem Gesamtetat von knapp einer Milliarde DM. Der Umsatz der Erstligavereine hat sich damit innerhalb von zwei Jahren fast verdoppelt.[621] Aufgrund des erheblichen Wachstums haben auch einige spanische Klubs Börsenpläne entwickelt. Als aussichtsreichster Börsenkandidat gilt Atlético Madrid, der das amerikanische Brokerhaus Meryll Lynch sowie die Großbanken BBV und HSBC mit der Vorbereitung des Börsengangs beauftragt hat. Im ersten Schritt sollen 30 Prozent der Aktien placiert werden. Bereits vor Durchführung der Börsennotierung soll ein britischer Großinvestor dem Klub knapp 180 Millionen DM für 25 Prozent der Anteile geboten haben.[622]

In *Polen* sind alle Vereine, die am professionellen Sportwettbewerb teilnehmen, verpflichtet, die Rechtsform der Sportaktiengesellschaft zu wählen. Auf diese Sportaktiengesellschaften findet neben den allgemeinen Vorschriften des Handelsgesetzbuchs das *Gesetz über Körperkultur* Anwendung, das unter anderem eine Befreiung von der Körperschaftsteuer vorsieht. Außerdem legt das *Gesetz über Körperkultur* einige sportspezifische Besonderheiten fest, wie zum Beispiel das Verbot Vorzugsaktien auszugeben. Ferner verbietet das Gesetz Aktionären und Organmitgliedern, einer konkurrierenden Sportaktiengesellschaft Anleihen oder Bürgschaften zu gewähren.[623]

Abschließend sei noch der *dänische* Fußballklub Bronby IF Kopenhagen erwähnt, der bis Ende 1996 der einzige an der Börse notierte Fußballklub außerhalb Großbritanniens war.[624] 1997 folgten die Profiklubs AGF Kontraktfodbold und SIF Fodbold Support,[625] so daß bis Ende 1997 außerhalb von Großbritannien nur drei Klubs an der Börse notiert waren.

---

[619] Handelsblatt vom 11.9.1997 „Atlético Madrid strebt an die Börse".
[620] Ausführlicher dazu Galli, SpuRt 1998, 18, 23 f.
[621] FAZ vom 20.8.1997 „Südeuropas renommierte Fußballklubs stürmen an die Börse".
[622] Handelsblatt vom 11.9.1997 „Atlético Madrid strebt an die Börse".
[623] Szwarc, S. 92.
[624] Cheffins, Company Lawyer 1997, 66, 69.
[625] Börse Online vom 13.3.1997 „Das Depot durch Sportwerte fit machen".

3. Zusammenfassung

Für viele europäische Spitzenvereine dienen die englischen Vereine, insbesondere der profitable Klub Manchester United, zumindest hinsichtlich der wirtschaftlichen Entwicklung als Vorbild. In fast allen vorgestellten Ländern finden sich Bestrebungen, die Anteile der Fußballklubs - die überwiegend bereits in der Rechtsform der Kapitalgesellschaft organisiert sind - an der Börse notieren zu lassen. Bis Ende 1997 waren, mit Ausnahme der in Großbritannien notierten Klubs, insbesondere drei dänische Klubs an der Börse notiert. Im Laufe des Jahres 1998 wurden die Anteile weiterer europäischer Klubs wie etwa die der Klubs Ajax Amsterdam und Lazio Rom an der Börse notiert. Es ist davon auszugehen, das in den nächsten Monaten zahlreiche weitere Klubs auch in anderen Ländern folgen werden. Der Hauptgrund für einen Börsengang ist für viele Vereine der Wunsch nach Kapitalzufuhr. Außerdem hat die Umwandlung der Vereine in Kapitalgesellschaften, aber auch die Börsennotierung dazu geführt, daß vermehrt institutionelle Anleger, Investoren oder sonstige Unternehmer Anteile von Fußballkapitalgesellschaften erwerben. Dies führt dazu, wie insbesondere der Investment Trust Enic und die Übernahmebestrebungen des englischen Fernsehsenders BSkyB betreffend Manchester United[626] deutlich machen, daß Berufsfußball und Medien auch gesellschaftsrechlich europaweit zunehmend enger verzahnt werden.[627]

Dritter Abschnitt: Gegenstand und Schranken der Ausgliederung

Bevor die Ausgliederung genauer untersucht werden kann, ist deren Gegenstand zu konkretisieren. Es ist also zunächst einzugrenzen, welcher Teil eines Fußballbundesligavereins ausgegliedert werden soll. Zudem stellt sich die Frage nach etwaigen Schranken, die der Ausgliederung möglicherweise entgegenstehen.

---

[626] Interessant ist in diesem Zusammenhang, daß Manchester United bereits im Herbst 1997 zusammen mit dem Fernsehkonzern British Sky Broadcasting (BSkyB) und der Medien- und Hotelgruppe Granada einen eigenen Fernsehkanal (MUTV) gegründet hat. BSkyB und Granada werden den Großteil der etwa 30 Millionen DM Entwicklungskosten tragen. Der Beginn der Ausstrahlung des Programms im Abonnentenfernsehen war für Ende 1998 geplant. Da die Übertragungsrechte für die Liga- Cup- und UEFA-Spiele des Vereins für die nächsten Jahre bereits an andere Fernsehgesellschaften verkauft sind, wird der Sender zunächst Interviews mit Spielern, Betreuern und Funktionären, Liveübertragungen der Reserve- und Jugendmannschaften sowie Freundschaftsspiele der ersten Mannschaft zeigen. (Financial Times vom 1.10.1997 „Clubs aim to exploit their name brands"). Inzwischen haben auch Olympique Marseille und Real Madrid vereinseigene Pay-TV-Sender gegründet (RP vom 16.2.1999 „Real Madrid mit eigenem TV-Kanal").
[627] Im Herbst 1998 hat der britische Fernsehsender *Carlton Communications* angekündigt, ebenfalls einen englischen Erstligisten kaufen zu wollen (SZ vom 6.10.1998 „Immer mehr Investoren suchen den gewissen Kick").

I. Umfang der auszugliedernden Tätigkeiten

Mit der Ausgliederung soll neben der organisatorischen Trennung von Berufsfußballabteilung und Restverein unter anderem der Erhalt der Gemeinnützigkeit
und der Eintragungsfähigkeit für den Teil des Vereins gesichert werden, der
diese Privilegien für sich in Anspruch nehmen darf. Das bedeutet für die Ausgliederung zunächst, daß nicht der gesamte Verein in eine Kapitalgesellschaft
umgewandelt werden muß. Vielmehr sollten nur die Tätigkeiten auf einen externen Rechtsträger ausgegliedert werden, welche die Gemeinnützigkeit und
Eintragungsfähigkeit gegenwärtig gefährden. Demnach können und sollten die
Amateurabteilungen und die unterklassigen Fußballmannschaften in der bisherigen Organisationsform, in der Rechtsform des Idealvereins verbleiben.

Gegen eine Umwandlung des Gesamtvereins und für einen Verbleib der
Amateursportmannschaften im Mutterverein spricht ferner, daß unterhalb der
Lizenzligen die jeweiligen Regional- und Landesverbände über die Frage der
Teilnahmeberechtigung am Spielbetrieb entscheiden, und es unwahrscheinlich
erscheint, daß alle Regional- und Landesverbände neben dem Idealverein auch
andere Rechtsträger zum jeweiligen Spielbetrieb zulassen werden. Würde der
Gesamtverein, einschließlich der Amateursportmannschaften, in beispielsweise
eine Aktiengesellschaft umgewandelt werden, so würde es von den Statuten
des jeweiligen Regional- oder Landesverbandes abhängen, ob die betreffende
Amateursportmannschaft - im Beispiel als AG - am unterklassigen Spielbetrieb
teilnehmen dürfte. Um dieses Risiko zu vermeiden, sollten die Amateurabteilungen in der Regel im Idealverein verbleiben.

Im Rahmen der Ausgliederung der Fußballlizenzabteilung sollten alle Tätigkeiten auf den neuen Rechtsträger übertragen werden, die im weitesten Sinne
mit den Aktivitäten der Berufsfußballer zusammenhängen. Dazu gehören zum
Beispiel die Bezahlung und sonstige Betreuung der Profis,[628] die Verpflichtung
und Abgabe der Spieler auf dem Spielermarkt sowie die Sichtung und Betreuung der Nachwuchsspieler. Um eine optimale Anbindung guter Nachwuchsspieler zu gewährleisten, sollte die Berufsfußballgesellschaft mindestens eine
zweite Herren-Mannschaft unterhalten, in der gute Nachwuchsspieler[629] und die
Ersatzspieler der ersten Mannschaft Spielpraxis und dadurch die Möglichkeit
erhalten, in die erste Mannschaft hineinzuwachsen.[630] Solange die Regional-

---

[628] So sind die Vereine neu verpflichteten Spielern etwa bei der Wohnungssuche behilflich
oder unterstützen diese durch Bereitstellen eines PKW's (U. Hoeneß, Schriftenreihe des
Württembergischen Fußballverbandes, S. 17).
[629] Diese können Vertragsamateure und Amateure der Berufsfußballgesellschaft oder des
Idealvereins sein. Gemäß der Neufassung des § 22 Nr. 2 lit. b DFB-Spielordnung dürfen
auch Vertragsamateure und Amateure des ausgliedernden Idealvereins bei der Berufsfußballkapitalgesellschaft eingesetzt werden.
[630] Entsprechende Planungen bestehen bei Bayer Leverkusen e.V. (RP vom 27.1.1999
„Vorreiter Leverkusen"); siehe dazu auch Fußnote 1. Siehe zu einer zusätzlich einzurichtenden Jugendabteilung unten V. 2. Eigene Nachwuchsförderung der Berufsfußballgesellschaft.

und Landesverbände jedoch eine Teilnahme von anderen Rechtsträgern als Idealvereinen am Spielbetrieb nicht zulassen, dürfen die Amateursportmannschaften nicht am Ligabetrieb teilnehmen. Sie könnten dann lediglich Trainings- und Freundschaftsspiele absolvieren. Aber auch die gesamte Vermarktungs- und Werbetätigkeit der Berufsfußballabteilung sowie alle sonstigen Aktivitäten des wirtschaftlichen Geschäftsbetriebs sind dem Profibereich zuzurechnen und daher auszugliedern. Neben diesen Tätigkeiten muß der neue Rechtsträger auch die Forderungen und Verbindlichkeiten übernehmen, die gegenwärtig der Berufsfußballabteilung zuzuordnen sind.

Nicht auf den neuen Rechtsträger ist die Firma des Vereins zu übertragen. Denn auch nach erfolgter Ausgliederung sollte der Idealverein den Vereinsnamen originär führen können. Um allerdings die Identifikation der Fans mit der Berufsfußballmannschaft nicht zu beeinträchtigen, sollte der Idealverein der Berufsfußballmannschaft schuldrechtlich das Recht einräumen, unter dem Logo des Idealvereins auftreten und diesen als Markennamen benutzen zu dürfen.

Haben Vereine neben der Berufsfußballabteilung noch weitere Lizenzspielerabteilungen,[631] so sollten auch diese auf einen anderen Rechtsträger ausgegliedert werden. Dabei sollten die verschiedenen Berufssportabteilungen auf einen und nicht auf mehrere Berufssportgesellschaften ausgegliedert werden.[632]

II. Abgrenzung zum Modell der HSV Sport Aktiengesellschaft

Ende 1990 war der Hamburger Sportverein (HSV) in die Schlagzeilen geraten, weil er als erster deutscher Fußballverein eine Aktiengesellschaft gründen wollte. Obwohl erhebliche Bedenken gegen die AG bestanden, wurde diese sogenannte HSV Sport Aktiengesellschaft 1991 gegründet. Da die HSV-AG mit dem hier zu diskutierenden Modell der Ausgliederung der Berufssportabteilung nicht zu vergleichen ist, soll, um Mißverständnisse zu vermeiden, eine Abgrenzung zur HSV-AG vorgenommen werden.

Der HSV war im April 1991 mit Verbindlichkeiten in Höhe von 12,5 Millionen DM belastet und stand damit kurz vor der Zahlungsunfähigkeit.[633] Der damalige Präsident Jürgen Hunke, der erst seit wenigen Monaten im Amt war, sah in der Gründung einer Aktiengesellschaft den einzigen Weg, den HSV zu entschulden und so die Lizenzspielerabteilung zu erhalten.[634] Daher ließ er das Modell einer möglichen HSV-AG ausarbeiten. Obwohl sich im HSV zahlreiche Kritiker des

---

[631] So beispielsweise bei Bayer Leverkusen die Basketballberufssportabteilung.

[632] Vgl. Drittes Kapitel Erster Abschnitt II. 2. Haftung aus einem faktischen Konzernverhältnis. Allerdings beabsichtigt Bayer Leverkusen e.V. lediglich die Berufsfußballabteilung nebst Regionalliga- sowie A- und B-Juniorenmannschaften auszugliedern (siehe Fußnote 1).

[633] Kicker Sportmagazin Nr. 31 vom 18.4.1991 „HSV als AG-Sorgen".

[634] Kicker Sportmagazin Nr. 10 vom 4.2.1991 „Ohne Aktien - Aus für die Profis beim HSV".

Modells befanden,[635] veranlaßte Jürgen Hunke die juristisch offensichtlich überforderten Mitglieder in der Hauptversammlung des Vereins, der Gründung einer HSV-AG zuzustimmen.[636]

So wurde die AG mit einem Grundkapital von 100.000,-- DM errichtet und am 27.6.1991 in das Handelsregister eingetragen. Am 30.11.1991 beschloß eine außerordentliche Hauptversammlung eine Erhöhung des Grundkapitals um mindestens 9.900.000,-- DM und höchstens 35.900.000,-- DM. In der Zeit vom 12.12.1991 bis zum 31.5.1992 hatten interessierte Anleger die Möglichkeit, auf den Inhaber lautende Aktien zum Nennwert von 1000,-- DM zu einem Bezugspreis von 1060,-- DM zu erwerben.[637]

Soweit es zu einer Erhöhung des Grundkapitals auf 36 Millionen DM gekommen wäre, sollte sich dieser Betrag wie folgt zusammensetzen: 5 Millionen DM hinterließ der frühere Vereinspräsident Paul Hauenschild dem HSV mit einer Stiftung. Zusätzlich sollte der Versicherungswert der HSV-Profis in Höhe von 16 Millionen DM zur Aufbringung des Grundkapitals dienen. Schließlich wurde der Wert eines einzubringenden Grundstückes auf 15 Millionen DM taxiert. Dieses Grundstück gehörte dem HSV-Ochsenzoll e.V., einem eigenständigen Verein, dessen Mitglieder gleichzeitig HSV-Mitglieder sind. Es bestand im wesentlichen aus 9 Fußballplätzen, Tennisplätzen und anderen Sportanlagen. Nur ein Teil des Areals sollte weiterhin den Sportabteilungen des HSV zur Verfügung stehen.[638] Der übrige Teil des Geländes sollte von „breiten Bevölkerungsgruppen zu marktgerechten Preisen genutzt werden können".[639] Eine Nutzung als Trainingsgelände wäre dann nur noch eingeschränkt möglich gewesen.[640]

Die Umsetzung von Hunkes Konzept war allerdings letztlich ein Mißerfolg. Insbesondere hatte sich keine Bank gefunden, die die Emission der hochspekulativen Aktien durchführen wollte. Daher mußte die AG den Vertrieb selbst übernehmen.[641] Da sich nur wenige Interessenten fanden, verlief der Verkauf nur sehr schleppend. Von den angestrebten 35.900 Aktien waren nach 3 Monaten erst etwa 400 verkauft.[642] Deshalb wurde die Emission der Aktien später eingestellt. Schließlich wurden die Prospekte vom Markt genommen, bzw. nicht

---

[635] Unter ihnen die Ex-Präsidenten Dr. Krohn und Dr. Klein, Kicker Sportmagazin Nr. 31 vom 18.4.1991 „HSV als AG-Sorgen".

[636] Kicker Sportmagazin Nr. 31 vom 18.4.1991 a.a.O., siehe auch oben Erster Teil, Vierter Abschnitt I. 2. Bewältigung der gestellten Aufgaben.

[637] Zeichnungsangebot der HSV Sport Aktiengesellschaft vom Dezember 1991.

[638] Das Gelände wurde nicht nur von den Profisportlern des HSV genutzt, sondern auch von Breitensportlern des HSV-Ochsenzoll. Da das Gelände ohne Zusicherung der weiteren Nutzung für den Jugend- und Breitensport verkauft werden sollte, stießen die Pläne auf erheblichen Widerstand, Kicker Sportmagazin Nr. 19 vom 13.2.1992 „Nehmen Sie die Aktie vom Markt".

[639] So die Presseinformation der HSV Sport AG vom 12.12.1991.

[640] Der Spiegel Heft 11/1991, S. 224 „Mit dem Geld von Onkel Paul".

[641] Kicker Sportmagazin Nr. 99 vom 12.12.1991 „Kritik an Hunkes Modell".

[642] Kicker Sportmagazin Nr. 19 vom 13.2.1992 „Nehmen Sie die Aktie vom Markt".

neu gedruckt, weil das Modell unwirtschaftlich war und es an Interessenten fehlte.[643] Zu der ursprünglich geplanten Börseneinführung ist es nie gekommen. Gegenstand der HSV-AG war die „Durchführung von Sport- und Freizeitveranstaltungen, die Vornahme der hierzu notwendigen Investitionen sowie der Bau von Sportanlagen und Gebäuden, die dem Sport bzw. der Sportverwaltung dienen".[644] Außerdem sollte sich die HSV-AG um die Nutzung des Vereinszeichens im In- und Ausland kümmern.[645] Die HSV-AG war also eine Immobilien- und Verwertungs-Aktiengesellschaft, deren Aufgabe sich im Ergebnis darauf beschränkte, Kapital für den Profifußball zu beschaffen.[646] Die Organisation der Lizenzspielerabteilung wurde durch die HSV-AG nicht berührt. Träger der Lizenzspielerabteilung war weiterhin der HSV e.V. Den im ersten Kapitel aufgeworfenen Bedenken trägt eine solche Teilausgliederung daher nicht Rechnung.

Bei genauerer Betrachtung ist die vom HSV gegründete HSV-AG also keine große Neuerung im Lizenzfußballgeschäft gewesen. Denn auch andere Vereine betreiben Kapitalgesellschaften mit zum Teil ähnlichen Zielsetzungen, allerdings in der Rechtsform der GmbH. So bestehen oder bestanden beispielsweise in Gelsenkirchen die „Schalke 04 Marketing GmbH"[647] und in Bochum die „WHH Finanzierungs-GmbH"[648] sowie die am 1.1.1995 gegründete „Bayern München Sport Werbe GmbH".[649] Die Neuerung betraf daher nur die Rechtsform, nicht jedoch die Zwecksetzung der Gesellschaft.

III. Mitwirkungsrechte der Mitgliederversammlung bei einer Ausgliederung

Der Lizenzspielerabteilung kommt nicht nur aufgrund der erheblichen wirtschaftlichen Tätigkeit eine große Bedeutung für den Sportverein zu. Vielmehr ist sie oftmals auch dessen überregionales Aushängeschild. Der Erfolg oder Mißerfolg der Berufsfußballabteilung entscheidet oft maßgeblich über das Ansehen und den Bekanntheitsgrad des gesamten Vereins.[650] Wird nun diese Profiabteilung ausgegliedert, so verliert der Verein dadurch einen wesentlichen und prägenden Teil. Es stellt sich daher die Frage, ob der Vorstand eine derart wesentliche Entscheidung selbständig und alleinverantwortlich treffen kann, oder ob der Mitgliederversammlung bei der Ausgliederung ein Mitspracherecht zusteht.

---

[643] Auskunft eines Mitarbeiters der HSV-Geschäftsstelle, Gespräch vom 15.11.1993.
[644] § 2 Abs. 1 der Satzung der HSV Sport AG (Gegenstand des Unternehmens).
[645] Vgl. § 2 Abs. 2 der Satzung der AG; siehe auch FAZ vom 9.1.1992 „HSV-Aktie 1992 voll dividendenberechtigt"; vgl. auch den Prospekt der HSV Sport AG „Das neue Unternehmen im Sport- und Freizeitmarkt", S. 20 ff.
[646] Vgl. auch FAZ vom 4.5.1992 „Eintracht Frankfurt GmbH gegen Bayern München AG".
[647] Der Spiegel Heft 44/1993, S. 286 „Die Treuhand vom Revier".
[648] Der Spiegel Heft 49/1992, S. 238 „Mit Scheckbuch in der Ehrenloge".
[649] Auskunft einer Mitarbeiterin der Geschäftsstelle von Bayern München in einem Gespräch vom 7.7.1995.
[650] Siehe ausführlich hierzu Erstes Kapitel Erster Abschnitt IV 2. Anwendung des Nebenzweckprivilegs.

130

1. Grundsätzliches Mitwirkungsrecht der Mitglieder

Soweit es sich bei der Ausgliederung um eine Geschäftsführungsmaßnahme handelt, ist hierfür der Vorstand nach § 27 Abs. 2 BGB zuständig. Die Geschäftsführungsbefugnis besteht grundsätzlich für alle Geschäfte, die nicht in die Kompetenzen anderer Organe eingreifen.[651] Nicht zur Geschäftsführung und damit nicht in den Kompetenzbereich des Vorstandes gehört deshalb die Zweck- oder sonstige Satzungsänderung, für die nach § 33 Abs. 1 BGB die Mitgliederversammlung zuständig ist.

Schick[652] ist der Ansicht, daß die Ausgliederung eines wesentlichen Vereinsteils als faktische Satzungsänderung zu beurteilen sei, wenn sich nach erfolgter Ausgliederung die tatsächliche Betätigung des Vereins nicht mehr mit dem Satzungswortlaut decke. Die Mitgliederversammlung sei hierfür gemäß § 33 Abs. 1 BGB zuständig. Es sei dann weiter zu fragen, ob eine faktische Zweckänderung, der alle Mitglieder zustimmen müssen, oder eine faktische sonstige Satzungsänderung vorliege, der nach Satz 1 lediglich drei Vierteile der erschienenen Mitglieder zustimmen müssen.

Kebekus[653] will zwar die abstrakte Richtigkeit dieser These nicht in Abrede stellen. Er nimmt jedoch an, daß die Ausgliederung der Berufsfußballabteilung nicht zu einer faktischen Satzungsänderung führe. Vielmehr bedeute die Ausgliederung der Berufsfußballabteilung die Aufgabe einer satzungswidrigen Tätigkeit, nämlich das Betreiben eines wirtschaftlichen Geschäftsbetriebes. Daher könne aus § 33 Abs. 1 BGB keine Zuständigkeit der Mitgliederversammlung hergeleitet werden.[654]

Bei Beantwortung der Frage, ob und inwieweit eine Mitwirkung der Mitgliederversammlung bei der Ausgliederung der Berufsfußballabteilung erforderlich ist, sind drei in der Praxis denkbare Fallgestaltungen zu unterscheiden: In der ersten Fallgestaltung hat ein Verein in seiner Satzung Bestimmungen betreffend den Unterhalt einer Lizenzspielerabteilung getroffen. Im Rahmen der Ausgliederung wird die Satzungsbestimmung entsprechend geändert. In der zweiten Fallgestaltung sind in der Satzung eines Vereins Bestimmungen betreffend den Lizenzsport wie in der ersten Fallgestaltung enthalten. Im Unterschied zur ersten Fallgestaltung wird der Satzungswortlaut im Rahmen der Ausgliederung jedoch nicht geändert. In der dritten Fallgestaltung besteht keine Bestimmung in der Satzung betreffend den Unterhalt einer Berufsfußballabteilung. Eine Änderung des Satzungswortlauts erfolgt dementsprechend gleichfalls nicht.

Viele Vereine haben - wie im ersten Fall angenommen - in ihren Satzungen geregelt, daß eine Lizenzspielerabteilung unterhalten werden kann oder sogar

---

[651] Palandt-Heinrichs, BGB, § 26 Rdnr. 5, § 27 Rdnr. 4.
[652] Schick in Schick/Rüd, S. 50.
[653] Kebekus, Alternativen, S. 66.
[654] Kebekus a.a.O.

zu unterhalten ist, soweit die Qualifikationsvoraussetzungen erfüllt sind.[655] Bestehen derartige Regelungen, die den Unterhalt der Berufsfußballabteilung als Aufgabe des Vereins normieren, so stellt die Ausgliederung der Berufsfußballabteilung eine Satzungsänderung dar, wenn der Verein im Rahmen der Ausgliederung diese Aufgabe des Vereins aus der Satzung streicht, also den Wortlaut der Satzungsurkunde ändert. Dann liegt unzweifelhaft eine Satzungsänderung vor. Die Ausgliederung kann dann nicht ohne Mitwirkung der Mitgliederversammlung erfolgen. Der Umfang der Mitwirkung richtet sich danach, ob eine Zweck- oder sonstige Satzungsänderung vorliegt.[656]

Es fragt sich, ob die Mitgliederversammlung auch dann zustimmen muß, wenn - wie im zweiten Fall angenommen - im Rahmen der Ausgliederung der Wortlaut der Satzungsurkunde nicht geändert wird, obwohl der Unterhalt der Berufsfußballabteilung als Aufgabe des Vereins in der Satzung normiert ist. Hier ist gleichfalls aus § 33 Abs. 1 BGB zu folgern, daß die Mitgliederversammlung der Ausgliederung zustimmen muß. Denn § 33 Abs. 1 BGB findet auch dann Anwendung, wenn durch Änderung der tatsächlichen Verhältnisse, die Erfüllung einer in der Satzung vorgesehenen Aufgabe oder der Zweck des Vereins im Sinne von § 33 Abs. 1 Satz 2 BGB unmöglich geworden ist.[657] Da nach erfolgter Ausgliederung der Berufsfußballabteilung eine in der Satzung des Vereins normierte Aufgabe - nämlich der Unterhalt der Berufsfußballabteilung - nicht mehr wahrgenommen werden kann, findet § 33 Abs. 1 BGB Anwendung. Die Mitgliederversammlung muß der Ausgliederung also auch in dieser zweiten Fallgruppe zustimmen. Ob eine Mitwirkung gemäß Satz 1 oder Satz 2 erforderlich ist, hängt wieder von der sogleich zu behandelnden Frage ab, ob eine Zweck- oder sonstige Satzungsänderung vorliegt.

In der dritten Fallgestaltung stellt sich schließlich die Frage, ob die Mitglieder auch dann ein Mitwirkungsrecht bei der Ausgliederung haben, wenn sich in der Satzung eines Vereins keine Satzungsbestimmungen betreffend den Unterhalt der Berufsfußballabteilung finden. Da in diesem Fall weder der Satzungswortlaut geändert wird noch aufgrund einer Änderung der tatsächlichen Verhältnisse ein in der Satzung normierter Zweck oder eine dort normierte Aufgabe nicht mehr erreicht werden kann, kann die Mitwirkung der Mitglieder jedenfalls nicht unmittelbar aus § 33 Abs. 1 BGB hergeleitet werden.

Es stellt sich aber die Frage, ob die Mitglieder der Ausgliederung deshalb zustimmen müssen, weil mit der Berufsfußballabteilung ein wesentlicher und wertvoller Teil der Vereins dem unmittelbaren Einfluß der Mitglieder entzogen wird.[658]

---

[655] So etwa § 2 Abs. 3 der Satzung von Borussia VfL 1900 e.V. Mönchengladbach. § 2 der Satzung trägt die Überschrift „Zweck des Vereins".
[656] Zu dieser Abgrenzung sogleich unter 2. Die Ausgliederung als Zweckänderung oder sonstige Satzungsänderung.
[657] So für eine Zweckänderung BGHZ 49, 179, 180.
[658] Das Weisungsrecht der Mitgliederversammlung nach §§ 27 Abs.3, 665 BGB kann nach der Ausgliederung nicht mehr hinsichtlich des ausgegliederten Teils ausgeübt werden.

Für die Aktiengesellschaft hat der BGH entschieden, daß aufgrund eines erheblichen Eingriffs in die Mitgliedschaftsrechte die Ausgliederung eines wertvollen Unternehmensteils der Zustimmung der Hauptversammlung bedarf, auch wenn es sich hierbei nicht um eine Satzungsänderung handelt.[659] Auch für die GmbH ist anerkannt, daß die Ausgliederung wesentlicher Unternehmensteile der Vorlage der Gesellschafterversammlung bedarf,[660] weil durch die Ausgliederung den Gesellschaftern die Möglichkeit genommen wird, unmittelbar auf die Geschäftsführung des auszugliedernden Teilbetriebs einzuwirken.[661] Diese für die wirtschaftlichen Sondervereine aufgestellten Grundsätze sind beim Idealverein entsprechend anzuwenden.[662] Da die Ausgliederung der Berufsfußballabteilung dazu führt, daß wichtige Entscheidungen auf eine Tochtergesellschaft verlagert werden und die Vereinsmitglieder so ihre unmittelbare Einwirkungsmöglichkeit verlieren,[663] müssen diese der Ausgliederung zustimmen.

Auch in dieser dritten Fallgestaltung muß die Mitgliederversammlung also zustimmen. Hinsichtlich der erforderlichen Mehrheit ist die in § 33 Abs. 1 BGB getroffene Wertung heranzuziehen. Führt die Ausgliederung der Lizenzspielerabteilung zu einer Zweckänderung, so ist entsprechend § 33 Abs. 1 Satz 2 BGB die Zustimmung aller Mitglieder erforderlich. Wird die Lizenzspielerabteilung dagegen ausgegliedert, ohne daß dies zu einer Zweckänderung des Vereins führt, so ist entsprechend § 33 Abs. 1 Satz 1 BGB lediglich ein Beschluß von drei Vierteilen der erschienenen Mitglieder erforderlich.

Zusammenfassend ist festzuhalten, daß die Mitgliederversammlung der Ausgliederung in jedem Fall zustimmen muß. Ob alle Mitglieder zustimmen müssen oder nur ein Beschluß von drei Vierteilen der erschienenen Mitglieder erforderlich ist, richtet sich nach der sogleich zu erörternden Frage, ob die Ausgliederung der Berufsfußballabteilung eine Zweckänderung oder lediglich eine sonstige Satzungsänderung darstellt.

2. Die Ausgliederung als Zweckänderung oder sonstige Satzungsänderung

Es bleibt die Frage, ob die Ausgliederung eine Zweckänderung oder eine sonstige Satzungsänderung bedeutet. Denn danach bestimmt sich, ob die Mitgliederversammlung den Ausgliederungsbeschluß nach § 33 Abs. 1 Satz 1 BGB mit einer Mehrheit von drei Vierteilen der erschienenen Mitglieder fassen muß, oder ob der Ausgliederung gemäß § 33 Abs. 1 Satz 2 BGB alle Mitglieder zustimmen müssen.

---

[659] BGHZ 83, 122, 131 f.
[660] Baumbach/Hueck, GmbHG, § 37 Rdnr. 6e; Hachenburg/Mertens, GmbHG, § 37 Rndr. 10; Scholz/ Schneider, GmbHG § 37 Rdnr. 15.
[661] So Segna, ZIP 1997, 1901, 1908.
[662] Vgl. Segna, ZIP 1997, 1901, 1909.
[663] Vgl. BGHZ 83, 122, 136 f.

Zur Bestimmung des Vereinszwecks im Sinne von § 33 Abs. 1 Satz 2 BGB ist dieser Zweck zunächst vom Zweck nach § 21 BGB zu unterscheiden. Der Vereinszweck im Sinne der §§ 21, 22 BGB ist für die Erlangung der Rechtsfähigkeit bedeutsam.[664] Er dient daher öffentlichen Ordnungsinteressen.[665] Dagegen hat der Vereinszweck im Sinne von § 33 Abs. 1 Satz 2 BGB eine lediglich vereinsinterne Funktion. Im Interesse des Minderheitenschutzes wird der Vereinszweck im Sinne von § 33 Abs. 1 Satz 2 BGB weiter ausgelegt als der in § 21 BGB. Er wird daher auch als „oberster Leitsatz der Vereinstätigkeit"[666] oder als „verbandsrechtliche Geschäftsgrundlage"[667]bezeichnet. Daraus folgt, daß nicht bereits jede Zweckergänzung oder Zweckbegrenzung als Zweckänderung im Sinne von § 33 Abs. 1 Satz 2 BGB zu verstehen ist. Voraussetzung für eine solche Zweckänderung ist vielmehr, daß sich der Zweck des Vereins von „Grund auf wandelt",[668] erforderlich ist also eine grundlegende Zweckänderung.[669] Für eine solche restriktive Auslegung spricht auch der Ausnahmecharakter von § 33 Abs. 1 Satz 2 BGB. Denn diese Vorschrift stellt eine Ausnahme von § 33 Abs. 1 Satz 1 BGB dar und ist damit eine Ausnahme des vereinsrechtlichen Mehrheitsprinzips.[670]

Wie bereits dargestellt, läßt sich die Förderung des bezahlten Sports nicht als Teilbereich der satzungsgemäß verstandenen, ausschließlich ideellen Sportförderung der Bundesligavereine bezeichnen. Vielmehr verfolgt die Berufssportabteilung in erster Linie eigenwirtschaftliche Zwecke. Daraus könnte gefolgert werden, daß sich durch die Ausgliederung der Berufssportabteilung der Zweck des Vereins von Grund auf wandeln würde und daher nach § 33 Abs. 1 Satz 2 BGB alle Mitglieder ihr zustimmen müßten.[671]

Dagegen spricht jedoch folgende Überlegung. Die Vereinsmitglieder, zu denen die Berufsfußballspieler nicht zählen,[672] haben sich zu dem Grundzweck bzw. der Leitidee zusammengeschlossen, den Amateursport ideell zu fördern. Diese Ziel ist regelmäßig auch in den Vereinssatzungen als Zweck des Vereins normiert. Die Verfolgung dieses Zwecks wird durch die Ausgliederung des bezahlten Fußballs nicht beeinträchtigt. Die satzungsmäßig verankerten Ziele können auch nach erfolgter Ausgliederung auf ideeller und gemeinnütziger Basis verfolgt werden.

Die Ausgliederung der Berufsfußballabteilung stellt deshalb keine Zweckänderung im Sinne von § 33 Abs. 1 Satz 2 BGB dar. Die erforderliche Mehrheit

---

[664] Siehe dazu und zur Sperrfunktion des § 22 BGB ausführlich oben Erstes Kapitel Erster Abschnitt II. Abgrenzung zum wirtschaftlichen Verein.
[665] Beuthien, BB 1987, 6, 6.
[666] BGHZ 96, 245, 251; vgl. auch Häuser/van Look, ZIP 1986, 753, 754.
[667] K. Schmidt, BB 1987, 556, 560.
[668] So Beuthien, BB 1987, 6, 7.
[669] Meyer/Meulenbergh/Beuthien, GenG, § 63b Rdnr. 6.
[670] Beuthien, BB 1987, 6, 7.
[671] Vgl. auch K. Schmidt BB 1987, 556, 559..
[672] Siehe hierzu oben im Text bei Fußnote 219.

134

der Mitgliederversammlung richtet sich somit nach § 33 Abs. 1 Satz 1 BGB. Die Ausgliederung bedarf daher als sonstige Satzungsänderung bzw. als Ausgliederung eines wertvollen und prägenden Vereinsteils, die keine Zweckänderung darstellt, eines mit einer Mehrheit von drei Vierteilen der erschienenen Mitglieder gefaßten Beschlusses der Mitgliederversammlung.[673]

3. Ergebnis

Die Ausgliederung der Berufsfußballabteilung fällt als Satzungsänderung in den Kompetenzbereich der Mitgliederversammlung. Dieser Satzungsänderung müssen drei Vierteile der auf der Mitgliederversammlung erschienenen Mitglieder zustimmen. Soweit der Verein die Förderung des bezahlten Fußballs als eine Aufgabe in der Satzung normiert hat, folgt das Zustimmungserfordernis unmittelbar aus § 33 Abs. 1 Satz 1 BGB. Hat der Verein dagegen keine derartige Aufgabenbestimmung in der Satzung getroffen, so folgt das Zustimmungserfordernis aus Gründen des Mitgliederschutzes. Denn durch die Ausgliederung wird ein wertvoller und prägender Teil des Vereins auf eine Tochtergesellschaft ausgegliedert und somit dem unmittelbaren Weisungsrecht der Mitgliederversammlung entzogen. Da die Ausgliederung zu keiner Zweckänderung führt, müssen ihr, entsprechend der in § 33 Abs. 1 Satz 1 BGB getroffenen Wertung, drei Vierteile der auf der Mitgliederversammlung erschienenen Mitglieder zustimmen.

IV. Wegfall der steuerlichen Verlustverrechnungsmöglichkeit als Ausgliederungshindernis

Nach erfolgter Ausgliederung werden zwei unterschiedliche Rechtssubjekte die bisherige Amateursportabteilung und die bisherige Profiabteilung tragen. Durch die rechtliche Trennung von Idealverein und Profiabteilung entfällt grundsätzlich die Möglichkeit, die Verluste der Amateurabteilung - soweit diese im Rahmen eines wirtschaftlichen Geschäftsbetriebs entstanden sind -[674] steuerlich bei der Gewinnfeststellung der Profiabteilung in Ansatz zu bringen.[675] Der steuerpflich-

---

[673] Auch Kebekus bejaht im Ergebnis ein Zustimmungserfordernis der Mitgliederversammlung ohne allerdings näher auf die erforderliche Mehrheit einzugehen, Kebekus, Alternativen, S. 67 f., ebenso Segna, ZIP 1997, 1902, 1907. Auch das am 1.1.1995 in Kraft getretene Umwandlungsgesetz sieht gemäß §§ 125, 103 UmwG für die Ausgliederung einen mit einer ¾ Mehrheit gefaßten Beschluß der Mitgliederversammlung vor. Vgl. auch Heermann, ZIP 1998, 1249, 1251
[674] Nur dann ist gemäß § 64 Abs. 2 AO eine Saldierung möglich.
[675] Außerdem unterliegt die Berufsfußballgesellschaft dann gemäß § 23 Abs. 1 KStG dem normalen Körperschaftsteuersatz in Höhe von 45 Prozent für thesaurierte Gewinne statt wie bisher dem ermäßigten Steuersatz in Höhe von 42 Prozent (§ 23 Abs. 2 KStG). Im Rahmen des Steuerentlastungsgesetzes 1999/2000/2001 ist allerdings geplant, den Steuersatz für alle Körperschaften einheitlich mit Wirkung zum 1.1.1999 auf 40% abzusenken.

tige Gewinn der Profiabteilung kann also nicht mehr durch die Verluste der Amateurabteilung gemindert werden.

Allerdings stellt sich dieser Umstand nicht als echtes Ausgliederungshindernis dar.[676] Denn zunächst sind durch den Wegfall der Verlustabzugsmöglichkeit nur solche Vereine betroffen, deren Berufssportabteilung Gewinne erzielt. Soweit die Berufssportabteilung Verluste erwirtschaftet, kann die Steuerlast nicht weiter verringert werden.

Aber selbst wenn die Berufssportabteilung Gewinne erzielt, kommt dem Wegfall der Verlustabzugsmöglichkeit keine große Bedeutung zu. Denn die Umsätze und damit korrespondierend die Verluste der Amateurabteilungen stellen im Verhältnis zum Umsatz der Profiabteilung in der Regel eine zu vernachlässigende Größe dar.[677] Der Wegfall der Verlustabzugsmöglichkeit würde deshalb nur eine geringe wirtschaftliche Einbuße für die Vereine bedeuten.

Außerdem könnte im Einzelfall eine sogenannte gemeinnützige Durchlaufspende[678] der Berufsfußballgesellschaft an den Idealverein wirtschaftliche Nachteile auffangen. Denn soweit der Idealverein nach erfolgter Ausgliederung weiterhin gemeinnützig[679] und Spendenempfänger eine öffentliche Dienststelle ist, können ihm zukommende Spenden gemäß § 9 Nr. 2 KStG bis zu einer Höhe von 5 v.H. des Gesamtbetrages des Einkommens oder 2 v.T. der Summe der gesamten Umsätze als abziehbare Aufwendungen berücksichtigt werden. Auch bei der Gewerbesteuer können gemäß § 9 Nr. 5 GewStG alle Spenden abgezogen werden, die bei der Körperschaftsteuer abzugsfähig sind.

Die Bedeutung des Wegfalls der steuerlichen Verlustabzugsmöglichkeit sollte daher nicht überschätzt werden. Die Verluste der Amateurabteilung sind verhältnismäßig gering. Und durch die gemeinnützige Durchlaufspende können auch weiterhin Zuwendungen an den im Idealverein verbleibenden Amateursport bei der Gewinnfeststellung der Berufsfußballgesellschaft steuermindernd berücksichtigt werden.

V. Wegfall der Breitenwirkung als Ausgliederungsschranke

1. Mögliche Kostentragungspflicht der Polizeieinsätze

Solange Amateurabteilungen und Berufsfußballabteilung in einem Verein integriert sind, profitiert die Berufsfußballabteilung von der Breitenwirkung der Amateursportabteilungen. Diese Breitenwirkung macht sich insofern bemerk-

---

[676] In diesem Sinne Hopt, BB 1991, 778, 784; Zurückhaltung bei Kebekus, Alternativen, S. 113, der die dadurch entstehenden finanziellen Nachteile als bedeutsam ansieht.

[677] Bei unterstellten seit 1994 etwa unveränderten Ausgaben für den Amateur- und Jugendsport (ca. 40 Mio DM, vgl. Fußnote 230) dürften diese - zumindest bei den Erstligavereinen - inzwischen weniger als 5 Prozent des Gesamtumsatzes der Vereine (ca. 950 Mio DM, vgl. Fußnote 47) ausmachen. Siehe auch Fußnoten 268, 292.

[678] Zu den Einzelheiten und zum Begriff der Durchlaufspende Märkle, S. 225 ff., 245.

[679] Vgl. dazu Drittes Kapitel Erster Abschnitt IV. 2. Erhalt der Gemeinnützigkeit.

bar, als die Vereine die Polizeieinsätze bei Bundesligaspielen grundsätzlich nicht bezahlen müssen. Dementsprechend werden bisher die Polizeieinsätze in der Regel aus öffentlichen Mitteln bezahlt.

Zwar bestehen in den meisten Bundesländern keine ausdrücklichen gesetzlichen Vorschriften, nach denen die Kosten, die bei einem Polizeieinsatz anläßlich einer Großveranstaltung anfallen, dem Veranstalter auferlegt werden können.[680] Aber die Vereine befürchten, daß nach einer Ausgliederung der Berufsfußballabteilung entsprechende Regelungen geschaffen werden, aufgrund derer die Fußballgesellschaften die Kosten der polizeilichen Maßnahmen zu tragen hätten.[681]

Ohne an dieser Stelle ausführlich allgemein auf die Problematik der Kostentragungspflicht bei kommerziellen Großveranstaltungen eingehen zu wollen,[682] sollen dennoch diesbezügliche Überlegungen, soweit sie den Bundesligafußball betreffen, angestellt werden.

So wird für eine etwaige Kostentragungspflicht ins Feld geführt, daß nach erfolgter Ausgliederung der Veranstalter eines Bundesligaspiels eine ausschließlich kommerziell tätige Berufsfußballgesellschaft sei.[683] Etwaige Einnahmeüberschüsse der Berufssportabteilung würden nicht mehr dem Breitensport zufließen und somit auch nicht mehr der Allgemeinheit zugute kommen.

Gegen eine Heranziehung zur Kostentragung wird dagegen vorgetragen, daß Vereine und Berufsfußballspieler bereits jetzt eine erhebliche Steuerlast trügen. So entrichteten die Vereine der ersten und zweiten Bundesliga in der Saison 1993/1994 knapp 110 Millionen DM Umsatzsteuer. Die von den Profis zu zahlende Einkommensteuer belief sich in dieser Saison auf etwa 81 Millionen DM.[684] Dem Berufsfußball zusätzlich die Kostentragungspflicht für die Polizeieinsätze aufzuerlegen, könne zu einer finanziellen Erdrosselung führen.[685]

Gegen eine Abwälzung der gesamten Kosten auf die Klubs wird zudem die oftmals schwierige Abgrenzung von Gefahrenabwehr und Strafverfolgung in kostenmäßiger Hinsicht angeführt. Da in der Strafverfolgung keine Wahrnehmung von Interessen des privaten Veranstalters gesehen werden könne, müßten die aus der Strafverfolgung resultierenden Kosten, im Gegensatz zu den Kosten der Gefahrenabwehr, stets von der öffentlichen Hand getragen werden. Mit dieser gesetzlichen Wertung könne eine etwaige Kostenabwälzung auf die Klubs kollidieren. Deshalb sei sie unzulässig.[686]

---

[680] Nach Wegfall des § 81 Abs. 1 BW PolG und der in § 1 HessPolKVO getroffenen Regelung bestehen solche Regelungen insbesondere noch in § 1 Abs. 1 BremKostO und § 1 NdsPolGebO, vgl. aber auch § 87 Abs. 2 BWPolG sowie Gornig/Jahn, S. 271.
[681] Siehe dazu Kalb, DFB-Journal 4/1993, 24.
[682] Vgl. dazu die Übersicht bei Gornig/Jahn, S. 270 ff., sowie die Nachweise bei Röper, DVBl. 1981, 780 f.
[683] So allgemein für kommerzielle Großveranstaltungen, Röper, DVBl. 1981, 780, 781 f.
[684] Kalb, DFB-Journal 4/1993, 26, 27.
[685] In diesem Sinne Gornig/Jahn, S. 278.
[686] So wohl Gornig/Jahn, S. 271 Fußnote 3.

Bei Beantwortung der Frage nach der Kostenverteilung ist zu berücksichtigen, daß die Berufsfußballkapitalgesellschaften nach erfolgter Ausgliederung gemäß § 7 Nr. 4 DFB-Lizenzspielerstatut verpflichtet sind, die Kosten für mindestens 10 beim ausgliedernden Mutterverein bestehende Amateur- und Juniorenmannschaften zu tragen. Insoweit wird auch nach erfolgter Ausgliederung ein Teil der im Bereich des Berufsfußballs vereinnahmten Gelder für den Breitensport verwandt.

Ferner muß in die Beurteilung einfließen, daß die Vereine bei den Spielen bereits eigene oder beauftragte Ordnungskräfte einsetzen, die an den Stadioneingängen und innerhalb des Stadions für die Einhaltung der öffentlichen Sicherheit und Ordnung sorgen.[687] Insoweit besteht bereits jetzt eine Beteiligung der Vereine an den Kosten, die für die Aufrechterhaltung der öffentlichen Sicherheit und Ordnung erforderlich sind.

Dieser bestehenden praktischen Handhabung, die einen Mittelweg in Form einer Kostenteilung darstellt, ist im Grundsatz zuzustimmen. Soweit die in § 25 Abs. 6 der „Richtlinien zur Verbesserung der Sicherheit bei Bundesspielen" normierten Aufgaben wahrgenommen werden,[688] müssen die Vereine die Kosten tragen.[689]

Bezüglich der weiteren Kosten ist zwischen der schlichten Präsenz der Polizei und speziellen Maßnahmen zu unterscheiden. Sofern die Kosten durch die schlichte Präsenz der Polizei entstehen, sind sie vom Verein zu tragen. Denn die schlichte Präsenz der Polizei wird bei sicherheitsempfindlichen Großveranstaltungen wie Fußballbundesligaspielen von allen Besuchern gleichermaßen erwartet. Sie fällt daher in den originären Verantwortungsbereich des Veranstalters. Da die bloße Präsenz zudem eine typische und ausschließliche Aufgabe der Gefahrenabwehr darstellt, läßt sich insoweit auch eine Abgrenzung von Gefahrenabwehr und Strafverfolgung in kostenmäßiger Hinsicht durchführen.

Die Kosten der Wahrnehmung aller weiteren Aufgaben der Polizei wie etwa die Bildüberwachung und -aufzeichnung, die sogenannte einschließende Begleitung oder etwa die Sicherstellung von Gegenständen[690] sind dagegen von

[687] Vgl. zu den einzelnen Aufgaben des Ordnungsdienstes § 25 Abs. 6 der Richtlinien zur Verbesserung der Sicherheit bei Bundesspielen (Anhang 5 zum DFB-Lizenzspielerstatut) sowie die folgende Fußnote.
[688] Das sind etwa Zugangs- und Anfahrtskontrollen an der äußeren und inneren Umfriedung des Stadions, der Schutz sicherheitsempfindlicher Bereiche, das Zurückweisen und Verweisen von Personen, das Überprüfen und Durchsuchen von Stadionbesuchern, die „Wegnahme", das Lagern und ggf. Wiederaushändigen von Gegenständen, die Gewährleistung der Blocktrennung, das Freihalten von Auf- und Abgängen, der Schutz der Spieler und Schiedsrichter, die Regelung des Fahrzeug- und Fußgängerverkehrs und Durchsetzung der Stadionordnung soweit der Veranstalter hierfür verantwortlich ist.
[689] Weitergehend die Forderungen der Deutschen Polizeigewerkschaft und des Münchener Gewerbeverbandes, die alle Kosten auf den Veranstalter abwälzen wollen, die durch den Einsatz von Sicherheitskräften innerhalb des Stadions entstehen (SZ vom 14/15.6.1994 „Organisatoren verbotener Kundgebungen sollen zahlen" und SZ vom 18.4.1995 „Keine Polizei zu Fußballspielen").
[690] Hierzu ausführlicher Manssen, SpuRt 1994, 169, 170 ff.

der öffentlichen Hand zu tragen. Denn hier kann eine Abgrenzung der entstehenden Kosten zwischen Gefahrenabwehr und Strafverfolgung nicht sicher durchgeführt werden. Außerdem sind von diesen polizeilichen Maßnahmen in der Regel nur einzelne Personen betroffen, die nach den Landespolizeigesetzen selbst zur Kostentragung herangezogen werden können.

2. Eigene Nachwuchsförderung der Berufsfußballgesellschaft

Die Trennung von Berufsfußballabteilung und Amateursportbereich wirft die Frage auf, wie die Berufsfußballgesellschaft Nachwuchsspieler rekrutieren kann. Bisher können die Vereine talentierte Nachwuchsspieler bereits frühzeitig, das heißt als Jugendspieler, zum eigenen Verein holen. In den Jugendmannschaften des Vereins können die Spieler an den Lizenzkader herangeführt werden, um dann relativ nahtlos in die Profimannschaft hineinzuwachsen. Diese Möglichkeit fällt mit der Trennung von Amateur- und Berufssport weg. Daher sollten die Berufsfußballgesellschaften eine eigene Abteilung unterhalten, die ausschließlich für Nachwuchsspieler zuständig ist. Eine solche Abteilung könnte die Nachwuchsspieler nicht nur sportlich betreuen, sondern ihnen eine Rundumversorgung bieten, die etwa die Unterkunft und Verpflegung der Spieler einschließt.[691] Eine über ein Taschengeld hinausgehende Entlohnung sollte den Nachwuchsspielern dagegen nicht gewährt werden.

Vierter Abschnitt: Anwendbarkeit des Umwandlungsgesetzes

Durch das am 1.1.1995 in Kraft getretene neue Recht der Unternehmensumwandlung wurden die bisherigen Möglichkeiten der Umwandlung erheblich erweitert.[692] So hat das neue Umwandlungsgesetz nicht nur zu einer einheitlichen Kodifizierung der bisher in verschiedenen Einzelgesetzen verstreuten Vorschriften geführt, sondern insbesondere die Gestaltungsmöglichkeiten und den Anwendungsbereich des Gesetzes erweitert.

Im Gegensatz zur früheren Rechtslage[693] können nach §§ 1, 149 UmwG nunmehr auch Idealvereine an einer Umwandlung beteiligt sein. Zudem ist die Ausgliederung erstmals ausdrücklich geregelt worden. Dazu wird in der Gesetzesbegründung ausgeführt, die im Vergleich zu anderen Rechtsformen fehlende Möglichkeit zur Beschaffung von Eigenkapital lasse das Bedürfnis entstehen, rechtsfähige Vereine in Kapitalgesellschaften und Genossenschaften umzuwandeln. Außerdem habe sich insbesondere bei solchen Idealvereinen ein Bedürfnis für Umwandlungen gezeigt, die sich im Laufe der Zeit zu einem wirtschaftlichen Verein entwickelt haben und sich daher teilen oder eine nach wirt-

---

[691] Ein derartiges Sportinternat besteht beispielsweise beim FC Bayern München, dazu U. Hoeneß, Schriftenreihe des Württembergischen Fußballverbandes, S. 11.
[692] Siehe dazu die Übersicht bei Lüttge, NJW 1995, 417 ff.
[693] Dazu Kebekus, Alternativen, S. 60 f.

schaftlichen Grundsätzen betriebene Abteilung ausgliedern möchten, wie dies in der Öffentlichkeit z.b. für die Lizenzspielerabteilung eines Fußballvereins erörtert und verlangt werde.[694] Eine Unternehmensumstrukturierung unter Anwendung der Vorschriften des Umwandlungsgesetzes ist daher auch für die Fußballbundesligavereine von Interesse.

Für die Bundesligavereine kommt in erster Linie eine Spaltung nach §§ 123 ff. UmwG in Form der Ausgliederung gemäß § 123 Abs. 3 UmwG in Betracht. Bei der Ausgliederung überträgt der alte Rechtsträger einen oder mehrere Vermögensteile im Wege der Sonderrechtsnachfolge auf einen anderen Rechtsträger. Im Gegenzug erhält der alte Rechtsträger Anteile des neuen Rechtsträgers. Soweit dieser Rechtsträger bereits besteht, spricht man von einer Ausgliederung zur Aufnahme. Wird er neu gegründet, handelt sich um eine sogenannte Ausgründung.[695] Die Bundesligavereine können daher umwandlungsrechtlich im Wege der Ausgründung oder Ausgliederung zur Aufnahme ihre Berufsfußballabteilung auf eine AG, GmbH oder - soweit dies gesellschaftsrechtlich zulässig ist[696] - eine eG übertragen.[697]

Voraussetzung der Ausgliederung ist nach § 149 UmwG, daß die Satzung des Vereins und das Landesrecht nicht entgegenstehen.[698] Zudem muß gemäß §§ 125, 103 UmwG die Mitgliederversammlung mit einer Mehrheit von mindestens ¾ der abgegebenen Stimmen der Ausgliederung zustimmen. Neben den Vorschriften des Umwandlungsgesetzes müssen grundsätzlich auch die allgemeinen Gründungsvorschriften betreffend die wirtschaftlichen Sondervereine beachtet werden. Denn diese werden durch das Umwandlungsgesetz nicht ersetzt.[699]

Die durch das Umwandlungsgesetz geschaffene Erleichterung betrifft insbesondere den Übergang von Rechten und Verbindlichkeiten auf einen anderen Rechtsträger. Grundsätzlich müssen Rechte und Verbindlichkeiten im Wege der Einzelrechtsnachfolge auf einen Dritten übergehen. Die Übertragung von Verbindlichkeiten bedarf zudem gemäß §§ 414 ff. BGB grundsätzlich der Zustimmung des Gläubigers. Diese Rechtssituation wurde durch das neue Umwandlungsgesetz verbessert. Denn es ermöglicht die Überleitung von Passiva und Aktiva im Wege einer partiellen Gesamtrechtsnachfolge. Eine Zustimmung der Gläubiger sowie eine Einzelrechtsnachfolge sind nicht mehr erforderlich.[700]

---

[694] BT Drucks. 12/6699 S. 73.
[695] Mayer in Widmann/Mayer, UmwG, Band II, Spaltung Rdnr. 13.
[696] Hierzu ausführlicher Drittes Kapitel Dritter Abschnitt: Die Ausgliederung der Berufsfußballabteilung auf eine eingetragene Genossenschaft.
[697] Vgl. zu den Umwandlungsmöglichkeiten von Idealvereinen nach dem neuen UmwG ausführlicher Orth, Profigesellschaften, S. 88 f. sowie Habersack, S. 46 ff.
[698] Zur Satzungsänderung siehe oben Dritter Abschnitt III. Mitwirkungsrechte der Mitgliederversammlung.
[699] § 135 Abs. 2 UmwG.
[700] Mayer in Widmann/Mayer, UmwG, Band II Spaltung Rdnr. 8. Siehe zur Gesamtrechtsnachfolge auch Heermann, ZIP 1998, 1249, 1252 f.

Ob eine Ausgliederung nach dem Umwandlungsgesetz den Fußballbundesligavereinen im Ergebnis Vorteile bringt,[701] kann abstrakt kaum beurteilt werden. Gegen eine Ausgliederung könnte die in § 133 Abs. 1 Satz 1 UmwG normierte gesamtschuldnerische Haftung für solche Verbindlichkeiten sprechen, die vor dem Wirksamwerden der Ausgliederung begründet wurden.[702] Für eine Anwendung des Umwandlungsgesetzes spricht neben der partiellen Gesamtrechtsnachfolge die Vermeidung der Aufdeckung stiller Reserven.[703] Die meisten stillen Reserven der Vereine waren allerdings in den Spielerwerten vorhanden, insbesondere wenn Spieler aus der eigenen Jugendabteilung kamen.[704] Nach Erlaß des sogenannten Bosman-Urteils und dem damit verbundenen Wegfall der Aktivierung der Spielerwerte ist ein großer Teil der stillen Reserven daher bereits entfallen.

Fünfter Abschnitt: Sportspezifische Gewinnausschüttungsregelungen

Es fragt sich, ob in Anlehnung an im europäischen Ausland bestehende Gestaltungen der Gesellschaftsvertrag der Berufsfußballgesellschaft besondere Regelungen hinsichtlich Form und Ausmaß der Gewinnausschüttung vorsehen sollte.

I. Begrenzte Gewinnausschüttung

Es ist zu überlegen, ob entsprechend der etwa in England[705] bestehenden Regelung, auch in Deutschland ein beschränktes Gewinnausschüttungsverbot im Gesellschaftsvertrag festgeschrieben werden sollte.[706] In England wurde diese Regelung in erster Linie deshalb eingeführt, um zu verhindern, daß Berufsfußballgesellschaften ausschließlich aus Gründen des Profits betrieben werden. Angesichts der seit einigen Jahren erheblich zunehmenden Kommerzialisierung des Berufsfußballs und dem wachsenden Profitstreben der Berufsfußballer erscheint eine solche Beschränkung allerdings überholt.[707] Die Berufsfußballgesellschaften werden wie andere Unternehmen der Unterhaltungsindustrie am

---

[701] Siehe zu den steuerlichen Vorteilen der Ausgliederung, insbesondere zur Vermeidung der Aufdeckung stiller Reserven, Lüttge, NJW 1995, 417, 421 f.

[702] Siehe aber die Nachhaftungsbegrenzungsmöglichkeit in § 133 Abs. 3 UmwG. Zu weiteren Nachteilen aus Sicht der Praxis, Mayer in Mayer/Widmann, UmwG, Band II Spaltung Rdnr. 315.

[703] Dies kann allerdings auch außerhalb des Anwendungsbereichs des UmwG erreicht werden.

[704] Mangels Anschaffungskosten waren diese mit 1,-- DM zu bilanzieren.

[705] Siehe oben im Text bei Fußnote 500. Wie dargestellt, bedeutet diese Regelung in der Praxis aber keine Einschränkung.

[706] So Kebekus, Alternativen, S. 94, unter Hinweis auf den Zweck der Berufsfußballgesellschaft, ohne diesen allerdings zu spezifizieren.

[707] In Italien wurde die früher bestehende Beschränkung 1996 abgeschafft. In Frankreich soll sie 1999 abgeschafft werden (Zweiter Abschnitt 2. a) Italien, b) Frankreich).

Wirtschaftsleben teilnehmen.[708] Es gibt daher keinen Grund, die Berufsfußball-gesellschaften besonderen Beschränkungen bei der Gewinnausschüttung zu unterwerfen. Zumal die Beschränkungen potentielle Anteilseigner abschrecken könnten und dadurch den von einigen Vereinen mit der Ausgliederung ange-strebten Kapitalzufluß behindern würden.[709] Eine generelle Begrenzung der Gewinnausschüttung ist daher abzulehnen. Da auch der DFB keine solche Re-gelung fordert, sollte der Gesellschaftsvertrag der Berufsfußballkapitalgesell-schaft keine Begrenzung der Gewinnausschüttung vorsehen.

II. Sportspezifische Ausschüttung der Gewinne

Erwirtschaftet die Berufsfußballgesellschaft Gewinne, so müssen diese nicht notwendig in Geld ausgeschüttet werden. Vielmehr kann die Verbandsverfas-sung vorsehen, daß die Gewinne in Sachleistungen, etwa in Produkten der Ge-sellschaft, ausgezahlt werden.[710] Der Ergebnisverwendungsbeschluß oder ein gesonderter Gesellschafterbeschluß kann die Auszahlung in Sachleistungen auch wahlweise neben der Auszahlung in Geld anbieten.[711] So könnte der Ge-winn einer Berufsfußballgesellschaft etwa in Form einer Eintrittskarte für ein Bundesligaspiel ausgeschüttet werden. Auch an einen außergewöhnlichen Fanartikel als Gewinnanteil, beispielsweise handsignierte Trikots der Spieler, ist zu denken. Für Aktionäre mit größeren Beteiligungen, etwa für Geschäfts-leute, könnte die Gewinnauszahlung in Form von Werbeaktionen - zum Beispiel einer Autogrammstunde im eigenen Unternehmen - erfolgen.

Diese Form der Gewinnauszahlung kommt den Klubs insoweit entgegen, als liquide Mittel in der Regel knapp sein werden. Außerdem kann diese Art der Gewinnausschüttung für den Klub zugleich Werbung in eigener Sache bedeu-ten. Allerdings werden derartige Gewinnausschüttungen nicht bei allen Gesell-schaftern auf Akzeptanz stoßen. Der Gewinnverwendungsbeschluß sollte daher alternativ die Auszahlung in Geld oder in Sachleistungen vorsehen, damit jeder Gesellschafter die Art der Gewinnauszahlung selbst auswählen kann.

Sechster Abschnitt: Fakultative Ausgliederungsmöglichkeit oder Rechts-formzwang

Bisher war es nach dem DFB-Lizenzspielerstatut nur Idealvereinen erlaubt, am Spielbetrieb der ersten oder zweiten Fußballbundesliga teilzunehmen. Gemäß

---

[708] Nach Scholz/Aulehner, SpuRt 1996, 44, 46, gleicht die Stellung der Profifußballer derje-nigen von freiberuflich tätigen Entertainern aus der Unterhaltungsbranche.
[709] Siehe aber zu den Aktionären englischer Fußballaktien, die überwiegend wegen erwar-teter Kurssteigerungen investieren, oben im Text bei Fußnote 503.
[710] Zur AG vgl. Lutter in Kölner Komm, AktG, § 58 Rdnr. 107. Derartige Regelungen können nach § 29 Abs. 3 GmbHG auch bei der GmbH getroffen werden, Scholz/Emmerich, GmbHG, § 29 Rdnr. 151, vgl. auch §§ 19 Abs. 2, 48 Abs. 1 GenG.
[711] Für die GmbH Scholz/Emmerich, GmbHG, § 29 Rdnr. 129.

142

der auf dem DFB-Bundestag am 24. und 25. Oktober 1998 beschlossenen Neufassung der DFB-Satzung und des DFB-Lizenzspielerstatuts dürfen jetzt auch Kapitalgesellschaften (AG, GmbH und KG aA) am Ligabetrieb teilnehmen. Gemäß der Neufassung ist es jedem einzelnen Verein freigestellt, ob er seine Berufsfußballmannschaft auf einen anderen Rechtsträger ausgliedern oder im Idealverein belassen will. Aus dieser Neuregelung folgen zwei Fragestellungen, die im folgenden näher untersucht werden sollen: Zunächst stellt sich die Frage, ob durch die lediglich fakultative Ausgliederungsmöglichkeit eine Sogwirkung für die nicht ausgliedernden Vereine entstehen kann. Ferner ist zu klären, welche Probleme in Zusammenhang mit dem Auf- und Abstieg einer Mannschaft bei lediglich fakultativer Ausgliederung entstehen können.

I. Sogwirkung bei nur fakultativer Ausgliederungsmöglichkeit

Nachdem den Vereinen die Ausgliederung nunmehr freigestellt ist, werden diejenigen Vereine, die bereits die wirtschaftlichen und organisatorischen Voraussetzungen für eine Ausgliederung geschaffen haben, ihre Lizenzspielerabteilung noch 1999 ausgliedern. Die übrigen Vereine werden ihre Berufssportabteilung zunächst weiterhin im Idealverein belassen. Diese Situation könnte dazu führen, daß der jeweils zuständige Rechtspfleger einem Idealverein - unter Hinweis auf die erhebliche wirtschaftliche Tätigkeit und die nach der DFB-Satzung und dem DFB-Lizenzspielerstatut bestehende Ausgliederungsmöglichkeit - vor die Wahl stellt, entweder die wirtschaftliche Tätigkeit der Berufsfußballabteilung auszugliedern oder die Rechtsfähigkeit zu verlieren.
Sofern also einem Verein nach den Bestimmungen des DFB-Lizenzspielerstatuts die Möglichkeit der Ausgliederung offen steht, verringert sich die Hemmschwelle des zuständigen Rechtspflegers, dem Idealverein die Rechtsfähigkeit zu entziehen. Das kann dazu führen, daß Vereine, die eigentlich die für eine Ausgliederung notwendigen Vorkehrungen noch nicht getroffen haben oder eine Ausgliederung ablehnen, trotzdem ihre Berufsfußballabteilung ausgliedern müssen, wenn sie die Rechtsfähigkeit nicht verlieren wollen. Insofern kann der eingeräumte fakultative Rechtsformwechsel zu einer Sogwirkung führen, der faktisch einem Ausgliederungszwang gleichkommt.
Allerdings können, wie oben dargestellt, die Fußballbundesligavereine in der Rechtsform des Idealvereins verbleiben, wenn das BGB-Vereinsrecht und das DFB-Verbandsrecht entsprechend modifiziert werden.[712] Durch die Umsetzung der Modifikationen kann die oben beschriebene Sogwirkung also vermieden werden. Die Vereine würden sich dann zulässigerweise in der Rechtsform des Idealvereins betätigen.
Sofern die Modifikationen nicht umgesetzt werden, besteht allerdings die beschriebene Gefahr der Sogwirkung. Wie dargestellt, sind die Verwaltungsbehörden aufgrund des Verhältnismäßigkeitsgrundsatzes allerdings verpflichtet,

---

[712] Erstes Kapitel Erster Abschnitt IV. 3. Rechtsfolgen für die Vereine.

dem betroffenen Fußballverein den Entzug der Rechtsfähigkeit mindestens ein Jahr zuvor anzukündigen, damit dieser dem Entzug der Rechtsfähigkeit durch entsprechende Umstrukturierungen vorbeugen kann.[713] Angesichts dieser Ankündigungspflicht und der damit einhergehenden Umstrukturierungsmöglichkeit ist die Gefahr der Sogwirkung als weniger beeinträchtigend einzuschätzen, als ein vom DFB verordneter Rechtsformzwang. Ein Rechtsformzwang ist daher abzulehnen. Der vom DFB getroffenen Regelung, gemäß der den Vereinen die Ausgliederung der Berufsfußballabteilung auf einen externen Rechtsträger freigestellt ist, ist daher zuzustimmen.

II. Aus dem Auf- und Abstieg einer Mannschaft resultierende Schwierigkeiten

Da die Fußballvereine nicht verpflichtet sind, ihre Berufsfußballabteilungen auf einen externen Rechtsträger auszugliedern, entstehen beim Aufstieg einer Mannschaft in die erste oder zweite Liga keine Probleme. Da auch der Idealverein am Ligabetrieb teilnehmen darf, kann die Berufsfußballabteilung zunächst im Idealverein verbleiben. Entscheidet sich der Verein auszugliedern, so kann er dies grundsätzlich jederzeit und ohne Zeitdruck tun. Allerdings sollte nur der Rechtsträger, dem der DFB zu Beginn einer Saison die Lizenz erteilt hat, für den Spielbetrieb dieser Saison teilnahmeberechtigt sein. Eine Übertragung der Lizenz während der Saison auf einen anderen Rechtsträger sollte in der Regel nicht erlaubt sein, da dadurch der Spielbetrieb gestört werden könnte.[714]

Auch der Abstieg bereitet keine zusätzlichen Probleme. Steigt eine Berufsfußballgesellschaft aus der ersten Bundesliga in die zweite Bundesliga ab, so darf sie weiterhin am Spielbetrieb in der Rechtsform der Kapitalgesellschaft teilnehmen. Denn auch am Spielbetrieb der zweiten Fußballbundesliga sind Berufsfußballgesellschaften teilnahmeberechtigt.[715] Steigt die Berufsfußballgesellschaft aus der zweiten Liga in die Regionalliga ab, so erlischt automatisch das Mitgliedschaftsverhältnis zwischen ihr und DFB. Sofern der zuständige Regionalverband die Teilnahme von Kapitalgesellschaften an der Regionalliga nicht zuläßt, muß die erste Herrenmannschaft auf den Idealverein zurück übertragen werden und dieser sodann die Zulassung zum Spielbetrieb beim zuständigen Regionalverband beantragen.

---

[713] Siehe vorhergehende Fußnote.

[714] So auch im Grundsatz § 35a Nr. 1 und 4 der DFB-Satzung. Nach § 35a Nr. 1b DFB-Satzung kann allerdings die Lizenz während der laufenden Saison mit Zustimmung des Ligaausschusses vom Idealverein auf die Berufsfußballkapitalgesellschaft übertragen werden. Das setzt voraus, daß diese zuvor das Lizenzierungsverfahren erfolgreich durchlaufen hat.

[715] §§ 1, 8 Nr. 4 DFB-Satzung, § 7 Nr. 1 lit a DFB-Lizenzspielerstatut. Auch an der einzuführenden zweigleisigen Regionalliga sollten Kapitalgesellschaften teilnahmeberechtigt sein. Vgl. zu diesbezüglichen Überlegungen beim Westdeutschen Fußballverband Fuhrmann/Pröpper, SpuRt 1999, Heft 2 Anm. 5.

144

Ferner ist es denkbar, daß die Berufsfußballgesellschaft unabhängig von Auf-
oder Abstieg die Berufsfußballmannschaft auf den Idealverein zurück überträgt
oder an Dritte veräußert. Die Berufsfußballgesellschaft würde dann - soweit sie
keine andere wirtschaftliche Tätigkeit ausübt - wirtschaftlich zusammenbrechen
und als bloßer Mantel verbleiben. Dadurch könnte die Gefahr entstehen, daß
wirtschaftlich nicht mehr tätige Fußballkapitalgesellschaften von Dritten nur ihrer Firma und Rechtspersönlichkeit wegen erworben werden.[716]
    Zunächst ist festzustellen, daß eine solche Mantelverwendung nicht in den
Anwendungsbereich von § 23 HGB[717] fällt, grundsätzlich zulässig ist[718] und
auch praktisch - allerdings vornehmlich aus steuerlichen Gründen - häufig vor-
kommt.[719] Von Interesse könnte die Mantelverwendung im Bereich des Berufsfußballs aus zwei Gründen sein: Ein möglicher Käufer könnte an der Nutzung
etwa bestehender Verluste der Berufsfußballgesellschaft und an der Vermarktung der Firma, soweit diese einen besonderen Bekanntheitsgrad hat, Interesse
haben.
    Hinsichtlich der Firma der Berufsfußballgesellschaft ist festzustellen, daß die-
se kaum für eine Mantelverwendung attraktiv sein wird. Denn die Berufsfußballgesellschaft wird - wie dargestellt - nicht den Vereinsnamen originär führen,
sondern lediglich das Logo des Vereins vermarkten und als Markennamen benutzen dürfen.[720] Hierbei handelt es sich um eine lediglich schuldrechtliche
Rechtsposition, die mit der Rückführung der Berufsfußballmannschaft in den
Idealverein in der Regel auf diesen zurück übertragen werden wird.
    Auch etwaige Verluste der Berufsfußballgesellschaft wird ein möglicher Er-
werber der Gesellschaft nach Übertragung der Berufsfußballmannschaft auf
den Idealverein oder einen dritten Rechtsträger im Hinblick auf § 8 Abs. 4 KStG
mangels wirtschaftlicher Identität regelmäßig nicht nutzen können.[721] Insgesamt
erscheint die tatsächliche Gefahr der Mantelverwendung im Bereich des Berufsfußballs daher gering.
    Um die bestehende geringe Gefahr auszuschließen, könnte der DFB ver-
bandsrechtlich eine Verpflichtung zur Einleitung eines Auflösungsverfahrens für
den Fall normieren, daß die Berufsfußballgesellschaft die Profimannschaft auf
den Idealverein oder einen anderen Rechtsträger überträgt, auf den die Berufsfußballgesellschaft keinen beherrschenden Einfluß ausübt. Dies kann etwa
dadurch erfolgen, daß der DFB die Spielberechtigung des neuen Rechtsträgers
der Berufsfußballmannschaft davon abhängig macht, daß der alte Träger ein

---

[716] In diese Richtung gehende Bedenken bei K. Schmidt, AcP 182 (1982), 1, 29.
[717] So ausdrücklich Baumbach/Hopt, HGB, § 23 Rdnr. 1.
[718] Baumbach/Hopt, HGB, § 23 Rdnr. 1; Baumbach/Hueck, GmbHG, § 3 Rdnr. 14, Scholz/
Emmerich, GmbHG, § 3 Rdnr. 20 ff.; Priester DB 1983, 2291, 2298 jeweils m.w.N.
[719] Vgl. etwa die Kommentierung zu § 8 Abs. 4 KStG.
[720] Siehe Erster Abschnitt: Umfang der auszugliedernden Tätigkeiten. Siehe außerdem zur
entsprechenden Satzungsgestaltung Fuhrmann/Pröpper, SpuRt 1999 Heft 2, 13.
[721] Ausführlicher zu der Neuregelung des § 8 Abs. 4 KStG und Gestaltungsmöglichkeiten
Rosenbach/Zieren, DB 1996, 1943, 1645 ff.

Auflösungsverfahren eingeleitet hat. Eine solche Verpflichtung sollte aber nur dann eingreifen, wenn im Einzelfall tatsächlich die Gefahr einer verbandsrechtlich unerwünschten Mantelverwertung besteht.

III. Ergebnis

Die Neuregelung des Lizenzspielerstatuts ist insofern zu begrüßen, als es jedem einzelnen Klub der Profiligen freigestellt ist, ob er seine Berufsfußballmannschaft ausgliedern will oder nicht. Zwar kann ein solcher fakultativer Rechtsformwechsel die Gefahr eines faktischen Zwangs in Richtung auf eine Ausgliederung begründen. Da aber die Verwaltungsbehörden einem betroffenen Verein den Entzug der Rechtsfähigkeit ohnehin mindestens ein Jahr vorher ankündigen müssen, hat auch bei nur fakultativer Ausgliederung jeder Verein die Möglichkeit, einem Entzug der Rechtsfähigkeit durch eine entsprechende Umstrukturierung zuvorzukommen.

Aus dem Auf- und Abstieg eines Vereins folgen keine besonderen Schwierigkeiten. Die Gefahr der Mantelverwendung ist als gering einzustufen. Um sie ganz auszuschalten, können entsprechende verbandsrechtliche Kontrollen eingeführt werden.

Siebenter Abschnitt: Ergebnis des zweiten Kapitels

Durch eine satzungsmäßige Angleichung der inneren Vereinsleitungsstruktur an das Recht der Kapitalgesellschaften und eine stärkere Kontrolle der wirtschaftlichen Leistungsfähigkeit durch den DFB, insbesondere durch eine verbandsrechtliche Begrenzung der zulässigen Höchstausgaben pro Verein und Jahr für Spielergehälter, kann einem Teil der im ersten Kapitel dieser Arbeit näher dargestellten Schwierigkeiten adäquat begegnet werden. Insbesondere kann so der trotz steigender Umsatzzahlen wachsenden Verschuldung der Vereine wirksam begegnet werden.

Diese Reformen führen allerdings weder zu der von einigen Vereinen gewünschten Kapitalzufuhr noch tragen sie dem vereinsrechtlichen und gemeinnützigkeitsrechtlichen Bedenken Rechnung. Ferner kann dadurch weder eine organisationsrechtliche Trennung von Amateur- und Berufssport noch eine gesellschaftsrechtliche Einbindung von Sponsoren oder anderen Kapitalgebern erreicht werden.

Ein rechtsvergleichender Blick auf die Ausgestaltung des bezahlten Fußballs in anderen europäischen Nationen zeigt, daß viele europäischen Nationen den Vereinen eine Ausgliederung der Berufsfußballabteilung auf eine Kapitalgesellschaft oder eine sonstige Umwandlung erlaubt oder sogar vorgeschrieben haben. Von vielen Spitzenklubs wird zudem eine Börsennotierung in naher Zukunft angestrebt. Nachdem lange Zeit nur britische Klubs und ein dänischer Klub an der Börse notiert waren, sind seit Mitte 1997 weitere Klubs insbeson-

146

re aus Dänemark, Italien, Holland und der Schweiz gefolgt. Es ist davon auszugehen, daß 1999 weitere Klubs aus den genannten Ländern sowie aus Spanien
an die Börse gehen werden.[722]
Die Ausgliederung der Berufsfußballabteilung sollte nicht nur alle mit dem
Berufsfußball unmittelbar und mittelbar zusammenhängende Tätigkeiten erfassen, sondern auch die Forderungen und Verbindlichkeiten, die dem bisherigen
Lizenzfußballbereich zuzuordnen sind. Nicht übertragen werden sollte die Firma
des Idealvereins.
Abzugrenzen ist eine derartige Ausgliederung vom Modell der HSV Sport Aktiengesellschaft aus dem Jahre 1991. Im Unterschied zum hier zu diskutierenden Modell war die HSV-AG nicht Rechtsträger der Berufsfußballmannschaft.
Soweit die Förderung des Berufsfußballs in der Satzung eines Idealvereins
als Aufgabe normiert ist, bedarf die Ausgliederung als Satzungsänderung gemäß § 33 Abs. 1 Satz 1 BGB der Zustimmung von ¾ der auf der Mitgliederversammlung abgegebenen Stimmen. Auch wenn derartige Bestimmungen fehlen,
bedarf die Ausgliederung entsprechend der von § 33 Abs. 1 Satz 1 BGB getroffenen Wertung aus Gründen des Mitgliederschutzes eines - mit gleicher
Mehrheit zu fassenden - Beschlusses der Mitgliederversammlung.
Geringe wirtschaftliche Einbußen können nach erfolgter Ausgliederung neben
dem um 3 Prozent erhöhten Körperschaftsteuersatz durch den Wegfall der
steuerlichen Verlustverrechnungsmöglichkeit entstehen. Allerdings kann darin
wegen der verhältnismäßig geringen finanziellen Einbuße kein Ausgliederungshindernis für die Vereine gesehen werden. Ferner ist zu berücksichtigen, daß
im Rahmen des Steuerentlastungsgesetzes 1999/2000/2002 geplant ist, den
Körperschaftsteuersatz einheitlich auf 40% zu senken. Die Besserstellung von
Idealvereinen würde dann entfallen. Zudem können durch gemeinnützige
Durchlaufspenden weiterhin Zuwendungen von der Fußballgesellschaft an den
Idealverein fließen, die bei deren Gewinnfeststellung steuermindernd in Ansatz
gebracht werden können.
Den Klubs obliegt eine Kostentragungspflicht hinsichtlich der erforderlichen
Einsätze von Sicherheitskräften, soweit die Kosten entweder durch die in § 25
Abs. 6 der „Richtlinien zur Verbesserung der Sicherheit bei Bundesspielen" ge-
nannten Aktivitäten oder durch die schlichte Präsenz der Polizei entstehen. Eine weitergehende Kostentragungspflicht ist abzulehnen, da sich eine Abgrenzung der durch die Gefahrenabwehr entstehenden Kosten von den aus der
Strafverfolgung resultierenden Kosten nicht sicher durchführen läßt. Ferner
spricht gegen eine weitere Kostentragungspflicht, daß die Spieler und Vereine
bereits eine erheblich Steuerlast tragen.

[722] Nach Einschätzung der britischen Nat West Markets werden bis Ende 1999 etwa 12
weitere kontinental-europäische Profiklubs an der Börse notiert sein (zitiert nach der FAZ
vom 20.8.1997 „Südeuropas renommierte Fußballklubs stürmen an die Börse").

Nach erfolgter Ausgliederung sollte die Berufsfußballgesellschaft durch eine verstärkte eigene Nachwuchsförderung den Wegfall des Amateurunterbaus ausgleichen.

Durch das am 1.1.1995 in Kraft getretene neue Umwandlungsrecht haben die Bundesligavereine grundsätzlich die Möglichkeit, die Berufsfußballabteilung auf eine AG, GmbH oder eG in Anwendung des Umwandlungsgesetzes auszugliedern. Durch die dort normierte partielle Gesamtrechtsnachfolge können in zivilrechtlicher Hinsicht insbesondere die Rechte und Verbindlichkeiten der Vereine einfacher übertragen werden. In steuerlicher Hinsicht kann die Aufdeckung stiller Reserven vermieden werden. Allerdings sind auch im Rahmen einer Ausgliederung nach dem Umwandlungsgesetz die Gründungsvorschriften betreffend die wirtschaftlichen Sondervereine grundsätzlich zu beachten.

Hinsichtlich der Gewinnausschüttung sollten im Gesellschaftsvertrag der Berufsfußballgesellschaft keine Beschränkungen festgelegt werden. Anstatt in Geld kann der Gewinn auch in Sachleistungen - etwa in Form von Eintrittskarten - ausgezahlt werden.

Der erfolgten Neuregelung, nach der den Vereinen lediglich eine fakultative Ausgliederung eröffnet wurde, ist insoweit zuzustimmen. Zwar wird dadurch die Gefahr eines faktischen Zwangs in Richtung Ausgliederung geschaffen. Diese Gefahr ist aber angesichts der Pflicht der Behörden, einen Verein mindestens ein Jahr vor dem Entzug der Rechtsfähigkeit hiervon zu unterrichten, als weniger beeinträchtigend einzuschätzen, als ein vom DFB verordneter Rechtsformzwang. Die Gefahr der Mantelverwertung ist praktisch gering und kann ganz kontrolliert werden, indem der DFB die Berufsfußballgesellschaften und gegebenenfalls die Einleitung des Auflösungsverfahrens überwacht.

Drittes Kapitel: Rechtsformspezifische Risiken und Chancen der Ausgliederung

Als Träger der Lizenzfußballabteilung kommen insbesondere die wirtschaftlichen Sondervereine, für die § 22 BGB auf das AktG, GmbHG und das GenG verweist, in Betracht. Nachfolgend soll daher die Praktikabilität der Ausgliederung auf eine Aktiengesellschaft, eine Gesellschaft mit beschränkter Haftung und eine eingetragene Genossenschaft untersucht werden. Jede dieser Gesellschaftsformen bietet verschiedene rechtliche Gestaltungsmöglichkeiten, auf die im einzelnen einzugehen ist.

Erster Abschnitt: Die Ausgliederung auf eine Aktiengesellschaft

I. Die Gründung einer Berufsfußball-AG

Im folgenden sollen zunächst die in Betracht kommenden Gründer einer Berufsfußball-AG ermittelt werden. Danach wird näher darauf eingegangen, welche Möglichkeiten der Erbringung des Grundkapitals bestehen.

1. Mögliche Gründer der Berufsfußball-AG

Bisher erforderte die Gründung einer AG gemäß § 2 AktG a.f. mindestens 5 Gründer. Es stellte sich daher die Frage, welche Rechtssubjekte als Gründer einer Berufsfußball-AG in Betracht kommen.[723] Durch die Neuregelung des Aktiengesetzes[724] hat diese Frage an praktischer Relevanz verloren. Denn gemäß § 2 AktG n.f. läßt nunmehr (ebenso wie das GmbHG) auch das Aktiengesetz die Einpersonengründung zu. Da durch diese Neuregelung aber die Mehrpersonengründung nicht ausgeschlossen wird, s⸍ ̈ kurz dargestellt werden, wer als möglicher Gründer der Berufsfußball-AG in Betracht kommt.

a) Der Idealverein

An erster Stelle ist der ausgliedernde Idealverein selbst zu nennen. Der Idealverein ist als juristische Person rechtsfähig und kann somit als solche Gründer der Berufsfußball-AG sein.[725]

b) Der nichtrechtsfähige Verein

Für den Bundesligaverein könnte sich die Frage stellen, ob er auch nach einem möglichen Entzug der Rechtsfähigkeit gemäß § 43 Abs. 2 BGB[726] als nichtrechtsfähiger Verein Gründer einer AG sein kann. Die früher vorherrschende Auffassung verneinte diese Frage mit der Begründung, daß der nichtrechtsfähige Verein mangels Rechtsfähigkeit nicht Träger von Rechten und Pflichten sein könne und daher auch keine Mitgliedsrechte erwerben könne.[727] Heute ist jedoch - ungeachtet aller Meinungsverschiedenheiten im Detail - anerkannt, daß

---

[723] Vgl. dazu auch Ch. Müller, Rechtsfragen, S. 130 f.; Kebekus, Alternativen, S. 71 ff.

[724] Vgl. das am 10.8.1994 in Kraft getretene Gesetz für kleine Aktiengesellschaften und zur Deregulierung des Aktienrechts.

[725] Zur Frage, ob diese Beteiligung vom Idealzweck gedeckt ist, sogleich unter IV 1. Erhalt der Eintragungsfähigkeit des ausgliedernden Idealvereins.

[726] Siehe dazu Erstes Kapitel Erster Abschnitt IV. 3. Rechtsfolgen für die Vereine.

[727] Godin/Wilhelmi, AktG, § 2 Anm. 5; Meyer-Landrut in GroßKomm, AktG, § 2 Anm. 9; Eckardt in Geßler/Hefermehl, AktG, § 2 Rdnr. 24; Kraft in Kölner Komm, AktG, § 2 Rdnr. 23, 30.

Gesamthandsgemeinschaften Gründer einer Kapitalgesellschaft sein können.[728] Der Idealverein kann also auch nach einem etwaigen Entzug der Rechtsfähigkeit Gründer einer Berufsfußball-AG sein.

c) Die Kommune als Gründer

Als weitere Gründer kommen die örtliche Gemeinde oder Stadt in Betracht. Diese können rein zivilrechtliche Rechtspositionen beanspruchen und somit Träger privatrechtlicher Rechte und Pflichten sein. Soweit gemeinderechtliche Vorschriften nicht entgegenstehen, können also auch sie Gründer einer Berufsfußball-AG sein.

d) Weitere Gründer

Im übrigen kommt jede sonstige juristische oder natürliche Person als Gründer der Berufsfußball-AG in Betracht, so beispielsweise dem Verein nahestehende Persönlichkeiten, die gegenwärtigen Mitglieder des Vereinsvorstandes oder andere wichtige Vereinsmitglieder.

2. Mögliche Erbringung des Grundkapitals

Gemäß § 7 AktG verlangt die AG ein Mindestgrundkapital von 100.000,-- DM. Diese gesetzliche Mindestgröße wird durch § 8 Nr. 9 DFB-Lizenzspielerstatut auf DM 5.000.000,-- erhöht. Gemäß dieser Vorschrift erteilt der DFB einer Berufsfußball-AG nur dann eine Lizenz, wenn die Gesellschaft mindestens über ein Grundkapital in Höhe von DM 5.000.000,-- verfügt. Auf dieses Grundkapital sind die Einlagen zu leisten. Mit Leistung der Einlage erhält der Gründer die Aktien mit entsprechendem Nenn- bzw. Ausgabewert.

a) Bar- oder Sachgründung

Das AktG unterscheidet zwischen zwei verschiedenen Möglichkeiten der Einlagenerbringung. Die Einlagen können entweder in Geld erbracht werden (sogenannte Bargründung). Oder die Einlagen werden durch entsprechende Sachwerte der Gründer erbracht (sogenannte Sachgründung). Die Sachgründung bietet gegenüber der Bargründung den Vorteil, daß nicht notwendig Geldmittel vorhanden sein müssen. Vielmehr können stattdessen vorhandene Sachwerte als Einlagen erbracht werden. Insofern scheint die Sachgründung angesichts der überwiegend dünnen Liquiditätsdecke der meisten Fußballbun-

---

[728] BGH NJW 1994, 2356, 2358; Hüfer, AktG, § 2 Rdnr. 10; zur GmbH Baumbach/Hueck, GmbHG, § 1 Rdnr. 34, 32; zur Genossenschaft Beuthien/Ernst, ZHR 1992, 227, 236.

desligavereine[729] für diese attraktiver zu sein.[730] Zudem ist zu berücksichtigen, daß bei vielen Vereinen das wesentliche Vermögen im Lizenzspielerkader gebunden ist.[731] Es liegt daher nahe, diesen wirtschaftlichen Wert in die AG einzubringen. Soweit die Lizenzspielerabteilung überhaupt einlagefähig sein sollte, wird dies nur in Form der Sacheinlage möglich sein,[732] hingegen nicht im Rahmen einer Bargründung.

Die Sachgründung hat aber auch Nachteile gegenüber der Bargründung. Da es im Rahmen der Sachgründung zunächst den Gründern obliegt, die einzubringenden Güter zu bewerten, besteht die Gefahr, daß die Sacheinlagen überbewertet und die Einlagen deshalb wirtschaftlich nicht voll erbracht werden. Dadurch könnten insbesondere spätere Gläubiger gefährdet werden. Um das zu verhindern, hat der Gesetzgeber bestimmte Sicherungen geschaffen, die dem Schutz der Gläubiger bei einer Sachgründung dienen. So schreibt § 27 Abs. 1 AktG beispielsweise vor, daß für Sacheinlagen bestimmte Festsetzungen in der Satzung erfolgen müssen. Weitere Sicherungsvorschriften enthalten die §§ 32 Abs. 2, 33 Abs. 2 Nr. 4, 41 Abs. 3, 38 Abs. 2 Satz 2 AktG. Durch diese Vorschriften wird die Sachgründung zwar erschwert, sie stellen aber im Ergebnis kein Hindernis dar.

Um die Vorteile einer Bar- und Sachgründung zu verbinden, könnte man daran denken, zunächst eine Bargründung mit einem Mindestkapital von 100.000,-- DM vorzunehmen, um im Anschluß daran eine Kapitalerhöhung mittels Sacheinlagen gemäß § 183 AktG durchzuführen.[733] Allerdings finden auch bei einer Kapitalerhöhung durch Sacheinlagen besondere Gläubigerschutzvorschriften Anwendung.[734] Insbesondere kann auch hier, wie bei der Sachgrün-

---

[729] Siehe Erstes Kapitel Dritter Abschnitt I. Die wirtschaftliche Leistungsfähigkeit der Fußballbundesligavereine.

[730] Bei einer Börseneinführung am *Neuen Markt* ist allerdings zu berücksichtigen, daß diese eine Barkapitalerhöhung voraussetzt (siehe unten im Text bei Fußnote 902). Ferner ist eine Sachgründung aufgrund des erforderlichen Sachgründungsberichts und des Werthaltigkeitsgutachtens mit höheren Kosten als eine Bargründung verbunden.

[731] So Hopt, BB 1991, 778, 782. Allerdings verfügen die Vereine Bayern München, Bremen, Leverkusen und Kaiserslautern über beträchtliches Immobilienvermögen (Holzhäuser im Handelsblatt vom 21./22.11.1997 „Fußball-Aktien sind eine Investition in den Sport und nicht ins Big Business").

[732] Dazu sogleich b) bb) ddd) Die Spielerwerte.

[733] Entsprechende Planungen bestehen bei Borussia Mönchengladbach. So lautete die der ordentlichen Mitgliederversammlung von Borussia Mönchengladbach e.V. am 4.2.1999 vorgelegte Beschlußvorlage wie folgt: "Präsidium und Aufsichtsrat werden ermächtigt, den Verein in der Weise neu zu gliedern, daß die Lizenzspielerabteilung des Vereins ... auf die VfL Borussia Mönchengladbach AG übertragen wird. Die Übertragung erfolgt im Wege einer Kapitalerhöhung gegen Sacheinlage nach den Regeln des Aktienrechts. Die Ausgliederung und die Übertragung soll unter Aufrechterhaltung des Spielbetriebs des Lizenzspielerabteilung nach den Bestimmungen des DFB im Laufe des Jahres 1999 erfolgen." (Internet Hompepage Borussia Mönchengladbach vom 19.1.1999)

[734] Nach § 183 Abs. 3 Satz 1 und 2 AktG ist auch hier eine Prüfung und ein Prüfungsbericht erforderlich. Die Vorschriften der §§ 33 Abs. 3 bis 5, 34 Abs. 2 und 3, 35 AktG über die

dung, das Gericht die Eintragung gemäß § 183 Abs. 3 Satz 3 AktG ablehnen, wenn der Wert der Sacheinlage nicht unwesentlich hinter dem Nennbetrag der dafür zu gewährenden Aktien zurückbleibt.

Soweit also die erforderlichen liquiden Mittel seitens des Vereins fehlen,[735] ist die Sachgründung oder die Bargründung mit anschließender Sachkapitalerhöhung für die Berufsfußball-AG am geeignetsten. Im folgenden ist daher näher zu untersuchen, welche sacheinlagefähigen Güter ein Fußballbundesligaverein in die zu gründende Berufsfußball-AG einbringen kann.

b) Sacheinlagefähige Güter eines Fußballbundesligavereins

aa) Der Begriff der Sacheinlage

Bevor untersucht werden kann, welche Sacheinlagen für den Verein in Betracht kommen, ist zunächst der Begriff der Sacheinlage näher zu bestimmen. In § 27 AktG hat der Gesetzgeber eine Negativdefinition und eine Positivdefinition getroffen. Gemäß § 27 Abs. 1 Satz 1 AktG sind Sacheinlagen die Einlagen, die „nicht durch Einzahlung des Nennbetrages oder des höheren Ausgabebetrages der Aktien zu leisten sind". Hingegen wird in dem 1979 neu eingefügten Abs. 2 die Sacheinlage positiv umschrieben. Danach können Sacheinlagen „nur Vermögensgegenstände sein, deren wirtschaftlicher Wert feststellbar ist". Die Umschreibung in Abs. 2 schränkt also die Bestimmung von Abs. 1 Satz 1 der Vorschrift ein.[736] Trotz der 1979 getroffenen Neuregelung bestehen noch heute Schwierigkeiten bei der genauen Bestimmung des Begriffs der Sacheinlage.

aaa) Bewertbarkeit der Einlage

Der Sacheinlage muß gemäß § 27 Abs. 2 AktG ein wirtschaftlich feststellbarer Wert zukommen. Daß dieser wirtschaftliche Wert objektiv feststellbar sein muß, folgt bereits aus dem Erfordernis, daß die Sacheinlage wertmäßig einem bestimmten Nenn- oder Ausgabebetrag von Aktien entsprechen muß.[737] Allerdings stellt sich die umstrittene weitere Frage, ob über den Wortlaut hinaus die Aktivierbarkeit eines Gegenstandes Voraussetzung für seine Eignung als Sacheinlage ist.

Sachgründung finden entsprechende Anwendung. Soweit falsche Angaben gemacht werden, ist das zudem auch nach § 399 Abs. 1 Nr.1 AktG strafbewehrt.
[735] Nicht mehr als vier bis fünf Vereine der ersten Fußballbundesliga dürften über die für eine Bargründung erforderlichen liquiden Mittel in Höhe von mindestens DM 5.000.000,– verfügen (vgl. § 8 Nr. 9 DFB-Lizenzspielerstatut).
[736] Vgl. dazu Eckhardt in Geßler/Hefermehl, AktG, § 27 Rn. 7.
[737] Kraft in Kölner Komm, AktG, § 27 Rdnr. 14.

152

Nach der insbesondere früher vorherrschenden Meinung galt es als selbstverständlich, daß die Sacheinlage aktivierungsfähig sein müsse.[738] Aber seit der Entscheidung des BGH vom 16. Februar 1959[739] wurde diese Ansicht zunehmend in Zweifel gezogen. In der Entscheidung hatte der BGH ausgeführt, daß es für die Sacheinlagefähigkeit eines Gegenstandes nicht darauf ankommen könne, ob dieser im wörtlichen Sinne bilanzierbar sei. Ausreichend sei vielmehr, daß ein irgendwie faßbarer Vermögenswert vorhanden sei. Daraus wurde gefolgert, daß die Aktivierungsgrundsätze in diesem Zusammenhang keinen zwingenden Maßstab mehr bilden könnten. Ihnen könne lediglich indizierende Bedeutung zukommen.[740]

Von anderer Seite wurde der früher herrschenden Auffassung vorgeworfen, sie sei nicht streng genug.[741] Die bloße Aktivierbarkeit eines Gegenstandes sei wenig aussagekräftig für seinen wirtschaftlichen Wert, sie könne daher nur die unterste Grenze der Sacheinlagefähigkeit bilden.[742] Sacheinlagefähig seien nur solche Gegenstände, die ein vorsichtiger Kaufmann auch tatsächlich bilanzieren dürfe.[743]

Um die Eignung eines Gegenstandes zur Sacheinlage bestimmen zu können, ist der Zweck der Vorschriften über die Einlagen heranzuziehen. Danach soll im Interesse der Gläubiger und Gesellschafter sichergestellt werden, daß das aufgebrachte Gesellschaftsvermögen mindestens dem Grundkapital entspricht.[744] Nur dieser Zweck, nicht dagegen die bilanzmäßige Behandlung, kann Beurteilungsgrundlage für die Eignung eines Gegenstandes als Sacheinlage sein.[745] Deshalb kann es auf eine Aktivierbarkeit des die Sacheinlage bildenden Gegenstandes nicht ankommen. Es reicht aus, wenn der Gegenstand einen gegenwärtig faßbaren Vermögenswert hat.[746]

Dagegen spricht auch nicht der vorgetragene Einwand, daß die Gesellschaft mangels Aktivierungsfähigkeit der Einlage bereits in der Eröffnungsbilanz einen Bilanzverlust aufweisen könne.[747] Da die Aktionäre mit einer solchen Sacheinlage einverstanden waren, müssen sie die erschwerte Gewinnausschüttung, die aus der Verkürzung der Aktivseite folgt, hinnehmen.[748]

[738] Vgl. die Nachweise bei Hachenburg/Ulmer, GmbHG, § 5 Rdnr. 32; siehe auch Groh, DB 1988, 514, 520.
[739] BGHZ 29, 300, 304 zur Sacheinlagefähigkeit einer Operettenkomposition.
[740] Hüffer, NJW 1979, 1065, 1067; ders., AktG, § 27 Rdnr. 22 m.w.N; für die nicht anders zu beurteilende Frage bei der GmbH Scholz/Winter, GmbHG, § 5 Rdnr. 43.
[741] Vgl. Bork, ZHR 154 (1990) 205, 232.
[742] Kritisch auch K. Schmidt, Gesellschaftsrecht, S. 523 f.
[743] Ballerstedt, ZHR 127 (1965) 92, 96.
[744] Zur GmbH Scholz/Winter, GmbHG, § 5 Rdnr. 43.
[745] Hachenburg-Ulmer, GmbHG, § 5 Rdnr. 32.
[746] Hachenburg-Ulmer, GmbHG, § 5 Rdnr. 32; Baumbach/Hueck, GmbHG, § 5 Rdnr. 23 m.w.N.
[747] Eckardt in Geßler/Hefermehl, AktG, § 27 Rdnr. 8; Kraft in Kölner Komm, AktG, § 27 Rdnr. 14.
[748] Hüffer, AktG, § 27 Rdnr. 22.

Außerdem kann der Gegenstand, soweit er einen gegenwärtig faßbaren Vermögenswert hat, regelmäßig ohnehin in der gesellschaftsrechtlichen Eröffnungsbilanz ausgewiesen werden.[749] Die Bilanzfähigkeit folgt also regelmäßig aus der Sacheinlagefähigkeit. Sie kann deshalb als Indiz für die Sacheinlagefähigkeit eines Gutes herangezogen werden.[750]

bbb) Übertragbarkeit der Einlage

Neben dem Erfordernis der Bewertbarkeit muß ein Gegenstand, damit er als Sacheinlage geleistet werden kann, übertragbar sein. Das folgt bereits aus § 36a Abs. 2 AktG, wonach die Sacheinlage an die Gesellschaft zu leisten ist, also übertragbar sein muß.[751] Die Einlage muß aber nicht nur an die Gesellschaft geleistet werden, sondern ihr auch zur freien Verfügung stehen. Denn nur dann ist sie Gläubigerinteressen zugänglich und zur realen Kapitalaufbringung geeignet.[752] Daher ist eine Aussonderung aus dem Vermögen des Einlegers erforderlich.[753]

ccc) Ergebnis

Vermögensgegenstände sind sacheinlagefähig, wenn sie einen gegenwärtig faßbaren Vermögenswert haben und in dem Sinne übertragbar sind, daß sie der Gesellschaft zu freien Verfügung stehen. Dagegen setzt die Sacheinlagefähigkeit nicht voraus, daß der Gegenstand in der Bilanz aktivierbar ist.

bb) Mögliche Gegenstände der Sacheinlage

aaa) Übertragung von Sachanlagen im Sinne von § 266 Abs. 2 A II HGB

Der Normalfall der Sacheinlage ist die Sachanlage im Sinne von § 266 Abs. 2 A II HGB. Darunter sind Wirtschaftsgüter der Vereine wie etwa Grundstücke, das Vereinsheim, das Stadion oder sonstige Sportstätten zu fassen. Derartige Güter können ohne rechtliche Schwierigkeiten als Sacheinlage geleistet werden.

---

[749] Hachenburg-Ulmer, GmbHG, § 5 Rdnr. 32; Scholz/Winter, GmbHG, § 5 Rdnr. 43; vgl. auch Kraft in Kölner Komm, AktG, § 27 Rdnr. 17.
[750] Baumbach/Hueck, GmbHG, § 5 Rdnr. 23; Hüffer, NJW 1979, 1065, 1067.
[751] Vgl. Eckardt in Geßler/Hefermehl, AktG, § 27 Rn. 9; Kraft in Kölner Komm, AktG, § 27 Rdnr. 15 m.w.N.
[752] Hüffer, AktG, § 27 Rdnr. 23, 26; Hachenburg-Ulmer, GmbHG, § 5 Rdnr. 35; Baumbach/Hueck, GmbHG, § 5 Rdnr. 23 m.w.N.
[753] Hüffer, AktG, § 27 Rdnr. 23; Scholz/Winter, GmbHG, 35 Rdnr. 44 m.w.N.

Allerdings sind die wenigsten Vereine noch Eigentümer „ihres" Stadions.[754] Die meisten Stadien stehen im Eigentum der Gemeinden oder sonstiger Dritter. Auch andere von den Vereinen genutzte Immobilien stehen nicht selten im Eigentum Dritter.[755] Eine Übertragung als Sacheinlage ist in diesen Fällen nicht möglich.

Aber selbst wenn der Idealverein Eigentümer einer von ihm genutzten Immobilie sein sollte, so wird er in der Regel seine Eigentümerstellung behalten wollen. Denn einige der vereinseigenen Immobilien, wie zum Beispiel ein Vereinsheim oder auch ein Teil der Trainingsstätten, werden nicht nur von der Profiabteilung, sondern auch von den Amateursportabteilungen genutzt. Der ausgliedernde Verein wird daher darauf bedacht sein, sich diese Nutzungsrechte langfristig zu erhalten. Am zuverlässigsten wird das gelingen, wenn er seine starke Rechtsposition, die er als Eigentümer hat, beibehält.[756]

Soweit also Sachanlagen aus den genannten Gründen nur begrenzt als Sacheinlage im Sinne von § 27 Abs. 1 AktG in Betracht kommen, stellt sich die weitere Frage, ob der Idealverein auch schuldrechtliche Nutzungsrechte an Immobilien oder anderen Sachen als Sacheinlage in die Berufsfußball-AG einlegen kann.

bbb) Gebrauchsüberlassung von Sachanlagen

Die Sacheinlagefähigkeit von schuldrechtlichen Nutzungsrechten setzt entsprechend der Bestimmung des Begriffs der Sacheinlage voraus, daß das Nutzungsrecht übertragbar ist und ihm ein gegenwärtig faßbarer Vermögenswert zukommt.[757]

(1) Übertragbarkeit

Sofern im Einzelfall keine Übertragungsbeschränkungen bestehen,[758] können schuldrechtliche Rechtspositionen gemäß § 398 BGB oder 413 BGB übertragen werden. Allerdings muß die Gesellschaft den einzulegenden Gegenstand zur freien Verfügung haben, der Gegenstand muß also aus dem Vermögen des

---

[754] Lediglich die Stadien von Kaiserslautern und St. Pauli stehen im Eigentum der Vereine. Das Stadion in Leverkusen gehört dem Konzern (Holzhäuser in einem Gespräch mit dem Verfasser vom 1.12.1994). Dortmund ist über eine Betreiber-GmbH zu 45% Miteigentümer des Westfalenstadions (SZ vom 31.7.1997 „Immobilienprojekte, Börsengang und ein bißchen Pipifax"). Borussia Mönchengladbach beabsichtigte etwa 200 Millionen DM in den Bau eines neuen Stadions zu investieren, das im Oktober 1999 fertig sein soll (Perlitz/von Winter, S. 9). Nachdem die Finanzierung durch Banken gescheitert war, sollen die nötigen finanziellen Mittel durch einen Börsengang Ende 1999 beschafft werden (RP vom 26.1.1999 „Schwerer Börsengang").
[755] Vgl. aber Fußnote 731.
[756] In diese Richtung auch Knauth, Rechtsformverfehlung, S. 166 f.
[757] Siehe oben aa) Der Begriff der Sacheinlage.
[758] Vgl. etwa §§ 399, 400 BGB.

Einlegers ausgesondert werden.[759] Daher ist neben der Abtretung des Nutzungsanspruchs eine Übertragung des Besitzes am Nutzungsobjekt aus dem Vermögen des Einlegers in das Vermögen der Gesellschaft erforderlich.[760]

(2) Gegenwärtig feststellbarer Wert

In der Regel hat ein schuldrechtliches Nutzungsrecht auch einen wirtschaftlichen Wert. Feststellbar ist der Wert des Nutzungsrechtes aber nur dann, wenn eine Mindestnutzungsdauer feststeht,[761] und diese nicht nur sehr kurz ist. Aus diesem Grund ist es für die Bewertbarkeit des Gegenstandes erforderlich, daß die aus dem Nutzungsvertrag folgende Rechtsposition mindestens über das Ende des jeweiligen Wirtschaftsjahres hinaus von Bestand ist.[762] Insbesondere darf die Mindestnutzungsdauer nicht durch die Vereinbarung eines ordentlichen Kündigungsrechtes vor Ablauf der Mindestnutzungsdauer gefährdet werden.[763]

Obligatorische Ansprüche auf Gebrauchsüberlassung sind daher einlagefähig, soweit der zugrunde liegende Vertrag nicht vor Ablauf eines Wirtschaftsjahres gekündigt werden kann und eine Mindestlaufzeit bestimmt ist.[764]

Der dadurch geleistete Vermögenswert wird allerdings relativ gering sein. Dieser Vermögenswert wird nämlich durch den Wert des Miet- oder Pachtvertrages bestimmt und daher nicht notwendig von der Höhe der einzelnen monatlichen Zahlungen.[765]

(3) Ergebnis

Auch Vereine, die entweder nicht Eigentümer von Immobilien oder sonstigen Sachwerten sind oder ihre bestehende Eigentümerstellung nicht aufgeben wollen, können ihr Nutzungsrecht an Stadien oder sonstigen durch den Verein genutzten Einrichtungen als Sacheinlage einbringen. Voraussetzung ist allerdings, daß das Nutzungsrecht mindestens über das jeweilige Wirtschaftsjahr hinaus von Bestand ist, und der Besitz der Sache in das Vermögen der Berufsfußball-AG übertragen wird.

---

[759] Siehe oben aa) bbb) Übertragbarkeit der Einlage.

[760] Hüffer, AktG, § 27 Rdnr. 26; Scholz/Winter, GmbHG, § 5 Rdnr. 46 m.w.N.

[761] Hüffer, AktG, § 27 Rdnr. 26; ähnlich auch Bork, ZHR 154 (1990), 205, 236.

[762] Vgl. Meyer-Landrut/Miller/Niehus, HGB, §§ 238- 335 Rdnr. 295, 296.

[763] Bork, ZHR 154 (1990), 205, 234.

[764] Hüffer, AktG, § 27 Rdnr. 26; für die GmbH Baumbach/Hueck, GmbHG, § 5 Rdnr. 25 jeweils m.w.N.; a.A. für Nutzungsansprüche gegen den Einleger selbst insbesondere Knobbe-Keuk, ZGR 1980, 214, 217; für Grundstücke verneinend K. Schmidt, ZHR 154 (1990), 237, 257; offengelassen von BGH NJW 1994, 2760, 2762.

[765] Darauf weist Kebekus hin, vgl. Kebekus, Alternativen, S. 82; zur Berechnung des Wertes Bork, ZHR 154 (1990), 205, 234.

ccc) Das Namensrecht des Vereins

Als weitere mögliche Sacheinlage ist an das Namensrecht des Vereins zu denken.[766] Die Namen und Logos sämtlicher Fußballbundesligavereine besitzen einen erheblichen Verkehrswert. Die Vereine erzielen durch die Vermarktung ihres Namens oder Logos, insbesondere aus dem Verkauf von Fanartikeln,[767] erhebliche Einnahmen. Dieser in dem Namen oder Logo des Vereins verkörperte Wert läßt sich in zweierlei Hinsicht als Sacheinlage in die zu gründende Berufsfußball-AG einbringen.

Zunächst können Name und Logo des Vereins als Geschäfts- oder Firmenwert im Sinne von § 255 Abs. 4 HGB in die Berufsfußball-AG eingelegt werden. Allerdings können das Logo und der Name nicht isoliert, sondern nur zusammen mit dem Unternehmen übertragen werden.[768] Dem Unternehmen steht ein Unternehmensteil gleich, soweit dieser „für sich allein als Unternehmen geführt werden und selbständig am Wirtschaftsleben teilnehmen könnte ... und über eine entsprechende Organisation, über Mitarbeiter, Kundenbeziehungen und dergleichen" verfügt.[769] Da die Berufsfußballabteilung diese Merkmale erfüllt, steht sie diesbezüglich einem Unternehmen gleich. Allerdings ist zu bedenken, daß die regelmäßig sehr hohen Verbindlichkeiten der Berufsfußballabteilung gemäß § 255 Abs. 4 Satz 1 a.E. HGB in die Bewertung des Firmenwertes einfließen.

Statt der Einbringung des Vereinsnamens selbst kann der ausgliedernde Verein auch lediglich das Vermarktungsrecht am Namen als Sacheinlage leisten.[770]

Die Einlage von Vereinsnamen oder Verwertungsrecht hat allerdings den Nachteil, daß der Idealverein seinen Namen nicht mehr originär führen kann und zudem der Gläubigerzugriff auf diese Rechte erleichtert wird.[771] Aus diesen Gründen wäre es daher vorteilhafter, die Berufsfußball-AG im Rahmen kurzfristiger Lizenzverträge mit den nötigen Rechten auszustatten.[772]

---

[766] Hopt, BB 1991, 778, 781; Kebekus, Alternativen, 82 ff.

[767] Aus dem Verkauf von Fanartikeln konnte der FC Bayern München in der Saison 1994/1995 Einnahmen in Höhe von etwa 20 Millionen DM erzielen, so der Manager von Bayern München U. Hoeneß in FOCUS Heft 26/1995, S. 156 „Der 100-Millionen-Kassensturz". In der Saison 1996/1997 erzielte FC Bayern München allein mit dem Verkauf der FC Bayern München Bettwäsche einen Umsatz in Höhe von 25 Millionen DM (Handelsblatt vom 25.9.1997). In den nächsten zehn Jahren soll allein der Fanartikelumsatz des Vereins auf über 300 Millionen DM jährlich gesteigert werden (Perlitz/von Winter. S. 8).

[768] So ausdrücklich § 23 HGB; vgl. auch Kraft in Kölner Komm, AktG, § 27 Rdnr. 36; Scholz/Winter, GmbHG, § 5 Rdnr. 50.

[769] Adler/Düring/Schmalz, HGB, § 255 Rdnr. 260.

[770] Vgl. Hopt, BB 1991, 778, 782 Fußnote 34.

[771] Vgl. Schlindwein, Profigesellschaften, S. 69.

[772] Steuerlich hätte das zudem den Vorteil, daß die Lizenzeinnahmen beim Idealverein grundsätzlich als steuerfreie Einnahmen aus Vermögensverwaltung zu behandeln wären. Ferner hätte dies den Vorteil, das die AG dem Idealverein jährlich ein bestimmtes Entgelt für die Nutzung zu zahlen hätte. Auf diese Weise kann der gemäß § 7 Nr. 4 Satz 2 DFB-

ddd) Die Spielerwerte

Neben dem Namen und Logo ist ein großer Teil der Vermögenswerte bei vielen Vereinen im Lizenzspielerkader gebunden. Daher liegt die Überlegung nahe, den in den Spielern verkörperten Wert als Sacheinlage einzubringen. Mangels Bewertbarkeit der Spieler können diese nicht selbst als Sacheinlage geleistet werden.[773] Aber dennoch verkörpern die Lizenzspieler einen gewissen Wert. Es stellt sich daher die Frage, in welchem Recht dieser Wert zum Ausdruck kommt und ob dieses Recht sacheinlagefähig ist.[774]

Ein solches sacheinlagefähiges Recht könnte in der Spielerlaubnis für einen Spieler im Sinne von § 26a DFB-Lizenzspielerstatut zu sehen sein. Diese Erlaubnis erhält der Verein auf Antrag vom DFB. Sie begründet für den Verein das ausschließliche Recht, den Spieler in allen Spielen seiner Lizenzspielermannschaft einsetzen zu dürfen.[775] Eine solche Spielerlaubnis muß, um sacheinlagefähig zu sein, einen feststellbaren Wert haben sowie übertragbar sein.[776]

Bis zum Erlaß des sogenannten Bosman-Urteils konnte der Wert der Spielerlaubnis anhand der zu erzielenden Tranferentschädigung ermittelt werden,[777] auf die der abgebende Verein in der Regel einen Anspruch hatte. Da zudem die Spielerlaubnis gemäß § 26 Nr. 4 DFB-Lizenzspielerstatut dadurch übertragen werden kann, daß der Arbeitsvertrag zwischen Spieler und Verein beendet wird,[778] konnte die Spielerlaubnis als Sacheinlage im Sinne von § 27 AktG geleistet werden.

Mit Erlaß der Bosman-Urteils und des Kienas-Urteils des BAG[779] ist das bisherige Transfersystem innerhalb der EU und Deutschlands weggefallen. Bei einem Spielerwechsel hat der abgebende Verein daher in der Regel keinen Anspruch mehr auf die Zahlung einer Transferentschädigung. Damit ist die Bewertbarkeit der Spielerlaubnis entfallen. Sie ist daher auch nicht mehr sacheinlagefähig.[780] Die Spielerlaubnis kann daher im Rahmen einer Sachgründung nicht als Sacheinlage geleistet werden.

Lizenzspielerstatut erforderliche Mitteltransfer von der Berufsfußballkapitalgesellschaft zum Mutterverein durchgeführt werden.

[773] Kritisch Ströfer, BB 1982, 1087, 1095, der in diesem Zusammenhang befürchtet, der Mensch werde zum Rechtsobjekt degradiert.

[774] Bedenken bei Hopt, BB 1991, 778, 782, allerdings aufgrund des Vorbescheids des BFH vom 13.5.1987.

[775] Vgl. § 26 Nr. 2 lit. d DFB-Lizenzspielerstatut.

[776] Zum Begriff der Sacheinlage aa) Der Begriff der Sacheinlage.

[777] BFH NJW 1993, 222, 223; ausführlicher zur Ermittlung der Höhe der Transferentschädigung nach bisheriger Rechtslage Haaga, Schriftenreihe des Württembergischen Fußballverbandes, S. 39 sowie Fußnote 780.

[778] BFH NJW 1993, 222 f.

[779] BAG NZA 1997, 647 ff.

[780] Siehe zu Alternativgestaltungen nach Wegfall der Transferentschädigung oben im Text bei Fußnote 64 f. Da sich jedoch die Höhe einer an die Stelle der Transferentschädigung tretenden Ausgleichszahlung nicht sicher bestimmen läßt, sind auch diese nicht sacheinla-

eee) Die Lizenz des Vereins

Der Bundesligaspielbetrieb wird vom DFB als Veranstalter durchgeführt. An die Bewerber, die die Voraussetzungen des § 5 DFB-Lizenzspielerstatut erfüllen, erteilt der DFB mittels Vertrages gemäß § 4 Nr. 1 DFB-Lizenzspielerstatut eine Lizenz. Aufgrund dieser Nutzungserlaubnis darf der Bewerber am Spielbetrieb der jeweiligen Bundesliga ein Jahr teilnehmen.[781] Es ist zu überlegen, ob die Lizenz des Vereins als Sacheinlage erbracht werden kann.

Zunächst stellt sich allerdings die Frage, ob der DFB diese einjährige Nutzungserlaubnis auch nach erfolgter Ausgliederung weiterhin dem Idealverein erteilen sollte, nun mit der Maßgabe, das Nutzungsrecht der Berufsfußball-AG einzuräumen. Denn nur soweit die Lizenz dem Idealverein und nicht der Berufsfußball-AG selbst erteilt wird, kann der Idealverein die Lizenz möglicherweise als Sacheinlage erbringen.

Für eine solche Ausgestaltung könnte sprechen, daß der DFB dadurch den Einfluß des Idealvereins auf die Berufsfußball-AG sicherstellen würde. Nur wenn AG und Idealverein konform gehen, wird der Idealverein die Lizenz an die AG weiterreichen.

Aber im Ergebnis erscheint eine solche Ausgestaltung in mehrfacher Hinsicht als nachteilhaft. So kann die Einflußnahme des Idealvereins auf die Berufsfußball-AG effektiver durch entsprechende Mehrheiten auf der Hauptversammlung gesichert werden als durch die lediglich einmal im Jahr erfolgende Lizenzweitergabe.[782] Eine solche Mehrheit kann insbesondere dadurch erreicht werden, daß aufgrund verbandsrechtlicher Regelungen mindestens 50,1 Prozent der Aktien bzw. der Stimmrechte in der Hand des Idealvereins verbleiben müssen.[783] Gegen eine Lizenzerteilung an den Idealverein spricht ferner, daß dadurch ein Dreiecksverhältnis geschaffen würde, daß das Lizenzierungsverfahren unnötig kompliziert gestaltet. Denn die Voraussetzungen für die Teilnahmeberechtigung am Spielbetrieb und damit für die Lizenzerteilung müßte die AG erbringen, und sie wäre auch Nutznießer der Lizenz. Dagegen käme dem Idealverein im Lizenzierungsverfahren keine wesentliche Bedeutung mehr zu. Es spricht daher mehr für die in den §§ 4 ff. DFB-Lizenzspielerstatut getroffene Ausgestaltung, gemäß der die Lizenz der Berufsfußball-AG selbst erteilt wird,

---

gefähig. Insbesondere fehlt eine den §§ 29 ff. DFB-Lizenzspielerstatut a.F. vergleichbare Berechnungsgrundlage, vgl. dazu Parensen, S. 99 Fußnote 79 f.

[781] Vgl. zu den Voraussetzungen der Lizenzerteilung auch Erstes Kapitel Dritter Abschnitt II. 2. Verbandsrechtliche Kontrolle.

[782] Vgl. zum Modell der Schweiz oben im Text bei Fußnote 605.

[783] Gemäß § 8 Nr. 4 DFB-Satzung muß der ausgliedernde Mutterverein „über 50% der Stimmanteile zuzüglich mindestens eines weiteren Stimmanteils in der Versammlung der Anteilseigner" verfügen. Eine Satzungsänderung kann der Idealverein dann in der Regel allerdings nicht durchsetzen. Denn dafür ist nach § 179 AktG eine ¾ Mehrheit - allerdings lediglich der auf der Hauptversammlung abgegebenen Stimmen - erforderlich.

und so das Lizenzierungsverfahren auf die Beziehung zwischen DFB und Berufsfußball-AG beschränkt wird.[784] Gegen eine Lizenzerteilung an den Idealverein trotz erfolgter Ausgliederung sprechen zudem steuerliche Überlegungen. Die Weitergabe der Lizenz des Idealvereins an die Berufsfußball-AG würde beim Idealverein in der Regel zu einer Betriebsaufspaltung führen.[785] Dies hätte zur Folge, daß die Tätigkeit der AG als wirtschaftlicher Geschäftsbetrieb des Idealvereins zu beurteilen wäre. Hinsichtlich des Erhalts der Gemeinnützigkeit des Idealvereins wäre gegenüber der gegenwärtigen Ausgestaltung nichts gewonnen.

Aber selbst wenn man unterstellt, daß die Lizenz weiterhin dem Idealverein erteilt werden würde, könnte der Verein die Lizenz nicht als Sacheinlage leisten. Denn der Wert der Lizenz läßt sich kaum zuverlässig bestimmen.[786] Zwar könnten als Bewertungsgrundlage die jedem Bundesligaklub zustehenden Fernsehgelder herangezogen werden.[787] Denn diese erhält jeder Klub durch die bloße Teilnahme am Spielbetrieb der Fußballbundesliga. Sie sind also unmittelbare und zwingende Folge der in der Lizenz zum Ausdruck kommenden Teilnahmeberechtigung. Aber gegen die Sacheinlagefähigkeit der Lizenz spricht dennoch, daß diese - und damit auch der Anspruch auf die Fernsehgelder - gemäß § 4 Nr. 3 DFB-Lizenzspielerstatut lediglich für die Dauer eines Jahres besteht. Um aber den Wert der Lizenz für die Gesellschafter und die Gesellschaftsgläubiger feststellen zu können, muß die aus ihr folgende Rechtsposition der Gesellschaft über die Dauer eines Wirtschaftsjahres hinaus erhalten bleiben.[788] Aus diesen Gründen ist die vom DFB zu erteilende Lizenz nicht sacheinlagefähig.[789]

fff) Gesellschaftsbeteiligungen als Sacheinlage

Einige Bundesligaklubs haben eigene Vermarktungsgesellschaften in der Rechtsform der GmbH gegründet, deren Anteile sich meist zu 100% in der Hand des Idealvereins befinden. Auch solche gesellschaftsrechtlichen Beteiligungen können, da sie selbständig bewertbar und übertragbar sind, als Sacheinlage geleistet werden.[790]

---

[784] Vgl. § 1 Nr. 4 DFB-Lizenzspielerstatut.
[785] Hierzu sogleich ausführlicher unter IV.2b) Zurechnung aufgrund von Betriebsaufspaltung.
[786] Wenig interessengerecht wäre wohl eine Bewertung in Höhe der Lizenzgebühr von DM 300,--, vgl. § 4 Nr. 3 DFB-Lizenzspielerstatut.
[787] Zur Sacheinlagefähigkeit der TV-Übertragungsrechte selbst sogleich unter ggg) TV-Übertragungsrechte.
[788] Siehe oben bb) bbb) (2) Gegenwärtig feststellbarer Wert; ähnlich auch Heymann-Jung, HGB, § 247 Anm. 7, 10.
[789] Zweifel auch bei Hopt, BB 1991, 778, 782.
[790] Hüffer, AktG, § 27 Rdnr. 24.

ggg) TV-Übertragungsrechte

Schließlich ist daran zu denken, die TV-Übertragungsrechte, deren Wert bei allen Erstligavereinen zweistellige Millionenbeträge erreicht, als Sacheinlage in die zu gründende Berufsfußball-AG einzulegen. Die Übertragungsrechte können nur dann sacheinlagefähig sein, wenn sie selbständig bewertbar sind. Das setzt entsprechend den obligatorischen Nutzungsrechten voraus, daß die aus dem Übertragungsrecht folgende Rechtsposition eine bestimmte Mindestdauer besteht und selbständig bewertbar ist.

Da dem Verein als Veranstalter eines Spiels originär die Übertragungsrechte zustehen, besteht die daraus folgende Rechtsposition insoweit dauerhaft.[791] Es stellt sich allerdings die Frage, ob dieses Recht selbständig bewertbar ist. Bisher wird die Vermarktung der TV-Übertragungsrechte für den Bundesligaspielbetrieb zentral vom DFB vorgenommen. Jeder Verein erhält in erster Linie in Abhängigkeit von der Zugehörigkeit zu einer Spielklasse einen bestimmten Anteil an den Gesamteinnahmen. Dieser Anteil wird allerdings jeweils nur für den Zeitraum eines Jahres an den jeweiligen Verein ausbezahlt und im nächsten Jahr neu festgelegt. Eine Bewertung der TV-Übertragungsrechte über den Zeitraum eines Jahres hinaus ist daher solange nicht möglich, wie die Vermarktung zentral erfolgt und der einem Verein zustehende Anteil in jedem Jahr neu berechnet wird.[792] Vermarkten dagegen die Vereine dagegen die Übertragungsrechte selbst, und sind die Rechte bereits Gegenstand einer vertraglichen Vereinbarung mit einem Sendeunternehmen, so sind sie sacheinlagefähig.[793]

c) Ergebnis

Das Grundkapital der Berufsfußball-AG kann sowohl in Geld- als auch in Sachmitteln erbracht werden. Angesichts der überwiegend dünnen Liquiditätsdecke bietet sich für viele Vereine die sogenannte Sachgründung oder Bargründung mit anschließender Sachkapitalerhöhung an. Sacheinlagefähig im Sinne von § 27 AktG sind alle übertragbaren Gegenstände mit einem gegenwärtig feststellbaren Wert.

Mögliche Gegenstände einer Sacheinlage sind daher die im Eigentum des Vereins stehenden Sachen, die dem Verein zustehenden Nutzungsrechte an fremden oder eigenen Sachen, etwaige Gesellschaftsanteile sowie das Namensrecht und Logo. Allerdings sollten weder Namensrecht noch Logo als Sacheinlage geleistet werden, damit der Idealverein auch nach der Ausgliederung originär den Vereinsnamen führen kann. Zudem wird bei einer lediglich

---

[791] Es handelt sich dabei allerdings nicht um urheberrechtlich geschützte Rechte (Herrmann, ZHR 1997, 665, 667 Fußnote 2). Zur Entstehung des Fernsehübertragungsrechts siehe Stopper, S. 75 ff.
[792] Vgl. auch Söffing/Schmalz, SpuRt 1994, 222, 223 f., danach sind TV-Übertragungsrechte regelmäßig dem Umlaufvermögen und nicht dem Anlagevermögen zuzuordnen.
[793] Vgl. Habersack, S. 56.

schuldrechtlichen Übertragung eines Vermarktungsrechtes ein Gläubigerzugriff erschwert. Die vom DFB jährlich dem Idealverein nach § 4 Nr. 1 DFB-Lizenzspielerstatut zu erteilende Lizenz ist aufgrund der kurzen Gültigkeit nicht sacheinlagefähig. Gleichfalls nicht sacheinlagefähig sind die in den Spielern verkörperten Werte und - bei gegenwärtiger Ausgestaltung - die TV-Übertragungsrechte.

II. Konzernrechtliche Haftung des ausgliedernden Vereins

Aufgrund der oftmals mit erheblichen finanziellen Risiken verbundenen wirtschaftlichen Tätigkeit der Berufsfußballabteilung weisen viele Fußballbundesligavereine eine hohe Verschuldung auf.[794] Da mit der Ausgliederung der Berufsfußballabteilung auch die dieser Abteilung zuzuordnenden Verbindlichkeiten auf den neuen Rechtsträger übergehen würden,[795] könnte die rechtliche Trennung dem Idealverein unter Umständen langfristig die Entschuldung bringen. Das setzt aber voraus, daß der Idealverein nach erfolgter Ausgliederung nur noch für die eigenen, selbst begründeten, Verbindlichkeiten haftet.[796] Würde der Idealverein weiterhin für die Verbindlichkeiten der Berufsfußball-AG haften, wäre eine dauerhafte Entschuldung des Idealvereins kaum möglich.

Zwar haftet grundsätzlich jedes Rechtssubjekt nur für die jeweils selbst begründeten oder übernommenen Verbindlichkeiten. Aber auch nach erfolgter Ausgliederung wäre eine Inanspruchnahme des Idealvereins für die Verbindlichkeiten der Berufsfußballabteilung nicht ausgeschlossen, wenn zwischen Verein und der Berufsfußball-AG ein Haftungspflichten begründendes Konzernverhältnis bestehen würde. Es stellt sich daher die Frage, ob den Idealverein Haftungspflichten aus einem Konzernverhältnis mit der Berufsfußball-AG treffen können.

1. Bestehen eines Vertragskonzerns

Das Recht der verbundenen Unternehmen unterscheidet zwischen Vertragskonzern und dem sogenannten faktischem Konzern.

Ein Vertragskonzernverhältnis im Sinne von § 291 Abs. 1 AktG besteht zwischen den Unternehmen, wenn sie durch einen Beherrschungs- oder Gewinnabführungsvertrag verbunden sind. Ein Beherrschungsvertrag unterstellt die Aktiengesellschaft der Leitung eines anderen Unternehmens. Besteht dagegen ein Gewinnabführungsvertrag, so verpflichtet sich die Aktiengesellschaft, den erwirtschafteten Gewinn an ein anderes Unternehmen abzuführen.

---

[794] Siehe insbesondere Erstes Kapitel Dritter Abschnitt I. Wirtschaftliche Leistungsfähigkeit der Fußballbundesligavereine.
[795] Siehe Zweites Kapitel Dritter Abschnitt I. Umfang der auszugliedernden Tätigkeiten.
[796] Siehe hierzu auch § 133 Abs. 1 Satz 1 UmwG sowie Zweites Kapitel Vierter Abschnitt: Anwendung des Umwandlungsgesetzes.

Zwar kann auch ein Idealverein derartige Unternehmensverträge abschließen, so daß auch ihn konzernrechtliche Haftungspflichten aus §§ 302, 303
AktG treffen können. Aber weder beim ausgliedernden Idealverein noch bei der
Berufsfußball-AG wird ein Bedürfnis bestehen, solche Verträge abzuschließen.
Der Sinn eines Gewinnabführungsvertrages erscheint bei vielen Bundesligavereinen bereits zweifelhaft, weil es an dem abzuführenden Gewinn fehlen
würde.[797] Aber auch im übrigen ist kein praktisches Bedürfnis für einen Gewinnabführungsvertrag erkennbar. Denn die Berufsfußballgesellschaft kann den
Idealverein auch auf andere Weise finanziell unterstützen, wie zum Beispiel
durch die gemeinnützige Durchlaufspende[798] oder das Entgelt für die schuldrechtliche Überlassung der Vermarktungsrechte am Logo und Namen des Vereins. Auch der mit einer gesellschaftsrechtlichen Beteiligung möglicherweise
verbundene Dividendenanspruch kann eine solche Unterstützung sein.

Aber auch der Abschluß eines Beherrschungsvertrages ist nur wenig wahrscheinlich, da er den Zielen der Ausgliederung zuwider laufen würde. Denn die
Ausgliederung soll gerade dazu beitragen, daß die Leitung von Berufsfußballabteilung und Amateursportabteilungen getrennt und dadurch voneinander un-
abhängiger werden. Ein Beherrschungsvertrag würde aber gegenteilige Wir-
kungen zeigen und die Leitung wieder dem Idealverein überantworten. Das
würde zu keiner Verbesserung der gegenwärtigen Situation führen.

Da die Berufsfußball-AG und der Idealverein regelmäßig auch keine Unternehmensverträge im Sinne von § 292 AktG abschließen werden, wird den
Idealverein in der Praxis keine Haftung aus einem Vertragskonzernverhältnis
gemäß der §§ 302, 303 AktG treffen.

2. Haftung aus einem faktischen Konzernverhältnis

Allerdings könnten den Idealverein Haftungspflichten aus einem möglicherwei-
se bestehenden faktischen Konzernverhältnis treffen. Das setzt nach § 317
Abs. 1 AktG voraus, daß der Idealverein herrschendes Unternehmen und die
AG abhängige Gesellschaft im Sinne dieser Vorschrift sind. Erforderlich ist da-
nach also ein Abhängigkeitsverhältnis zwischen Idealverein und AG sowie eine
Qualifikation des Idealvereins als herrschendes Unternehmen.

Ein solches Abhängigkeitsverhältnis wird entsprechend § 17 Abs. 2 AktG
vermutet, wenn der Verein mit mehr als 50 % an der AG beteiligt ist.[799] Da der
ausgliedernde Idealverein gemäß § 8 Nr. 4 Abs.4 DFB-Satzung grundsätzlich

---

[797] Siehe Erstes Kapitel Dritter Abschnitt I. Die wirtschaftliche Leistungsfähigkeit der Fußballbundesligavereine.
[798] Siehe hierzu Zweites Kapitel Dritter Abschnitt IV. Wegfall der steuerlichen Verlustabzugsmöglichkeit.
[799] Die Mehrheit kann gemäß § 16 AktG eine Kapital- oder Stimmmehrheit sein.

mehr als 50% der Stimmrechte haben muß, wird eine derartige Mehrheitsbeteiligung in der Praxis die Regel sein.[800] Haftungspflichten aus § 317 Abs. 1 AktG können den Verein aber nur treffen, wenn neben der Beteiligung von mehr als 50% der Verein als herrschendes Unternehmen zu qualifizieren ist. Das setzt voraus, daß der Idealverein entweder an einem weiteren Unternehmen beteiligt oder selbst als Kaufmann tätig ist und auf diese Weise außerhalb der abhängigen Gesellschaft unternehmerische Interessen verfolgt.[801] Denn nur dann besteht der für die Haftung maßgebliche Interessenkonflikt in der Person des Mehrheitsgesellschafters.[802] Auf den Sportverein übertragen bedeutet dies, daß selbst eine Beteiligung von 100% an der Berufsfußball-AG keine Haftungspflichten nach § 317 Abs. 1 AktG auslösen wird, wenn er nicht an einer weiteren Gesellschaft beteiligt ist oder selbst einen wirtschaftlichen Geschäftsbetrieb unterhält.

An weiteren Gesellschaften wird der Verein regelmäßig nicht beteiligt sein.[803] Insbesondere können von der Berufsfußball-AG auch diejenigen Tätigkeiten wahrgenommen werden, die bisher von Vermarktungsgesellschaften ausgeübt werden.[804] Aber auch an einem wirtschaftlichen Geschäftsbetrieb, aufgrund dessen der Idealverein als Kaufmann zu qualifizieren wäre, wird es nach erfolgter Ausgliederung regelmäßig fehlen. Denn die Ausgliederung hat ja gerade den Sinn, den oder die wirtschaftlichen Geschäftsbetriebe auszugliedern, um dem Verein die Eintragungsfähigkeit zu sichern. Soweit also keine atypische Ausgestaltung vorliegt, wird den Idealverein auch keine konzernrechtliche Haftung aus § 317 Abs. 1 AktG treffen.

Da der Idealverein in der Regel nicht als herrschendes Unternehmen zu qualifizieren sein wird, werden ihn auch keine Pflichten aus einem sogenannten qualifiziert faktischen Konzernverhältnis treffen.[805] Denn auch dieses erfordert, daß der Idealverein als Unternehmen im Sinne des Konzernrechts zu qualifizieren ist.

[800] Eine Ausnahme vom Erfordernis der Mehrheitsbeteiligung besteht gemäß § 8 Nr. 4 Absatz 5 DFB-Satzung in den Fällen, in denen ein Wirtschaftsunternehmen seit mehr als 20 Jahren vor dem 1.1.1999 den Fußballsport des Muttervereins ununterbrochen und erheblich gefördert hat (sog. Lex Leverkusen). Das trifft derzeit nur auf den Verein Bayer Leverkusen zu. Allerdings hat jüngst auch der VW-Konzern angekündigt, eine entsprechende Ausnahmeerlaubnis in Bezug auf den VfL Wolfsburg beim DFB zu beantragen (RP vom 13.2.1999 „Wolfsburg beantragt Umwandlung in Kapitalgesellschaft").
[801] Baumbach-Hueck, AktG, § 15 Rdnr. 4; K. Schmidt, Gesellschaftsrecht, S. 941.
[802] Vgl. zum Begriff des Unternehmens im einzelnen Emmerich/Sonnenschein, S. 27 ff. Siehe aber zur Modifikation des konzernrechtlichen Unternehmensbegriffs betreffend Körperschaften des öffentlichen Rechts BGH ZIP 1997, 887 ff. (VW-Beschluß).
[803] Soweit mehrere Berufssportabteilungen bestehen, sollten daher alle auf eine Berufssport-AG ausgegliedert werden.
[804] Siehe dazu Zweites Kapitel Dritter Abschnitt II: Abgrenzung zum Modell der HSV Sport AG.
[805] Vgl. zum qualifiziert faktischen Aktienkonzern im einzelnen Emmerich/Sonnenschein, S. 350 ff.

3. Ergebnis

Den Idealverein werden nach erfolgter Ausgliederung der Berufsfußballabteilung auf eine AG grundsätzlich keine Haftungspflichten treffen, die im Recht der verbundenen Unternehmen begründet liegen. Ein Vertragskonzern zwischen Idealverein und Berufsfußball-AG wird bereits deshalb nicht bestehen, weil für den Abschluß eines Unternehmensvertrages das praktische Bedürfnis fehlt. Aber auch ein (qualifiziert) faktisches Konzernverhältnis wird zwischen Idealverein und AG in der Regel nicht bestehen. Denn Voraussetzung ist nicht nur eine Beteiligung des Idealvereins von mehr als 50% an der Berufsfußball-AG. Vielmehr muß der Idealverein daneben entweder an einer weiteren Gesellschaft beteiligt sein oder trotz erfolgter Ausgliederung weiterhin einen eigenen wirtschaftlichen Geschäftsbetrieb unterhalten. Diese Konstellation wird allerdings regelmäßig nicht vorliegen.

III. Ausgestaltung der Aktien gemäß den Anforderungen einer Berufsfußball-AG

Die Beteiligungen an einer Berufsfußball-AG bedürfen einer besonderen Ausgestaltung, die den Eigenarten des Berufsfußballs entspricht. So müssen mögliche Interessenkollisionen vermieden werden. Insbesondere muß zur Verhinderung von Wettbewerbsverzerrungen gewährleistet werden, daß die Unternehmenspolitik eines Klubs nicht von Anhängern eines anderen Vereins beeinflußt werden kann.[806] Um derartigen Interessenkollisionen vorzubeugen, bietet das Aktiengesetz zwei Möglichkeiten. So kann in der Satzung der AG sowohl die Übertragbarkeit der Aktie als auch das mit ihr grundsätzlich verbundene Stimmrecht beschränkt werden.

1. Beschränkung der Aktienübertragbarkeit

Für die Berufsfußball-AG ist es von Bedeutung, über den Kreis der Aktionäre informiert zu sein und die Übertragung von Aktien an bestimmte typisierte Gruppen notfalls zu verhindern. Das kann die AG mit sogenannten vinkulierten Namensaktien erreichen.

Werden vinkulierte Namensaktien ausgegeben, so wird gemäß § 67 Abs. 1 AktG jeder Aktionär im Aktienbuch der Gesellschaft eingetragen. Nur wer dort eingetragen ist, gilt im Verhältnis zur Gesellschaft als Aktionär. Außerdem kann durch Satzungsbestimmung vorgesehen werden, daß die Übertragbarkeit von Aktien von der Zustimmung der Berufsfußball-AG abhängig sein soll. Das Zustimmungsrecht kann je nach Satzungsregelung dem Vorstand, dem Aufsichts-

---

[806] Vgl. dazu auch Doberenz, Grundlagen, S. 134.

rat oder der Hauptversammlung obliegen. Zudem können in der Satzung Gründe bestimmt werden, bei deren Vorliegen die Zustimmung zu versagen ist.[807] Durch die Ausgabe vinkulierter Namensaktien kann der Bestand der Aktionäre zuverlässig kontrolliert werden und bestimmte Personen vom Erwerb der Aktien ausgeschlossen werden. Ein solches Verbot sollte im Hinblick auf § 8 Nr. 4 DFB-Satzung, § 12 h DFB-Lizenzspielerstatut, § 12 Nr. 2 DFB-Trainerordnung und § 1 Nr. 2 DFB-Schiedsrichterordnung in der Satzung der Berufsfußball-AG für Schiedsrichter, für Lizenzspieler anderer Klubs, für andere den professionellen Fußballsport betreibende Rechtsträger und deren Organmitglieder niedergelegt werden.[808] Durch das Zustimmungserfordernis wird zwar die Übertragbarkeit einer Aktie durch den erforderlichen Verwaltungsaufwand erschwert. Aber dieser Aufwand liegt im Interesse des Klubs und sollte daher in Kauf genommen werden.

2. Stimmrechtsbeschränkung

Neben der Ausgabe von vinkulierten Namensaktien bietet das Aktiengesetz die Möglichkeit, stimmrechtslose Vorzugsaktien auszugeben. Diese Aktien gewähren dem Aktionär zwar kein Stimmrecht, sind aber dafür „mit einem nachzuzahlenden Vorzug bei der Gewinnverteilung ausgestattet".[809] Der Aktionär hat also Anspruch auf einen erhöhten Gewinnanteil. Stimmrechtslose Vorzugsaktien bieten der Berufsfußball-AG also die Möglichkeit, einen Kapitalzufluß zu erreichen, ohne das Risiko einer Fremdbestimmung eingehen zu müssen.[810] Diese Aktien eignen sich daher insbesondere für Aktionäre, denen die Mitsprache bei der Klubpolitik weniger wichtig ist.[811]

Allerdings dürfen stimmrechtslose Vorzugsaktien nicht unbegrenzt ausgegeben werden. Gemäß § 139 Abs. 2 AktG darf der Gesamtnennbetrag der ausgegebenen stimmrechtslosen Vorzugsaktien den der übrigen Aktien nicht überschreiten. Es dürfen also höchstens 50% des Kapitals in stimmrechtslosen Vorzugsaktien ausgegeben werden. Zudem ist zu beachten, daß stimmrechtslose Vorzugsaktien nach zweijähriger Dividendenlosigkeit gemäß § 140 Abs. 2 AktG zwangsläufig Stimmrecht erlangen. Die stimmrechtslose Vorzugsaktie taugt also nur dann als wirksamer Schutz gegen Einflußrechte Dritter, wenn die Berufsfußball-AG regelmäßig Gewinn erwirtschaftet.

---

[807] Vgl. § 68 Abs. 2 Satz 4 AktG.

[808] Vgl. zur diesbezüglichen Satzungsgestaltung einer Berufsfußball-GmbH Fuhrmann/ Pröpper, SpuRt 1999, Heft 2 § 11.

[809] §§ 139 Abs. 1 AktG.

[810] So Kebekus, Alternativen, S. 92.

[811] Hierbei ist allerdings zu Bedenken, daß insbesondere institutionelle Anleger aus dem englischsprachigen Wirtschaftsraum vorzugsweise stimmberechtigte Aktien kaufen (O'Kelly/Thompson, S. 218 ff.). Ferner ist bei einer Börsennotierung zu berücksichtigen, daß bei einer erstmaligen Placierung am *Neuen Markt* nur Stammaktien zugelassen sind (siehe unten im Text bei Fußnote 902 f.).

3. Ergebnis

Durch die Ausgabe von stimmrechtslosen Vorzugsaktien und vinkulierten Namensaktien bietet sich für die Berufsfußball-AG ein geeignetes Mittel, den Klub vor Fremdbestimmung zu schützen. Einschränkend muß allerdings festgestellt werden, daß höchstens 50% des Stammkapitals in Vorzugsaktien ausgegeben werden dürfen. Außerdem lebt das Stimmrecht wieder auf, sobald zwei Jahre keine Dividende gezahlt wird.

IV. Realisierung der vier angestrebten Ziele

Im ersten Kapitel der Arbeit wurde die Reformbedürftigkeit der gegenwärtigen Organisation dargestellt. So gilt es in vereinsrechtlicher Hinsicht die Eintragungsfähigkeit des Idealvereins zu sichern. In steuerlicher Hinsicht sollte die für den Amateurbereich bedeutsame Gemeinnützigkeit des Idealvereins dauerhaft erhalten bleiben. Außerdem erscheint die Organisation und Verwaltung der Vereine sowie deren Kapitalstruktur reformbedürftig. Im folgenden soll untersucht werden, inwieweit diese Ziele durch die Ausgliederung der Fußballlizenzabteilung auf eine Berufsfußball-AG erreicht werden können.

1. Erhalt der Eintragungsfähigkeit des ausgliedernden Idealvereins

Die Ausgliederung würde - vereinsrechtlich betrachtet - erheblich an Attraktivität verlieren, wenn trotz Ausgliederung der Berufsfußballabteilung die Eintragungsfähigkeit des ausgliedernden Vereins nicht gesichert wäre. Bedenken gegen eine ideelle Zweckausrichtung im Sinne von § 21 BGB könnten sich ergeben, wenn die wirtschaftliche Tätigkeit der Berufsfußball-AG dem Idealverein auch nach erfolgter Ausgliederung zuzurechnen wäre. Die Grenzen des Nebenzweckprivilegs würden dann weiterhin überschritten werden.[812]
Da Idealverein und Berufsfußball-AG zwei verschiedene Rechtssubjekte sind, kann jedoch die Tätigkeit des einen dem anderen grundsätzlich nicht zugerechnet werden.[813] Dennoch wird von einigen Stimmen in der Literatur unter bestimmten Voraussetzungen eine Zurechnung wirtschaftlicher Tätigkeit befürwortet. Im folgenden soll daher der Frage nachgegangen werden, ob und unter welchen Voraussetzungen die wirtschaftliche Tätigkeit der Berufsfußball-AG dem Idealverein zuzurechnen ist.

---

[812] Vgl. dazu Erstes Kapitel Erster Abschnitt IV. 2. Anwendung des Nebenzweckprivilegs.
[813] BGHZ 85, 84, 88 ff.

a) Meinungsstand

aa) Die Ansicht *Reuters*

Reuter vertritt die Auffassung, daß einem Idealverein die wirtschaftliche Tätigkeit hundertprozentiger Tochter-AGs zuzurechnen sei. Das folge aus dem Zweck der §§ 21, 22 BGB und der Normativbestimmungen betreffend die wirtschaftlichen Sondervereine. Danach müsse sich die Vereinsklassenabgrenzung maßgeblich am Gläubigerschutz orientieren.[814]
Der Gläubigerschutz finde insbesondere in den Vorschriften über die Kapitalaufbringung und -erhaltung Ausdruck. In diesen Vorschriften sei aber keine „Haftungsgrundlage für Gesellschaftsverbindlichkeiten" zu sehen. Vielmehr bestehe der Sinn dieser Regelungen darin, das wirtschaftliche Interesse der letztlich entscheidenden natürlichen Personen und das Wohlergehen der AG zu verknüpfen. Durch diese Rückkoppelung solle auf eine risikobewußte Unternehmenspolitik hingewirkt werden. Wenn der wirtschaftliche Geschäftsbetrieb auf hundertprozentige Tochter-AGs ausgegliedert werde, werde das Hauptproblem des wirtschaftlich tätigen Idealvereins, nämlich „die fehlende Rückbindung der Unternehmenspolitik eines Idealvereins an das wirtschaftliche Eigeninteresse natürlicher Trägerpersonen", nicht beseitigt.[815] Denn auch nach erfolgter Ausgliederung fehle es an dieser Rückbindung. Daher müsse dem Idealverein die wirtschaftliche Tätigkeit seiner hundertprozentigen Tochter-AG zugerechnet werden.
Nach Ansicht *Reuters* soll aber nicht nur der Gläubigerschutz eine Zurechnung der wirtschaftlichen Tätigkeit begründen, vielmehr müsse im Einzelfall eine Zurechnung auch aus dem allgemeinen Sozialschutz folgen.[816] Danach soll ein Holdingverein auch dann als wirtschaftlicher Verein gelten, wenn zwar Gläubiger- und Mitgliederschutz[817] die Organisation als Idealverein zuließen, aber durch die Wahl der Rechtsform des Idealvereins, die „Zwecke von Publizität und Mitbestimmung vereitelt zu werden drohen".[818]

bb) Zurechnung aufgrund geschäftsleitender Funktion des Idealvereins

Nach anderer Ansicht soll eine Zurechnung der wirtschaftlichen Tätigkeit der Tochtergesellschaft erfolgen, wenn der Idealverein geschäftsleitende Funktionen bei der Tochtergesellschaft wahrnimmt.[819] Zur Konkretisierung des Begriffs „geschäftsleitende Funktion" seien die im Steuerrecht gewonnenen Erkennt-

---

[814] Reuter in MünchKomm, BGB, §§ 21, 22 Rdnr. 10.
[815] Reuter in MünchKomm, BGB, §§ 21, 22 Rdnr. 10.
[816] Vgl. dazu Reuter in MünchKomm, BGB, §§ 21, 22 Rdnr. 15, 16.
[817] Siehe dazu bereits Erstes Kapitel Erster Abschnitt II. 2. a) bb) Mitgliederschutz.
[818] Reuter in MünchKomm, BGB, §§ 21, 22 Rdnr. 15.
[819] Dobroschke, Familienverein, S. 11; Sauter/Schweyer, S. 23; so auch BGB-RGRK-Steffen, § 21 Rdnr. 6.

nisse zu § 14 AO heranzuziehen. Danach habe der Verein geschäftsleitende Funktionen übernommen, wenn er einen entscheidenden Einfluß auf die laufende Geschäftsführung der Tochter-AG ausübe.[820] Nach dieser Ansicht soll also die steuerrechtliche Differenzierung zwischen vermögensverwaltend und geschäftsleitend auch für das Vereinsrecht maßgeblich sein.

cc) Zurechnung aufgrund konzernrechtlicher Verbundenheit

Weitere Stimmen in der Literatur befürworten eine Zurechnung der wirtschaftlichen Tätigkeit einer Tochter-AG, wenn zwischen ihr und dem Idealverein ein Abhängigkeits- oder Konzernverhältnis besteht.

So soll nach Ansicht von *K. Schmidt* die wirtschaftliche Tätigkeit der Tochter-AG dem Idealverein zuzurechnen sein, wenn diese vom Idealverein im Sinne von § 17 AktG abhängig sei. Dabei solle es allerdings nicht darauf ankommen, ob der Verein die Merkmale des konzernrechtlichen Unternehmensbegriffs erfülle.[821] Denn nicht nur die Gefahr einer konzernrechtlichen Haftung mache unternehmerischen Gläubigerschutz unentbehrlich. Vielmehr könne bereits die treuwidrige Ausübung von Mehrheitsherrschaft Schadensersatzpflichten auslösen. Daher müsse eine Zurechnung bereits dann erfolgen, wenn die bloße Möglichkeit bestehe, daß der Idealverein beherrschenden Einfluß auf die Tochter-AG ausüben könne. Auf eine konkrete Wahrnehmung der Leitungsmacht komme es dagegen nicht an.[822]

Hadding stimmt der wohl überwiegenden Meinung, die eine Zurechnung der wirtschaftlichen Tätigkeit verneint,[823] im Grundsatz zu. Da das Konzernrecht keine bestimmte Haftungsverfassung hinsichtlich des herrschenden Unternehmens erfordere, bestehe keine Veranlassung, die Gläubiger des abhängigen Unternehmens über die gesetzlichen Bestimmungen des Aktiengesetzes hinaus zu schützen.[824]

Allerdings könne der Schutz der Vereinsgläubiger eine Zurechnung erforderlich machen. Denn durch die Stellung als herrschendes Unternehmen im Konzernverhältnis sei der Idealverein dem wirtschaftlichen Risiko von Abflüssen an die Tochtergesellschaft ausgesetzt. Dieses Risiko könne zusätzlichen Gläubigerschutz erforderlich machen.

Soweit Idealverein und Tochter-AG allerdings lediglich in einem faktischen Konzernverhältnis stünden, reiche die bloße Konzernverbundenheit für eine Zurechnung nicht aus. Vielmehr erfordere eine Zurechnung, daß der Idealverein konkret Leitungsmacht im Tochterunternehmen ausübe.[825] Denn nur dadurch

---

[820] Vgl. Scholtz in Koch/Scholtz, AO, § 14 Anm. 16 m.w.N. Siehe dazu auch sogleich unter 2. Erhalt der Gemeinnützigkeit des ausgliedernden Vereins.
[821] K. Schmidt, AcP 182 (1982), 1, 23.
[822] K. Schmidt, Verbandszweck, S. 127 f.; ders., AcP (1982), 1, 23.
[823] BGHZ 85, 84, 88 ff.; Hemmerich, Möglichkeiten und Grenzen, S. 126 f. m.w.N.
[824] Soergel-Hadding, BGB, §§ 21, 22 Rdnr. 41.
[825] Soergel-Hadding, BGB, §§ 21, 22 Rdnr. 42.

werde die Gefahr einer Haftung nach § 317 AktG begründet. Die bloße Mehrheitsbeteiligung begründe dagegen noch keine konkrete Gefährdung des Vereinsvermögens.[826]
Auch nach Ansicht von *Hadding* soll der allgemeine Sozialschutz, insbesondere in seiner Ausprägung im Mitbestimmungsgesetz, Kriterium der Vereinsklassenabgrenzung sein. Da das Mitbestimmungsgesetz Unternehmensverbin-
dungen mit einem Verein an der Spitze nicht erfasse, bestehe die Gefahr einer
Umgehung durch die Bildung von Holdingvereinen.[827]

b) Stellungnahme

Ausgangspunkt muß die grundsätzliche Feststellung sein, daß die rechtliche
und organisatorische Trennung von Idealverein und ausgegliederter Tochtergesellschaft einer Zurechnung zunächst entgegenstehen. Eine Ausnahme kann
sich nur aus Zweck und Systematik der §§ 21, 22 BGB, also dem Sinn der Vereinsklassenabgrenzung, ergeben.

aa) Schutz der Gläubiger der Berufsfußball-AG

Wie bereits dargestellt,[828] ist der Gläubigerschutz der wesentliche Schutzzweck
der Normativbestimmungen der wirtschaftlichen Sondervereine und muß daher
in die Vereinsklassenabgrenzung einfließen. Daraus ist zunächst zu folgern,
daß die steuerrechtliche Differenzierung von geschäftsleitend und vermögensverwaltend nicht zur Vereinsklassenabgrenzung herangezogen werden kann.
Denn die steuerrechtliche Unterscheidung verfolgt einen anderen Zweck. Sie
begründet eine partielle Steuerpflicht für den wirtschaftlichen Geschäftsbetrieb.
Hingegen macht eine wirtschaftliche Vereinstätigkeit erhöhten Gläubigerschutz
erforderlich.[829] Mit der steuerlichen Unterscheidung sollte daher auch keine Zu-
rechnung der wirtschaftlichen Tätigkeit begründet werden.
Aber auch allein die „fehlende Rückbindung der Unternehmenspolitik an das
Eigeninteresse natürlicher Trägerpersonen" kann keine Zurechnung der wirt-
schaftlichen Tätigkeit begründen. Zwar ist *Reuter* zuzugeben, daß sich der
Idealverein deshalb grundsätzlich nicht für eine wirtschaftliche Tätigkeit eignet.
Aber nach erfolgter Ausgliederung tragen die Kapitalsicherungsvorschriften des
Aktiengesetzes sowie die Vorschriften des Konzern- und Deliktsrechts dem

---

[826] Soergel-Hadding a.a.O.; a.A. K. Schmidt, Verbandszweck, S. 127 f.
[827] Soergel-Hadding, BGB, §§ 21, 22 Rdnr. 8, 41.
[828] Erstes Kapitel Erster Abschnitt II. 2. a) aa) Gläubigerschutz.
[829] Hemmerich BB 1983, 26, 27.

Gläubigerschutz ausreichend Rechnung.[830] Auf einen weitergehenden Schutz haben die Gläubiger keinen Anspruch.[831]

Allerdings könnte aus Gründen des Gläubigerschutzes eine Zurechnung erfolgen, wenn zwischen Idealverein und Berufsfußball-AG ausnahmsweise ein Konzernverhältnis bestehen sollte.[832]

Der Schutz der Gläubiger der Berufsfußball-AG wird jedoch auch dann eine Zurechnung der wirtschaftlichen Tätigkeit nicht erforderlich machen. Denn insoweit ist der herrschenden Meinung zuzustimmen, die darauf abstellt, daß die Tochter-AG eine eigene, durch das Aktiengesetz geregelte, Haftungsverfassung hat. Dadurch sowie durch die gesetzlich normierte persönliche Haftung von Vorstand und Aufsichtsrat,[833] wird den Gläubigerinteressen ausreichend Rechnung getragen. Da auch das Konzernrecht keine bestimmte Haftungsverfassung des herrschenden Unternehmens fordert, kann der Gläubigerschutz, soweit er die Gläubiger der ausgegliederten AG betrifft, keine Zurechnung der wirtschaftlichen Tätigkeit begründen.

bb) Schutz der Gläubiger des Idealvereins

Allerdings sind nicht nur die Gläubiger der AG, sondern in erster Linie die Gläubiger des Idealvereins in die Wertung einzubeziehen. Die Gläubiger des Idealvereins dürfen darauf vertrauen, daß der Verein nur ideelle Ziele verfolgt und dementsprechend nur eine geringe, im Rahmen des Nebenzweckprivilegs zulässige, unternehmerische Tätigkeit ausübt.[834] Soweit den Idealverein aber aus einem Konzernverhältnis Haftungspflichten treffen können, unterliegt der Idealverein im Ergebnis dem gleichen wirtschaftlichen und unternehmerischen Risiko wie die Tochter-AG. Das Vereinsvermögen, welches die Haftungsgrundlage der Vereinsgläubiger ist, wird durch mögliche Abflüsse an die Berufsfußball-AG gefährdet.[835] Soweit zwischen Idealverein und AG ein Konzernverhältnis besteht, ist daher die wirtschaftliche Tätigkeit der Tochter-AG wie eine eigene Tätigkeit des Idealvereins zu behandeln. Besteht lediglich ein faktisches Konzernverhältnis, so setzt eine Zurechnung allerdings voraus, daß der Idealverein bestehende Leitungsmacht in der Tochter-AG tatsächlich ausübt.[836]

---

[830] So Hemmerich a.a.O.

[831] Hemmerich a.a.O.; allerdings schließt auch Reuter nicht aus, daß die AG den Gläubigerschutz „aus sich heraus" garantieren kann (Reuter in MünchKomm, BGB, §§ 21, 22 Rdnr. 10).

[832] Regelmäßig werden Idealverein und AG nicht in einem Konzernverhältnis stehen (siehe oben II. Konzernrechtliche Haftung des ausgliedernden Vereins).

[833] Vgl. §§ 317, 318, 309 Abs. 3 bis 5 AktG.

[834] Siehe dazu oben Erstes Kapitel Erster Abschnitt IV. 2. Anwendung des Nebenzweckprivilegs; Soergel-Hadding, BGB, §§ 21, 22, Rdnr. 41.

[835] Zutreffend Soergel-Hadding a.a.O.; im Ergebnis so auch K. Schmidt, AcP 182 (1982), 1, 21 ff.

[836] Soergel-Hadding, BGB, §§ 21, 22 Rdnr. 42.

Dagegen führt die bloße Mehrheitsbeteiligung nicht zu einer Zurechnung der wirtschaftlichen Tätigkeit. Zwar kann auch die treuwidrige Ausübung von Leitungsmacht Schadensersatzpflichten begründen. Aber nicht jede noch so ferne Gläubigergefährdung erfordert einen Rechtsformzwang. Vielmehr sollte der Anknüpfungspunkt für die Abgrenzung der Vereinsklassen auch hier eine etwaige unternehmerische Tätigkeit des Idealvereins selbst sein. An einer unternehmerischen Tätigkeit fehlt es aber bei einer lediglich passiven Mehrheitsbeteiligung. Außerdem sollte eine Zurechnung nur dann erfolgen, wenn zwischen AG und Idealverein ein rechtliches Näheverhältnis in Form einer Konzernverbindung besteht. Denn die bloße Gefahr von Schadensersatzpflichten durch treuwidriges Verhalten des Vereinsvorstandes entscheidet auch sonst nicht über die Vereinsklassenabgrenzung. Die wirtschaftliche Tätigkeit der AG kann deshalb dem Idealverein nur zugerechnet werden, soweit dieser durch die konkrete Ausübung von Leitungsmacht selbst unternehmerisch tätig wird und dadurch das Vereinsvermögen konzernrechtlichen Haftungspflichten aussetzt sowie Interessen der Vereinsgläubiger gefährdet.

Demnach erfordert der Schutz der Vereinsgläubiger eine Zurechnung der wirtschaftlichen Tätigkeit der Tochter-AG, wenn der Idealverein im Rahmen eines faktischen Konzernverhältnisses konkret Leitungsmacht bei der Tochter-AG ausübt und dadurch die Gefahr einer Haftung nach § 317 AktG begründet.[837]

cc) Sozialschutz als Zurechnungskriterium

Es fragt sich, ob neben dem Gläubigerschutz auch der von einigen Stimmen[838] angeführte allgemeine Sozialschutz eine Zurechnung der wirtschaftlichen Tätigkeit begründen kann.[839] Begründet wird eine aus dem Sozialschutz folgende Zurechnung insbesondere mit einer möglichen Umgehung der Vorschriften des Mitbestimmungsgesetzes.[840]

Dieser Ansicht ist aber nicht zu folgen. Denn die Umgehung einer Norm setzt voraus, daß ein Sachverhalt, der nach den Vorstellungen des Normgebers unter den Anwendungsbereich einer bestimmten Norm fallen sollte, durch eine atypische Gestaltungsform bewußt deren Anwendungsbereich entzogen wird.

---

[837] Ähnlich Steinbeck/Menke, SpuRt 1998, 226, 229 f.; a.A. Hemmerich, Möglichkeiten und Grenzen, S. 143; Heckelmann, AcP 179 (1979), 1, 48; BGHZ 85, 84, 88 ff.

[838] So insbesondere Reuter in MünchKomm, BGB, §§ 21, 22 BGB Rdnr. 15 f.; siehe auch Soergel-Hadding, BGB, §§ 21, 22 Rdnr. 8.

[839] Zweifelnd K. Schmidt, AcP 182 (1982), 1, 22/23.

[840] Soergel-Hadding, BGB, §§ 21, 22 Rdnr. 8; Reuter in MünchKomm, BGB, §§ 21, 22 Rdnr. 15. Derzeit ist dieses Problem bei den Bundesligavereinen zwar nicht aktuell. Mit 124 Mitarbeitern ist Bayern München derzeit der größte Arbeitgeber unter den Bundesligavereinen. Angesichts des zu erwartenden weiteren erheblichen Wachstums der Vereine kann aber nicht ausgeschlossen werden, daß zumindest die in § 77 BetrVG 1952 aufgestellte Grenze von 500 Mitarbeitern überschritten wird. Daher soll an dieser Stelle auch auf den allgemeinen Sozialschutz im Rahmen der Vereinsklassenabgrenzung eingegangen werden.

Danach setzt eine Umgehung der §§ 1, 5 MitbestG voraus, daß entgegen dem Wortlaut der Vorschriften auch ein Konzern der Mitbestimmung unterliegen soll, an dessen Spitze ein Idealverein steht. Der Gesetzgeber müßte eine solche Ausgestaltung also nicht bedacht haben.

Gegen eine solche Annahme spricht aber die Entstehungsgeschichte des Mitbestimmungsgesetzes. Denn der Gesetzgeber hat § 1 Abs. 1 MitbestG bewußt lückenhaft ausgestaltet. Der Idealverein[841] und der wirtschaftliche Verein des BGB sollten, entgegen den Forderungen des Deutschen Gewerkschaftsbundes, nicht der Mitbestimmung unterliegen.[842] Da der Gesetzgeber also bewußt den Idealverein vom Anwendungsbereich des Mitbestimmungsgesetzes ausgeschlossen hat, kann auch der Idealverein als Konzernspitze zu keiner Umgehung der §§ 1, 5 MitbestG führen.

Soll auch ein Konzern der Mitbestimmung unterliegen, an dessen Spitze ein Idealverein steht, etwa weil man ein „Bedürfnis nach institutioneller Sicherung des sozialen Verantwortungsbewußtseins"[843] bejaht, so ist hier der Gesetzgeber gefordert.

Ferner spricht gegen den Sozialschutz als Kriterium der Vereinsklassenabgrenzung folgende Überlegung. Bei Tendenzunternehmen im Sinne von § 1 Abs. 4 MitbestG[844] entscheidet die Auslegung dieser Vorschrift über die Anwendung des Mitbestimmungsgesetzes.[845] Sie würde daher im theoretischen Extremfall auch über die Vereinsklassenabgrenzung entscheiden. Letztlich sollte aber nicht die Auslegung von § 1 Abs. 4 MitbestG über die Qualifikation eines Vereins als wirtschaftlicher oder nichtwirtschaftlicher Verein entscheiden, sondern umgekehrt die Vereinsklassenabgrenzung - durch die Sperrfunktion von § 22 BGB - über die Anwendung des Mitbestimmungsgesetzes.

Eine Zurechnung der wirtschaftlichen Tätigkeit der Tochter-AG zum Idealverein ist daher abzulehnen, soweit sie mit dem im Mitbestimmungsgesetz zum Ausdruck kommenden allgemeinen Sozialschutz begründet wird.

c) Ergebnis

Dem ausgliedernden Idealverein ist die wirtschaftliche Tätigkeit der Berufsfußball-AG grundsätzlich nicht zuzurechnen. Dem steht die organisatorische und rechtliche Selbständigkeit von Idealverein und Berufsfußball-AG entgegen.

---

[841] Insbesondere wurde bereits 1967, also knapp 10 Jahre vor Verabschiedung des Mitbestimmungsgesetzes, die Einsetzung eines Idealvereins als Konzernspitze durch die Gründung des Schickedanz e.V. als Konzernspitze der Quelle-Gruppe praktisch relevant.
[842] Vgl. die Anhörung vor dem Bundestagsausschuß für Arbeit und Sozialordnung (Protokolle der 55. Sitzung vom 7.11.1974, S. 54 ff.). Siehe auch Ulmer in Hanau/Ulmer, MitbestG, § 1 Rdnr. 31; Raiser, MitbestG, § 1 Rdnr. 4.
[843] So Reuter in MünchKomm, BGB, §§ 21, 22 Rdnr. 15.
[844] Vgl. auch § 81 BetrVG 1952.
[845] Zur Frage, ob Fußballbundesligavereine als Tendezbetriebe im Sinne von § 118 BetrVG einzuordnen sind Kania, SpuRt 1994, 121, 125.

Ausnahmsweise kann allerdings der Schutz der Vereinsgläubiger eine Zurechnung erforderlich machen. Das setzt aber voraus, daß Idealverein und Berufsfußball-AG in einem Konzernverhältnis stehen und der Idealverein bestehende
Leitungsmacht tatsächlich ausübt. Nur dann besteht ein rechtliches Näheverhältnis, und der Idealverein wird selbst unternehmerisch tätig. Die wirtschaftliche Tätigkeit der Tochter-AG ist dann wie eine eigene Tätigkeit des Idealvereins zu behandeln.

Aus dem allgemeinen Sozialschutz läßt sich hingegen keine Zurechnung der
wirtschaftlichen Tätigkeit der Berufsfußball-AG herleiten.

2. Erhalt der Gemeinnützigkeit des ausgliedernden Vereins

Als weiteres Ziel wird mit der Ausgliederung angestrebt, die Gemeinnützigkeit
des ausgliedernden Idealvereins dauerhaft zu erhalten. Wie dargestellt,[846] gefährden gegenwärtig die Berufsfußballabteilungen als wirtschaftliche Geschäftsbetriebe im Sinne von § 14 Satz 1 AO die Gemeinnützigkeit des gesamten Idealvereins. Es ist zu überlegen, ob durch eine rechtliche Trennung
von der Lizenzabteilung die Gemeinnützigkeit des Idealvereins dauerhaft gesichert werden kann.

Ähnlich der erörterten vereinsrechtlichen Problematik setzt das voraus, daß
die wirtschaftliche Tätigkeit der Berufsfußball-AG dem Idealverein auch in
steuerlicher Hinsicht nicht zuzurechnen ist. Andernfalls würde die Gemeinnützigkeit nach wie vor gefährdet sein. Es stellt sich daher die Frage, wie die Beteiligung an der Berufsfußball-AG steuerlich zu beurteilen ist, insbesondere, ob
sie für den Idealverein einen wirtschaftlichen Geschäftsbetrieb darstellt, der
sich möglicherweise gemeinnützigkeitsschädlich auswirkt.

Gemäß § 14 Satz 3 AO liegt in der Regel eine Vermögensverwaltung vor,
wenn Kapitalvermögen verzinslich angelegt wird. Eine derartige verzinsliche
Anlage von Kapitalvermögen ist regelmäßig auch in der Beteiligung an einer
Kapitalgesellschaft zu sehen. Daher ist die Beteiligung einer steuerbegünstigten Körperschaft an einer AG grundsätzlich als Vermögensverwaltung im Sinne
von § 14 Satz 3 AO zu qualifizieren, die die Gemeinnützigkeit des Idealvereins
nicht gefährdet. [847]

a) Zurechnung aufgrund Ausübung tatsächlichen Einflusses

Eine Zurechnung könnte sich allerdings dann ergeben, wenn der Idealverein
tatsächlich Einfluß auf die Geschäftspolitik der AG ausübt. Der BFH[848] und ihm

---

[846] Vgl. Erstes Kapitel Zweiter Abschnitt: Die Gemeinnützigkeit des Fußballbundesligavereins.
[847] Allgemeine Meinung vgl. U. Herbert, Geschäftsbetrieb, S. 78 Fußnote 388; Scholtz in
Koch/Scholtz, AO, § 14 Anm. 16 jeweils m.w.N.
[848] BFH BStBl. II 1971, 753, 754.

folgend die herrschende Meinung in der Literatur[849] und die Finanzverwaltung[850] sehen die Beteiligung an einer Kapitalgesellschaft als wirtschaftlichen Geschäftsbetrieb im Sinne von § 14 Satz 1 AO an, wenn die Körperschaft tatsächlich entscheidenden Einfluß auf die laufende Geschäftsführung der Kapitalgesellschaft nimmt. Die bloße Möglichkeit der Einflußnahme reiche dagegen nicht aus. Gleichfalls unschädlich sei die bloße Wahrnehmung von Gesellschafterrechten durch den Idealverein.[851]

Demnach entscheidet also die konkrete Ausgestaltung der Einflußnahme darüber, ob die Beteiligung als Vermögensverwaltung oder als wirtschaftlicher Geschäftsbetrieb zu beurteilen ist. Je mehr Einfluß der Verein ausübt, desto größer ist die Gefahr, daß die Beteiligung als grundsätzlich steuerpflichtiger wirtschaftlicher Geschäftsbetrieb zu qualifizieren ist.

In der Regel wird der Idealverein keinen Einfluß auf die laufende Geschäftspolitik der Berufsfußball-AG nehmen. Denn die juristische Trennung von Idealverein und Berufsfußballbereich soll auch zu einer Trennung der Organisation und Verwaltung führen. Die AG soll nach der Ausgliederung nahezu ausschließlich selbst über Angelegenheiten des Berufsfußballs entscheiden. Entscheidungsträger in Fragen des Berufsfußballs - insbesondere hinsichtlich der laufenden Geschäftsführung - werden dann Angestellte der Berufsfußball-AG sein. Aus diesem Grund wird die Beteiligung an der Berufsfußball-AG insoweit regelmäßig als Vermögensverwaltung zu qualifizieren sein, so daß die Ausgliederung der Berufsfußballabteilung die Sicherung der Gemeinnützigkeit der Idealvereins unterstützt.[852]

b) Zurechnung aufgrund von Betriebsaufspaltung

Neben der Ausübung tatsächlichen Einflusses wird ein wirtschaftlicher Geschäftsbetrieb beim Idealverein auch dann begründet, wenn die Ausgliederung zu einer Betriebsaufspaltung führt.[853] Eine Betriebsaufspaltung liegt vor, wenn der Idealverein der Berufsfußball-AG wesentliche Betriebsgrundlagen überläßt (sachliche Verflechtung) und die Personen, die den Idealverein tatsächlich be-

---

[849] Schick, DB 1985, 1812, 1814; Roolf, DB 1985, 1156, 1157; Schlindwein, Profigesellschaften, S. 66; Scholtz in Koch/Scholtz, AO, § 14 Anm. 16 m.w.N.; kritisch Hüttemann, Wirtschaftliche Betätigung, S. 154, 158.

[850] AEAO zu § 64 Tz. 3.

[851] Noch weitergehend als die h.M. U. Herbert, Geschäftsbetrieb, S. 79.

[852] Um sicher zu gehen, daß die Finanzverwaltung die Beteiligung nicht doch als wirtschaftlichen Geschäftsbetrieb qualifiziert (so aufgrund der engen vertraglichen und tatsächlichen Verflechtungen zwischen ausgliederndem Verein und Kapitalgesellschaft der Erlaß des Finanzministeriums Baden-Württemberg vom 21.2.1996 betreffend die Ausgestaltung beim deutschen Profi-Eishockey), sollte vor der Ausgliederung eine diesbezügliche verbindliche Auskunft eingeholt werden.

[853] H.M vgl. nur BFH BStBl. II 1971, S. 753, 754 bestätigt durch BFH GmbHR 1997, 1007; AEAO zu § 64 Tz. 3; Orth, FR 1995, 253, 257.

herrschen, in der Lage sind, auch in der Berufsfußball-AG ihren Willen durch-zusetzen (personelle Verflechtung).[854]

aa) Personelle Verflechtung

Da der Idealverein gemäß § 8 Nr. 4 DFB-Satzung grundsätzlich verpflichtet ist, die Mehrheit der Stimmrechte an der Berufsfußball-AG zu halten, wird ihm die Einflußnahme auf die Berufsfußball-AG, auf gesellschaftsrechtlicher Grundlage, möglich sein. Damit wird zwischen Idealverein und Berufsfußball-AG in der Re-gel - anders etwa die allerdings in Bezug auf eine GmbH geplante Gestaltung bei Bayer Leverkusen - eine personelle Verflechtung im Sinne einer Betriebs-aufspaltung bestehen.

bb) Sachliche Verflechtung

Eine sachliche Verflechtung liegt vor, wenn für die Berufsfußball-AG wesentli-che Betriebsgrundlagen dieser zur Nutzung überlassen werden, das zivilrechtli-che Eigentum jedoch beim Idealverein verbleibt. Eine wesentliche Betriebs-grundlage stellen solche Wirtschaftsgüter dar, die nach dem Gesamtbild der Verhältnisse zur Erreichung des Zwecks der Kapitalgesellschaft erforderlich sind und besonderes Gewicht für die Betriebsführung besitzen.[855]

Da die auf die Berufsfußball-AG auszugliedernde Berufsfußballabteilung die-se Merkmale erfüllt, stellt sie für die Berufsfußball-AG eine wesentliche Be-triebsgrundlage dar. Jedoch wird mit der Übertragung der Lizenzspielerabtei-lung auf die Berufsfußball-AG auch das zivilrechtliche Eigentum an den einzel-nen Gegenständen der Lizenzspielerabteilung auf die AG übergehen. Es fehlt insoweit an einer Voraussetzung der Betriebsaufspaltung.

Es stellt sich jedoch die Frage, ob das Vermarktungsrecht am Namen und Logo des Idealvereins eine wesentliche Betriebsgrundlage darstellt. Denn die-se sollten der Berufsfußball-AG lediglich zur Nutzung und Vermarktung über-lassen werden, damit der Verein seinen Namen und das Logo auch nach der Ausgliederung originär führen kann.[856]

Zwar kann auch die Überlassung eines Werberechts wesentliche Betriebs-grundlage sein.[857] Die Überlassung des Vermarktungsrechts am Logo eines Fußballbundesligavereins an eine Berufsfußball-AG ist jedoch nicht als we-sentliche Betriebsgrundlage einzuordnen. Denn die Vermarktung des Logos ist weder zur Erreichung des hauptsächlichen Zwecks der Berufsfußball-AG - nämlich die Teilnahme am Ligabetrieb - erforderlich, noch besitzt sie ein dem

---

[854] Vgl. zu den Voraussetzungen der Betriebsaufspaltung im einzelnen L. Schmidt, EStG, § 15 Rdnr. 800 ff.

[855] BFH BStBl. 1993, S. 233.

[856] Siehe dazu oben im Text bei Fußnote 772. Zur Erteilung der Lizenz in diesem Zusam-menhang siehe bereits oben im Text bei Fußnote 782.

[857] FG Köln EFG 1995, 360 ff.

Lizenzspielerkader selbst oder den TV-Übertragungsrechten vergleichbares besonderes Gewicht. Notfalls könnte die Berufsfußball-AG auch mit einem geänderten Logo am Ligabetrieb teilnehmen. Die Vermarktung des Logos stellt daher keine wesentliche Betriebsgrundlage der Berufsfußball-AG dar.

Da also die Ausgliederung der Berufsfußballabteilung nicht zu einer Betriebsaufspaltung führt, kann die Gemeinnützigkeit des ausgliedernden Idealvereins auch insoweit gesichert werden.

c) Keine Nachversteuerung wegen Verstoßes gegen den Grundsatz der Vermögensbindung

Schließlich darf die Ausgliederung nicht dazu führen, daß bei dem wegen Gemeinnützigkeit steuerbefreiten Verein wegen Verstoßes gegen den Grundsatz der Vermögensbindung eine Nachversteuerung der Einkünfte, Umsätze und des Vermögens für die letzten zehn Jahre durchgeführt wird.[858] Eine solche Nachversteuerung wäre grundsätzlich durchzuführen, wenn durch die Ausgliederung Vermögen des Vereins der Bindung für die gemeinnützigen Zwecke entzogen wird. Dabei betrifft die Vermögensbindung nicht nur den ideellen Bereich des Vereins, sondern auch das Vermögen eines wirtschaftlichen Geschäftsbetriebs,[859] also auch das dem Lizenzspielerbereich zuzuordnende Vermögen.

Da aber die Ausgliederung zu keiner Vermögensminderung beim Idealverein führt, sondern lediglich eine Vermögensumschichtung bedeutet, steht den gemeinnützigen Zwecken nach der Ausgliederung wertmäßig das gleiche Vermögen zur Verfügung wie vor der Ausgliederung. Bei einer solchen Vermögensumschichtung liegt daher kein Verstoß gegen den Grundsatz der Vermögensbindung vor.[860] Eine Nachversteuerung ist daher nicht durchzuführen.[861]

d) Ergebnis

Da der Idealverein in der Regel keinen tatsächlichen Einfluß auf die Berufsfußball-AG ausüben wird, kann die Tätigkeit der Berufsfußball-AG insoweit keinen wirtschaftlichen Geschäftsbetrieb beim Idealverein begründen. Da zudem das zivilrechtliche Eigentum an den Gegenständen der Lizenzspielerabteilung auf die Berufsfußball-AG übertragen wird, und das Vermarktungsrecht am Logo des Idealvereins keine für die Berufsfußball-AG wesentliche Betriebsgrundlage darstellt, wird auch kein wirtschaftlicher Geschäftsbetrieb aufgrund einer Betriebsaufspaltung begründet. Da ferner die Ausgliederung beim Idealverein zu

---

[858] Vgl. dazu AEAO zu § 61 sowie AEAO zu § 55 Abs. 1 Nr. 4.
[859] Orth, Profigesellschaften, S. 98 f.
[860] Orth, JbFStR 1993/1994, 342, 358.
[861] Um eine Nachversteuerung in der Praxis auszuschließen, sollte vor einer Ausgliederung auch diesbezüglich eine entsprechende verbindliche Auskunft eingeholt werden.

keiner Vermögensminderung, sondern nur zu einer Vermögensumschichtung führt, löst sie keine Nachversteuerung wegen Verstoßes gegen den Grundsatz der Vermögensbindung aus. Durch die Ausgliederung der Berufsfußballabteilung auf eine AG kann daher die Gemeinnützigkeit des Idealvereins dauerhaft gesichert werden.

3. Die Berufsfußball-AG als Mittel zur Kapitalbeschaffung

Oben wurde die zum Teil erhebliche Verschuldung der Bundesligavereine sowie deren unbefriedigende Liquiditätslage dargestellt.[862] Einige Verantwortliche der Vereine hoffen, mit der Ausgliederung eine zusätzliche Kapitalzufuhr zu erreichen.[863] Im folgenden soll daher untersucht werden, inwieweit die Ausgliederung auf eine AG der Lizenzsportabteilung zusätzliches Kapital bringen kann und so möglicherweise zu einer Verbesserung der Liquidität führt.[864]

Durch die Ausgliederung kann der Berufsfußball-AG nur Kapital zugeführt werden, wenn sich neben dem ausgliedernden Idealverein noch weitere Aktionäre finden. Denn werden die Aktien ausschließlich vom Idealverein übernommen, so bedeutet das für die AG im Ergebnis keine zusätzliche Kapitalzufuhr. Vielmehr würden dadurch bereits vorhandene Werte lediglich umverteilt werden. Es stellt sich daher die Frage, wer neben dem Idealverein als möglicher Aktionär einer Berufsfußball-AG in Betracht kommt.

Außerdem müßte für die Aktie ein Markt gesucht werden, an dem jeder potentielle Interessent das Papier an- und verkaufen könnte. Gleichzeitig würde das den Vorteil bieten, daß am Markt möglicherweise Preise erzielt würden, die den Nennwert der Aktie weit übersteigen.[865] Ein solcher Markt könnte etwa durch die Einführung bei der Börse gefunden werden. Daher stellt sich die Frage, welchem Anforderungsprofil ein Klub entsprechen muß, damit sich die Börseneinführung für ihn als eine realistische Möglichkeit darstellt, und welche Aktionäre als Käufer der Aktie in Betracht kommen.

---

[862] Erstes Kapitel Dritter Abschnitt I. Wirtschaftliche Leistungsfähigkeit der Fußballbundesligavereine.

[863] So hielt etwa U. Hoeneß, Manager von Bayern München, einen Emissionskurs von Aktien einer zukünftigen FC Bayern AG in Höhe von 500,-- DM bei einem Nennwert von 50,-- DM für realistisch. Nach kurzer Zeit sollen bereits Anteile für 2000,-- DM gehandelt werden (Impulse Heft 10/1990, S. 58 ff. „Der FC Bayern ist an der Börse teurer als BMW"). Nach Karl-Heinz Rummenigge - Vizepräsident des FC Bayern München - sollen im Falle eines Börsenganges 49 Prozent der Bayern München Aktien etwa 500 Millionen DM kosten (Zitiert nach dem Handelsblatt vom 25.9.1997 „Bayern München träumt von der Börse"). Inzwischen hat Bayern München e.V. seine Umwandlungspläne allerdings zurückgestellt (RP vom 18.11.1998 „Das Bayern-Volk rebellierte gegen „Kaiser Franz""") Vgl. auch Matthias Ohms im Kicker Sportmagazin Nr. 84 vom 16.10.1989, „Profis in die Chefetage" .

[864] Auf die bereits genannten Vorschriften des AktG, betreffend die Kapitalaufbringung und -erhaltung, soll an dieser Stelle nicht mehr eingegangen werden, vgl. dazu Erstes Kapitel Erster Abschnitt II. 2. a) aa) Gläubigerschutz.

[865] Siehe die vorvorhergehende Fußnote.

178

a) Mögliche Aktionäre

aa) Die Gründer als spätere Aktionäre

Zunächst kommen alle potentiellen Gründer[866] als spätere Aktionäre in Betracht. Neben dem Idealverein selbst, der gemäß § 8 Nr. 4 DFB-Satzung grundsätzlich mehr als 50% der Stimmanteile halten muß,[867] ist auch hier insbesondere an die Stadt oder Gemeinde als Gesellschafter zu denken. Diese könnten sich auf diese Weise Mitspracherechte und sonstige Einflußnahmemöglichkeiten bei der Unternehmenspolitik sichern. Dies könnte angesichts der erheblichen Werbewirkung der Berufsfußballmannschaft, von der auch die Stadt oder Gemeinde partizipiert,[868] erstrebenswert sein. Zudem ist zu berücksichtigen, daß die Vereine ohnehin eng mit den Kommunen zusammenarbeiten und von diesen bereits jetzt zum Teil finanziell unterstützt werden.[869] Der Ankauf von Aktien muß für die Kommune daher, aber auch im Hinblick auf die durch die Werbewirkung zu erzielenden Einnahmen, per Saldo nicht unbedingt eine zusätzliche finanzielle Belastung bedeuten.

bb) Fans und andere Freunde des Vereins

Neben dem erwähnten Personenkreis wird von Verantwortlichen auch an Fans und andere Anhänger des Vereins als mögliche Aktionäre gedacht. Dabei sind die gegenwärtigen Vereinsmitglieder und Fans der Berufsfußballmannschaft ebenso in Betracht zu ziehen wie ortsansässige Förderer und Gönner des Klubs.

Dieser Aktionärstyp wird mit seiner Beteiligung in erster Linie anstreben, an dem mit dem Fußballgeschäft gekoppelten Prestige teilzuhaben oder schlicht den Erfolg der Mannschaft zu unterstützen. Die Mehrung des eigenen Vermögens wird als Ziel eher im Hintergrund stehen. Überwiegend wird dieser Anlegertyp daher zwar eine sportspezifische Gewinnausschüttung,[870] also eine Auszahlung des Gewinns nicht in Geld- sondern in Sachleistungen, akzeptieren;

---

[866] Siehe oben I. 1. Mögliche Gründer der Berufsfußball-AG.

[867] Eine Ausnahme von dem Mehrheitserfordernis besteht gemäß § 8 Nr. 4 Abs. 5 DFB-Satzung nur in den Fällen, in denen ein Wirtschaftsunternehmen seit mehr als 20 Jahren vor dem 1.1.1999 den Fußballsport des Muttervereins ununterbrochen gefördert hat. In der ersten Fußballbundesliga trifft dies nur auf Bayer Leverkusen zu. Allerdings beabsichtigt auch der VW-Konzern, eine solche Ausnahmeerlaubnis in Bezug auf den VfL Wolfsburg zu beantragen (RP vom 13.2.1999 „Wolfsburg beantragt Umwandlung in Kapitalgesellschaft").

[868] Vgl. dazu Lemke, Manager von Werder Bremen, in Der Spiegel Heft 10/1994, S. 174 ff. „Raus aus dem Dschungel"; vgl. auch Fußnote 359.

[869] Beispielsweise in Form von Bürgschaften oder zinslosen Darlehen; vgl. SZ vom 27.4.1995 „Stadt Dresden will Dynamo helfen" sowie SZ vom 14.12.1994 „Bürgermeister vermittelt".

[870] Siehe dazu Zweites Kapitel Fünfter Abschnitt II. Sportspezifische Ausschüttung der Gewinne.

auf ein Stimmrecht wird er allerdings nicht verzichten wollen. Für diesen Aktionärstyp kommt daher der Erwerb von vinkulierten Namensaktien in Frage.[871]

cc) Der Kapitalanleger als Aktionär

Zudem ist noch an den herkömmlichen Kapitalanleger als möglichen Aktionär der Berufsfußball-AG zu denken.[872] Er strebt in erster Linie eine rein kapitalistische Beteiligung an. Sofern lediglich eine Minderheitsbeteiligung angestrebt wird, wird eine hohe Dividende für ihn in der Regel eine größere Bedeutung haben als ein mögliches Stimmrecht im Rahmen der Hauptversammlung. Für einen solchen Anleger ist die Beteiligung in Form einer stimmrechtslosen Vorzugsaktie geeignet.[873] Soweit die Auszahlung des Gewinns wahlweise in Geld- oder Sachleistungen erfolgt,[874] wird dieser Anleger die Auszahlung in Geld vorziehen.

dd) Sponsoren

Letztlich könnte eine Beteiligung an der Berufsfußball-AG für die bisherigen Sponsoren der Berufsfußballabteilung, insbesondere bei einer längerfristigen Zusammenarbeit, interessant sein.[875] Die Sponsoren könnten sich auf diesem Weg möglicherweise Einfluß auf die Unternehmenspolitik sichern. Dieser Einfluß könnte etwa bedeutsam werden, wenn über medienwirksame Spieltermine, die Teilnahme an Turnieren oder Werbeveranstaltungen entschieden wird. Soweit Sponsoren tatsächlich Einfluß nehmen wollen, kommt für sie daher nur die vinkulierte Namensaktie in Betracht.

b) Möglichkeiten des going public

Der mit der Ausgliederung verbundene Wunsch, zusätzliches Kapital durch die Börse zu erlangen, setzt eine Börsenzulassung voraus. Die Berufsfußball-AG

---

[871] Siehe zu den Vorteilen von vinkulierten Namensaktien III. 1. Beschränkung der Aktienübertragbarkeit.

[872] So hätte die Fonds-Gesellschaft Singer & Friedlander (vgl. dazu Fußnote 562 f.) im Falle eines Börsenganges von AC Mailand, Juventus Turin oder PSV Eindhoven großes Interesse am Erwerb von Aktien dieser Gesellschaften (so der leitende Manager der Gesellschaft Fraher in Börse-Online vom 13.3.1997, S. 28 „Anstieg durch Pay per View").

[873] Vgl. aber Fußnote 811 betreffend die Erfahrungen aus dem englischen Sprachraum.

[874] Siehe dazu oben im Text bei Fußnote 711.

[875] Neben den in der Regel über mehrere Jahre abgeschlossenen Werbeverträgen zwischen Verein und Sponsor sprechen hierfür insbesondere die Beispiele aus England, Italien und Frankreich, wo zunehmend Wirtschaftsunternehmen Anteile an Fußballkapitalgesellschaften erwerben. A.A. Kebekus, Alternativen, S. 114; Kebekus verneint ein Sponsoreninteresse an einer gesellschaftsrechtlichen Beteiligung. Denn die Sponsoren seien bestrebt, die Vertragsbeziehung zum Fußballklub bei einem Mißerfolg möglichst schnell zu beenden, dem stehe eine gesellschaftsrechtliche Beteiligung im Wege.

wird aber nur dann zur Börse zugelassen, bzw. werden deren Aktien nur dann placiert, wenn die AG börsenreif ist.

Um die Börsenreife genauer bestimmen zu können, ist zunächst zwischen den folgenden vier Marktsegmenten unterscheiden: Dem *amtlichen Markt*, dem durch die Reform des Börsengesetzes von 1987 neu geschaffenen *geregelten Markt*, [876] dem 1997 eingeführten *Neuen Markt* [877] und dem *Freiverkehr*. Denn für jedes Segment bestehen unterschiedliche Zulassungsanforderungen.

aa) Der *amtliche Markt*

Ein Unternehmen, das in den amtlichen Markt will, muß formell und materiell börsenreif sein.[878] Das bedeutet, daß der Börsenaspirant bestimmte rechtliche und wirtschaftliche Voraussetzungen, die die Börsenzulassung stellt, erfüllen muß.

aaa) Rechtliche Anforderungen

Die rechtlichen Anforderungen, die der Emittent zu erfüllen hat, sind im Börsengesetz und der Börsenzulassungs-Verordnung normiert.

(1) Anforderungen an den Emittenten

Gemäß § 38 Abs. 1 Nr. 1a BörsG i.V.m. § 3 BörsZulV soll der Emittent bei Ausgabe der Aktien mindestens drei Jahre als Unternehmen bestanden und seine Jahresabschlüsse für die drei der Zulassung vorangegangenen Jahre entsprechend den hierfür geltenden Vorschriften veröffentlicht haben. Eine bestimmte Mindestgröße oder ein bestimmter Mindestumsatz wird nach diesen Vorschriften allerdings nicht verlangt.[879]

(2) Anforderungen an die zuzulassenden Wertpapiere

Gemäß § 36 Abs. 1 BörsG können nur Wertpapiere zum Handel an der Börse zugelassen werden.[880] Wertpapiere im Sinne dieser Vorschrift sind insbesondere auch Aktien.[881]

---

[876] Zu diesen Änderungen Schwark, NJW 1987, 2041 ff.

[877] Hierzu etwa Potthoff/Stuhlfauth, WM 1997 Sonderbeilage 3, S. 1 ff.; Kersting, AG 1997, 222 ff.

[878] Vgl. dazu Breuer in Obst/Hintner, S. 532; Büschgen, S. 139.

[879] Nur soweit der Kurswert der auszugebenden Aktien nicht ermittelt werden kann, ist ein Mindesteigenkapital in Höhe von 2,5 Millionen DM erforderlich, dazu sogleich unter (3) Mindestemissionsbetrag.

[880] Zum Begriff vgl. Hueck/Canaris, S. 12.

[881] Schwark, BörsG, § 36 Rdnr. 8.

Die Wertpapiere müssen gemäß § 38 Abs. 1 Nr. 1b BörsG, § 5 Abs. 1 und Abs. 2 Nr. 1 BörsZulV grundsätzlich voll eingezahlt[882] und frei handelbar sein. Grundsätzlich nicht frei handelbar sind aber die für eine Berufsfußball-AG interessanten vinkulierten Namensaktien.[883] Allerdings können gemäß § 5 Abs. 2 Nr. 2 BörsZulV auch vinkulierte Namensaktien zugelassen werden, wenn das Zustimmungserfordernis nach § 68 Abs. 2 AktG nicht zu einer Störung des Börsenhandels führt. Die Aktien sind daher zuzulassen, wenn durch entsprechende Erklärung des Emittenten gegenüber der Börse gesichert erscheint, daß dieser von seinem Zustimmungsverweigerungsrecht nur in Fällen Gebrauch macht, in denen es das Gesellschaftsinteresse erfordert.[884] In welchen Fällen die AG ihre Zustimmung aus Gründen des Gesellschaftsinteresses verweigern wird, folgt aus der Satzung der AG und dem Börsenprospekt.[885] Für einen potentiellen Käufer der Aktie ist daher vorhersehbar, in welchen Fällen das zuständige Gesellschaftsorgan die notwendige Zustimmung verweigern bzw. erteilen wird. Soweit der Erwerber nicht kraft Satzung als potentieller Käufer ausscheidet, wird die erforderliche Zustimmung jeweils erteilt werden. Die Berufsfußball-AG kann also die in der Praxis geforderte[886] Verpflichtungserklärung gegenüber dem Börsenvorstand abgeben. Unter dieser Voraussetzung können auch die vinkulierten Namensaktien der Berufsfußball-AG an der Börse gehandelt werden.

(3) Mindestemissionsbetrag

Gemäß § 38 Abs. 1 Nr. 1c BörsG, § 2 BörsZulV soll der Mindestemissionsbetrag der Aktien bei Zugrundelegung des voraussichtlichen Kurswerts 2,5 Millionen DM betragen.[887] Läßt sich kein Kurswert der auszugebenden Aktien ermitteln, so soll das Eigenkapital der AG im Sinne von § 266 Abs. 3 A HGB mindestens 2,5 Millionen DM betragen.[888]

(4) Herausgabe des Prospekts

Der Emittent ist verpflichtet, durch einen Prospekt das Publikum über die zugelassenen Wertpapiere zu informieren. Insbesondere ist Auskunft zu erteilen

---

[882] Vgl. aber die damit kollidierende Regelung des § 36a AktG.
[883] Siehe oben III. 1. Beschränkung der Aktienübertragbarkeit.
[884] Schwark, BörsG, § 38 Rdnr. 4; Bungeroth in Geßler/Hefermehl, AktG, § 68 Rdnr. 161, Degner, WM 1990, 793, 798; a.A. Kerber, WM 1990, 789, 792.
[885] Zur erforderlichen Begrenzung des Aktionärskreises siehe III. 1. Beschränkung der Aktienübertragbarkeit.
[886] Vgl. Degner, WM 1990, 793, 796.
[887] Tatsächlich liegt aber das Placierungsvolumen höher. Ein Volumen von nominal 3 Millionen DM stellt die Untergrenze dar. 1992 placierte die kleinste Emission nominal 5 Millionen DM, ausführlich dazu Bergheim/Traub, DStR 1993, 1260, 1262 f.
[888] Zu den weiteren rechtlichen Voaussetzungen der Zulassung zum amtlichen Markt siehe im einzelnen den Wortlaut der Börsenzulassungs-Verordnung.

über die auszugebenden Aktien, den Emittenten, zum Kapital des Emittenten, zu Geschäftsführungs- und Aufsichtsorganen und zum Abschlußprüfer, zur Vermögens-, Finanz-, und Ertragslage, zur Geschäftstätigkeit sowie zur Entwicklung im laufenden Geschäftsjahr und zu den Geschäftsaussichten.[889] Sind die Angaben im Prospekt unrichtig oder unvollständig, so trifft die in § 45 BörsG genannten Personen eine Prospekthaftung.

bbb) Wirtschaftliche Anforderungen

Neben den rechtlichen Anforderungen muß der Emittent bestimmte wirtschaftliche Voraussetzungen erfüllen, um zur Börse zugelassen zu werden, um also börsenreif zu sein. Die wirtschaftlichen Anforderungen werden von den Banken im Interesse der Investoren an den Emittenten gestellt. Dabei achtet die Bank darauf, daß neben einer aktuellen befriedigenden Gewinnsituation künftige Umsatz- und Gewinnsteigerungen erkennbar sind. Der Jahresmindestumsatz eines Börsenaspiranten wird mit 50 Millionen DM[890] bis 60 Millionen DM und mehr beziffert.[891]

Da der Börsenaspirant die Zulassung zum *amtlichen Markt* nicht alleine betreiben kann - gemäß § 36 Abs. 2 BörsG muß ihn ein Kreditinstitut begleiten und den Antrag auf Zulassung stellen - sind diese von den Kreditinstituten gestellten Anforderungen für den Emittent bindend.

bb) Der *geregelte Markt*

Der *geregelte Markt* ist eine Vorstufe zum *amtlichen Markt*. Er soll börsenreifen Unternehmen an den organisierten Markt heranführen, die die amtliche Zulassung noch nicht erreichen können oder wollen.[892] Zwar unterliegt auch der *geregelte Markt* den Regeln des Börsengesetzes sowie nach § 72 BörsG den einzelnen Börsenordnungen. Es bestehen allerdings erleichterte Zulassungsbedingungen. So können Aktien junger Unternehmen, die noch nicht drei Jahre bestehen, an diesem Marktsegment gehandelt werden. Der Mindestnennbetrag der Aktien beträgt hier nur 500.000,-- DM.[893]

Anstelle des Prospekts reicht für den geregelten Markt gemäß § 73 Abs. 1 Nr. 2 BörsG ein in der Regel weniger umfangreicher Unternehmensbericht aus, dessen erforderlicher Inhalt in den Börsenordnungen festgelegt ist. Insbesondere muß der Bericht Angaben enthalten über Gründung, Sitz und Gegenstand der Gesellschaft, Kapitalverhältnisse einschließlich wesentlicher Beteiligungen Dritter am Kapital, Einzelheiten über die zuzulassenden Aktien, Organe der

---

[889] Siehe zu den weiteren Anforderungen an den Prospektinhalt §§ 14-32 BörsZulV.

[890] Breuer in Obst/Hintner, S. 533.

[891] Bergheim/Traub sehen als Untergrenze für den Jahresumsatz 60-80 Mio. DM an, Bergheim/Traub, DStR 1993, 1260, 1262.

[892] Schwark, NJW 1987, 2041, 2045.

[893] Bergheim/Traub, DStR 1993, 1260, 1261.

Gesellschaft einschließlich deren Gesamtbezüge, über das Geschäftsjahr und die Ergebnisverwendung. Außerdem sind die aktuelle Geschäftslage und die weiteren Aussichten anzugeben.[894] Gemäß §§ 77, 45 ff. BörsG besteht auch hier eine Prospekthaftung.

Erwartet wird in diesem Marktsegment nur ein Mindestumsatz von etwa 20[895]bis 30 Millionen DM.[896] Die Zulassung kann gemäß § 71 Abs. 2 BörsG entweder mit einer Bank oder mit einem anderen Unternehmen beantragt werden, sofern dieses die fachliche Eignung und die erforderliche Zuverlässigkeit für die Beurteilung des Emittenten aufweist sowie einen ordnungsgemäßen Börsenhandel gewährleistet.

cc) Der *Neue Markt*

Das 1997 neu geschaffene Marktsegment soll dem Anleger eine Anlagemöglichkeit in Aktien von jungen, innovativen Wachstumsunternehmen geben.[897] Dem für den Anleger erhöhten Risiko steht eine erhöhte Gewinnchance gegenüber.[898] Als Emittenten kommen insbesondere kleinere und mittlere, innovative Unternehmen in Betracht, die „neue Absatzmärkte erschließen, neue Verfahren etwa in der Beschaffung, Produktion und/oder Dienstleistung anbieten und ein überdurchschnittliches Gewinnwachstum erwarten lassen."[899]

Die Aufnahme des Handels im *Neuen Markt* setzt voraus, daß die Zulassung des Unternehmens zum Geregelten Markt erfolgt ist.[900] Die Erstzulassung zum Neuen Markt setzt voraus, daß die Mindeststückzahl der Aktien 100.000 beträgt.[901] Weiterhin setzt die erstmalige Zulassung in der Regel voraus, daß ihr eine Kapitalerhöhung gegen Bareinlagen vorausgegangen ist; mindestens 50 Prozent des zu placierenden Emissionsvolumens müssen aus dieser Kapitalerhöhung stammen.[902] Außerdem werden bei der erstmaligen Placierung nur Stammaktien zugelassen. Erst aus nachfolgenden Kapitalerhöhungen können auch Vorzugsaktien zugelassen werden.[903]

---

[894] Vgl. dazu von Rosen in Obst/Hintner, S. 1249.

[895] So Büschgen, S. 839.

[896] So Plewka/Aymans DB 1996, 2192, 2195 Fußnote 10.

[897] Verankert ist dieses Marktsegment in § 66a der Börsenordnung der Frankfurter Wertpapierbörse.

[898] Kersting, AG 1997, 222, 223.

[899] Abschnitt 1 der Handelsbedingungen für den *Neuen Markt*, abgedruckt bei Potthoff/Stuhlfauth, WM 1997 Sonderbeilage 3, S. 12 ff.

[900] § 66a Abs. 1 Satz 1 BörsO. So auch Abschnitt 2.3 (1) der Handelsbedingungen für den *Neuen Markt*. Trotz Zulassung zum *geregelten Markt* verzichtet der Emittent auf die davon rechtlich zu trennende Aufnahme der Notierung am *geregelten Markt*. Ausführlicher zu dieser Unterscheidung Potthoff/Stuhlfauth, WM 1997 Sonderbeilage 3, S. 4 f.

[901] Abschnitt 2., 3.2 der Handelsbedingungen für den *Neuen Markt*. Danach sind unter engen Voraussetzungen auch Ausnahmen zulässig.

[902] Abschnitt 2., 3.8 der Handelsbedingungen für den *Neuen Markt*.

[903] Abschnitt 2., 3.4 (1) der Handelsbedingungen für den *Neuen Markt*.

Schließlich schreiben die Handelsbedingungen des *Neuen Marktes* vor, daß in der Regel 25 vom Hundert des Gesamtnennbetrages der Aktien vom Publikum erworben werden müssen.[904] Außerdem muß der Emittent einen sogenannten Betreuer[905] verpflichten und bestimmten Informationspflichten nachkommen. So muß er nach Notierung am *Neuen Markt* Quartalsberichte in deutscher und englischer Sprache erstellen, einmal im Jahr eine Analystenveranstaltung durchführen sowie einen sogenannten Unternehmenskalender führen, in dem Angaben über für Anleger interessante Veranstaltungen des Unternehmens enthalten sind.[906]

dd) Der *Freiverkehr*

Der *Freiverkehr* ist durch das neue Kapitalmarktrecht von 1987 in den Rang eines offiziellen Marktsegments gehoben worden.[907] Dennoch finden sich in § 78 BörsG lediglich Rahmenbeschreibungen;[908] an genauen gesetzlichen Regelungen fehlt es. Insbesondere finden die börsengesetzlichen Regelungen für den *Freiverkehr* keine Anwendung, es sei denn, entsprechende Handelsbräuche haben sich herausgebildet.[909] Da der Freiverkehr rein privatrechtlich organisiert ist, fehlt es an einer staatlichen Überwachung.

Über die Zulassung eines Wertpapiers zum *Freiverkehr* entscheidet der sogenannte Freiverkehrsausschuß. Seine Mitglieder werden vom Börsenträgerverein oder anderen privaten Vereinen[910] gewählt oder bestimmt.[911]

Für ein going public der Berufsfußball-AG erscheint der *Freiverkehr* allerdings nicht geeignet. Denn es fehlen die beim *amtlichen Markt, geregelten Markt* und *Neuen Markt* vorhandenen gesetzlichen Bestimmungen des Anlegerschutzes und die öffentlich-rechtliche Überwachung, so daß sich der *Freiverkehr* generell nicht für ein going public eignet.[912]

c) Ergebnis

Soweit eine Börsennotierung zukünftiger Aktien einer Berufsfußball-AG diskutiert wird, muß zunächst zwischen den vier Marktsegmenten *amtlicher Markt, geregelter Markt, Neuer Markt* und *Freiverkehr* unterschieden werden. Der *Freiverkehr* eignet sich nicht für das going public, da dieser Markt nicht unter

---

[904] Zu den Streuungsvoraussetzungen im einzelnen Abschnitt 2., 3.10 der Handelsbedingungen für den *Neuen Markt*.
[905] Dazu Potthoff/Stuhlfauth, WM 1997 Sonderbeilage 3, S. 12.
[906] Vgl. zum Ganzen Abschnitt 2., 7.2 der Handelsbedingungen für den *Neuen Markt*.
[907] Dazu Schwark, NJW 1987, 2041 ff.
[908] So auch § 59 BörsO der Frankfurter Wertpapierbörse.
[909] Von Rosen in Obst/Hintner, S. 1250.
[910] Etwa vom Maklerverein oder Bankenverband.
[911] Schwark, NJW 1979, 2041, 2046.
[912] Vgl. Bergheim/Traub, DStR 1993, 1260, 1261.

185

staatlicher Aufsicht steht und es an entsprechenden Anlegerschutzvorschriften fehlt.[913] Für die Klubs kommt daher nur der *amtliche Markt*, der *geregelte Markt* und der *Neue Markt* in Betracht. Einige umsatzstarke Vereine können die geforderten Umsätze des *amtlichen Markts* sowie die geforderte positive Gewinnprognose sicher erfüllen.[914] Im Ergebnis erscheint allerdings ein going public am *geregelten Markt* oder *Neuen Markt* angesichts der geringeren Anforderungen an den Emittenten wahrscheinlicher.

Die im *geregelten Markt* und damit auch im *Neuen Markt* geforderten Umsätze können die meisten Vereine sicher erreichen. So lag der durchschnittliche Jahresumsatz der Vereine der ersten Fußballbundesliga in der Saison 1996/1997 bei etwa 54 Millionen DM.[915] Allerdings erfordert die Zulassung neben den Mindestumsätzen gegenwärtige Gewinne des Klubs sowie positive Gewinnaussichten. Diesem Erfordernis gerecht zu werden, wird dagegen für die meisten Klubs, angesichts der gegenwärtigen wirtschaftlichen Situation, ungleich schwieriger sein.[916] Eine Ausgliederung auf eine AG kann also nur dann durch ein going public zusätzliche Liquidität bringen, wenn die Berufsfußballabteilung bereits Gewinne erzielt und liquide ist. Aus diesem Grund kommt für wohl nicht mehr als fünf bis sechs Bundesligavereine ein Gang an die Börse in Betracht.[917] Angesichts des zum Teil erheblichen Wachstums einiger Vereine, kommt auch der *Neue Markt* für ein going public in Betracht, zumal die Unterhaltungsbranche, der die Tätigkeit des Berufsfußballs zuzurechnen ist,[918] als Wachstumsbranche im Sinne der Handelsbedingungen des *Neuen Marktes* zu qualifizieren ist.

Die Ausgabe von vinkulierten Namensaktien bereitet keine zusätzlichen Probleme, wenn das zuständige Organ an den Börsenvorstand die Erklärung abgibt, die Zustimmung zur Übertragung werde nur aus in der Satzung festzulegenden Gründen des Gesellschaftsinteresses versagt. Im Falle einer erstmaligen Zulassung am *Neuen Markt* ist zu beachten, daß keine stimmrechtslosen Vorzugsaktien ausgegeben werden dürfen.

---

[913] So werden am Freiverkehr etwa ausländische Aktien gehandelt, die bereits in ihrem Heimatland notiert sind. Beispielsweise hat die Berliner Freiverkehr AG die Aktien von Tottenham Hotspur, Manchester United, Sunderland, Celtic FC, Glasgow, Caspian Group (Leeds United) und Chelsea Village in den Handel eingeführt (vgl. SZ vom 20.2.1997 „Britische Aktien für Fußballfans").
[914] Allerdings können einige Vereine diese Umsätze erreichen. Vgl. im einzelnen Fußnote 49.
[915] Siehe Fußnote 49.
[916] Vgl. auch Erstes Kapitel Dritter Abschnitt I. Die wirtschaftliche Leistungsfähigkeit der Fußballbundesligavereine.
[917] Der frühere Ligasekretär des DFB, Wolfgang Holzhäuser, hielt Ende 1997 lediglich die Vereine Bayern München, Bremen, Leverkusen, Kaiserslautern und Dortmund für börsenfähig (Holzhäuser zitiert nach dem Handelsblatt vom 21/22.11.1997 „Fußball-Aktien sind eine Investition in den Sport und nicht ins Big Business").
[918] Vgl. hierzu oben im Text bei Fußnote 708.

Als mögliche Aktionäre kommen alle potentiellen Gründer der AG, die Fans und sonstigen Freunde des Vereins und - wie insbesondere die Beispiele aus England zeigen[919]- institutionelle Kapitalanleger und Sponsoren in Betracht.

4. Die AG als Mittel zur Verbesserung der Binnenstruktur

Letztlich wird mit der Ausgliederung die Verbesserung der Binnenstruktur der Vereine angestrebt.[920] So hat die gegenwärtige Ausgestaltung, bei der ideeller und kommerzieller Bereich dem selben Rechtsträger zugeordnet sind, immer wieder Beispiele für die Reformbedürftigkeit gegeben. Im folgenden sollen die Organe einer AG und deren Aufgaben kurz dargestellt und mit der gegenwärtigen Ausgestaltung verglichen werden.

a) Die Organe der AG

aa) Die Hauptversammlung

Vergleichbar mit der Mitgliederversammlung des Idealvereins besteht bei der AG die Hauptversammlung. Die Aufgaben der Hauptversammlung sind in § 119 Abs. 1 AktG festgelegt. Soll der in § 119 Abs. 1 AktG normierte Aufgabenkreis der Hauptversammlung erweitert werden, so muß das ausdrücklich in der Satzung festgelegt werden. Von Fragen der Geschäftsführung ist die Hauptversammlung nach § 119 Abs. 2 AktG grundsätzlich ausgeschlossen. Auch unmittelbare Kontrollrechte gegenüber der Geschäftsführung stehen ihr nicht zu.[921] Lediglich die jährliche Entlastung von Vorstand und Aufsichtsrat obliegt ihr gemäß § 119 Abs. 1 Nr. 3 AktG.

Die Einberufung und Durchführung der Hauptversammlung ist an bestimmte Verfahrensvorschriften gebunden und in den §§ 121 ff. AktG im einzelnen geregelt. Insbesondere ist die Hauptversammlung einen Monat vor ihrer Durchführung einzuberufen, und die Tagesordnungspunkte sind frühzeitig bekannt zu geben. Über Gegenstände, die nicht ordnungsgemäß bekannt gemacht wurden, darf nach § 124 Abs. 4 AktG nicht Beschluß gefaßt werden.

Auch für die gemäß § 179 AktG grundsätzlich mit einer ¾ Mehrheit zu fassende Satzungsänderung gibt es feststehende Verfahrensregelungen. Für die Wirksamkeit einer Satzungsänderung ist gemäß § 130 Abs. 2 AktG eine notariell aufgenommene und unterschriebene Niederschrift erforderlich, in der unter anderem die Art und das Ergebnis der Abstimmung festzuhalten sind. Durch

---

[919] Dabei ist allerdings zu berücksichtigen, daß die Aktienkultur in England stärker als in vielen anderen europäischen Ländern ausgeprägt ist, in denen Fußball eine vergleichbar bedeutende Rolle spielt. Darauf weist zutreffend Cheffins, Company Lawyer 1997, 66, 69 hin.

[920] Auf die dadurch gleichfalls zu erreichende organisationsrechtliche Trennung wird an dieser Stelle nicht mehr eingegangen, siehe dazu oben im Text bei Fußnote 437.

[921] Vgl. dagegen das Weisungsrecht der Mitgliederversammlung nach §§ 27 Abs. 3, 665 BGB beim e.V.

diese strengen Verfahrensvorschriften könnten Unzulänglichkeiten,[922] die bisher in der vereinsrechtlichen Praxis des Berufsfußballs aufgetreten sind, vermieden werden. Die umfangreichen gesetzlichen Regelungen des Aktiengesetzes kommen daher dem festgestellten Reformbedürfnis entgegen.[923] Ferner bietet die AG aufgrund des in Kapitalanteile gesplitteten Grundkapitals die Möglichkeit, private Geldgeber gesellschaftsrechtlich in die Berufsfußball-AG einzubinden. Dies hätte gegenüber der gegenwärtig zu beobachtenden versteckten Einbindung über schuldrechtliche Verträge[924] den Vorteil, daß die Beteiligung und die sich daraus ergebenden Rechte offengelegt und eindeutiger geregelt sein würden.

bb) Der Vorstand

Die Aufgaben des Vorstandes und sein Kompetenzbereich sind in §§ 76, 90 AktG ausdrücklich geregelt. Demnach ist der Vorstand geschäftsführendes Organ der AG. Er leitet die Geschäfte gemäß § 76 Abs. 1 AktG unter eigener Verantwortung, d.h. frei von Weisungen anderer Gesellschaftsorgane. Die Mitglieder des Vorstandes werden gemäß §§ 86, 87 AktG entsprechend ihrer Leistungen marktgerecht bezahlt. Im Gegensatz zur gegenwärtigen Ausgestaltung können daher die Führungskräfte der Berufsfußball-AG am Markt gewonnen und adäquat bezahlt werden.[925] Außerdem würde die Klubführung in stärkerem Maße als bisher unabhängig tätig sein können. Im Gegensatz zum Idealverein[926] kann die Vertretungsmacht des Vorstandes mit Wirkung gegenüber Dritten nicht beschränkt werden.

Zudem kann der Vorstand gemäß § 84 AktG für fünf Jahre bestellt werden. Eine Abberufung, die dem Aufsichtsrat und nicht der Aktionärsversammlung obliegt, kann nur aus wichtigem Grund erfolgen.[927] Ein solcher Grund besteht namentlich bei grober Pflichtverletzung, Unfähigkeit zur ordnungsgemäßen Geschäftsführung oder einem Vertrauensentzug durch die Hauptversammlung, soweit das Vertrauen nicht aus offenbar unsachlichen Gründen entzogen worden ist. Durch diese Regelung wird eine gewisse Kontinuität in der Führung der AG geschaffen.[928] Der bisher bei einigen Vereinen zu beobachtende häufige

---

[922] Vgl. etwa die Wahl des früheren Schalker Präsidenten Bernd Tonnies und die dafür erforderliche Satzungsänderung, die mangels eindeutiger Stimmenauszählung nicht in das Vereinsregister eingetragen wurde, siehe dazu oben im Text bei Fußnote 377.

[923] Vgl. dazu Erstes Kapitel Vierter Abschnitt: Die Organe des Bundesligavereins und deren Funktionen.

[924] Siehe dazu die Beispiele oben im Text bei Fußnote 400 ff.

[925] Siehe dazu auch Hopt, BB 1991, 778, 783.

[926] § 26 Abs. 2 Satz 2 BGB.

[927] Ähnlich auch die vom DFB erlassenen Rahmenbedingungen für die Satzung eines Lizenzvereins.

[928] Vgl. auch Hopt, der in diesem Zusammenhang auf die betriebliche Mitbestimmung als zusätzlichen Stabilitätsfaktor verweist (Hopt, BB 1991, 778, 783).

Wechsel von Vorstandsmitgliedern würde dadurch nahezu ausgeschlossen werden.

Der verhältnismäßig starken Stellung des Vorstandes steht eine relativ strenge Haftung gegenüber. So ist der Vorstand einer AG dieser für Pflichtverletzungen gemäß § 93 Abs. 2 und Abs. 3 AktG verantwortlich.[929] Im Schadensfall trifft den Vorstand die Beweislast dafür, daß er die Sorgfalt eines ordentlichen Geschäftsleiters angewandt hat. Die vergleichsweise strenge Haftung der Vorstandsmitglieder, deren hauptamtliches Tätigwerden einschließlich der adäquaten Bezahlung sowie deren größere Unabhängigkeit fördern eine Vereinsführung, die an wirtschaftlichen Maßstäben und damit letztlich am Unternehmensinteresse orientiert ist.

cc) Der Aufsichtsrat

Neben dem Vorstand und der Hauptversammlung sieht das Aktiengesetz als dritte Organ zwingend den Aufsichtsrat vor. Diesem kommt in erster Linie Kontrollfunktion zu. Denn dem Aufsichtsrat obliegt nicht nur die Bestellung und Abberufung des Vorstandes, sondern nach § 111 Abs. 1 AktG insbesondere die Überwachung der Geschäftsführung. Um dieser Aufgabe gerecht werden zu können, muß der Aufsichtsrat vom Vorstand unabhängig sein. Daher besteht gemäß § 105 AktG ein Verbot der Doppelmitgliedschaft in Vorstand und Aufsichtsrat.[930]

Durch die zwingend vorgeschriebene Einrichtung eines Aufsichtsrats sowie die personelle Trennung von Vorstand und Aufsichtsrat wird ein unabhängiges Kontrollorgan geschaffen. Eine effektive Überwachung der Geschäftsführung wird insbesondere durch die weitgehenden Einsichts- und Prüfungsrechte des Aufsichtsrats nach § 111 Abs. 2 AktG unterstützt.

Der Aufsichtsrat einer AG hat also durch seine Unabhängigkeit vom Vorstand und den zwingend festgelegten Rechte- und Pflichtenkreis die Möglichkeit, die Geschäftsführung effektiver und funktionsgerechter zu überwachen, als der Beirat oder Verwaltungsrat des Idealvereins es bisher vermochte.

b) Zwischenergebnis

Die klare und überwiegend zwingende Kompetenzabgrenzung der Organe einer Aktiengesellschaft sowie die vorgeschriebene Einrichtung eines Aufsichtsrates sind in organisatorischer Hinsicht für das Unternehmen Berufsfußball vorteil-

---

[929] Wird einem ehrenamtlich tätigen Vereinsvorstand eine schadensträchtige Aufgabe übertragen, so finden die Regelungen über die arbeitsrechtliche Haftungsmilderung entsprechende Anwendung (BGHZ 89, 157 ff.; Palandt-Heinrichs, BGB, § 27 Rdnr. 4). Diese Haftungserleichterung gilt nicht für den Vorstand einer AG oder den Geschäftsführer einer GmbH (vgl. Baumbach/Hueck, GmbHG, § 43 Rdnr. 9 m.w.N.)
[930] Allerdings erhält der Aufsichtsrat gemäß § 113 Abs. 1 AktG eine Aufwandsentschädigung für seine Tätigkeit, die unter Umständen die Unabhängigkeit gefährden kann.

haft. Zudem können hauptberuflich tätige Führungskräfte für die Leitung des Unternehmens engagiert und tätigkeitsentsprechend bezahlt werden. Beides wird zu einer größeren Kontinuität in der Leitung des Klubs führen. Insgesamt unterstützt die Rechtsform der AG eine Führung des Klubs, die mehr als bisher am Unternehmensinteresse ausgerichtet ist.

Dem im ersten Kapitel festgestellten Reformbedürfnis in organisatorischer Hinsicht kann daher durch eine Ausgliederung der Lizenzspielerabteilung auf eine Berufsfußball-AG entsprochen werden. Dabei ist allerdings zu berücksichtigen, daß die erforderlichen Änderungen - wie zum Teil bereits geschehen[931]- kraft Satzung auch beim Idealverein durchgeführt werden können. In organisatorischer Hinsicht ist daher eine Ausgliederung auf eine Berufsfußball-AG zwar vorteilhaft, aber nicht unbedingt erforderlich. Eine organisationsrechtliche Einbindung von externen Geldgebern kann allerdings bei Aufrechterhaltung der gegenwärtigen Ausgestaltung nicht erreicht werden.

5. Ergebnis

Die Ziele, die mit der Ausgliederung der Berufsfußballabteilung angestrebt werden, können durch die Ausgliederung auf eine AG weitgehend erreicht werden. Der Idealverein kann sich seine Eintragungsfähigkeit langfristig sichern, wenn er den wirtschaftlichen Geschäftsbetrieb, das heißt die Lizenzsportabteilung, auf eine AG ausgliedert. Die wirtschaftliche Tätigkeit der Berufsfußball-AG wird dem juristisch und organisatorisch selbständigen Idealverein grundsätzlich nicht zugerechnet. Etwas anderes gilt nur, wenn Idealverein und Berufsfußball-AG in einer Konzernverbindung stehen und der Idealverein durch die tatsächliche Ausübung von Leitungsmacht in der Berufsfußball-AG unternehmerisch tätig wird und so das Vereinsvermögen durch Abflüsse an die AG gefährdet. Eine Konzernverbindung zwischen Idealverein und AG wird in der Praxis aber regelmäßig nicht vorliegen. Denn der Idealverein wird mangels weiterer wirtschaftlicher Betätigung nicht als Unternehmen im Sinne des Konzernrechts zu qualifizieren sein.

Auch die für den Amateursport steuerlich bedeutsame Gemeinnützigkeit wird der Idealverein durch die Ausgliederung der Berufssportabteilung auf eine AG in der Regel dauerhaft sichern können. Denn die gesellschaftsrechtliche Beteiligung an der AG wird regelmäßig als Vermögensverwaltung zu qualifizieren sein. Soweit der Idealverein allerdings nicht nur seine Gesellschafterrechte wahrnimmt, sondern entscheidenden Einfluß auf die laufende Geschäftsführung der Berufsfußball-AG nimmt, ist die Beteiligung als ein die Gemeinnützigkeit gefährdender wirtschaftlicher Geschäftsbetrieb zu qualifizieren. Angesichts der mit der Ausgliederung bezweckten organisatorischen Trennung wird eine solche Einflußnahme regelmäßig allerdings nicht vorliegen. Auch eine Betriebs-

---

[931] Vgl. dazu Zweites Kapitel Erster Abschnitt: Ausgliederung oder Satzungsänderung als mögliche Reaktion auf die bestehenden Schwierigkeiten (a.E.).

aufspaltung wird regelmäßig nicht vorliegen, da der Idealverein das Eigentum an den wesentlichen Betriebsgrundlagen der Berufsfußball-AG übertragen wird. Schließlich liegt mangels Vermögensminderung beim Idealverein kein Verstoß gegen den Grundsatz der Vermögensbindung vor, so daß keine Nachversteuerung durchzuführen ist.

Ein finanziell angeschlagener Fußballbundesligaklub kann dagegen durch die Ausgliederung der Berufsfußballabteilung auf eine AG keine wirtschaftlichen Vorteile erzielen. Indes kann durch die Ausgliederung eine zusätzliche Kapitalquelle erschlossen werden, soweit der Verein eine solide Finanzverfassung aufweist und Umsätze in Höhe von mindestens 20 bis 30 Millionen DM sowie die Aussicht auf Gewinnsteigerungen vorweisen kann. Dann kommt nämlich für die Berufsfußball-AG eine Börseneinführung am geregelten Markt in Betracht. Angesichts des zum Teil erhebliches Wachstums ist zudem eine Notierung am 1997 neu eingeführten Neuen Markt denkbar, dessen Zulassungsvoraussetzungen denen des geregelten Marktes ähnlich sind.

Die gegenwärtigen Binnenstrukturen können durch die Ausgliederung auf eine AG verbessert werden. Die AG bietet einen geeigneten Rahmen für die Entscheidungsfindung in Unternehmen mit einem durchschnittlichen Jahresetat von gegenwärtig etwa 54 Millionen DM und mehreren tausend Mitgliedern. Denn diese Rechtsform beinhaltet weitgehend zwingend festgelegte Organkompetenzen und schreibt die Einrichtung eines mit Einsichts- und Kontrollrechten ausgestatteten Aufsichtsrates vor. Allerdings können die in organisatorischer Hinsicht mit einer Ausgliederung verbunden Vorteile auch durch entsprechende Satzungsänderungen und Vorgaben des DFB in der gegenwärtigen Vereinsstruktur erreicht werden. Eine gesellschaftsrechtliche Einbindung von externen Kapitalgebern kann in der gegenwärtigen Struktur allerdings nicht erreicht werden.

VI. Zusammenfassung des ersten Abschnitts

Als Gründer der Berufsfußball-AG sind neben dem Idealverein alle nahestehenden juristischen und natürlichen Personen, etwa die Kommune oder Persönlichkeiten aus dem Umfeld des Vereins, in Erwägung zu ziehen. Erforderlich ist allerdings nur ein Gründer. Als mögliche Aktionäre kommen neben den potentiellen Gründern etwaige Sponsoren und Kapitalanleger sowie die Fans und sonstige Freunde der Berufsfußballmannschaft in Betracht.

Im Rahmen der Gründung können die Einlagen als Bareinlagen oder als Sacheinlagen erbracht werden. Als Sacheinlagen kann der Idealverein im Eigentum des Vereins stehende Sachanlagen sowie an Sachanlagen bestehende Nutzungsrechte leisten. Weitere sacheinlagefähige Werte sind das Namensrecht und das Logo sowie etwaige Gesellschaftsbeteiligungen des Vereins. Damit der Verein auch nach erfolgter Ausgliederung seinen Namen originär führen kann, sollten Vereinsname und Logo jedoch nicht als Sacheinlage geleistet werden.

Die Anteile der Berufsfußball-AG sollten sich aus vinkulierten Namensaktien und stimmrechtslosen Vorzugsaktien zusammensetzen. Dadurch kann die AG effektiv vor „Überfremdung" geschützt werden. Zudem kann sich der Idealverein auf diese Weise den erforderlichen Einfluß auf die Berufsfußball-AG sichern. Um sich einen Mindesteinfluß auf der Hauptversammlung zu sichern, und um den in § 8 Nr. 4 DFB-Satzung gemachten Vorgaben gerecht zu werden, muß der Verein mehr als 50% der Stimmanteile halten.

Eine konzernrechtliche Haftung wird den Idealverein in der Regel nicht treffen. Denn nach erfolgter Ausgliederung wird der Idealverein grundsätzlich nicht als Unternehmen im Sinne des Konzernrechts zu qualifizieren sein. Weder wird er einen weiteren wirtschaftlichen Geschäftsbetrieb unterhalten noch an einer dritten Gesellschaft beteiligt sein. Insbesondere können auch Vermarktungstätigkeiten, die bisher von besonderen GmbH's wahrgenommen werden, von der Berufsfußball-AG selbst ausgeführt werden.

Letztlich können die im ersten Kapitel beschriebenen Ausgliederungsziele weitgehend erreicht werden. So kann der Idealverein durch die Ausgliederung grundsätzlich seine Eintragungsfähigkeit dauerhaft sichern. Nur wenn zwischen Idealverein und AG ein Konzernrechtsverhältnis besteht und der Idealverein durch die konkrete Ausübung von Leitungsmacht unternehmerisch tätig wird, ist die wirtschaftliche Tätigkeit der AG dem Verein zuzurechnen. Der allgemeine Sozialschutz (Sicherung der Mitbestimmung) kann dagegen keine Zurechnung der wirtschaftlichen Tätigkeit begründen.

Durch die Ausgliederung kann der Idealverein auch den Gemeinnützigkeitsstatus erhalten. Denn die gesellschaftsrechtliche Beteiligung ist grundsätzlich als steuerbegünstigte Vermögensverwaltung des Idealvereins zu beurteilen. Soweit der Idealverein allerdings bestimmenden Einfluß auf die laufende Geschäftspolitik ausübt, ist die Beteiligung als wirtschaftlicher Geschäftsbetrieb im Sinne von § 14 AO Satz 1 zu qualifizieren. Eine Betriebsaufspaltung wird in der Regel nicht vorliegen. Auch zu einer Nachversteuerung wird es mangels Vermögensminderung beim Idealverein nicht kommen.

Auch in wirtschaftlicher Hinsicht bietet die AG Vorteile. Neben den im ersten Teil bereits angesprochenen strengen Vorschriften über die Kapitalaufbringung und -erhaltung sowie den sonstigen gläubigerschützenden Regelungen[932] kann die Ausgliederung unter Umständen der Erschließung neuer Kapitalquellen dienen. Das setzt allerdings voraus, daß die Aktien der Berufsfußball-AG an der Börse zugelassen werden. In Betracht kommt eine Zulassung zum *geregelten Markt* und zum *Neuen Markt*. Dafür sind neben bestimmten Mindestumsätzen insbesondere eine aktuelle Gewinnsituation und die Aussicht auf - am *Neuen Markt* erhebliche - Gewinnsteigerungen erforderlich. Zu einer Sanierung

---

[932] Erstes Kapitel Erster Abschnitt II. 2. a) aa) Gläubigerschutz.

eines wirtschaftlich angeschlagenen Vereins kann der Rechtsformwechsel in eine AG deshalb nicht führen.

Schließlich bieten die Vorschriften des Aktiengesetzes für die Entscheidungsfindung eines Unternehmens von der Größe der Bundesligavereine einen geeigneten Rahmen. Insbesondere die überwiegend zwingenden Zuständigkeitsregeln bieten erhebliche Vorteile und können eine größere Kontinuität in der Vereinsführung gewährleisten. Allerdings können diese Vorteile - wie zum Teil bereits erfolgt - auch durch eine Angleichung der Satzungsbestimmungen an die Vorschriften betreffend die wirtschaftlichen Sondervereine und entsprechende Vorgaben des DFB erreicht werden. Ferner wird durch die Ausgliederung auf eine AG eine gesellschaftsrechtliche Einbindung externer Kapitalgeber ermöglicht.

Zweiter Abschnitt: Ausgliederung auf eine Gesellschaft mit beschränkter Haftung

Nachdem im vorhergehenden Abschnitt die Ausgliederung der Fußballlizenzabteilung auf eine Aktiengesellschaft untersucht wurde, sollen nun die Aspekte einer Ausgliederung auf eine GmbH dargestellt werden. Soweit diese mit der Ausgliederung auf eine AG Ähnlichkeiten und Übereinstimmungen aufweist, sollen diese nur der Übersichtlichkeit und Vollständigkeit halber kurz erwähnt werden. Dagegen ist auf die Abweichungen von der Ausgliederung auf eine AG näher einzugehen.

I. Ähnlichkeiten und Übereinstimmungen mit der Ausgliederung auf eine AG

1. Die Gründung einer Berufsfußball-GmbH

Die Gründung der GmbH erfordert gemäß § 1 GmbHG - wie die der AG - lediglich einen Gründer. Gründer der Berufsfußball-GmbH kann jede natürliche und juristische Person sein. Hinsichtlich der praktisch in Betracht kommenden Gründer wird daher auf die zur AG gemachten Ausführungen verwiesen.[933]

Im Rahmen der Gründung der GmbH müssen die Gründer das Stammkapital aufbringen. Das beträgt bei der GmbH gemäß § 5 Abs. 1 GmbHG mindestens 50.000,-- DM. Gemäß § 8 Nr. 9 DFB-Lizenzspielerstatut muß jedoch auch die Berufsfußball-GmbH über ein Mindeststammkapital in Höhe von DM 5.000.000,-- verfügen. Die Stammeinlagen können anstatt durch bare und unbare Geldleistungen auch hier gemäß § 5 Abs. 4 GmbHG durch Sacheinlagen erbracht werden. Bezüglich der für den Idealverein relevanten Sacheinlagemöglichkeiten gelten die zur AG gemachten Ausführungen entsprechend.[934]

---

[933] Siehe oben Erster Abschnitt I. 1. Mögliche Gründer einer Berufsfußball-AG.
[934] Siehe oben Erster Abschnitt I. 2. b) bb) Mögliche Gegenstände der Sacheinlage.

2. Durchbrechung der Selbständigkeit von Idealverein und Berufsfußball-GmbH

Auch bei der Ausgliederung auf eine GmbH stellt sich die Frage, ob die grundsätzlich bestehende juristische und organisatorische Selbständigkeit von Idealverein und GmbH in besonderen Fallgestaltungen durchbrochen werden kann.

a) Konzernrechtliche Haftung des Idealvereins

Der Gesetzgeber hat, im Gegensatz zum Aktiengesetz, im GmbH-Gesetz kein eigenes GmbH-Konzernrecht geschaffen.[935] Dennoch ist in Rechtsprechung[936] und Literatur[937] unumstritten, daß nicht nur die AG, sondern auch die GmbH abhängiges Unternehmen im Sinne des Konzernrechts sein kann. Aus einer solchen Unternehmensverbindung, dem sogenannten GmbH-Konzern,[938] können das herrschende Unternehmen wie im Aktienkonzern Haftungspflichten treffen. Allerdings setzt eine Anwendung des Konzernrechts auch hier voraus, daß die an der Unternehmensverbindung Beteiligten als Unternehmen im Sinne von § 15 AktG einzustufen sind.[939]

Da der Sportverein nach erfolgter Ausgliederung in der Regel keine weitere unternehmerische Tätigkeit - weder unmittelbar noch mittels einer anderen Gesellschaft - entfalten wird, kann er nicht als Unternehmen im Sinne des Konzernrechts qualifiziert werden.[940] Daher wird im Regelfall selbst eine Beteiligung des Idealvereins von 100% an der Berufsfußball-GmbH keine konzernrechtlichen Haftungspflichten auslösen.

b) Zurechnung der wirtschaftlichen Tätigkeit der Berufsfußball-GmbH

Eine Ausgliederung der Lizenzfußballabteilung auf eine GmbH kann dem im ersten Teil der Arbeit dargestellten vereins- und steuerrechtlichen Reformbedürfnis nur gerecht werden, wenn die wirtschaftliche Tätigkeit der Berufsfußball-GmbH dem Idealverein nicht zuzurechnen ist.[941]

---

[935] Der ursprüngliche Plan, ein an das Aktiengesetz angelehntes GmbH-Konzernrecht zu kodifizieren, wurde 1974 aufgegeben, vgl. dazu Emmerich/Sonnenschein, S. 430.
[936] BGHZ 122, 123, 126 ff.; 115, 187, 192 f.; 95, 330, 334 ff.; OLG München NJW 1994, 2900, 2900.
[937] Nachweise bei Emmerich/Sonnenschein, S. 337 ff..
[938] Emmerich/Sonnenschein, S. 328.
[939] Emmerich/Sonnenschein, S. 27.
[940] Siehe oben Erster Abschnitt II. 2. Haftung aus einem faktischen Konzernverhältnis.
[941] Zur gleichen Problematik bei der Ausgliederung auf eine AG siehe oben Erster Abschnitt IV. 1. und 2.

aa) Vereinsrechtliche Beurteilung

Ausgangspunkt für die Zurechnung der wirtschaftlichen Tätigkeit im genannten Sinne ist auch hier die juristische Selbständigkeit von Idealverein und Berufsfußball-GmbH. Eine Durchbrechung dieser Selbständigkeit kann entsprechend den zur Berufsfußball-AG gemachten Ausführungen nur erfolgen, wenn der Schutz der Vereinsgläubiger es erfordert.[942] Aus diesem Grund ist die wirtschaftliche Tätigkeit der Berufsfußball-GmbH dem Idealverein zuzurechnen, wenn diese und der Idealverein in einem faktischen Konzernverhältnis stehen und der Idealverein konkret Leitungsmacht ausübt. Denn nur dann steht er in einem rechtlichen Näheverhältnis zur Berufsfußball-GmbH und wird selbst unternehmerisch tätig.[943] Da Idealverein und Berufsfußball-GmbH, wie dargestellt, aber typischerweise in keinem Konzernverhältnis stehen, und der Idealverein grundsätzlich auch keine Leitungsmacht bei der Berufsfußball-GmbH ausüben wird, kann deren wirtschaftliche Tätigkeit in der Regel nicht zugerechnet werden.

bb) Steuerrechtliche Zurechnung

Hält der Idealverein Anteile an einer Kapitalgesellschaft, die sich unternehmerisch betätigt, so macht es für die steuerrechtliche Beurteilung keinen Unterschied, ob es sich um Aktien einer AG oder Geschäftsanteile einer GmbH handelt. Daher können die zur AG gemachten Ausführungen entsprechend herangezogen werden.[944]

3. Die Ausgestaltung der Geschäftsanteile

Entsprechend den Möglichkeiten bei der Aktiengesellschaft kann auch bei der GmbH gemäß § 15 Abs. 5 GmbHG eine Regelung in den Gesellschaftsvertrag aufgenommen werden, nach der die Wirksamkeit der Übertragung eines Geschäftsanteils von der Zustimmung der Gesellschaft oder anderen Voraussetzungen abhängig sein soll. Um die Einflußnahmemöglichkeiten bestimmter Personengruppen auf die Berufsfußballabteilung zu verhindern, können also auch bei der GmbH typisierte Personenkreise als Gesellschafter ausgeschlossen werden. Durch eine derartige gesellschaftsvertragliche Regelung kann der Gesellschafterbestand zuverlässig kontrolliert werden kann.[945] Wie bei der AG kann auch im Gesellschaftsvertrag der Fußball-GmbH bestimmt werden, daß einzelnen Geschäftsanteilen kein Stimmrecht zustehen

[942] Siehe dazu Erster Abschnitt IV. 1. b) Stellungnahme.
[943] Siehe oben Erster Abschnitt IV. 1. b) bb) Schutz der Gläubiger des Idealvereins.
[944] Siehe oben Erster Abschnitt IV. 2. Erhalt der Gemeinnützigkeit des ausgliedernden Vereins.
[945] Vgl. zur diesbezüglichen Satzungsgestaltung Fuhrmann/Pröpper, SpuRt 1999, Heft 2, § 11 Abs. 3.

soll.[946] Im Gegensatz zur AG[947] können die Stimmrechte sogar unabhängig von der Beteiligung am Grundkapital verteilt und Mehrstimmrechte vorgesehen werden.[948]

Das GmbH-Gesetz bietet hinsichtlich des Stimmrechtsausschlusses und der beschränkbaren Übertragbarkeit der Anteile Gestaltungsmöglichkeiten, die auch im Rahmen der Ausgliederung auf eine AG bestehen. Die Geschäftsanteile können daher entsprechend den Bedürfnissen einer Berufsfußball-GmbH ausgestaltet werden.[949]

II. Besonderheiten der Ausgliederung auf eine GmbH

1. Die Kompetenzordnung der GmbH

Die Zuständigkeitsordnung von GmbH und AG sind grundsätzlich unterschiedlich geregelt. Im Gegensatz zum Aktiengesetz, das eine Aufteilung der Kompetenzen auf drei Organe vorsieht, bestehen bei der GmbH regelmäßig nur zwei Organe. Neben den Geschäftsführern, denen die Geschäftsführung und Vertretung der GmbH obliegt, existiert als zweites Organ die Gesellschafterversammlung.

Den Geschäftsführern, die in der Regel von der Gesellschafterversammlung bestellt werden, kommt in erster Linie die Aufgabe zu, die GmbH mit nach außen nicht beschränkbarer Vertretungsmacht zu vertreten.[950]

Der Gesellschafterversammlung obliegen als oberstes Willensbildungsorgan der GmbH die im Gesellschaftsvertrag sowie ergänzend die in § 46 GmbHG normierten Aufgaben. Danach hat die Gesellschafterversammlung insbesondere die Geschäftsführer zu kontrollieren. Allerdings können viele der Gesellschafterversammlung durch Gesetz übertragenen Aufgaben delegiert werden,[951] zum Beispiel auf einen fakultativ einzurichtenden Aufsichtsrat.[952]

Soll eine Gesellschafterversammlung einberufen werden, so müssen die Gesellschafter gemäß § 51 Abs. 1 GmbHG mit eingeschriebenen Brief und einer angemessenen Frist geladen werden, die mindestens eine Woche beträgt.

Anhand dieser Regelungen wird deutlich, daß die GmbH im Gegensatz zur AG grundsätzlich auf einen kleineren Gesellschafterkreis angelegt ist.

---

[946] BGHZ 14, 264, 269.

[947] § 12 Abs. 2 Satz 1 AktG.

[948] Scholz/K. Schmidt, GmbHG, § 47 Anm. 11.

[949] Siehe dazu oben Erster Abschnitt III. Ausgestaltung der Aktien gemäß den Anforderungen einer Berufsfußball-AG.

[950] Vgl. im Gegensatz dazu die Regelung des § 26 Abs. 2 Satz 2 BGB.

[951] Nicht delegiert werden können insbesondere die Änderung des Gesellschaftsvertrages und die Beschlußfassung über die Auflösung der Gesellschaft, vgl. §§ 53, 60 Abs. 1 Nr. 2 GmbHG.

[952] Siehe zur diesbezüglichen Satzungsgestaltung einer Berufsfußball-GmbH Fuhrmann/ Pröpper, SpuRt 1999, Heft 2. Ferner ist zu beachten, daß in mitbestimmten Gesellschaften ein Aufsichtsrat zwingend zu bestellen ist.

2. Mögliche Gesellschafter der Berufsfußball-GmbH

Ähnlich der Aktie bei der AG stellt bei der GmbH der Geschäftsanteil die ver-
mögensrechtliche Beteiligung des Gesellschafters am Gesellschaftsvermögen
dar. Da der Geschäftsanteil gemäß § 15 Abs. 1 GmbHG grundsätzlich frei
übertragbar ist, und sich der Umfang der Rechte und Pflichten gemäß §§ 29
Abs. 3, 47 Abs. 2, 72 GmbHG grundsätzlich nach der Höhe des Geschäftsanteils beurteilt, könnte eine gesellschaftsrechtliche Beteiligung auch für die
Kommunen, Sponsoren oder sonstigen Förderer und Fans der Berufsfußballabteilung interessant sein.

Allerdings besteht bei der Übertragbarkeit ein wesentlicher Unterschied zwischen dem GmbH-Geschäftsanteil und der Aktie. Denn jede Übertragung des
Geschäftsanteils erfordert gemäß § 15 Abs. 3 GmbHG eine notarielle Beurkundung. Diese Beurkundung ist jeweils mit zusätzlichen Kosten verbunden und
zeitaufwendig. Aus diesem Grund ist die GmbH nicht nur auf einen kleineren,
sondern grundsätzlich auch auf einen gleichbleibenden Gesellschafterkreis angelegt.

Angesichts der mit einer Übertragung verbundenen Kosten wird die Beteiligung an der Berufsfußball-GmbH praktisch nur für solche Gesellschafter in
Frage kommen, die sich langfristig an den Klub binden wollen. Dies werden in
erster Linie der Idealverein selbst, die Kommune und möglicherweise Sponsoren oder ein langfristige Beteiligung anstrebende Investoren sein. Dagegen
kommen mögliche Kleinanleger, wie etwa die Fans des Klubs, sowie ausschließlich spekulative Anleger als potentielle Gesellschafter weniger in Betracht.[953]

Außerdem ist eine Beteiligung von Kleinanlegern unwahrscheinlich, weil aufgrund der geringen Gesellschafterzahl die Beteiligung an der GmbH im Vergleich zur AG einen verhältnismäßig hohen Wert haben wird und deshalb einen
höheren Kapitaleinsatz erfordert.[954]

3. Kapitalzufluß durch Ausgliederung auf eine GmbH

Da die GmbH auf einen festen Bestand von Gesellschaftern angelegt ist und
jede Übertragung des Geschäftsanteils Beurkundungskosten verursacht, eignet
sich die GmbH nicht für einen breiten und gegebenenfalls wechselnden Gesell-

---

[953] Zumal - wie die Erfahrungen aus England zeigen - davon auszugehen ist, daß die Anteile
an einer Berufsfußballkapitalgesellschaft häufiger den Eigentümer wechseln als Anteile an
anderen Kapitalgesellschaften (Financial Times vom 1.8.1997 „Team shares: When football
plays the market"). Siehe zur geplanten Beteiligung von Dr. Michael Kölmel, dem Mehrheitsaktionär der Kinowelt Medien AG, an den Vermarktungsgesellschaften mehrerer deutscher
Drittligavereine Der Spiegel, Heft 4/1999 S. 96 „Wertvolle Marken".
[954] Nach der Neufassung des § 8 Abs. 1 Satz 1 AktG durch das 2. Finanzmarktförderungs-
gesetz vom 26.7.1994 beträgt der Mindestnennbetrag der Aktien nur noch 5,-- DM. Außerdem können nunmehr auch nennwertlose Stückaktien ausgegeben werden.

schafterkreis. Wegen der mangelnden Fungibilität kommt auch eine Börseneinführung von GmbH-Anteilen nicht in Betracht.[955] Auch ein sonstiger Markt an dem die Anteile gehandelt werden, wird sich aus diesem Grund kaum bilden. Daher sind keine Gewinne aus über dem Nennwert liegenden Ausgabekursen des Geschäftsanteils oder späteren Wertsteigerungen zu erwarten. Allerdings eignet sich die Berufsfußball-GmbH zur Erschließung neuer Kapitalquellen, wenn externe Dritte als Gesellschafter und damit als Kapitalgeber gewonnen werden können.[956]

III. Ergebnis

Bezüglich der möglichen Gründer und der Einlagenerbringung weist die Berufsfußball-GmbH keine Unterschiede zur Berufsfußball-AG auf.

Ein Bundesligaverein kann gegenwärtig unter den gleichen Voraussetzungen wie bei der Ausgliederung der Berufsfußballabteilung auf eine AG auch durch die Ausgliederung auf eine GmbH seinen Status als gemeinnütziger Idealverein dauerhaft sichern.

Hinsichtlich einer möglichen konzernrechtlichen Haftung ergeben sich gleichfalls keine Unterschiede zur Ausgliederung auf eine AG. Da der Idealverein in der Regel weder konkret Leitungsmacht ausüben noch als Unternehmen im Sinne des Konzernrechts zu qualifizieren sein wird, werden ihn keine konzernrechtlichen Haftungspflichten treffen.

Auch die Geschäftsanteile können ähnlich einer Aktie in ihrer Übertragbarkeit an Zustimmungserfordernisse gebunden oder sonstwie beschränkt werden. Zudem kann ein Geschäftsanteil sowohl ohne als auch mit mehrfachem Stimmrecht ausgestattet werden.

Allerdings kann sich der Klub durch die Ausgliederung auf eine GmbH kaum neue Kapitalquellen erschließen. Insbesondere können die Geschäftsanteile aufgrund der fehlenden Fungibilität nicht an der Börse gehandelt werden. Wegen der schwerfälligen Übertragbarkeit bietet sich eine gesellschaftsrechtliche Beteiligung zudem nur für langfristige Anleger wie den Idealverein selbst, die Kommunen oder möglicherweise Sponsoren der Berufsfußballabteilung oder andere Investoren an. Kleinanleger oder beispielsweise spekulative Anleger, die nur eine kurze Zeit Gesellschafter sein wollen, haben daher regelmäßig keine praktisch sinnvolle Möglichkeit, eine Beteiligung an der Fußball-GmbH zu erwerben. Ein breites Anlegerpublikum wird von einer gesellschaftsrechtlichen Beteiligung daher in der Regel zumindest faktisch ausgeschlossen sein.

---

[955] Schwark, BörsG, § 36 Rdnr. 7.
[956] So plant beispielsweise der Münchener Unternehmer und Mehrheitsaktionär der Kinowelt Medien AG, Dr. Michael Kölmel, sich an den Vermarktungs-GmbHs der Vereine Alemania Aachen, Union Berlin, Dynamo Dresden, Rot-Weiß Essen und Waldhof Mannheim zu beteiligen (siehe Fußnote 954).

Soweit also einem breiten Publikum der Zugang zu einer gesellschaftsrechtlichen Beteiligung am Rechtsträger der Berufsfußballabteilung ermöglicht werden soll, ist die GmbH als Rechtsträger wegen der fehlenden Fungibilität der GmbH-Anteile ungeeignet. Im Rahmen einer Ausgliederung auf eine Fußball-GmbH müßte wegen der faktischen Begrenzung des Gesellschafterkreises die Mitwirkung an der Geschäftspolitik der bisherigen Mitglieder des Idealvereins und der sonstigen Fans der Berufssportabteilung auf andere Weise realisiert werden.[957]

Aber auch in organisatorischer Hinsicht kommt die GmbH den Bedürfnissen eines Großvereins nicht entgegen. Das folgt insbesondere aus der Ausrichtung der GmbH auf einen gleichbleibenden und vergleichsweise kleinen Gesellschafterkreis sowie den damit korrespondierenden weitreichenden Befugnissen der Gesellschafterversammlung.

Sollte die Berufsfußball-GmbH ausnahmsweise doch zahlreiche Gesellschafter haben, so würden diese mit den der Gesellschafterversammlung obliegenden Aufgaben in der Regel überfordert sein. Gegenüber der bisherigen idealvereinsrechtlichen Ausgestaltung würde diesbezüglich keine Verbesserung erreicht werden. Der Ausweg würde letztlich hier wie dort die fakultative - oder vom DFB verordnete - Einrichtung eines Aufsichtsrats sein.

Dritter Abschnitt: Die Ausgliederung der Berufsfußballabteilung auf eine eingetragene Genossenschaft

Es stellt sich die Frage, ob auch eine eG Träger der bisherigen Berufsfußballabteilung sein kann. Da die Haftung der eG gemäß § 2 GenG wie die des Idealvereins auf das Vermögen der Körperschaft beschränkt ist, bietet sie sich insoweit als Rechtsträger an. Die eG darf gleichfalls in Übereinstimmung mit dem Idealverein, aber im Gegensatz zur AG und GmbH nicht jeden beliebigen Zweck verfolgen. Vielmehr beschränkt § 1 GenG die eG auf einen bestimmten Zweck. Es ist daher zunächst zu erörtern, ob wegen dieser gesetzlich geforderten Zwecksetzung die Ausgliederung der Berufsfußballabteilung auf eine eG überhaupt rechtlich möglich ist.

I. Möglichkeit der Gründung einer eG als Träger der bisherigen Berufsfußballabteilung

1. Voraussetzungen des § 1 Abs. 1 GenG

In § 1 Abs. 1 GenG sind zwingende Begriffsmerkmale der eG normiert. Es fragt sich, inwieweit diesen Merkmalen bei der Ausgliederung der Berufsfußballabteilung auf eine eG entsprochen werden kann.

---

[957] Dazu sogleich Vierter Abschnitt: Die Fangenossenschaft als Gesellschafter einer Berufsfußball-GmbH.

a) Nicht geschlossene Mitgliederzahl

Gemäß § 1 Abs. 1 GenG ist die eG eine Gesellschaft „von nicht geschlossener Mitgliederzahl". Das bedeutet zunächst, daß die eG mangels in Kapitalanteile zerlegten Grundkapitals keine geschlossene Mitgliederstellenzahl hat. Umgekehrt darf aus dieser Regelung aber nicht der Schluß gezogen werden, daß jedermann der Zugang zur eG offen stehen müsse.[958]

Vielmehr steht es der eG frei, in jedem Einzelfall über die Aufnahme neuer Mitglieder zu entscheiden.[959] Daher kann das Statut der eG den Erwerb der Mitgliedschaft an Bedingungen, etwa bestimmte persönliche oder sachliche Voraussetzungen, knüpfen. Erfüllt ein potentielles Mitglied die festgelegten Aufnahmevoraussetzungen nicht, so hat das zuständige Organ den Antrag auf Mitgliedschaft abzulehnen.[960]

Da die eG trotz des Merkmals der „nicht geschlossenen Mitgliederzahl" die Aufnahme neuer Mitglieder an bestimmte Bedingungen knüpfen kann, eignet sie sich insofern als Rechtsträger einer Berufsfußballmannschaft. Durch die Niederlegung entsprechender Voraussetzungen an die Mitgliedschaft im Statut der eG, kann diese effektiv vor „Überfremdung" geschützt werden. Wie bei der AG und der GmbH können auch bei der eG bestimmte typisierte Gruppen von der Mitgliedschaft ausgeschlossen werden. Das Statut der eG sollte daher das zuständige Organ anweisen, insbesondere Funktionäre, Spieler und Gesellschafter anderer Klubs, andere Klubs und Schiedsrichter vom Erwerb der Mitgliedschaft auszuschließen.[961]

b) Förderzweck

Gemäß § 1 Abs. 1 GenG muß die Gesellschaft einen bestimmten Zweck verfolgen. Dieser Zweck muß auf die „Förderung des Erwerbes oder der Wirtschaft" der Mitglieder gerichtet sein. Eine Gesellschaft betätigt sich nur dann in diesem Sinne genossenschaftlich, wenn sie einen mitgliedernützigen und nicht kapitalistischen Zweck verfolgt.[962] Außerdem darf die eG als im äußeren Markt auf Gewinnerzielung angelegter wirtschaftlicher Sonderverein[963] nicht in erster Linie ideelle Zwecke verfolgen. Allerdings wird der eG - wie auch dem Idealverein - ein Nebenzweckprivileg zugestanden, im Rahmen dessen sie einen ideellen Nebenzweck verfolgen darf.[964] Es fragt sich also, ob eine Gesellschaft

---

[958] Meyer-Meulenbergh-Beuthien, GenG, § 1 Rdnr. 3.

[959] BGH NJW 61, 172, 173; K. Müller, GenG, § 1 Rdnr. 11.

[960] Meyer-Meulenbergh-Beuthien, GenG, § 1 Rdnr. 4.

[961] Vgl. die entsprechenden Überlegungen zur AG und GmbH Erster Abschnitt III., Zweiter Abschnitt I. 3.

[962] Meyer-Meulenbergh-Beuthien, GenG, § 1 Rdnr. 6.

[963] Beuthien, 100 Jahre Genossenschaft, S. 11 f.; Meyer-Meulenbergh-Beuthien, GenG, § 1 Rdnr. 2, 7.

[964] KGJ 14, 43; Meyer-Meulenbergh-Beuthien, GenG, § 1 Rdnr. 9 m.w.N.

als Träger der Berufsfußballabteilung in diesem Sinne genossenschaftlich tätig sein kann.

aa) Mitgliedernützigkeit

Die Mitgliedernützigkeit kann entweder in einer Förderung des Erwerbs oder in einer Förderung der Wirtschaft der Mitglieder zum Ausdruck kommen.

aaa) Förderung des Erwerbes der Mitglieder

Den Erwerb der Mitglieder fördert die Genossenschaft stets, wenn sie deren Erwerbstätigkeit unterstützt.[965] Erwerbstätigkeit in diesem Sinne kann jede gewerbliche, freiberufliche oder sonstige Erwerbstätigkeit sein.[966] Eine Unterstützung der Erwerbstätigkeit erfolgt insbesondere durch eine Vermehrung der Einnahmen oder Verminderung der Ausgaben. Zwecks Vermehrung der Einnahmen kann die Genossenschaft den Mitgliedern beispielsweise neue Absatzmöglichkeiten schaffen; aber auch eine etwaige Werbetätigkeit zugunsten der von Mitgliedern betriebenen Unternehmen fördert den Erwerb der Mitglieder.[967]

Es ist daher zu überlegen, ob die Genossen als Träger der bisherigen Berufsfußballabteilung den Erwerb der Mitglieder fördern könnten, indem sie neue Absatzwege schaffen und Werbetätigkeiten entfalten.

Bereits jetzt ist die Berufsfußballmannschaft ein bedeutender Werbeträger. Neben den Anzeigetafeln und Banden im Stadion werden die Trikots der Spieler als Werbeflächen genutzt.[968] Insbesondere aufgrund der erheblichen TV-Präsenz der Spieler gewinnen diese Werbemöglichkeiten für viele Unternehmen an Bedeutung.[969]

Neben diesen in erster Linie überregionalen Werbemöglichkeiten durch die Berufsfußballmannschaft können etwaige Werbetätigkeiten auch lokal entfaltet werden. So kann der Auftritt einzelner Spieler, etwa zu Autogrammstunden in Sport- und Kaufhäusern, für den Veranstalter eine hohe Werbewirkung bedeuten. Schließlich ist zu berücksichtigen, daß auch die Stadt selbst von der Werbewirkung der Berufsfußballmannschaft profitiert.

Da sich die mit der Berufsfußballmannschaft verbundenen Werbemöglichkeiten nicht auf ein Unternehmen oder ein Produkt beschränken, könnten sich

---

[965] Meyer-Meulenbergh-Beuthien, GenG, § 1 Rdnr. 10.

[966] K. Müller, GenG, § 1 Rdnr. 10.

[967] Meyer-Meulenbergh-Beuthien, GenG, § 1 Rdnr. 10; K. Müller, GenG, § 1 Rdnr. 23.

[968] So flossen den Vereinen der ersten Bundesliga in der Saison 1995/1996 46 Millionen DM allein aus der Trikotwerbung zu (SZ vom 28.7.1995). In der Saison 1997/1998 erhielten die 18 Vereine bereits knapp 80 Millionen DM für die Trikotwerbung. In der laufenden Saison 1998/1999 wurde dieser Betrag auf knapp 104 Millionen erhöht (siehe dazu im einzelnen Fußnote 38).

[969] SZ vom 16/17.7.1994 „Eine relativ preiswerte Art zu werben".

mehrere Interessenten zusammenschließen[970] und eine Werbegenossenschaft gründen, die für ihre Zwecke eine Berufsfußballmannschaft unterhält.[971]

Neben den angesprochenen Werbemöglichkeiten können die Bundesligaspiele den Mitgliedern auch unmittelbare Absatzmöglichkeiten bieten. So werden von den Verantwortlichen der Vereine insbesondere hinsichtlich des Verkaufs von Speisen und Getränken vor, während und nach den Fußballspielen erhebliche Steigerungsraten erwartet.[972] Es wäre daher denkbar, daß Gastronome eine Genossenschaft gründen, deren Zweck in der Schaffung neuer Absatzmärkte im Umfeld der Bundesligaspiele besteht.

Letztlich könnten sich die in erster Linie an Werbemöglichkeiten interessierten Personen und die Gastronomen zu einer Absatz- und Werbegenossenschaft zusammenfinden, um ihre Ziele durch den Unterhalt einer Berufsfußballmannschaft und die damit verbundene Teilnahme am Bundesligaspielbetrieb zu verfolgen.

Zu bedenken ist jedoch, daß bei dieser Art von Erwerbsförderung nur bestimmte Personen als potentielle Mitglieder in Betracht kommen. Eine solche Tätigkeit der Klubs würde nämlich nur Personen nützen, deren Erwerbstätigkeit im gastronomischen Bereich angesiedelt ist oder sonstwie selbständig oder gewerblich Tätigen, die sich durch eine solche Werbetätigkeit Vorteile versprechen. Die Erwerbstätigkeit der meisten Fans würde durch eine derartige Absatz- und Werbegenossenschaft jedoch nicht gefördert werden.[973]

bbb) Förderung der Wirtschaft der Mitglieder

Neben der Förderung des Erwerbes kann die Genossenschaft auch die Wirtschaft der Mitglieder fördern. Unter Wirtschaft ist die gesamte private Lebensführung und Haushaltung zu verstehen, soweit sie nicht in einer Erwerbstätigkeit besteht.[974] Eine genossenschaftliche Förderung der Wirtschaft erfolgt, wenn die private Lebensführung der Mitglieder in „wirtschaftlich relevanter Weise" gefördert wird.[975] Da die genossenschaftliche Förderung sich auf jeden

---

[970] So auch das Vermarktungskonzept der Champions-League, gemäß dem fünf Sponsoren aus unterschiedlichen Branchen einen Sponsorenpool bilden und auf diese Weise gleichzeitig als offizielle Hauptsponsoren auftreten und werben können. Ähnliche Überlegungen bestehen bei einigen deutschen Vereinen.

[971] Ähnliche Überlegungen bestanden wohl bei drei Fußball-Mäzenen, die in Hamburg einen eigenen Profiklub gründen wollten (vgl. Hamburger Abendblatt vom 6.12.1994 „Konkurrenz für den HSV").

[972] So können beispielsweise in der Leverkusener BayArena VIP-Logen mit Bareinrichtung und Toiletten für 130.000,-- DM Jahresmiete angemietet werden. Außerdem hat der Verein ein neues Restaurant im Stadion mit 150 sogenannten Businessplätzen eröffnet (SZ vom 8.9.1997 „Der wirtschaftliche Rückstand des Werkvereins"). Vgl. allgemein zu den Möglichkeiten und Perspektiven in der Gastronomie im Stadion, Der Spiegel Heft 17/1993, S. 214 ff., „Champagner in die Schüsseln".

[973] Dazu aber sogleich unter bbb) Förderung der Wirtschaft der Mitglieder.

[974] Meyer-Meulenbergh-Beuthien, GenG, § 1 Rdnr. 14; K. Müller, GenG, § 1 Rdnr. 25.

[975] K. Müller, GenG, § 1 Rdnr. 26; vgl. auch Hettrich/Pöhlmann, GenG, § 1 Rdnr. 7.

nichtberuflichen Bereich erstrecken kann, können auch ideelle, insbesondere sportliche und kulturelle Bedürfnisse der Genossen auf wirtschaftlich relevante Weise gefördert werden.[976] Voraussetzung für eine genossenschaftliche Förderung ideeller Bedürfnisse der privaten Lebenswirtschaft ist nur, daß die Genossenschaft sich ihre Förderleistungen in der Geschäftsbeziehung zu den Mitgliedern entgelten läßt.[977]

Ein derartiges, der privaten Lebensführung zuzuordnendes ideelles Bedürfnis der Fans und anderen Fußballanhänger könnte in der Verbundenheit des Fans zur „eigenen" Mannschaft zu sehen sein. Ausdruck findet diese Verbundenheit zunächst im regelmäßigen Besuch der Ligaspiele der „eigenen" Mannschaft. Aber auch das Interesse an Informationen über sportliche Entscheidungen der Klubspitze oder über einzelne Spieler sowie ein geselliges Zusammensein mit Gleichgesinnten ist Teil dieses ideellen Bedürfnisses. Dabei kann es an dieser Stelle dahinstehen, ob diese Bedürfnisse überwiegend sportlicher, kultureller oder sonstiger ideeller Natur sind.

Ein Zusammenschluß der Fans in einer eingetragenen Genossenschaft mit einem derartigen Zweck, nämlich der Förderung der Verbundenheit zur Berufsfußballmannschaft, ist aber nur dann möglich, wenn dieser Zweck in für die Mitglieder wirtschaftlich relevanter Weise gefördert wird.

Eine solche wirtschaftlich relevante Unterstützung der Mitglieder könnte beispielsweise dadurch erfolgen, daß die Fans Eintrittskarten von der Genossenschaft erwerben können. Die Genossenschaft könnte für jede Saison ein gewisses Kontingent an Dauerkarten erwerben und diese bei Bedarf im Einzelfall an die Genossen verkaufen. Der Genossenschaft könnte ein Mengen- oder Treuerabatt eingeräumt werden, so daß sie die Eintrittskarten ihren Mitgliedern besonders günstig anbieten kann. Die Wirtschaftsförderung könnte auch dadurch erfolgen, daß die Genossenschaft ihren Mitgliedern auf dem freien Markt schwer erhältliche Eintrittskarten - beispielsweise für lange im voraus ausverkaufte Spitzenspiele - überhaupt verschafft, wozu diese aufgrund der von ihr erworbenen Dauerkarten in der Lage sein wird.[978]

Die Genossenschaft könnte für interessierte Mitglieder auch Bus- oder sonstige Gruppenreisen zu Auswärtsspielen sowie gegebenenfalls damit verbundene Hotelübernachtungen organisieren und den Mitgliedern zu wirtschaftlich günstigen Bedingungen anbieten.

Außerdem ist daran zu denken, daß die Genossenschaft durch das Veranstalten von Märkten, auf denen Fanartikel an- und verkauft oder getauscht werden, die private Lebensführung ihrer Mitglieder in für diese wirtschaftlich relevanter Weise fördert. Daneben könnte die Genossenschaft außergewöhnliche

---

[976] Meyer-Meulenbergh-Beuthien, GenG, § 1 Rdnr. 14, 11; K. Müller, GenG, § 1 Rdnr. 29 der eine Ersparnisvermittlung verlangt.
[977] Meyer-Meulenbergh-Beuthien, GenG, § 1 Rdnr. 15.
[978] Vgl. Meyer-Meulenbergh-Beuthien, GenG, § 1 Rdnr. 11 zur Wirtschaftsförderung durch Verschaffung eines knappen Guts.

Fanartikel von der Berufsfußballmannschaft - zu der sie als Vertreterin und Organisation zahlreicher Fans eine größere Nähe haben wird als der einzelne Fan - erwerben und diese ihren Mitgliedern zum Kauf anbieten.

Schließlich könnte die Genossenschaft, sofern die Mitglieder eine sportliche Betätigung wünschen, eine oder mehrere Hobby-Fußballmannschaften unterhalten, deren Spieler sich aus den Mitgliedern der Genossenschaft zusammensetzen. Die Genossenschaft könnte den Mannschaften Spielmöglichkeiten bieten, indem sie Fußballplätze baut oder anmietet und Spiele gegen andere Fangenossenschaften organisiert.[979] Neben dem anläßlich der Spiele möglichen Austausch unter den Mitgliedern der verschiedenen Fangenossenschaften können die Mitglieder Vereinsbeiträge für andere Sportvereine sparen und kostengünstig gemeinsam zu Spielen in andere Städte reisen. Insbesondere könnten die Spiele bei anderen Fangenossenschaften mit dem Besuch eines Auswärtsspiels der Berufsfußballmannschaft verbunden werden.

Wie die Beispiele zeigen, könnten sich die Fans eines Fußballklubs grundsätzlich zu einer Fangenossenschaft zusammenfinden, deren Zweck darin besteht, in wirtschaftlich relevanter Weise die mit der Berufsfußballmannschaft zusammenhängenden Bedürfnisse zu fördern. Die Förderleistung der eG kann in einer Ersparnisvermittlung liegen, etwa in der Bezugsmöglichkeit verbilligter Eintrittskarten oder im Angebot wirtschaftlich günstiger Fanreisen, aber auch in der Verschaffung eines knappen Wirtschaftsguts überhaupt, beispielsweise durch das Anbieten von Eintrittskarten für Spitzenspiele oder außergewöhnlicher - auf dem freien Markt nicht oder nur schwer erhältlicher - Fanartikel.

Da die Fangenossenschaft ideelle Bedürfnisse befriedigt, kann sie nur zulässig sein, wenn sie ihre Förderleistung dadurch erwirtschaftet, daß sie sich diese in der Geschäftsbeziehung zu den Mitgliedern entgelten läßt.[980] Nicht alle Mitglieder der Fangenossenschaft haben Anspruch auf eine Eintrittskarte oder nehmen an einer Reise zu einem Auswärtsspiel teil. Vielmehr entscheidet jedes Mitglied im Einzelfall, ob es die angebotene Förderleistung der Fangenossenschaft gegen Entgelt in Anspruch nehmen will oder nicht. Die Fangenossenschaft gründet ihre Leistungsfähigkeit daher nicht auf Beiträge,[981] sondern auf die von den Mitgliedern für die Förderleistungen im Einzelfall erhaltenen Entgelte.

Im Ergebnis ist festzuhalten, daß auch eine Fangenossenschaft der gesetzlich geforderten Zwecksetzung entspricht und daher Träger der Berufsfußballabteilung sein kann. Der Zweck einer solchen Fangenossenschaft könnte darin bestehen, in wirtschaftlich relevanter Weise die ideellen, mit der Profimannschaft zusammenhängenden Bedürfnisse der Mitglieder zu fördern.

---

[979] So können sich nach RGZ 133, 170 Personen zwecks Bau und Unterhaltung einer Kegelhalle zu einer eG zusammenschließen.
[980] Siehe Fußnote 964.
[981] Zur Abgrenzung zum Idealverein Meyer-Meulenbergh-Beuthien, GenG, § 1 Rdnr. 15.

bb) Unschädlichkeit ideeller Nebenleistungen im Rahmen des Nebenzweckprivilegs

In der Praxis werden sich die von einer Fangenossenschaft angebotenen Vorteile - möglicherweise auch einige der Absatz- und Werbegenossenschaft - nicht auf den wirtschaftlichen Bereich beschränken. Vielmehr wird insbesondere die Fangenossenschaft ideelle Nebenleistungen, etwa Unterhaltung und gesellige Zusammenkünfte, anbieten. Es stellt sich daher die Frage, ob das Anbieten ideeller Nebenleistungen der Wahl der Rechtsform der eingetragenen Genossenschaft entgegensteht.

Wie dem Idealverein wird auch der eG ein Nebenzweckprivileg zugestanden.[982] Die ausschließliche Verfolgung des wirtschaftlichen Förderzwecks ist daher für die Genossenschaft nicht begriffsnotwendig. Vielmehr darf die Genossenschaft ein mit dem wirtschaftlichen Förderzweck verbundenen ideellen Nebenzweck verfolgen. Bietet die Genossenschaft ihren Mitgliedern ideelle Nebenleistungen wie Unterhaltung und Geselligkeit an, die in Zusammenhang mit der Förderung der Wirtschaft oder des Erwerbes der Genossen stehen, so ist das im Rahmen des Nebenzweckprivilegs zulässig und für die Wahl der Rechtsform der Genossenschaft unschädlich.

Da die ideellen Förderleistungen der Fangenossenschaft immer nur - wenn auch gewollte - Begleiterscheinung der wirtschaftlichen Fördertätigkeit sein werden, werden diese Leistungen innerhalb der Grenzen des Nebenzweckprivilegs erfolgen und daher insoweit zulässig sein.

cc) Nicht kapitalistisch

Die eG darf zwar Gewinne erzielen und ist sogar auf Gewinnerzielung angelegt.[983] Aber den Gewinn darf die eG nicht für sich selbst erstreben, um ihn dann (anteilig) an die Genossen auszuschütten, sondern muß ihn „in Förderleistungen an ihre Mitglieder" umsetzen.[984]

Sowohl die Fangenossenschaft als auch die Absatz- und Werbegenossenschaft unterstützen unmittelbar die berufliche oder private Lebensstellung der Genossen. Die Genossenschaften sind daher nicht kapitalistisch ausgerichtet.

dd) Zwischenergebnis

Der Ausgliederung der Berufsfußballabteilung auf eine eingetragene Genossenschaft steht der einer solchen Genossenschaft notwendig eigene förderwirtschaftliche Zweck nicht entgegen. Im Gegenteil, die eG kann als Träger der

---

[982] Meyer-Meulenbergh-Beuthien, GenG, § 1 Rdnr. 9 m.w.N.
[983] Näher dazu Beuthien, 100 Jahre Genossenschaft, S. 11 f.
[984] Meyer-Meulenbergh-Beuthien, GenG, § 1 Rdnr. 7; ähnlich auch Metz in Lang/Weidmüller, GenG, § 1 Rdnr. 37.

Profimannschaft je nach Ausgestaltung in Form der Absatz- und Werbegenossenschaft den Erwerb oder als Fangenossenschaft die Wirtschaft der Mitglieder fördern und insoweit genossenschaftlich tätig werden.

c) Gemeinschaftlicher Geschäftsbetrieb

Eine Genossenschaft muß gemäß § 1 Abs. 1 GenG die Mitgliederförderung „mittels gemeinschaftlichen Geschäftsbetriebes" bezwecken. Ein Geschäftsbetrieb im Sinne des § 1 Abs. 1 GenG ist jede organisierte Wirtschaftseinheit. „Mittels Geschäftsbetriebes" heißt also, durch Einsatz wirtschaftender Tätigkeit.[985] Diesbezüglich sind der Tätigkeit der eG praktisch keine Grenzen gesetzt.[986]

Dieser Geschäftsbetrieb muß gemeinschaftlich betrieben werden. Nach *Meyer-Meulenbergh-Beuthien* bedeutet in diesem Zusammenhang Gemeinschaftlichkeit, daß durch den Geschäftsbetrieb Aufgaben wahrgenommen werden, „die ursprünglich von den Mitgliedern selbst vorgenommen wurden oder die mit den Mitgliederwirtschaften sachlich zusammenhängen und damit als Bedürfnis allen Mitgliedern gemeinsam sind."[987] Erforderlich ist also entweder eine Funktionsübernahme oder die förderwirtschaftliche Funktionsausrichtung der Genossenschaft auf die Bedürfnisse der Mitglieder.[988]

Sowohl die Absatz- und Werbegenossenschaft als auch die Fangenossenschaft weisen eine solche Funktionsausrichtung oder -übernahme auf.

Die Absatz- und Werbegenossenschaft übt typischerweise bisher von den Mitgliedern selbst ausgeübte Werbe- und Vermarktungtätigkeiten aus und erweitert diese gegebenenfalls.

Die Tätigkeit der Fangenossenschaft ist auf die Unterstützung aller Mitgliederhauswirtschaften ausgerichtet. Mit allen hängt sie gleichermaßen sachlich zusammen, da alle Mitglieder dasselbe Ziel verfolgen, nämlich eine Förderung der mit der Berufsfußballmannschaft zusammenhängenden ideellen Bedürfnisse der Fans in wirtschaftlich relevanter Weise. Die wahrzunehmenden Aufgaben stellen sich daher als Bedürfnis aller Mitglieder dar. Die Fangenossenschaft weist also jedenfalls eine förderwirtschaftliche Funktionsausrichtung auf.

Sowohl ein Zusammenschluß von Sponsoren des Fußballklubs in Form einer Absatz- und Werbegenossenschaft als auch eine Fangenossenschaft bezwecken damit die Förderung der Mitglieder mittels gemeinschaftlichen Geschäftsbetriebes.

---

[985] Meyer-Meulenbergh-Beuthien, GenG, § 1 Rdnr. 20.
[986] Siehe aber zur Zulässigkeit einer sogenannten Holding-Genossenschaft unten Fußnoten 1012 ff.
[987] Meyer-Meulenbergh-Beuthien, GenG, § 1 Rdnr. 23; vgl. zu anderen Interpretationen des Merkmals „gemeinschaftlich" die Übersicht bei K. Müller, GenG, § 1 Rdnr. 39 ff.; Metz in Lang/Weidmüller, GenG, § 1 Rdnr. 27; Meyer-Meulenbergh-Beuthien, GenG, § 1 Rdnr. 21 ff. Vorliegend haben die unterschiedlichen Auslegungen keine praktischen Konsequenzen.
[988] Meyer-Meulenbergh-Beuthien, GenG, § 1 Rdnr. 23.

d) Zulässiger Unternehmensgegenstand

Die Genossenschaft kann grundsätzlich jede förderwirtschaftliche Tätigkeit zu ihrem Unternehmensgegenstand machen und in ihrem Statut festlegen. Insbesondere ist die Aufzählung der genossenschaftlichen Geschäftsarten in § 1 Nr. 1 -7 GenG nur beispielhaft.[989]

Die Betätigung in Form einer Absatz- und Werbegenossenschaft oder auch als Fangenossenschaft bedeutet eine förderwirtschaftliche Tätigkeit und kann daher auch zum Unternehmensgegenstand einer eG gemacht werden.

2. Ergebnis

Die Ausgliederung der Berufsfußballabteilung auf eine eG ist gesetzlich zulässig. Möglich ist die Gründung einer Genossenschaft, die den Erwerb der Mitglieder fördert. Die Erwerbsförderung kann durch die konkrete Erschließung neuer Absatzmärkte insbesondere im gastronomischen Bereich oder mittels einer Werbetätigkeit, jeweils mittels einer am Bundesligaspielbetrieb teilnehmenden Berufsfußballmannschaft, erfolgen.

Denkbar ist auch die Gründung einer Genossenschaft, deren Ziel die Förderung der Mitgliederhauswirtschaften ist. Dafür könnte eine Fangenossenschaft gegründet werden, in der sich die Anhänger eines Bundesligaklubs zusammenfinden. Der Zweck der Fangenossenschaft könnte in einer wirtschaftlich relevanten Förderung der mit der Profimannschaft zusammenhängenden ideellen Bedürfnisse der Mitglieder liegen. Bedürfnisse hinsichtlich der privaten Lebensführung werden durch die Fangenossenschaft, zum Beispiel durch den verbilligten Bezug von Eintrittskarten, in wirtschaftlich relevanter Weise unterstützt. Das Angebot idealler Nebenleistungen ist im Rahmen des Nebenzweckprivilegs zulässig.

II. Praktikabilität einer Ausgliederung

Die bisherigen Überlegungen haben gezeigt, daß die Ausgliederung der Berufsfußballabteilung auf eine eG gesellschaftsrechtlich durchaus möglich ist. Es fragt sich aber, inwieweit eine solche Ausgliederung praktisch sinnvoll ist. Als mögliche Träger der Berufsfußballabteilung kommen die Fangenossenschaft, die Absatz- und Werbegenossenschaft sowie eine Verbindung beider Genossenschaften in Betracht.

---

[989] Meyer-Meulenbergh-Beuthien, GenG, § 1 Rdnr. 27. Siehe dort auch zu den spezialgesetzlich geregelten unzulässigen Unternehmensgegenständen.

1. Die Fangenossenschaft als Träger der Berufsfußballabteilung

Soweit sich die Mitglieder einer Genossenschaft ausschließlich aus Stadion-
gängern und sonstigen Fans rekrutieren, erscheint diese als Träger der Berufsfußballabteilung ungeeignet. Denn einer solchen Fangenossenschaft wird in
der Regel die für die Unterhaltung der Berufsfußballabteilung erforderliche finanzielle Potenz fehlen.[990] Nur in Ausnahmefällen, bei Vereinen mit einer besonders großen Anhängerschaft, ist es denkbar, daß die Fangenossenschaft
die finanziellen Mittel aufbringen kann.[991] In der Regel wird die Fangenossenschaft aber mangels finanzieller Potenz als Rechtsträger der Berufsfußballabteilung nicht in Betracht kommen.

2. Trägerschaft der Werbe- und Absatzgenossenschaft

Eine Absatz- und Werbegenossenschaft, in der sich Sponsoren und Gastronomen organisieren, wird zwar möglicherweise über die für den Unterhalt der Berufsfußballabteilung erforderlichen liquiden Mittel verfügen.[992] Aber dennoch
stößt eine Absatz- und Werbegenossenschaft als Träger der Berufsfußballabteilung im Ergebnis in zweierlei Hinsicht auf Bedenken.

So würde durch eine solche Ausgestaltung der mit der Berufsfußballabteilung
verfolgbare Zweck erheblich eingeschränkt werden. Denn die Berufsfußballabteilung würde letztlich nur noch zwecks Werbung und Erschließung neuer Absatzmärkte für die Genossen unterhalten werden. Eine spätere Zweckerweite-
rung auf ausschließlich kapitalistische oder andere nicht genossenschaftliche
Zwecke würde von vornherein und ohne Not ausgeschlossen werden.

So wäre es grundsätzlich nur den Mitgliedern erlaubt, die Werbewirkung der
Berufsfußballmannschaft zu nutzen. Soweit alle Mitglieder im Rahmen ihrer
Möglichkeiten ihre Werbe- und Abzatzwünsche erfüllt hätten, würden etwa noch
freie Kapazitäten brach liegen.[993] Eine Übertragung der Werbemöglichkeiten
auf Nichtmitglieder wäre aufgrund des beschränkten Gesellschaftszwecks
grundsätzlich unzulässig.

Ferner spricht gegen eine Absatz- und Werbegenossenschaft als Träger der
Berufsfußballabteilung, daß durch die begrenzte Zweckverfolgung der Kreis der

---

[990] Zur Genossenschaft, bei der die Fans lediglich eine Mitgliederteilgruppe bilden sogleich
unter 3. Ausgliederung auf eine vereinigte Berufsfußballgenossenschaft.
[991] So etwa Bayern München mit etwa 75.000 Mitgliedern und zahlreichen weiteren Fans,
die keine Mitglieder sind.
[992] Allein durch die Trikotwerbung erhalten die Vereine der ersten Bundesliga in der Saison
1998/1999 knapp 104 Millionen DM (Fußnote 38). Bei Einrichtung der von einigen Vereinen
geplanten Sponsorenpools werden sich diese Einnahmen noch beträchtlich erhöhen. Zudem werden in den nächsten Jahren durch die Vermietung und Bewirtschaftung von VIP-
Logen weitere Einnahmesteigerungen erzielt werden. Siehe zum Hotelbau in der Nordtribüne der Leverkusener BayArena Fußnote 533.
[993] Siehe aber zum gerade aus diesem Grund - allerdings nur vorübergehend - zulässigen
Nichtmitgliedergeschäft Beuthien, 100 Jahre Genossenschaft, S. 25 f.

208

möglichen Genossen eingeschränkt würde. So würden insbesondere der Fan und Stadiongänger von der Mitgliedschaft regelmäßig ausgeschlossen werden. Denn die von der Absatz- und Werbegenossenschaft verfolgten Ziele werden in der Regel nicht in ihrem Interesse liegen. Daher ist die Ausgliederung der Berufsfußballabteilung auf eine Absatz- und Werbegenossenschaft gleichfalls nicht praktikabel.

3. Ausgliederung auf eine vereinigte Berufsfußballgenossenschaft

Da die Fangenossenschaft nicht über die erforderlichen finanziellen Mittel verfügt und die Absatz- und Werbegenossenschaft wegen ihrer eingeschränkten Zweckverfolgung nicht praktikabel ist, könnte sich möglicherweise eine Verbindung beider Genossenschaften als Träger der Berufsfußballabteilung eignen. Es stellt sich allerdings die Frage, ob sich eine derartige Vereinigung praktisch umsetzen läßt.

a) Keine dem wirtschaftlichen Risiko entsprechende Stimmbefugnis

Als Genossen einer solchen eG kommen die möglichen Mitglieder der Fangenossenschaft sowie die der Absatz- und Werbegenossenschaft in Betracht. Soweit die potentiellen Genossen allerdings unterschiedlich hohe Einlagen leisten, wird es keine dem unterschiedlichen wirtschaftlichen Risiko entsprechenden Stimmrechte geben. Denn gemäß § 43 Abs. 3 Satz 1 GenG, der Ausdruck des genossenschaftlichen Demokratieprinzips ist,[994] hat jeder Genosse grundsätzlich nur eine Stimme. Ohne Bedeutung ist daher insoweit die Höhe der Einlagen. Zwar kann gemäß § 43 Abs. 3 GenG das Statut der eG vorsehen, daß einzelnen Genossen Mehrstimmrechte eingeräumt werden. Allerdings dürfen nach § 43 Abs. 3 Satz 5 GenG keinem Genossen mehr als drei Stimmen gewährt werden.[995]

Letztlich wird die Stimmrechtsregelung dazu führen, daß die Sponsoren und Gastronome keine höhere Einlage als die Fans erbringen werden. Die finanziellen Möglichkeiten einer solchen Genossenschaft werden sich daher nicht wesentlich von denen einer Fangenossenschaft unterscheiden.

Aus diesem Grund eignet sich eine Verbindung von Werbe- und Absatzgenossenschaft mit der Fangenossenschaft nicht als Träger der Berufsfußballabteilung.

---

[994] Meyer-Meulenbergh-Beuthien, GenG, § 1 Rdnr. 49.
[995] Zudem lebt das Einfachstimmrecht bei bestimmten Entscheidungen gemäß § 43 Abs. 3 Satz 6 GenG wieder auf.

b) Einflußnahmemöglichkeiten des ausgliedernden Vereins

Aber auch fehlende Einflußnahmemöglichkeiten des ausgliedernden Vereins sprechen gegen die eG als Rechtsträger der Berufsfußballmannschaft. Denn soweit der Idealverein seine Berufsfußballabteilung auf einen externen Rechtsträger ausgliedert, wird er bestrebt sein, sich bestimmte Mindesteinflußrechte dauerhaft zu sichern.[996] Es erscheint zweifelhaft, ob das im Rahmen einer Ausgliederung auf eine eG gelingen kann.

Bei der Ausgliederung auf eine AG oder GmbH kann sich der Idealverein diese Rechte durch den entsprechenden Erwerb von Gesellschaftsanteilen sichern. Denn grundsätzlich richten sich dort die Stimmrechte nach der Höhe der wirtschaftlichen Beteiligung. Zudem kann der Einfluß des Idealvereins gesichert werden, indem Aktien oder Geschäftsanteile ohne Stimmrecht ausgegeben werden.

Dagegen hat bei der eG jeder Genosse unabhängig von der Höhe seiner Einlage grundsätzlich nur eine Stimme. Soweit der Idealverein also Mitglied der eG ist, würde auch ihm grundsätzlich nur eine Stimme zustehen.[997] Da auch die Stimmrechte der übrigen Genossen nicht beschränkt werden dürfen,[998] wird der Idealverein durch die Generalversammlung keinen wesentlichen Einfluß auf die eG nehmen können.

Allerdings ist zu überlegen, ob der Verein sich den gewünschten Einfluß im Einzelfall durch entsprechende Stimmvollmachten sichern kann. Aber auch dadurch wird sich der Verein keine bedeutenden Mitspracherechte sichern können. Denn ein Bevollmächtigter kann nach § 43 Abs. 5 Satz 3 GenG nicht mehr als zwei Genossen vertreten.[999]

Da zudem der Vorstand nach § 27 Abs. 1 Satz 1 GenG grundsätzlich weisungsfrei tätig ist,[1000] und auch kein praktisches Bedürfnis an Unternehmensverträgen zwischen Idealverein und Rechtsträger der Berufsfußballabteilung besteht,[1001] wird es dem Idealverein kaum gelingen, in der gewünschten Weise Einfluß auf den Rechtsträger der Berufsfußballabteilung zu nehmen, soweit dieser eine eG ist.[1002]

Die eG ist als Träger der Berufsfußballabteilung daher auch deshalb nicht praktikabel, weil es an geeigneten Einflußnahmemöglichkeiten des Idealvereins fehlt.

---

[996] Vgl. Erster Abschnitt I. 2. b) bb) aaa) Die Lizenz des Vereins.

[997] Gemäß § 43 Abs. 3 Satz 5 GenG können einem Genossen maximal 3 Stimmen eingeräumt werden.

[998] Meyer-Meulenbergh-Beuthien, GenG, § 43 Rdnr. 17; vgl. aber auch zur Möglichkeit und Praktikabilität von Stimmbindungsverträgen Beuthien in Mestmäcker/Behrens, S. 156.

[999] Vgl. dazu auch Beuthien in Mestmäcker/Behrens, S. 156 f.

[1000] Vgl. dazu Beuthien in Mestmäcker/Behrens, S. 133 ff.

[1001] Siehe oben Erster Abschnitt II. 1. Bestehen eines Vertragskonzerns.

[1002] Ausführlicher zur eG als abhängiges Unternehmen, Beuthien in Mestmäcker/Behrens, S. 137 ff.

4. Zwischenergebnis

Weder die Fangenossenschaft noch eine Absatz- und Werbegenossenschaft eignen sich jeweils als Träger der Berufsfußballabteilung. Aber auch ein Zusammenschluß der Genossen zu einer etwaigen Berufsfußballgenossenschaft ist praktisch nicht sinnvoll möglich. Denn eine eG, deren Mitglieder in erheblich unterschiedlichem Maße wirtschaftliches Risiko tragen, läßt sich mit dem in der Stimmrechtsregelung des § 43 Abs. 3 Satz 1 GenG zum Ausdruck kommenden Demokratieprinzip und dem Gleichheitsgrundsatz nicht in Einklang bringen. Ferner spricht gegen die eG als Träger der Berufsfußballabteilung, daß der ausgliedernde Verein sich die Mitspracherechte nicht in der gewünschten Form sichern kann.

III. Ergebnis

Die eG kann unter rechtlichen Gesichtspunkten durchaus Träger der Berufsfußballabteilung sein. So kann eine eG gegründet werden, deren Mitglieder sich aus den Fans des Klubs rekrutieren. Außerdem kann eine eG gegründet werden, deren Mitglieder insbesondere Sponsoren und Gastronome sind. Sowohl die Fangenossenschaft als auch die Absatz- und Werbegenossenschaft bezwecken eine genossenschaftliche Förderung der Mitglieder im Sinne von § 1 Abs. 1 GenG.

Die Ausgliederung der Fußballizenzabteilung auf eine eG ist zwar rechtlich zulässig, aber nicht praktikabel. So verfügt die Fangenossenschaft nicht über die erforderlichen finanziellen Mittel und die Werbe- und Absatzgenossenschaft ist wegen ihres eingeschränkten Zwecks ungeeignet.

Aber auch ein Zusammenschluß der potentiellen Genossen ist aufgrund ihrer unterschiedlichen wirtschaftlichen Beteiligung nicht praktikabel. Denn die wirtschaftliche Ungleichheit läßt sich nicht mit dem Demokratie- und Gleichheitsgrundsatz der Genossenschaft vereinbaren. Diese Prinzipien kommen insbesondere in der Stimmrechtsregelung des § 43 Abs. 3 GenG zum Ausdruck.

Letztlich spricht gegen eine eG als Rechtsträger der Berufsfußballabteilung, daß sich der Idealverein den Einfluß auf die eG nicht in der gewünschten Form sichern kann.

Vierter Abschnitt: Die Fangenossenschaft als Gesellschafter einer Berufsfußball-GmbH

Die Ausgliederung der gesamten Berufsfußballabteilung auf eine eG hat sich als nicht praktikabel erwiesen. Dennoch sollte die Rechtsform der eG bei den Reformüberlegungen nicht völlig außer acht gelassen werden. Wie oben dargestellt, können die Vereine ihre Berufsfußballabteilung auf eine AG oder GmbH ausgliedern. Allerdings eignet sich die Rechtsform der AG nicht für alle

Bundesligavereine. Insbesondere für kleinere und umsatzschwächere Vereine, die eine Börsenzulassung noch nicht erreichen können, ist die Rechtsform der GmbH mit den vergleichsweise vielen dispositiven Regelungen geeigneter als die der AG.

Soweit ein Verein die Berufsfußballabteilung auf eine AG ausgliedert, gibt es für die Anhänger der Mannschaft die Möglichkeit, sich durch den Erwerb von Aktien am Unternehmen zu beteiligen.

Gliedert ein Verein dagegen seine Lizenzfußballabteilung auf eine GmbH aus, so werden die meisten Fans und Stadiongänger oder sonst ein breites Publikum in der Regel als Gesellschafter des Unternehmen praktisch nicht in Betracht kommen.[1003] Daher könnte es für die Fans eines Klubs und letztlich auch für die Berufsfußball-GmbH von Vorteil sein, wenn die Fans sich in einer Fangenossenschaft zusammenschließen und mittels einer gesellschaftsrechtlichen Beteiligung an der Berufsfußball-GmbH an deren Klubpolitik teilhaben. Der Berufsfußball-GmbH könnte durch die zu leistende Stammeinlage zusätzliches Kapital zugeführt werden.

I. Zulässigkeit der Beteiligung an einer Berufsfußball-GmbH

Zunächst stellt sich die Frage der rechtlichen Zulässigkeit einer gesellschaftsrechtlichen Beteiligung der Fangenossenschaft an einer Berufsfußball-GmbH.

1. Zulässigkeit einer gesellschaftsrechtlichen Beteiligung überhaupt

Die Zulässigkeit der Beteiligung an einer anderen Gesellschaft richtet sich für die eG nach § 1 Abs. 2 GenG. Nach § 1 Abs. 2 Nr. 1 GenG ist die Beteiligung an einer anderen Gesellschaft, etwa durch den Erwerb von Geschäftsanteilen einer GmbH, zulässig, wenn sie dem Förderzweck dienlich ist, mit dem genossenschaftlichen Geschäftsbetrieb also in wirtschaftlichem Zusammenhang steht.[1004] Dabei reicht es aus, wenn die Beteiligung nur mittelbar der Fördertätigkeit der Genossenschaft nützen soll.[1005]

Die Beteiligung der Fangenossenschaft an einer Berufsfußball-GmbH würde in einem derartigen förderwirtschaftlichen Zusammenhang stehen. Denn die Fangenossenschaft fördert in wirtschaftlich relevanter Weise die mit der Profimannschaft zusammenhängenden ideellen Bedürfnisse der Fans.[1006] Durch die gesellschaftsrechtliche Beteiligung hat die Fangenossenschaft die Möglichkeit, auf die Berufsfußball-GmbH auf gesellschaftsrechtlicher Ebene einzuwirken.

[1003] Insbesondere wegen der schwerfälligen Übertragbarkeit des GmbH-Anteils gemäß § 15 Abs. 3 GmbHG, siehe dazu oben Zweiter Abschnitt II. 2. Mögliche Gesellschafter der Berufsfußball-GmbH.

[1004] Meyer-Meulenbergh-Beuthien, GenG, § 1 Rdnr. 55; wesentlich weiter etwa K. Müller, GenG, § 1 Rdnr. 60 der die bloße Kapitalanlage als Beteiligung ausreichen läßt.

[1005] Beuthien, AG 1996, 349, 350.

[1006] Siehe oben Dritter Abschnitt I. 1. b) aa) aaa) (2) Förderung der Wirtschaft der Mitglieder.

Außerdem stehen ihr zum Teil nicht abdingbare Einsichts- und Kontrollrechte zu.[1007] Aufgrund der mit der gesellschaftsrechtlichen Beteiligung verbundenen Einsichts-, Kontroll- und Mitspracherechte[1008] kann diese der Fördertätigkeit der Fangenossenschaft nützen. Eine gesellschaftsrechtliche Beteiligung der Fangenossenschaft an der Berufsfußball-GmbH nach § 1 Abs. 2 Nr. 1 GenG ist daher insoweit rechtlich möglich.

2. Geschäftsbetrieb der Fangenossenschaft

Gemäß § 1 Abs. 1 GenG muß die eG den Förderzweck mittels gemeinschaftlichen Geschäftsbetriebs erstreben.[1009] Es stellt sich die Frage, ob die Fangenossenschaft mittels eines gemeinschaftlichen Geschäftsbetriebs im Sinne dieser Vorschrift tätig wird.

Die Tätigkeit einer Fangenossenschaft wird einerseits in den bereits beschriebenen Tätigkeiten wie etwa dem An- und Verkauf von Eintrittskarten und Fanartikeln oder der Organisation von Reisen bestehen.[1010] Andererseits wird die Fangenossenschaft als Gesellschafter der Berufsfußball-GmbH einen oder mehrere Geschäftsanteile der GmbH halten. Die Tätigkeit der Fangenossenschaft wird also in einer eigenbetrieblichen Förderaufgabe sowie im Halten und Verwalten von Geschäftsanteilen bestehen.

Da die Fangenossenschaft die ihr eigene Förderaufgabe[1011] - neben der Beteiligung an einer Berufsfußball-GmbH - eigenbetrieblich ausführen wird, nimmt sie selbst die Hauptförderung der Mitglieder war. Die Beteiligungsgesellschaft in Form der Berufsfußball-GmbH wird, wenn überhaupt, nur für die Nebenförderung zuständig sein. Da die Fangenossenschaft die Hauptförderung eigenbetrieblich ausführen wird, ist sie nicht als sogenannte Holding-Genossenschaft zu qualifizieren.[1012] Die teilweise gegen die Zulässigkeit einer Holding-Genossenschaft angeführten Bedenken, insbesondere das Fehlen oder Nichtbetreiben eines eigenen fördernden Unternehmens sowie ein Verstoß gegen die Unmittelbarkeit der Förderung und gegen den Grundsatz der genossen-

---

[1007] Vgl. insbesondere § 51a Abs. 1 und 3 GmbHG.

[1008] Letztlich ist es eine Frage der Gestaltung des Einzelfalls, welche Rechte der Fangenossenschaft zustehen.

[1009] Zum Begriff des gemeinschaftlichen Geschäftsbetriebs siehe oben im Text bei Fußnote 985 ff.

[1010] Ausführlicher dazu oben Dritter Abschnitt I. 1. b) aa) bbb) Förderung der Wirtschaft der Mitglieder.

[1011] Siehe dazu die vorhergehende Fußnote.

[1012] Zu den verschiedenen Arten der Holding-Genossenschaft und deren Zulässigkeit siehe Beuthien, AG 1996, 349, 351. Zur Holding im Steuerrecht siehe § 8a Abs. 4 Satz 1 KStG. Danach ist eine Gesellschaft als Holdinggesellschaft zu qualifizieren, deren Haupttätigkeit darin besteht, Beteiligungen an Kapitalgesellschaften zu halten und zu finanzieren (1. Alternative) oder deren Vermögen zu mehr als 75% der Bilanzsumme aus Beteiligungen an Kapitalgesellschaften besteht (2. Alternative).

schaftlichen Selbstverwaltung,[1013] sprechen daher nicht gegen die Zulässigkeit der Fangenossenschaft als Gesellschafterin einer Berufsfußball-GmbH.[1014] Da die Fangenossenschaft eigenbetrieblich für die Hauptförderung ihrer Mitglieder sorgt, verfügt sie über einen eigenen Geschäftsbetrieb und genügt daher genossenschaftsrechtlich den Anforderungen des § 1 GenG. Eine Beteiligung an der Berufsfußball-GmbH ist daher rechtlich möglich.

III. Praktikabilität einer solchen Beteiligung

Eine Beteiligung der Fangenossenschaft an der Berufsfußball-GmbH kann die dargestellten Vorteile der eG und der GmbH verbinden. Die GmbH ist auf einen geringen und gleichbleibenden Gesellschafterbestand angelegt. Wenige finanzstarke Sponsoren, die Gemeinde, der ausgliedernde Verein und die Fangenossenschaft können Gesellschafter einer Lizenzfußball-GmbH werden. Die Fangenossenschaft ist dagegen auf eine Vielzahl von Mitgliedern angelegt. Insbesondere kann auch die Fangenossenschaft durch Bestimmungen im Statut wie die AG oder GmbH vor „Überfremdung" geschützt werden.[1015] Auch der Austritt kann nach § 65 GenG ohne besondere Schwierigkeiten vollzogen werden.[1016]

Wird die Fangenossenschaft Gesellschafter der Berufsfußball-GmbH, so erwirbt sie dadurch grundsätzlich Stimmrecht auf der Gesellschafterversammlung der GmbH und alle sonstigen Gesellschafterrechte, wie etwa Einsichts- und Kontrollrechte. Die Beteiligung an der Berufsfußball-GmbH verbessert daher die Möglichkeiten der Fangenossenschaft, ihrem Förderauftrag nachzukommen.

Viertes Kapitel: Zusammenfassung und Ausblick

Erster Abschnitt: Zusammenfassung

Die Untersuchung hat gezeigt, daß die gegenwärtige Organisation des bundesdeutschen Lizenzfußballs reformbedürftig ist. Soweit BGB-Vereinsrecht und DFB-Verbandsrecht nicht wie vorgeschlagen modifiziert werden, laufen die Vereine in vereinsrechtlicher Hinsicht Gefahr, daß ihnen die Rechtsfähigkeit entzogen wird. Denn die Vereine streben mittels der Lizenzabteilung die Verschaffung vermögenswerter Leistungen und wirtschaftlicher Vorteile für sich an. Da die Lizenzabteilung vielen Vereinen das Gepräge nach innen und allen Ver-

---

[1013] Vgl. die Nachweise bei Beuthien AG 1996, 349, 351 Fußnoten 17 ff.

[1014] Es wäre der Fangenossenschaft sogar möglich, einen Teil ihrer Fördertätigkeit auf die Berufsfußball-GmbH zu übertragen und sich auf ein Mindestmaß der möglichen Förderleistungen zu beschränken. Siehe zur Zulässigkeit der Halte- und Eigenbetriebsgenossenschaft Beuthien, AG 1996, 349, 355.

[1015] Vgl. auch Dritter Abschnitt I. 1. a) Nicht geschlossene Mitgliederzahl.

[1016] Vgl. auch die Ausschlußmöglichkeit nach § 68 GenG.

einen das Gepräge nach außen gibt, ist die dort entfaltete wirtschaftliche Tätigkeit nicht mehr vom Nebenzweckprivileg gedeckt.

Die Gemeinnützigkeit der Fußballbundesligavereine ist wegen Verstoßes gegen den Grundsatz der Selbstlosigkeit und Ausschließlichkeit gefährdet, wenn die Lizenzspielerabteilung ihrer Vorbild- und Integrationsfunktion sowie ihrer Finanzierungsfunktion nicht gerecht wird. Die Vorbild- und Integrationsfunktion ist aufgrund zunehmender Kommerzialisierung des Berufssports gefährdet. Die Finanzierungsfunktion kann nicht ausgeübt werden, wenn die Lizenzabteilung Verluste erwirtschaftet. Trotz finanzieller Unterstützung des Amateursports liegt ein Verstoß gegen den Grundsatz der Selbstlosigkeit vor, wenn die Förderung des Berufsfußballs zum Selbstzweck wird. Indiz für einen Selbstzweck ist ein mehrjähriger Mittelüberschuß der Berufssportabteilung trotz Finanzierung der Amateurabteilungen.

Ferner liegt ein Verstoß gegen den Grundsatz der Selbstlosigkeit vor, wenn Verluste der Berufsfußballabteilung dauerhaft durch andere Mittel des Vereins ausgeglichen werden. Schließlich müssen die Einnahmen des Vereins zeitnah dem förderungswürdigen Zweck - also der ideellen Zweckverfolgung - zugeführt werden. Ein Verstoß gegen das Gebot der zeitnahen Mittelverwendung führt allerdings nicht unmittelbar zum Entzug der Gemeinnützigkeit. Vielmehr kann das Finanzamt eine Frist für die Mittelverwendung setzen.

Aufgrund der überwiegend bestehenden wirtschaftlichen Unbedeutsamkeit der Amateursportabteilungen und der Regelung des § 8 Abs. 6 KStG, hat der Gemeinnützigkeitsstatus für einige Vereine in wirtschaftlicher Hinsicht allerdings an Bedeutung verloren.

Auch die Finanzstruktur der Vereine ist reformbedürftig. Viele Vereine sind hoch verschuldet oder weisen eine unbefriedigende Liquiditätslage auf. Die Kontrollinstanzen der wirtschaftlichen Leistungsfähigkeit beschränken sich im wesentlichen auf die verbandsrechtliche Kontrolle der wirtschaftlichen Leistungsfähigkeit. Diese hat aber hauptsächlich den Zweck, den Spielbetrieb der Fußballbundesliga für die jeweils folgende Saison aufrecht zu erhalten. Daher wird der Schwerpunkt der Überprüfung auf die Liquidität der Vereine gelegt. Dem Erhalt des Vereinsvermögens kommt im Rahmen der Überprüfung nur eine untergeordnete Bedeutung zu. Ein solides, ausschließlich an betriebswirtschaftlichen Grundsätzen orientiertes, Wirtschaften der Vereine kann dadurch überwiegend nicht gewährleistet werden.

Nachteilig wirken sich zudem die unbeständige und zum Teil unklare Kompetenzverteilung, die weitgehende Dispositivität des BGB-Vereinsrechts sowie die im Einzelfall bestehenden faktischen Einflußmöglichkeiten Dritter aus. Durch die erfolgte Einsetzung eines Wahlausschusses zur Wahl des Vorstandes kann der Wahl von Zufallskandidaten vorgebeugt werden. Der von vielen Vereinen eingerichtete Verwaltungs- oder Beirat konnte seinen Überwachungsaufgaben nicht immer gerecht werden. Eine ausschließlich an den Belangen der Berufsfußballabteilung orientierte Entscheidungsfindung der Mitgliederversammlung kann dadurch erschwert werden, daß die Mitglieder aller Sportabteilungen des Vereins stimmberechtigt sind.

Durch eine satzungsmäßige Angleichung der inneren Vereinsleitungsstruktur und einer stärkeren Kontrolle der wirtschaftlichen Leistungsfähigkeit durch den DFB, insbesondere verbunden mit einer verbandsrechtlichen Begrenzung der zulässigen Höchstausgaben für Spielergehälter pro Verein und Jahr, kann einem Teil der dargestellten Schwierigkeiten adäquat begegnet werden. Insbesondere kann dadurch der zunehmenden Verschuldung der Vereine entgegengewirkt werden. Diese Reformen führen allerdings weder zu der von einigen Vereinen gewünschten Kapitalzufuhr noch tragen sie dem vereinsrechtlichen und gemeinnützigkeitsrechtlichen Bedenken Rechnung. Ferner kann dadurch weder eine organisationsrechtliche Trennung zwischen Amateur- und Berufssport noch eine gesellschaftsrechtliche Einbindung externer Geldgeber erreicht werden.

Ein rechtsvergleichender Blick auf die Ausgestaltung des bezahlten Fußballs in anderen europäischen Nationen zeigt, daß die meisten europäischen Nationen den Vereinen die Ausgliederung auf eine Kapitalgesellschaft erlauben. Von vielen Spitzenklubs wird zudem - soweit noch nicht erfolgt - eine Börsennotierung angestrebt. Außerhalb von Großbritannien, wo derzeit 20 Klubs an der Londoner Börse notiert sind, sind neben einigen dänischen Klubs seit 1998 auch Klubs aus anderen Ländern wie Italien, Holland und der Schweiz an der Börse notiert. Es ist davon auszugehen, daß 1999 weitere kontinentaleuropäische Klubs an die Börse gehen werden.

Die Ausgliederung der Berufsfußballabteilung sollte nicht nur alle mit dem Berufsfußball unmittelbar und mittelbar zusammenhängende Tätigkeiten erfassen, sondern auch die Forderungen und Verbindlichkeiten, die dem bisherigen Lizenzfußballbereich zuzuordnen sind.

Abzugrenzen ist eine derartige Ausgliederung vom Modell der HSV Sport Aktiengesellschaft aus dem Jahre 1991. Im Unterschied zum hier diskutierten Modell war die HSV-AG nicht Rechtsträger der Berufsfußballmannschaft.

Die Ausgliederung bedarf als Satzungsänderung gemäß § 33 Abs. 1 Satz 1 BGB der Zustimmung von ¾ der auf der Mitgliederversammlung abgegebenen Stimmen. Auch soweit die Förderung des Berufsfußballs nicht in der Vereinssatzung als Aufgabe festgeschrieben ist, bedarf die Ausgliederung entsprechend der von § 33 Abs. 1 Satz 1 BGB getroffenen Wertung aus Gründen des Mitgliederschutzes eines mit gleicher Mehrheit gefaßten Beschlusses.

Geringe wirtschaftliche Einbußen können nach erfolgter Ausgliederung neben dem um 3 Prozent erhöhten Körperschaftsteuersatz durch den Wegfall der steuerlichen Verlustverrechnungsmöglichkeit entstehen. Sofern der bestehende Entwurf des Steuerentlastungsgesetzes 1999/2000/2002 umgesetzt wird, wird der Körperschaftsteuersatz einheitlich 40% betragen und insoweit eine Vergünstigung für Idealvereine entfallen. Im Wegfall der steuerlichen Verlustverrechnungsmöglichkeit kann wegen der verhältnismäßig geringen finanziellen Einbuße kein Ausgliederungshindernis für die Vereine gesehen werden. Zudem können durch gemeinnützige Durchlaufspenden sowie durch die zu zahlenden Entgelte für die schuldrechtliche Überlassung der Vermarktungsrechte am Logo und Namen des Vereins weiterhin Zuwendungen von der Fußballgesellschaft an den Idealverein fließen, die bei deren Gewinnfeststellung steuermindernd in Ansatz gebracht werden können.

Den Klubs obliegt eine Kostentragungspflicht hinsichtlich der erforderlichen Einsätze von Sicherheitskräften, soweit die Kosten entweder durch die in § 25 Abs. 6 der „Richtlinien zur Verbesserung der Sicherheit bei Bundesspielen" genannten Aktivitäten oder durch die schlichte Präsenz der Polizei entstehen. Eine weitergehende Kostentragungspflicht ist abzulehnen, da die Vereine bereits eine erhebliche Steuerlast und gemäß § 7 Nr. 4 DFB-Lizenzspielerstatut die Kosten für mindestens 10 Amateur- oder Juniorenmannschaften des Idealvereins tragen, und die weiteren Kosten sich kaum sicher von denen aus der Strafverfolgung resultierenden Kosten abgrenzen lassen.

Nach erfolgter Ausgliederung sollte die Berufsfußballabteilung durch eine verstärkte eigene Nachwuchsförderung den Wegfall des Amateurunterbaus ausgleichen.

Durch das am 1.1.1995 in Kraft getretene neue Umwandlungsrecht haben die Bundesligavereine grundsätzlich die Möglichkeit, die Berufsfußballabteilung auf eine AG, GmbH oder eG in Anwendung des Umwandlungsgesetzes auszugliedern. In zivilrechtlicher Hinsicht können dadurch insbesondere die Verbindlichkeiten der Vereine einfacher übertragen werden. Allerdings sind auch im Rahmen einer Ausgliederung nach dem Umwandlungsgesetz die Gründungsvorschriften der wirtschaftlichen Sondervereine grundsätzlich zu beachten.

Hinsichtlich der Gewinnausschüttung sollte im Gesellschaftsvertrag der Berufsfußballgesellschaft keine Beschränkung festgelegt werden. Anstatt in Geld kann der Gewinn auch in Sachleistungen - etwa in Form von Eintrittskarten - ausgezahlt werden.

Durch die lediglich fakultativ eröffnete Ausgliederungsmöglichkeit wurde die Gefahr eines faktischen Zwangs in Richtung Ausgliederung geschaffen. Diese Gefahr ist aber angesichts der Pflicht der Behörden, einen Verein mindestens ein Jahr vor dem Entzug der Rechtsfähigkeit hiervon zu unterrichten, als weniger beeinträchtigend einzuschätzen, als ein etwaiger vom DFB verordneter Rechtsformzwang. Die Gefahr der Mantelverwertung ist praktisch gering und kann ganz kontrolliert werden, indem der DFB die Berufsfußballgesellschaften entsprechend kontrolliert und gegebenenfalls die Einleitung eines Auflösungsverfahrens verbandsrechtlich vorschreibt.

Als Gründer einer Berufsfußball-AG sind neben dem Idealverein alle nahestehenden juristischen und natürlichen Personen, etwa die Kommune oder Persönlichkeiten aus dem Umfeld des Vereins, in Erwägung zu ziehen. Erforderlich ist allerdings nur ein Gründer. Als mögliche Aktionäre kommen neben den potentiellen Gründern etwaige Sponsoren und Kapitalanleger sowie die Fans und sonstige Freunde der Berufsfußballmannschaft in Betracht.

Im Rahmen der Gründung können die Einlagen als Bareinlagen oder als Sacheinlagen erbracht werden. Als Sacheinlagen kann der Idealverein im Eigentum des Vereins stehende Sachanlagen sowie an Sachanlagen bestehende Nutzungsrechte leisten. Weitere sacheinlagefähige Werte sind das Namensrecht und das Logo des Vereins und etwaige Gesellschaftsbeteiligungen. Nicht sacheinlagefähig sind die in den Spielern verkörperten Werte, die Lizenz des Vereins und - im Rahmen der gegenwärtigen Ausgestaltung - die TV-Übertragungsrechte.

Die Anteile der Berufsfußball-AG sollten sich aus vinkulierten Namensaktien und stimmrechtslosen Vorzugsaktien zusammensetzen. Dadurch kann die AG - zumindest solange Dividendenzahlungen erfolgen - effektiv vor „Überfremdung" geschützt werden. Zudem kann sich der Idealverein auf diese Weise den erforderlichen Einfluß auf die Berufsfußball-AG sichern. Um sich Mindesteinflußrechte auf der Hauptversammlung zu sichern, und um den in § 8 Nr. 4 DFB-Satzung gemachten Vorgaben gerecht zu werden, muß der Idealverein dauerhaft mehr als 50% der Stimmrechte halten.

Eine konzernrechtliche Haftung wird den Idealverein in der Regel nicht treffen. Denn nach erfolgter Ausgliederung wird der Idealverein grundsätzlich nicht mehr als Unternehmen im Sinne des Konzernrechts zu qualifizieren sein. Weder wird er einen weiteren wirtschaftlichen Geschäftsbetrieb unterhalten noch an einer dritten Gesellschaft beteiligt sein. Insbesondere können auch Vermarktungstätigkeiten, die bisher von besonderen GmbH's wahrgenommen werden, von der Berufsfußball-AG selbst ausgeführt werden.

Letztlich können die im ersten Teil beschriebenen Ausgliederungsziele weitgehend erreicht werden. So kann der Idealverein durch die Ausgliederung grundsätzlich seine Eintragungsfähigkeit dauerhaft sichern. Nur wenn zwischen Idealverein und AG ein Konzernrechtsverhältnis besteht und der Idealverein durch die konkrete Ausübung von Leitungsmacht unternehmerisch tätig wird, ist die wirtschaftliche Tätigkeit der AG dem Verein zuzurechnen. Der allgemeine Sozialschutz (Sicherung der Mitbestimmung) kann dagegen keine Zurechnung der wirtschaftlichen Tätigkeit begründen.

Durch die Ausgliederung kann der Idealverein auch den Gemeinnützigkeitsstatus erhalten. Denn die gesellschaftsrechtliche Beteiligung ist grundsätzlich als steuerbegünstigte Vermögensverwaltung des Idealvereins zu beurteilen. Soweit der Idealverein allerdings bestimmenden Einfluß auf die laufende Geschäftspolitik ausübt, ist die Beteiligung als wirtschaftlicher Geschäftsbetrieb im Sinne von § 14 AO Satz 1 zu qualifizieren. Ein wirtschaftlicher Geschäftsbetrieb aufgrund einer Betriebsaufspaltung wird in der Regel nicht vorliegen. Schließlich wird keine Nachversteuerung durchzuführen sein, da die Ausgliederung lediglich zu einer Vermögensumschichtung und zu keiner Vermögensminderung bei Idealverein führt.

Eine Verbesserung der Kapitalstruktur ist durch einen Rechtsformwechsel in der Regel nicht zu erwarten. Allerdings kommt für einige wirtschaftlich ohnehin gesunde Klubs der Gang an die Börse in Betracht. Diesen Vereinen könnte durch ein going public zusätzliches Kapital zufließen.

Schließlich bieten die Vorschriften des Aktiengesetzes für die Entscheidungsfindung eines Unternehmens von der Größe der Bundesligavereine einen geeigneten Rahmen. Insbesondere die überwiegend zwingenden Zuständigkeitsregeln bieten erhebliche Vorteile und können eine größere Kontinuität in der Vereinsführung gewährleisten. Allerdings können diese Vorteile - wie zum Teil bereits erfolgt - auch durch eine Angleichung der Satzungsbestimmungen der Idealvereine an die Vorschriften betreffend die wirtschaftlichen Sondervereine und entsprechende Vorgaben des DFB erreicht werden. Für eine Ausgliederung spricht allerdings die dadurch zu erreichende organisationsrechtliche Trennung von Amateur- und Berufssport sowie die Möglichkeit der gesellschaftsrechtlichen Einbindung externer Kapitalgeber.

Im Unterschied zu einer Ausgliederung auf eine AG kann sich ein Verein durch die Ausgliederung auf eine GmbH kaum neue Kapitalquellen erschließen. Insbesondere können die Geschäftsanteile aufgrund der fehlenden Fungibilität nicht an der Börse gehandelt werden. Wegen der schwerfälligen Übertragbarkeit bietet sich eine gesellschaftsrechtliche Beteiligung zudem nur für langfristige Anleger wie den Idealverein selbst, die Kommunen oder möglicherweise Sponsoren der Berufsfußballabteilung an. Kleinanleger oder beispielsweise spekulative Anleger, die nur eine kurze Zeit Gesellschafter sein wollen, haben daher regelmäßig keine praktisch sinnvolle Möglichkeit, eine Beteiligung an der Fußball-GmbH zu erwerben. Ein breites Anlegerpublikum wird von einer gesellschaftsrechtlichen Beteiligung daher in der Regel zumindest faktisch ausgeschlossen sein.

Aber auch in organisatorischer Hinsicht kommt die GmbH den Bedürfnissen eines Großvereins nicht entgegen. Das folgt insbesondere aus der Ausrichtung der GmbH auf einen gleichbleibenden und vergleichsweise kleinen Gesellschafterkreis sowie den damit korrespondierenden weitreichenden Befugnissen der Gesellschafterversammlung. Sollte die Berufsfußball-GmbH ausnahmsweise doch zahlreiche Gesellschafter haben, so würden diese mit den der Gesellschafterversammlung obliegenden Aufgaben in der Regel überfordert sein. Gegenüber der bisherigen idealvereinsrechtlichen Ausgestaltung würde diesbezüglich keine Verbesserung erreicht werden.

Eine Ausgliederung der Berufsfußballabteilung auf eine eG ist zwar rechtlich möglich, aber nicht praktikabel. Allerdings können sich die Fans eines Fußballklubs in einer Fangenossenschaft organisieren. Die Vorschriften des Genossenschaftsgesetzes bieten einen geeigneten Rahmen für die Organisation der zahlreichen Fußballanhänger. Soweit ein Fußballbundesligaverein die Lizenzfußballabteilung auf eine GmbH ausgliedert, sollte die Fangenossenschaft Gesellschafter der Berufsfußball-GmbH werden. Sofern dies gewünscht ist, können auf diese Weise gesellschaftsrechtlich Mitspracherechte der Fans an der Geschäftspolitik der Berufsfußballgesellschaft eingerichtet werden und zudem eine Kapitalzufuhr durch die Übernahme der Stammeinlage durch die Fangenossenschaft erreicht werden.

Zweiter Abschnitt: Ausblick

Soweit eine Ausgliederung in Erwägung gezogen wird, sind neben den ausschließlich rechtlichen Schwierigkeiten insbesondere auch wirtschaftliche und gesellschaftspolitische Aspekte zu berücksichtigen.

So ist zu bedenken, daß der Berufsfußball mit erheblichen finanziellen Risiken verbunden ist. Diese Risiken können durch eine Ausgliederung allein kaum kontrolliert werden. Vielmehr kann eine gewinnorientierte und gewinnbringende Geschäftspolitik nur dann dauerhaft erreicht werden, wenn neben dem Berufssport weitere erwerbswirtschaftliche Aktivitäten verfolgt werden, die dem Klub auch in Zeiten sportlicher Erfolglosigkeit Einnahmen sichern.[1017] So könnten einmal - etwa durch einen Börsengang - erzielte Gewinne in Immobilien, insbesondere in ein von einigen Vereinen angestrebtes eigenes Stadion investiert werden.[1018] Werden nach englischem Vorbild multifunktionale Freizeitarenen erbaut oder bestehende Stadien entsprechend umgebaut, so können durch die Vermietung der Anlage an spielfreien Tagen an Dritte erhebliche zusätzliche Einkünfte erzielt werden. Lassen sich Teile des Stadions umbauen, etwa die Rasenfläche durch eine andere Oberfläche ersetzen, und das Stadiondach schließen,[1019] so kann eine wetterunabhängige Vermietung des Stadions an verschiedene Veranstalter erfolgen.[1020] Neben dem Bau eines neuen Stadions können die Berufsfußballgesellschaften außersportliche Einkünfte durch Beteiligungen an anderen erwerbswirtschaftlich ausgerichteten Gesellschaften er-

---

[1017] Nach Willi Lemke, Manager von Werder Bremen, kommt für den Verein eine Ausgliederung auf eine AG nur dann in Betracht, wenn mindestens 60 Prozent des Gesamtumsatzes mit außersportlichen Aktivitäten erzielt werden (zitiert nach SZ vom 15/16.2.1997 „Die Reichen an die Börse, Hasardeure an die Wand").

[1018] Entsprechende Vorbereitungen werden insbesondere bei Bayern München, Mönchengladbach und Schalke getroffen. Gegenwärtig weisen die Vereine Bremen, Bayern München, Leverkusen und Kaiserslautern umfangreiches Immobilienvermögen auf (Handelsblatt vom 21/22.11.1997 „Fußball-Aktien sind eine Investition in den Sport und nicht ins Big Business").

[1019] Den Bau eines solchen Stadions, bei dem sich das Dach schließen läßt, plante nach dem Vorbild von Ajax Amsterdam auch Bayern München. Auch Schalke will eine solche Stadionhalle mit 55.000 Sitzplätzen bauen (FAZ vom 17.10.1997 „Börseneinführungen spielen zentrale Rolle/Skepsis läßt Sport ungerührt"). Siehe auch Fußnote 533.

[1020] Das Stadion könnte dann nicht nur für Sport- und Musikveranstaltungen, sondern beispielsweise auch für Hauptversammlungen einer AG, politische Kundgebungen, Kongresse oder Messen genutzt werden.

zielen.[1021] Ferner ist daran zu denken, die Bekanntheit eines Klubs durch die Errichtung einer eigenen Restaurantkette unter dem Logo oder Namen des Klubs zu steigern.[1022]

Neben diesen nationalen Überlegungen sind aber auch internationale Aspekte zu berücksichtigen. Wie die Darstellung des Berufsfußballs im europäischen Ausland gezeigt hat, finden sich in vielen europäischen Ländern Bestrebungen, den Berufsfußball, soweit dies bisher noch nicht erfolgt ist, an die Börse zu bringen. Das going public wird den großen und wirtschaftlich gesunden Vereinen im europäischen Ausland eine erhebliche Kapitalzufuhr bringen. Um diesbezüglich konkurrenzfähig bleiben zu können, müssen auch die deutschen Spitzenvereine in naher Zukunft neue Kapitalquellen erschließen. Dafür kommt in erster Linie ein Börsengang in Betracht. Denn nur wenn die deutschen Spitzenvereine international konkurrenzfähig bleiben, wird auch die Bundesliga ihre bestehende internationale Bedeutung erhalten können.[1023] Diese findet ihren Ausdruck etwa in der Anzahl der an den europäischen Pokalwettbewerben teilnahmeberechtigten deutschen Vereine.[1024]

Die Konkurrenzfähigkeit der deutschen Vereine im europäischen Wettbewerb wird schließlich auch bei der möglichen Einführung einer Euro-Liga von Bedeutung sein. Bereits 1987 hatte der Medienunternehmer und Präsident des AC Mailand, Silvio Berlusconi, der UEFA die Einführung einer solchen supranationalen Liga, wie sie in Südamerika bereits besteht,[1025] vorgeschlagen. Die UEFA lehnte den Vorschlag zwar damals ab.[1026] Inzwischen sind die europäische Einheit und die hinter vielen europäischen Spitzenvereinen stehenden wirtschaftlichen Interessen allerdings derart gewachsen,[1027] daß die Einführung einer Euro-Liga, die den Vereinen durch zusätzliche Spiele erhebliche Mehreinnahmen garantieren würde, wahrscheinlicher wird. Erstes Anzeichen dafür ist die schleichende Umwandlung des Champions-League Wettbewerbs von einem Pokal-

---

[1021] Beispielsweise Werder Bremen ist an Reisbüros und Reha-Zentren beteiligt (SZ vom 15/16.2.1997 „Die Reichen an die Börse, Hasadeure an die Wand").

[1022] So der Vorschlag eines institutionellen Anlegers von Manchester United auf der Hauptversammlung der Gesellschaft. Danach soll der Gewinn des Jahres 1997 in Höhe von etwa 120 Millionen DM für die Errichtung einer Restaurantkette unter dem Namen „Red Cafe" - dem Namen des Stadioncafes - ausgegeben werden (Financial Times vom 21.11.1997 „City eyes United's cash hoard").

[1023] Vgl. Handelsblatt vom 21/22.11.1997 „Fußball-Aktien sind eine Investition in den Sport und nicht ins Big Business".

[1024] So haben in der Saison 1997/1998 erstmals drei deutsche Mannschaften an der Champions-League teilnehmen dürfen.

[1025] Duke, Football, S. 191.

[1026] Goldberg/Wagg, 239, 247. Ursprünglich kam die Idee allerdings von den Glasgow Rangers (Goldberg/Wagg a.a.O. S. 246).

[1027] Dies verdeutlicht auch die zunehmende gesellschaftsrechtliche Verzahnung von Berufsfußball und Fernsehgesellschaften (vgl. hierzu Zweites Kapitel Zweiter Abschnitt 3. Zusammenfassung).

in einen Ligawettbewerb.[1028] Der Übergang in eine Euro-Liga wird daher vermutlich nicht mehr lange dauern.[1029] Über die Teilnahmeberechtigung an einer solchen Euro-Liga werden voraussichtlich in erster Linie die internationalen Erfolge einer Vereinsmannschaft entscheiden. Auch aus diesem Grund ist es wichtig, daß die deutschen Spitzenvereine im europäischen Vergleich sportlich und damit verbunden auch finanziell konkurrenzfähig bleiben.

Angesichts der in den letzten Jahren erheblich zugenommenen Kommerzialisierung des Berufsfußballs muß davon ausgegangen werden, daß neben dem sportlichen Erfolg auch die hinter einer Fußballgesellschaft stehenden wirtschaftlichen Interessen über deren Teilnahme an einer Euro-Liga zumindest mitentscheiden.[1030] Dabei ist davon auszugehen, daß Berufsfußballgesellschaften, deren (Mit)Gesellschafter Fernsehgesellschaften oder andere finanzstarke Unternehmen sind, eine größere Lobby bei der Einführung einer möglichen Euro-Liga haben, als Idealvereine, hinter denen unmittelbar keine wirtschaftlichen Interessen anderer Unternehmen stehen. Durch die Ausgliederung der Berufsfußballabteilungen auf eine Kapitalgesellschaft wird potentiellen Investoren die Möglichkeit gegeben, sich auch an deutschen Klubs gesellschaftsrechtlich zu beteiligen. Insbesondere die Beispiele aus England, Italien und Frankreich zeigen, daß ein entsprechendes Interesse - auch an Minderheitsbeteiligungen - seitens der Wirtschaft besteht.

So wie sich die hinter den Berufsfußballgesellschaften stehenden wirtschaftlichen Interessen europaweit zunehmend verzahnen, ist es auch denkbar, daß die Fans der einzelnen nationalen Vereine zunehmend kooperieren und eine europäische Interessenvertretung gründen. Diese könnte europaweit die Interessen der Fans wahrnehmen, mit der UEFA zusammenarbeiten und gegebenenfalls auf diese sowie auf international tätige Sponsoren Einfluß ausüben. Soweit die Fans gegenwärtig auf den Berufsfußball Einfluß ausüben, beschränkt dieser sich in der Regel auf einen regionalen Wirkungskreis. So können die Fans eines Vereins diesen möglicherweise, wenn überhaupt, mit der Drohung eines Stadionboykotts beeinflussen.[1031] Wird dagegen ein Wettbewerb wie die Champions-League oder eine mögliche Euro-Liga von multinationalen Konzernen gesponsort, kommt den Sponsoren eine erhebliche Machtstellung

---

[1028] So wurde das bisher durchgängig geltende k.o. System durch ein Gruppensystem in der ersten Runde ersetzt.

[1029] Instruktiv zu der Mitte 1998 von privaten Investoren für das Jahr 2000 initiierten aber letztlich aufgrund Widerstandes der UEFA und der Mehrzahl der (nicht teilnahmeberechtigten) Vereine nicht umgesetzten European Super League Kipker/Parensen, S. 2 ff.

[1030] In diese Richtung Houlihan, Sport and Politics, S. 168 f. Nach Houlihan lohne sich für Fernsehgesellschaften und andere Unternehmen ein Investment in Profiklubs nur dann, wenn deren Spiele häufig im Fernsehen gezeigt würden. Daher entscheide nicht notwendig der sportliche Erfolg einer Mannschaft sondern die hinter ihr stehenden wirtschaftlichen Interessen, ob ein Spiel im Fernsehen übertragen wird oder nicht.

[1031] So etwa der allerdings erfolglose Versuch der Anhänger des italienischen Klubs Fiorentina, als dieser Roberto Baggio an Juventus Turin verkaufen wollte (Goldberg/Wagg, S. 251).

zu. Es kann nicht ausgeschlossen werden, daß diese Machtstellung für dem Fußballsport zuwiderlaufende Zwecke eingesetzt wird. Die Fans eines einzelnen Klubs könnten dagegen wenig ausrichten. Besteht dagegen eine europäische Fanvereinigung, so kann diese ein erhebliches Gegengewicht zu multinationalen Konzernen bilden und - etwa mittels eines Boykottaufrufes bezüglich der Produkte eines Konzerns - gegebenenfalls erheblichen Druck ausüben.[1032]

Ferner kann die Kapitalgesellschaft zu vielen bisher im Berufsfußball ungewohnten Erscheinungsformen führen. So können die Anteile einer Berufsfußball-AG nicht nur vom Verein, der Stadt oder lokalen Fans, sondern auch von ausländischen Investoren erworben werden. Aufgrund der in § 8 Nr. 4 DFB-Satzung getroffenen Regelung - gemäß der der Idealverein Mehrheitsgesellschafter der Berufsfußballkapitalgesellschaft sein muß - ist derzeit allerdings eine Mehrheitsbeteiligung eines ausländisches Anteilseigners - der auch selbst eine Fußballgesellschaft sein kann[1033]- nicht zulässig.[1034] Durch diese Regelung können die aus anderen Branchen bekannten unfreundlichen Übernahmen verhindert werden.[1035] Ferner wird durch das gleichfalls in § 8 Nr. 4 DFB-Satzung normierte Erwerbsverbot verhindert, daß ein wohlhabender deutscher Klub überhaupt Anteile eines anderen deutschen Klubs erwirbt.[1036] Interesse an einer Übernahme eines anderen Klubs könnte ein Klub etwa deshalb haben, um ein Stadion gemeinsam zu nutzen und sodann das nicht mehr benötigte zweite Stadion zu verkaufen.[1037] Ferner könnte mit einer solchen Übernahme ange-

---

[1032] Vgl. Goldberg/Wagg, S. 251 f.

[1033] So wurde Manchester United von Aktionärsseite vorgeschlagen, mit dem Jahresgewinn 1997 - etwa 120 Millionen DM - eine ausländische Fußballkapitalgesellschaft zu kaufen (Financial Times vom 21.11.1997 „City eyes United´s cash hoard"). Siehe aber Fußnote 1036. Das in § 8 Nr. 4 Abs. 4 DFB-Satzung normierte Verbot, Anteile an anderen Berufsfußballkapitalgesellschaften zu erwerben, bezieht sich nur auf an der deutschen Bundesliga teilnehmende Berufsfußballkapitalgesellschaften.

[1034] Zu ersten diesbezüglichen Wettbewerbsproblemen kam es bei dem UEFA Pokal Wettbewerb 1998/1999: Die beiden Enic-Klubs Sparta Prag und AEK Athen (siehe dazu oben im Text bei Fußnoten 568 ff.) hatten sich für den UEFA Pokalwettbewerb qualifiziert. Da die UEFA eine Wettbewerbsverzerrung für den Fall befürchtete, daß aufgrund der Auslosung beide Teams gegeneinander hätten spielen müssen, untersagte sie Sparta Prag die Teilnahme am Wettbewerb. Das internationale Sportgericht in Lausanne hob die Entscheidung allerdings auf. Letztlich ist es zu einer Begegnung zwischen den beiden Mannschaften auch nicht gekommen, da Vitesse Arnheim AEK Athen in der ersten Runde aus dem Wettbewerb geworfen hat (SZ vom 6.10.1998 „Immer mehr Investoren suchen den gewissen Kick").

[1035] Vgl. Annual Review of Football Finance 1997, S. 47 zu den 1996 bekannt gewordenen Gerüchten um eine unfreundliche Übernahme des englischen Spitzenklubs Manchester United durch eine Gruppe von Unternehmen, an der unter anderem der Fernsehsender BSkyB sowie die Konzerne Granada und VCI beteiligt waren.

[1036] Um das zu vermeiden, sollte das vom DFB in § 8 Nr.4 DFB-Satzung niedergelegte Erwerbsverbot streng eingehalten werden.

[1037] Vgl. Financial Times vom 1.8.1997 „Team shares: When football plays the market".

strebt werden, Spieler zwischen den Klubs auszutauschen, Merchandising-Aktivitäten zu bündeln oder sonstwie Synergieeffekte zu erzielen.[1038] Schließlich ist in wirtschaftlicher Hinsicht zu berücksichtigen, daß ein Börsengang nur wenigen Vereinen möglich sein wird. Der Unterschied zwischen arm und reich wird daher weiter wachsen. Wahrscheinlich wird dies, ähnlich wie in England, zu einer Dreiklassengesellschaft führen, die aus fünf oder sechs sehr reichen Vereinen, einem kleinen Mittelfeld von etwa 10 bis 15 Vereinen und zahlreichen armen Vereinen bestehen wird, die überwiegend der zweiten oder der dritten Liga (Regionalliga Nord und Süd) angehören werden. Wenn aber die finanziellen Möglichkeiten der Vereine zu sehr differieren, besteht die Gefahr, daß einige wenige Vereine aufgrund ihres guten Spielerkaders den meisten anderen Vereinen überlegen sind. Eine mögliche Folge wären uninteressante Spiele, bei denen der Sieger regelmäßig schon vor Spielbeginn feststeht.[1039] Da der Ligaspielbetrieb aber gerade davon lebt, daß alle Mannschaften etwa gleich stark sind und theoretisch jede Mannschaft jede andere schlagen kann, muß dem im Falle eines Börsenganges abzusehenden Gefälle entgegengewirkt werden. Dies sollte dadurch erfolgen, daß zwischen den Vereinen ein Finanzausgleichssystem geschaffen wird.[1040]

Entsprechend der gemäß § 67 Durchführungsbestimmungen für die Bundesspiele im DFB-Pokal geltenden Regelung sollte auch im Bundesligaspielbetrieb die gastgebende Mannschaft einen bestimmten Anteil der Zuschauereinnahmen an die Gastmannschaft abführen. Auf diese Weise können auch die Mannschaften mit kleineren Stadien oder weniger Anhängern von den insgesamt gestiegenen Zuschauerzahlen profitieren. Die durch bundesligafremde Aktivitäten erwirtschafteten Einnahmen, etwa aus Vermietung und Verpachtung des Stadions an spielfreien Tagen, sollten hiervon ausgenommen werden.

Außerdem sollte auch in Zukunft jeder Verein der ersten und zweiten Liga Anspruch auf einen Mindestbetrag aus den Gesamtfernseheinnahmen haben, die aus der Vermarktung der Fernsehrechte aus dem Ligabetrieb und der europäischen Wettbewerbe erzielt werden. Dies kann entweder dadurch erreicht werden, daß bei Einzelvermarktung jeder Verein einen bestimmten Prozentsatz seiner Gewinne in einen Ausgleichsfonds zahlt, durch den die ärmeren Vereine

---

[1038] Nicht ausgeschlossen werden könnte dann auch die Möglichkeit, daß der Käufer alle nicht benötigten Gegenstände des gekauften Klubs gewinnbringend einzeln veräußert (asset-stripping) und die Berufsfußballmannschaft aufgibt. So zu den denkbaren Gestaltungen in England der auf Berufsfußball spezialisierte Broker Nick Batram in der Financial Times vom 1.8.1997 „Team shares: When football plays the market".

[1039] Bezüglich des deutlichen Zusammenhangs zwischen der Höhe der Gehaltsaufwendungen und Tabellenplatz in der englischen Premier League siehe oben im Text bei Fußnote 507 f.

[1040] Vgl. Holzhäuser im Handelsblatt vom 21/22.11.1997 „Fußball-Aktien sind eine Investition in den Sport und nicht ins Big Business". Siehe auch FAZ vom 27.11.1997 „Der Ball rollt in die Börse".

unterstützt werden, oder es bleibt bei der bewährten und bestehenden zentralen Vermarktung und Umlage durch den DFB.[1041] Schließlich sollte jeder Verein einen geringen Prozentsatz seiner Merchandising Gewinne in den Ausgleichsfonds zahlen. Denn ein Börsengang - der nur wenigen Vereinen möglich sein wird - wird auch dazu beitragen, die Verbreitung und den Wert von Vereinsnamen und Logo und damit verbunden die Merchandising-Einnahmen erheblich zu steigern. Von den damit verbundenen Vorteilen sollten alle Vereine partizipieren.

Ein Aktionär wird den Vorteil eines solchen Ausgleichssystems auf den ersten Blick bezweifeln, da es den Gewinn der Fußballgesellschaft und damit seine mögliche Dividende mindert. Langfristig betrachtet ist die Ausgleichsregelung jedoch auch für den Aktionär von Vorteil. Denn im Gegensatz zu anderen Branchen sind die Fußballvereine auf eine etwa gleich starke und ebenbürtige Konkurrenz angewiesen, um dem Zuschauer interessante Spiele bieten zu können. Die vorgeschlagene Ausgleichsregelung unterstützt dies und hilft so, das (Fernseh)Zuschauerinteresse und damit die entsprechenden Umsätze langfristig zu sichern.

In gesellschaftspolitischer Hinsicht wird die Kapitalgesellschaft im Berufsfußball gewöhnungsbedürftig sein. Zumal mit ihr in der Regel ein Profitstreben und weniger sportliche Betätigung verbunden wird. Allerdings erscheint das im Ergebnis nicht als Ausgliederungshindernis, zumal bereits jetzt von vielen mit dem Berufsfußball Gewinnstreben assoziiert wird.

Schließlich ist zu überlegen, ob die eröffnete Ausgliederungsmöglichkeit dauerhaft zu einer Trennung von Amateur- und Berufsfußball auch beim DFB führen sollte.[1042] Hierfür könnte sprechen, daß die Gemeinnützigkeit des DFB[1043] gefährdet werden könnte, wenn einige seiner (außerordentlichen) Mitglieder nach der Umwandlung in Berufsfußballkapitalgesellschaften in erster Linie auf Gewinnerzielung angelegt sind und daher keine gemeinnützigen Ziele mehr verfolgen.[1044] Um dieser Gefahr entgegenzuwirken, sollte der DFB e.V. als Tochtergesellschaft eine Berufsfußball-GmbH gründen, die ausschließlich für die Vermarktung[1045] und Durchführung des Ligabetriebs der Profigesellschaften

---

[1041] Siehe zur gesetzlichen Neuregelung § 31 GWB. Ob diese mit EU-Recht vereinbar ist, erscheint jedoch zweifelhaft.

[1042] Ausdrücklich dagegen hat sich aber DFB-Präsident Braun ausgesprochen, vgl. dazu auch DFB-Vizepräsident Mayer-Vorfelder, SZ vom 25.2.1995 „Mehr Autonomie für Profifußball".

[1043] Vgl. § 5 der DFB-Satzung „Gemeinnützigkeit".

[1044] Allein die geänderte Rechtsform der Mitglieder des DFB macht keinen Unterschied bei der Beurteilung der Gemeinnützigkeit des DFB. Jedoch könnte die geänderte Zwecksetzung der Mitglieder den Gemeinnützigkeitsstatus des DFB gefährden, soweit die durch den DFB ausgeübte Tätigkeit - nämlich die Organisation des Lizenzspielbetriebes - als Förderung der Eigenwirtschaft der Mitgliederkapitalgesellschaften zu beurteilen wäre. Die Organisation des Ligabetriebs würde dann gegen den Grundsatz der Selbstlosigkeit verstoßen.

[1045] Alternativ können auch zwei oder mehrere Gesellschaften gegründet werden, die jeweils für die unterschiedlichen Bereiche (Organisation des Ligabetriebs, Marketing etc.) zuständig

verantwortlich ist.[1046] Durch eine solche duale Ligaorganisation könnte zudem den oben bereits erwähnten unterschiedlichen Anforderungen, die Amateur- und Profisport an Entscheidungsfindung, Sachkunde, zeitlicher Präsenz und Professionalität stellen, besser Rechnung getragen werden. Gesellschafter der neuen Berufsfußball-GmbH sollten neben dem DFB die 36 Bundesligavereine werden. Dabei sollten DFB und Vereine jeweils 50% der Anteile und Stimmrechte erhalten.

Ein weiteres Problem, daß aus der Ausgliederung der Berufsfußballabteilungen auf Kapitalgesellschaften folgt, betrifft den Mitteltransfer zwischen professionellem Fußballsport und den Regional- und Landesverbänden. Da nach erfolgter Ausgliederung die Fußballkapitalgesellschaft gemäß der derzeitigen Rechtslage nicht (mehr) Mitglied des jeweiligen Regional- und Landesamateursportverbandes sein wird, wird zwischen ihr und dem betreffenden Verband weder eine Rechtsbeziehung bestehen, noch wird die Berufsfußballkapitalgesellschaft Leistungen des jeweiligen Verbandes in Anspruch nehmen. Aus diesem Grund erscheint es zweifelhaft, ob der gegenwärtig in § 62 Durchführungsbestimmungen für die Bundesspiele vorgesehene Finanzausgleich auch für Berufsfußballkapitalgesellschaften verpflichtend ist. Gemäß dieser Regelung sind alle Teilnehmer der ersten Fußballbundesliga verpflichtet, 2% aller Bruttoeinnahmen von allen Meisterschaftsspielen an die zuständigen (Amateursport) Verbände abzuführen. Um den Finanzausgleich zwischen Berufsfußballkapitalgesellschaft und Amateursportverband nicht zu gefährden, sollten die Satzungen der Regional- und Landesverbände daher vorsehen, daß auch Kapitalgesellschaften Mitglieder des jeweiligen Verbandes werden können. Falls trotz Verbandsmitgliedschaft eine Teilnahme der Kapitalgesellschaften am Spielbetrieb der Regional- Ober- oder Landesligen nicht gewünscht ist, so können die Verbände entsprechende Regelungen in ihre Satzung oder die jeweilige Spielordnung aufnehmen.

Damit von der DFB Berufsfußball-GmbH von den Klubs oder aus zentraler Vermarktungstätigkeit vereinnahmte Gelder an den DFB e.V. zwecks Weitergabe an die Regional- und Landesverbände weitergereicht werden können,[1047] ist auf eine entsprechende Zweckbestimmung in der Satzung der DFB Berufsfußball-GmbH zu achten. Andernfalls würden entsprechende Zahlungen von der DFB Berufsfußball-GmbH an den DFB e.V. möglicherweise satzungswidrig mit der Gefahr einer verdeckten Gewinnausschüttung gemäß § 8 Abs. 3 KStG erfolgen.

---

sind. Die englische Football League hat bereits 1987 erstmals einen hauptberuflich tätigen Marketingdirektor von einem anderen Unternehmen abgeworben (Aris, Sportsbiz, S. 148).

[1046] Vgl. die ähnliche Ausgestaltung beim Profi-Eishockey. Der DEB gründete die DEL Deutsche Eishockey Liga GmbH als 100% Tochter, deren Zweck nach § 1 des GmbH-Vertrages die Durchführung und Organisation von professionellem Eishockeysport ist. Ausführlich zur Ligaorganisation Schäfer, S. 18 ff.

[1047] Nach Wolfgang Niersbach - Pressesprecher des DFB - schüttet der DFB gegenwärtig jährlich 10,2 Millionen DM an die 72 Regionalligisten aus (zitiert nach SZ vom 11.2.1997 „Die Verlierer sammeln sich zum Marsch nach Frankfurt").

Schließlich ist sicherzustellen, daß die DFB Berufsfußball-GmbH keine Verluste erwirtschaftet, die durch den DFB e.V. ausgeglichen werden. Denn auch solche Zahlungen würden die Gemeinnützigkeit des DFB e.V. gefährden.[1048] Die Ausgliederung und die mögliche Zweiteilung des DFB darf allerdings nicht dazu führen, daß der DFB seine bisherige Ordnungsfunktion verliert.[1049] Denn wenn die mit der Organisation und Durchführung des Ligabetriebs zusammenhängenden Aufgaben ausschließlich von den Berufsfußballgesellschaften selbst wahrgenommen werden, wird das schnell zu einer Politik des Stärkeren führen, die finanzschwache Klubs benachteiligt und auf Dauer die nationale Liga zerstört. Langfristig betrachtet sichert die Ordnungsfunktion des DFB daher den Ligabetrieb und somit die Einnahmen der Vereine. Die Kapitalgeber werden daher die Ordnungsfunktion des DFB akzeptieren.

Schließlich ist daran zu denken, die Liga auf wenige finanzstarke Klubs zu reduzieren und den Auf- und Abstieg abzuschaffen. Insbesondere das mit einem Abstieg verbundene erhebliche wirtschaftliche Risiko könnte so ausgeschlossen werden. Der Berufsfußball wird allerdings nur dann attraktiv bleiben, wenn auch finanzschwächere Klubs die Möglichkeit des Aufstiegs und der Teilnahme am Ligabetrieb haben und in sportlicher Hinsicht für Überraschungen sorgen können. Daher sollte der Auf- und Abstieg prinzipiell beibehalten werden. Um das wirtschaftliche Risiko zu minimieren, wäre allerdings eine Reduzierung auf 2 oder einen Absteiger denkbar.[1050]

[1048] Vgl. zur ähnlich gelagerten Problematik bei der DEL-GmbH Weiß, SpuRt 1997, 158, 159 f.

[1049] Aus diesem Grund sollten die Berufsfußballkapitalgesellschaften zu nicht mehr als 50% an der DFB Berufsfußball-GmbH gesellschaftsrechtlich beteiligt werden. Zudem sollten alle Erstligavereine gleiches Stimmrecht haben.

[1050] Gemäß einer Umfrage des Kicker Sportmagazins hat sich die Mehrheit der Bundesligavereine für eine Verringerung der Absteiger auf 2 ausgesprochen (Zitiert nach SZ vom 15.8.1997 „Berti Vogts plädiert für 3 Absteiger").

Ausschüsse für Strafprozeßrecht und Strafrechtsangleichung (1934-1941)

Herausgegeben und mit einer Einleitung versehen von Werner Schubert

Frankfurt/M., Berlin, Bern, New York, Paris, Wien, 1998. XXVIII, 635 S.
Akademie für Deutsches Recht 1933-1945. Protokolle der Ausschüsse.
Herausgegeben von Werner Schubert. Bd. VII
ISBN 3-631-32758-7 · geb. DM 198.–*

Der Band dokumentiert die Beratungen und Verhandlungsergebnisse des Ausschusses der Akademie für Deutsches Recht für Strafprozeßrecht und des Ausschusses für die Strafrechtsangleichung zwischen dem Altreich und den Reichsgauen der Ostmark. Unter dem Vorsitz der Professoren Friedrich Oetker, August Schoetensack und des Grafen Gleispach verfolgten die Ausschüsse eine – gegenüber den Entwürfen des Reichsjustizministeriums zu einem neuen Strafverfahrensgesetz und den Parteigremien der NSDAP – im ganzen gemäßigtere Linie (Widerstand gegen außerordentliche Rechtsmittel und den Wegfall des Vorverfahrens). Insgesamt folgte der Ausschuß der Konzeption eines autoritären Strafprozesses mit scharfer Trennung zwischen dem staatsanwaltschaftlichen Vorverfahren und dem richterlichen Hauptverfahren. Die Einleitung des Herausgebers erschließt die Verhandlungsergebnisse und die Biographien der Ausschußmitglieder.

Aus dem Inhalt: Themen der strafprozessualen Reformdiskussion unter dem Nationalsozialismus: Staatsanwaltschaftliches Ermittlungsverfahren · Wegfall des Eröffnungsbeschlusses · Stellung des Richters im Hauptverfahren · Führerprinzip · Verhältnis der Staatsanwaltschaft zur Polizei · Laienrichterbeteiligung · Stellung des Verteidigers · Rechtsmittelsystem · Rechtsanalogie in der Praxis · Friedensrichter · Erweiterung des Wiederaufnahmeverfahrens

 Frankfurt/M · Berlin · Bern · New York · Paris · Wien
Auslieferung: Verlag Peter Lang AG
Jupiterstr. 15, CH-3000 Bern 15
Telefax (004131) 9402131
*inklusive Mehrwertsteuer
Preisänderungen vorbehalten